소비트렌드의
이해와 분석

CONSUMPTION TREND

소비트렌드의
이해와 분석

이은희·유현정·이준영 지음

교문사

최근 인공지능, 반려 로봇, 사물인터넷, 웨어러블 기기, 증강현실, 자율주행차, 모바일, 빅데이터, 드론 등 우리의 생활에 영향을 미치는 과학기술 발전이 엄청나게 빠른 속도로 이루어져 경이로울 정도이다.

– 이 기술들은 5년 후 우리의 생활과 소비트렌드에 어떤 영향을 미칠까?

– 5년 전 우리는 스마트폰의 무수한 앱에 이토록 많은 일상이 영향을 받을지 알고 있었을까?

지난해 세계경제포럼(WEF)에서 클라우스 슈바프 회장은 앞으로 소셜 미디어와 사물인터넷이 인류의 행위 및 생각을 관찰하고, 빅데이터와 인공지능의 새 세상이 열리면서 산업구조가 재편되는 4차 산업혁명이 일어날 것이라고 주장했다.

이처럼 변화의 속도를 따라가기 버거운 현대 사회에서, 다가올 미래의 변화를 통찰할 수 있다면 이보다 더 좋은 것은 없을 것이다. 기업뿐만 아니라 개인, 정부 모두에게 그렇다. 그런데 사람들은 보통 트렌드가 '직관적'으로 파악된다고 생각하는 경향이 있다. 그러나 세계적으로 유명한 미래학자인 앨빈 토플러는 이와 관련해 다음과 같이 말하고 있다. "나는 점쟁이도 예언가도 아니다. 다만 현재의 현상과 흐름을 분석해서 그것을 바탕으로 미래를 예측하는 학자일 뿐이다. 미래는 점칠 수 있는 것이 아니므로 다가오는 미래를 위해 우리가 무엇을 어떻게 준비해야 할지 생각할 수 있도록 여러 가지 방법으로 도울 뿐이다."

이와 마찬가지로 이 책은 소비트렌드를 직관적이 아니라 체계적, 논리적으로 파악하는 것을 목표로 한다. 소비트렌드 파악을 위해 체계적으로 정보를 모으고 이를 분석함으로써 트렌드에 내재된 패턴을 파악하며, 이를 토대로 미래의 트렌드를 예측할 수 있는 역량을 배양함을 목적으로 한다. 즉, 미래를 논리적, 체계적으로 상상하고 예측할 수 있는 개념과 방법에 대해 전달하려고 노력했다.

소비트렌드 분석 전문가는 가까운 미래와 먼 미래를 동시에 내다보는 능력을 가져야 한다. 논리적 창의력, 시스템적 상상력을 가지고 미래를 통찰하고 예측할 뿐만 아니라 새로운 미래, 더 나은 미래를 만드는 능력을 가져야 한다. 즉, "새롭게 길을 만드는 전략"을 세울 수 있어야 하는데, 이는 새로운 미래를 스스로 생각하고 기획하고 이를 현실로 만드는 것을 말한다. 그 이유는 우리나라가 전 세계적으로 볼 때 이제 1등 그룹이 되어, 더 이상 벤치마킹 또는 추격자 전략을 사용할 수 없기 때문이다. 뿐만 아니라 새롭게 길을 만드는 역량도 축적되어 있다고 볼 수 있기 때문이다.

이 책은 총 12장으로 구성되어 있다. 1장에서 4장까지는 소비트렌드 분석을 위한 이론적 내용을, 5장에서 9장까지는 소비트렌드 분석을 위한 실제 방법론을, 10장에서 12장까지는 소비자트렌드 분석의 활용 및 예측을 위한 내용을 다루었다.

이 책은 3명의 공저로 1, 2, 3, 12장은 이은희 교수, 4, 5, 6, 8장은 유현정 교수, 7, 9, 10, 11장은 이준영 교수가 집필하였다. 그동안 소비트렌드와 관련하여 훌륭한 저서들이 여러 권 출판된 바 있다. 그러나 이 저서들이 출판된 후 비교적 시간이 흘렀기 때문에, 빠르게 변화하고 있는 소비 환경과 소비트렌드를 잘 반영하고 분석할 수 있는 새로운 책을 낼 필요가 있다는 데 저자들이 의기투합하였다. 특히 최근에 과학기술 발전이 선도하는 생활의 변화와 4차 산업혁명으로 명명되고 있는 새로운 세상의 도래는, 과연 예측이 가능할까 걱정될 정도로 빠른 속도로 진행되고 있기 때문이다. 그러나 저자들의 본래의 목적이 잘 달성되었는지 걱정이 앞선다. 독자들의 건설적인 의견을 기대하며 부족한 점은 계속 보완해나가고자 한다.

이 책은 소비트렌드와 관련된 전공과목의 강의뿐만 아니라 소비트렌드를 이해하고 미래의 소비트렌드를 예측해야 하는 기업 등 모든 업무 현장의 독자들로 하여금, 소비트렌드 분석과 예측의 역량을 키우는 데 기여하고자 하였다. "물고기를 잡아주지 말고 물고기 잡는 방법을 가르쳐라"는 유대인의 속담처럼, 물고기라 할 수 있는 소비트렌드를 분석한 책들은 매년 여러 권 출판되고 있으니, 이제 독자들은 소비트렌드 분석 및 예측의 역량을 키워, 스스로 물고기를 잡기 바란다. 피라미부터 시작해도 좋다.

끝으로 이 책이 나오기까지 애써주신 교문사의 류제동 사장님 및 직원 여러분께 진심으로 감사드린다.

2017년 8월

저자 일동

CHAPTER 3

소비트렌드 분석의 자세와 실제

CHAPTER 4
트렌드 접근방법

CHAPTER 5
내용분석을 통한 트렌드 분석

CHAPTER 6
거리관찰을 통한 타운와칭(Town Watching)

CHAPTER 7
정성조사 인터뷰를 통한 트렌드 분석

CHAPTER 8
경험표집법(ESM)과 페르소나 분석

CHAPTER 9
신조어 및 히트상품 분석

CHAPTER 10
소비트렌드 자료 분석 기법

CHAPTER 11
미래 트렌드 예측 기법

CHAPTER 12
메가트렌드 분석

CHAPTER 1
**소비트렌드의
이해**

CHAPTER 1
소비트렌드의 이해

학습목표

지금으로부터 약 200년 전, 철도가 처음 설치되었을 때 그것이 곧 바로 기존의 역마차 사업을 완전히 장악하지는 못했다. 하지만 종국에는 운송 산업을 완전히 변화시켰고, 철도와 관련된 산업들을 키우고 수많은 기업과 기업가에게 새로운 기회를 제공했다. 약 100년 전, 자동차 산업이 등장했을 때 그것 또한 기존의 운송 수단을 완전히 대체하지는 못했다. 하지만 현재 자동차 산업은 한 국가의 부를 좌우하는 거대 산업이 되었고 삶과 직장, 산업에 혁명을 일으켰다.

그리고 오늘날 21세기를 맞이하여, 세계는 정보화 시대가 일으킨 제3의 물결을 넘어 제4의 물결을 앞두고 있다. 세계적인 석학들은 제4의 물결은 '융합의 시대', 즉 서로 다른 분야가 융합해 새로운 것을 창조하는 세상이 될 것이라고 말한다. 앞으로 10년은 지식 노마드(Nomad) 시대이다. 학문과 학문, 업계와 업계의 경계가 사라지고 상생을 위해 하나로 융합되고 있기 때문이다. 최근 구글, 애플, 삼성 등은 IT와 바이오산업, 미래에너지 등의 분야에 관심을 두고 이들 분야를 융합하고 있다. 구글은 차세대 사업으로 차세대 검색엔진, 증강현실, 무인자동차, 에너지산업 등에 주목하고 있고, 애플은 차세대 디스플레이, 디지털 교과서 등에 투자하고 있으며, 삼성은 5대 신수종사업으로 태양전지, 전기자동차용 전지, LED, 바이오제약, 의료기기를 선정해 10년 후 세계시장에 대비하고 있다(트렌즈지 특별취재팀, 2014).

세상이 변하는데도 역마차 산업만 고집하던 사람들은 역사의 저편으로 사라지고 말았다. 정보와 지식이 가장 큰 힘이 된 오늘날의 세계에서, 미래예측 능력은 기업과 개인 모두에게 가장 큰 자산이다. 남보다 앞서 준비할 수 있기 때문이다. 미래의 성공과 실패는 앞으로 세상을 뒤흔들 새로운 흐름을 얼마나 빨리 이해하느냐에 달려 있다.

이 장에서는 트렌드의 개념과 범주, 트렌드 분석 및 예측의 중요성, 트렌드의 발생과 확산, 그리고 트렌드 영향요인에 대해 알아보고자 한다.

소비트렌드의
개념과 범주

1) 트렌드의 정의

트렌드를 사전에서 찾아보면 '변화의 동향, 추세'라는 설명이 나온다. 구체적으로는 사회 전반, 우리의 생활, 문화 등이 변화하는 모습 또는 변화하는 동향을 말한다. 즉, 트렌드란 미래에 일어날 사회 각 분야의 움직임을 보여 주는 징후이자 현실 동향이다. 또한 트렌드는 운동성과 지속성을 가지는 일련의 사건으로 단순한 유행, 예측, 예언이 아니라 점진적 연속성을 가지는 안정된 운동이다. 가까운 미래에서 일어나 상당기간 지속되는, 그러면서도 이전과는 다른 경향과 방향성을 지닌, 사회 각 분야의 움직임을 나타내는 징후이며 현실적 동향이다. 그러므로 트렌드는 새로운 이론이나 현상이 사회 전반적으로 반영되어 시대를 대표하는 현상으로 나타난다.

트렌드는 현재의 사회를 만들어 내고 있으면서 앞으로도 우리의 미래를 만들어 갈, 항상 존재하는 힘이다. 그러므로 트렌드라는 용어 속에는 과거, 현재, 그리고 미래라는 세 가지가 복합적으로 포함되어 있다. 과거의 경향과 현재의 징후에 대한 세심한 관찰을 통하여 트렌드를 파악하고 이러한 트렌드를 확인하고 분석함으로써 미래를 예측할 수 있다(서정희, 2005; 마티아스 호르크스, 2004).

2) 트렌드의 종류

트렌드는 지속하는 시간적 길이와 동조하는 소비자의 범위에 따라 마이크로 트렌드, 패드(FAD), 트렌드, 메가트렌드 등으로 구분할 수 있다. 따라서 트렌드란 용어가 어떤 사람에게는 소소하고 작은 변화의 의미로, 또 어떤 사람에게는 아주 큰 변화의 의미로 이해될 수 있다. 이들 용어는 모두 변화의 동향과 추세를 표현하는 용어라는 점에서는 공통점이 있다. 그러나 변화의 동향이나 추세가 지속하는 시간과 이러한 변화에 동조하거나 영향을 받는 사람들의 범위가 얼마나 큰가에 따라 서로 구분되는 용어들이다.

'요즘 야상점퍼를 입는 사람들이 늘어났다', '커피숍에서 혼자 무언가 작업을 하는 사람들이 많아졌다'와 같이 우리가 관찰하는 단편적 모습들은 마이크로 트렌드일 수도 패드(FAD)일 수도 있다. 하지만 왜 이런 현상이 나타났는지 고민하는 과정과 장기적으로 지속하면서 변화의 추이를 읽는 과정에서 트렌드나 메가트렌드를 읽어내는 것이 가능해진다. 트렌드의 종류들을 구체적으로 살펴보면 다음과 같다(김선주 · 안현정, 2013).

(1) 마이크로 트렌드

마이크로 트렌드는 작고 사소한 힘이 큰 변화를 이끌어 내는 '마이크로 소사이어티(micro society)'의 개념과 연결되어 개성과 자아가 중요하게 다루어지는 영역이다. 즉, 소수의 열정적인 집단이 동조하는, 그들만의 개별적인 니즈와 욕구가 이끄는 트렌드를 의미한다. 따라서 이것의 영향을 받는 사람들의 범위가 다른 트렌드 종류들보다 훨씬 작은 즉, 사회 전반이라기보다 일부에서 나타나는 변화를 가리키는 개념이다.

오늘날 소비자 개개인의 영향력이 커지고 매스 마케팅으로부터 마이크로 타깃팅이 기업의 중요한 전략적 의사결정 중 하나가 되면서, 기업들은 주류 트렌드와는 다른 소수지만 새롭고 선도적인 소비자 집단을 발굴하여 이들이 열정적으로 추구하는 마니아적 소비성향에 따른 틈새시장을 개발하려는 노력을 중요하게 생각하고 있다. 마이크로 트렌드를 이끄는 소수의 소비자 집단이야말로 가장 효율적인 세분시장(segmentation)을 이루고, 명확한 지향점을 가진 목표시장일 뿐 아니라 자발적 지속성까지 유지할 가능성이 높은 강력한 소비자 집단이라 할 수 있기 때문이다. 마이크로 트렌드의 개념은 마크 펜(Mark Penn)이 그의 저서《마이크로 트렌드》(2007)에서 주장한 트렌드 연구방식으로, 소비자의 일상에 숨어 있는 수많은 작은 변화의 움직임에 주목하려는 미시적 접근 방법이다(오혜영, 2014).

(2) 패드(FAD: For a Day)

패드는 'For A Day'의 약자로 트렌드보다 지속하는 시간이 짧은, 보통 짧게는 1년 미만, 아무리 길어도 2~3년 이상 지속하지 못하는 변화 동향을 나타낸다. '일시적인 유행'이라는 패드의 사전적 의미에서 알 수 있듯이, 흔히 사람들이 유행이라고 말하는 것들이 대부분 여기에 해당된다. 우리가 보통 '올해는 파스텔톤이 유행이야'라고 할 때의 '유행'이라는 것이 패드의 다른 표현이라고 생각하면 이해가 쉽다. 패드는 마이크로 트렌드보다 동조의 범위가 넓고 지속 시간이 상대적으로 긴 트렌드를 의미한다(김선주·안현정, 2013).

(3) 트렌드

마이크로 트렌드, 패드, 메가트렌드 등의 개념들과 구분해서 트렌드를 설명하면, 약 5~10년에 걸쳐 지속되는 변화의 동향, 추세로서 대다수 사람이 영향을 받는 변화라고 할 수 있다. 좀 더 구체적으로 트렌드와 일시적 유행(패드)의 비교를 통해서 트렌드의 개념을 이해하면 다음과 같다(서정희, 2005).

① 트렌드는 시장이 변화하는 방향, 즉 대세를 의미하는 것으로 인구통계적 변화, 가치관이나 태도, 생활양식과 소비욕구, 기술 등의 변화에 의하여 시장 전반에 점진적이면서도 광범위한 변화를 가져온다. 특히 생활양식과 소비욕구의 변화 등 사회문화적 요인과 이를 충족시키는 기술이나 사업모델 등이 결합하여 형성되는 트렌드는 경제, 기업경영, 그리고 소비자들의 생활에 큰 변화를 초래한다. 이와 달리 일시적 유행은 시류를 좇는 대중문화나 대중매체가 선도하기 때문에 비교적 짧은 기간에 폭발적으로 등장했다가 사그러든다.

② 일시적 유행은 제품 자체에 적용되는 말이나 트렌드는 소비자들이 물건을 사도록 만드는 원동력에 관한 것이다. 사람들의 마음 속에 확실한 심리적 동기가 있어야 트렌드가 될 수 있다. 즉, 남이 하니까 따라 하는 것은 일시적인 유행 심리이나, 욕망이든 본능이든 강력한 심리적 동기가 내재되어 있다면 트렌드가 될 수 있다.

③ 트렌드는 사회적 토대가 마련되어 있기 때문에 장기간 지속된다. 트렌드는 전쟁이나 자연재해 등과 같은 뜻밖의 상황에 의해서 변화되거나 달라질 수는 있으나 완전하게 뒤바꾸지는 못한다. 일시적 유행은 시작은 화려하나 곧 스러져 버린다. 일시적으로 유행한다고 해도 사회적 토대가 무르익지 않으면 지지할 바닥이 없는 공중누각이 되기 때문이다.

④ 일시적인 유행은 사회, 경제, 정치적 의미가 없다는 점에서 트렌드와 구분된다. 따라서 일시적 유행은 트렌드가 가지고 있는 지속적인 힘이나 영향력을 행사하지 못한다. 유행에 편승해서 사업을 잘 하는 장난감 회사인 Coleco는 일시적 유행인 양배추 인형에 사운을 걸었는데, 유행이 지나가자 회사는 파산하였다.

⑤ 유행하는 제품과 유행하는 제품의 기초가 되는 트렌드 사이에는 상관관계가 있다. 예를 들면 소형 스쿠터는 도시인들의 모바일 트렌드를 반영한 제품이다. 문신은 유색인종의 반문화와 불량취미(bad taste) 트렌드가 반영된 것이다(김영신 등, 2012).

(4) 메가트렌드

메가트렌드는 트렌드보다 지속기간이 훨씬 긴, 적어도 10년 이상의 오랜 기간에 걸쳐 나타나는 사회·문화적 변화이며 동조하는 소비자의 범위도 트렌드보다 훨씬 넓은 것이 특징이다. 메가트렌드라는 용어는 미래학자 존 나이스빗(John Naisbitt)이 1982년 정보화, 글로벌 경제, 분권화, 네트워크 조직 등을 예견한 《메가트렌드》(Megatrends: The New Directions Transforming Our Lives)라는 책을 발표하면서 처음 사용한 용어이다.

그가 말한 메가트렌드는 단기간이 아닌 장기간에 걸쳐서, 어느 한 지역에서가 아니라 전 세계적으로 일어나는 광범위한 변화의 흐름을 말한다. 메가트렌드는 국가나 지역의 정치, 경제, 사회, 기술 수준에 따라서 순차적으로 시간차를 두고 영향을 미친다. 따라서 유행처럼 금방 나타났다 사라지는 경우는 드물다. 과거에는 크게 느끼지 못하던 메가트렌드도 시간의 흐름에 따라 영향력이 강화돼 사회 전반에 미치는 강도가 커지면서 점점 현실화되어 가는 것을 느낄 수 있다. 미래 징후들은 세계화, 고령화, 개인화, 여성화, 지구온난화, 도시화와 같은 메가트렌드가 어떻게 우리의 현실에서 트렌드로 나타나는가를 보여 주는 단초가 되기도 한다 (최윤식 등, 2012).

트렌드의 종류들을 지속하는 시간적 길이와 동조하는 소비자의 범위에 따라 도식화하면 〈그림 1-1〉과 같으며, 지속기간과 스타일의 다양성을 토대로 도식화하면 〈그림 1-2〉와 같다.

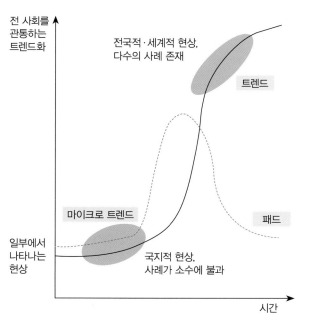

그림 1-1 시간적 길이와 확산정도에 따른 트렌드의 종류
자료: 김선주·안현정, 트렌드 와칭, 21세기북스, 2013, p.41.

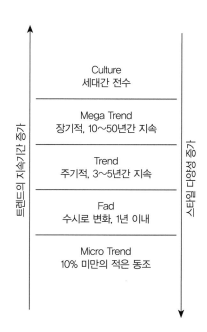

그림 1-2 지속기간과 스타일의 다양성에 따른 트렌드의 종류
자료: 이순종, 디자인의 시대 트렌드의 시대, 미래의창, 2010, p.167.

표 1-1 분야별로 본 한국 사회의 15대 메가트렌드

분 야	메가트렌드	내 용
S(사회)	인구구조의 변화	세계인구 증가, 국가·지역별로 인구증가·정체·감소가 진행, 저출산·고령화 문제 등
	양극화	국가 간·기업 간 고용구조 양극화, 경제적 양극화에 따른 교육기회 차별화, 취약계층에 대한 사회책임 문제
	네트워크 사회	사이버 공동체 활성화, 영토 국가에서 네트워크 국가로 전환, 정보 독점 및 정보의 평준화 등
T(기술)	가상지능 공간	사이버 공간과 물리적 공간 간 상호작용 증대, 증강현실, 실감형 콘텐츠 등
	기술의 융복합화	기술–산업 간 융복합화, 전통산업과 신기술의 융합 등
	로봇	휴머노이드 로봇, 군사용 로봇, 나노 로봇, 정서 로봇 등
E(경제)	웰빙, 감성, 복지경제	고령화·글로벌화에 따른 삶의 질 중시, 신종 질병·전염병 증가에 따른 건강문제 대두 등
	지식기반 경제	경제의 소프트화 현상 심화, 정보·서비스·콘텐츠 등 무형자산 시대 도래, 지식경영 확산, 디지털 중심의 산업 재편 등
	글로벌 인재의 부상	글로벌화에 따른 멀티 플레이형 인재, 지식 경쟁력 부상, 창의력과 감성의 부각 등
E(환경)	기후변화 및 환경오염	환경오염과 기상이변에 따른 환경안보 부각, 국제 탄소거래제도, 물 부족 문제 등
	에너지 위기	화석에너지 및 자원고갈 심화, 지속가능한 에너지 체제로의 전환, 대체에너지 개발 등
	기술발전에 따른 부작용	인간·윤리문제와 기술의 충돌, 기술 패권주의, 개인정보보호 및 불건전 정보의 부작용 문제 등
P(정치)	글로벌화	이동성 증가, 인력 및 자본 이동, 국제공조 확산, 다문화 및 이종문화 등
	안전 위험성 증대	신종 질병 및 전염병 확산, 핵 확산, 대량 살상무기 확산, 경비산업 성장 등
	남북통합	남북한 경제협력, 북한 문제의 국내화 및 급변화, 북한의 불확실성 등

자료: 한국정보화진흥원(2010), 한국 사회의 15대 메가트렌드, p.16.

또한 트렌드의 종류들을 이해하기 위해 우리나라 사회와 연관이 있는 메가트렌드와 마이크로 트렌드의 사례들을 살펴보면 표 1-1, 표 1-2와 같다. 특히 표 1-2는 마크 펜의 저서 《마이크로 트렌드》(2007)에서 소개하고 있는 미국의 주요 마이크로 트렌드 중 최근 우리나라에서도 유효한 이슈들이라고 할 수 있다.

표 1-2 미국의 마이크로 트렌드 중 우리나라에서 유효한 이슈들

구 분	명 칭	내 용
사랑과 성, 인간관계	싱글족	싱글여성 증가, 남성 동성애자 비율 증가에서 연유함.
	쿠거족(cougar)	원래는 술집에서 마지막 남은 사람을 집에 데려오는 나이 많은 여성을 비하하는 말. 지금은 연하남 데이트 상대를 찾는 경제적·성적으로 독립한 여성을 일컬음.
	주말 부부족	미국의 주말부부가 350만 명에 달함. 자신의 직업을 포기하지 않으려는 부부들이 늘기 때문임.
	사내연애족	미국 직장인 중 사내연애 경험자는 60%로, 25~34세 싱글들의 주당 근무시간이 늘고 비슷한 기술과 흥미를 가진 사람들이 같은 직장에서 만나기 때문임.
가정생활	애완동물 양육족	미국의 애완동물 양육 가정이 63%에 이름. 혼자 사는 여성들이 늘고 있는 사회현상과도 관련 있음.
	오냐오냐 부모족	아이들에 대해 미국 부모들이 점점 관대해지고 있음.
외모와 패션	막강한 쁘띠족	미국인 체구가 전반적으로 커지고 있지만, 체구가 작은 여성들의 목소리도 커지고 있어 틈새시장으로 부상함.
	성형수술 애호족	남녀를 막론하고 성형수술을 한 번이라도 경험한 적이 있다면 여러 번 하게 됨.
	상류층 문신족	문신이 반항의 표시에서 섹시한 이미지를 상징하게 됨. 보수층에서는 기강과 충성심을 의미함.
	하드코어 지저분족	더러운 접시를 싱크대에 하루 이상 놔두는 사람이 1/3 이상임. 바쁘고 부유하고 교육수준이 높을수록 지저분족일 가능성이 높음.
식품, 음료	채식하는 아이들	채식주의 확산으로 아이들이 갈수록 고기를 먹지 않음.
	카페인광	수면부족으로 커피 등 카페인으로 원기회복하는 경향임.
생활방식	무시당하는 아빠들	아빠들의 육아, 가사분담 비율이 높아지나 이에 대한 사회적 인정이 부족함.
	모국어 사용자들	미국의 언어고립자(가정)들이 증가하고 있는 추세로, 라틴계 인구에 특화된 마케팅이 강화되는 경향임.
기 타	LAT 부부족(영국)	Live Apart Together의 약자로 별개의 집에서 사는 부부나 커플을 말함.
	맘모니스(이탈리아)	마마보이를 말하며 미국에서는 부메랑, 피터팬, 키덜트(kidult)로 불림.

자료: Kotra(2009), Kotra Global Business Report 08-031, 작은 변화 큰 시장-마이크로 트렌드를 포착하라, 오혜영(2014)에서 재인용.

3) 트렌드의 요소

복잡한 현상 속에서 트렌드를 파악해내기는 쉽지 않다. 우리가 트렌드를 감각적으로 인식한다고 할 때 오감을 통해 특성을 감지할 수 있는 부분을 '형식 요소'라고 한다면, 형식 요소에 담겨 소비자를 만족시키는 가치와 효용을 '매력 요소'(또는 의미 요소)라고 할 수 있다. 형식 요소가 보이는 특성이라면 매력 요소는 보이지 않는 특성이다. 따라서 트렌드가 반영된 사물이나 현상을 형식 요소와 매력 요소의 결합체로 정의할 수 있다. 이는 현상의 복잡성에서 핵심만 꺼내 단순화시키는 것이며, 소비자가 사물을 인지하고 이해하는 가장 단순한 방식이기도 하다.

(1) 형식 요소

흔히 트렌드는 유행하는 것 그 자체를 가리키는 말로 쓰이곤 하는데, '와인 트렌드'나 '수상레저 트렌드'가 그 예이다. 그러나 트렌드는 '흐름'을 가리키는 말이기 때문에, 구체적인 현상이나 사물에는 어울리지 않는 말이다. 따라서 '요즘은 유기농이 트렌드야'라는 말은 유기농 식품이 구현하는 어떤 가치가 트렌드라는 뜻이다. 즉, 그 가치가 구체화된 형태 중 하나가 '유기농'인 것이며, 따라서 그 트렌드는 유기농 아닌 다른 '형태'로도 나타날 수 있다. 바로 그런 형태를 형식 요소라고 할 수 있다.

우리는 트렌드가 투영된 현상의 형태적 · 형식적 특징을 오감으로 지각한다. 대상물의 형태 · 크기 · 색상 · 배치 · 구조 · 기능 · 맛 등의 물리적 속성이나, 특정한 스타일을 형성하는 모든 것을 형식 요소로 볼 수 있다. 혹은 사람들의 행동 방식, 어법(조어), 시간을 보내는 방법 등도 라이프스타일의 형태적인 특성으로서 트렌드의 형식 요소에 포함될 수 있다. 형식 요소는 어디서든 관찰할 수 있다. 사람들의 소지품, 그들이 사는 집, 신상품, 거리, TV 프로그램 등 주변에서 볼 수 있는 모든 것이 형식 요소를 포함하고 있다. 이런 점에서 형식 요소는 구체적이고 미시적이며, 현재적이고 특수적이다. 요컨대 형식 요소는 소비자의 변화하는 욕구가 스며 나오는 통로 또는 충족되는 방식이다. 형식 요소에는 새로운 욕구와 가치가 응축되어 있다. 형식 요소를 통해 사람들의 정서와 공감대, 감성과 심미안의 변화를 읽을 수 있다. 형식 요소는 매력 요소가 실제로 구현되는 방식이다.

(2) 매력 요소

매력은 사람을 끄는 힘이다. 매력 요소는 형식 요소로 하여금 사람들의 마음을 움직이게 하는 내재적인 힘이다. 형식 요소가 트렌드의 미시적이고 개체 중심적이며 표출적인 측면을 가리킨다면, 매력 요소는 형식 요소가 출현하게 된 사회적·인간적 배경, 즉 동기와 관련이 있다. 이는 어떤 트렌드를 나타나게 한 사회적 맥락과도 관련된다. 따라서 메가트렌드는 매력 요소를 이해하는 첫 번째 열쇠 역할을 한다. 사회 구조의 수평화, 집단 윤리를 앞서는 개인화, 가치소비를 지향하는 고급화 등과 같은 메가트렌드는 이런 욕구들과 부합한 것에 사람들이 반응하도록 만드는 근본적인 원동력이다. 메가트렌드가 변화한다는 것은 사람을 움직이는 동기나 움직이는 방식이 변화함을 의미한다. 즉, 사람을 끌어 모으는 매력 요소가 변화하는 것이다.

매력 요소를 파악한다는 것은 소비자의 취향이나 심미안을 파악하는 것과 같다. 형식 요소는 대상의 개별적인 특성이지만, 매력 요소는 수많은 개별적인 특성에 공존하는 속성이다. 형식 요소는 손쉽게 교체할 수 있지만, 매력 요소는 쉽사리 바뀌지 않는다. 이것이 소비자의 마음을 돌려놓기가 어려운 이유이다. 하나의 매력 요소가 구체적인 형태로 표현될 수 있는 가능성은 매우 많다. 따라서 형식 요소에 공통적으로 함축된 감성적·감각적 특징(매력 요소)을 통찰함으로써 소비자의 속마음을 엿볼 수 있다. 매력 요소는 형식 요소를 통해서 간접적으로 관찰되고 추적될 수 있다. 트렌드는 '상품과 문화에 투영된 새로운 욕구의 흐름'이라는 지적은 바로 이 점을 강조하는 것이다.

매력 요소가 어떻게 변화하는지 알면 소비자의 마음이 가리키는 방향도 알 수 있다. 매력 요소는 인간 생활에 영향을 미치는 경제적·사회적·문화적·환경적·제도적 변화의 상호작용에 따라 변화한다. 주어진 환경 조건에 따라 선호가 변화하는 것과 같은 이치이다. 더워지면 빙수를 찾고, 추워지면 뜨끈한 국물을 찾는 것이 사람이다. 매력 요소는 새로운 형식 요소가 출현하고 확산되며 어느 순간 소멸하게 만드는, 바로 그 이유이다(이순종, 2010).

■ ■

트렌드 분석 및
예측의 중요성

1) 트렌드의 급속한 변화

과거에는 소비자의 선호가 급격히 바뀌는 경우가 흔치 않았다. 트렌드가 급변하는 일이 드물었던 것이다. 그러나 생활수준이 급속히 향상되고 정보화 네트워크가 활성화되며, 다양한 마케팅 기술의 진보가 합세하자 시장의 속도가 급격히 빨라졌다. 또한 소비자의 능동성이 신장되고, 소비자 간의 상호작용이 폭발적으로 증가하였다. 결과적으로 소비자 선호의 변화 주기가 빨라지고 기존의 상식을 뛰어넘는 선택이 급증했다. 즉, 트렌드가 빨라지고 복잡해진 것이다. 따라서 트렌드의 진화 경로를 읽지 않으면 소비자의 변화를 총체적으로 파악하기 어려워진 것이다.

한편 트렌드 분석을 토대로 한 미래 예측은 미래의 다양한 가능성을 예측하고, 창안하고, 형성해나가는 노력이다. 미래를 족집게처럼 맞추기 위해서라기 보다는, 미래에 영향을 미치기 위해서, 미래를 만들기 위해서 미래를 예측하는 것이다. 미래를 만들어 갈 수 있는 가능성이 존재하는 한, 미래상을 스케치하는 것은 매우 중요하다. 또한 모든 예측은 위험성이 큰데, 트렌드 예측도 마찬가지이다. 더구나 트렌드는 시장의 경쟁과 기업의 전략적 의사 결정에 중요한 영향을 미칠 수 있다. 트렌드 예측의 위험은 트렌드를 '따라잡아야 하는' 대상으로 간주할 때 더욱 커진다. 예측이 빗나갈 경우의 기회비용이 막대하기 때문이다. 트렌드를 '창조하고 선도할 수 있다'는 관점에서 보면 위험의 문제에서 보다 자유로워 질 수 있다.

트렌드 예측은 수많은 기회 중 가장 유력한 기회를 골라내는 하나의 수단이다. 결과의 맞고 틀림보다 중요하게 생각해야 할 것은, 트렌드를 예측하는 과정에서 새로운 가치에 대한 영감을 활성화하고 구체화시키는 실험적 활동이다. 장기적인 통계자료와 수학적 추정이 중요한 경제예측과 달리, 트렌드 예측은 처음부터 직관적·감각적·경험적 통찰과 해석이 중요한 매우 질적인 작업이다. 이 점에서 트렌드 예측은 사회 전반의 변화와 소비자의 경험 세계에 집중함으로써 영감을 얻을 수 있는 기회를 확대하는 과정이라는 데에 의의가 있다(이순종, 2010).

2) 트렌드 분석과 예측의 중요성

트렌드 분석과 예측의 중요성을 구체적으로 살펴보면 다음과 같다.

첫째, 시장과 우리 사회 전체의 변화가 빠르기 때문이다. 기술의 발전, 인구 구조의 급격한 변화, 무한경쟁의 심화, 산업 간 융·복합 등에 따라 우리가 체감하는 변화의 속도는 점점 더 빨라지고 있다. 환경이 빠르게 변화하면서 당연히 이에 대한 대응도 빨라지지 않으면 안 되는 상황이다. 이러한 빠른 변화에 어떻게 대응할 것인가 하는 문제는 새로운 상품이나 서비스를 기획할 때만 해당하는 것은 아니다. 예를 들어 기업 활동의 거의 전 영역에서 빠른 변화에 대한 대응을 혁신이라는 이름으로 요구하고 있다. 따라서 우리가 어떠한 일을 하든 새로운 변화를 빠르게 인식하고 대응할 필요가 있는 것이다.

이렇게 환경이 급격하게 변화한다는 것은 기회 요인이 되기도 하고 위협 요인이 되기도 한다. 기회가 되느냐 위협이 되느냐는 얼마나 빠르게 환경의 변화를 인식하느냐, 또 이러한 인식을 기반으로 변화에 얼마나 빠르게 대응하느냐에 달려 있다. 따라서 이와 같은 맥락에서 트렌드에 대한 관심이 점점 높아지고 있다.

최근 기업들은 트렌드를 이해하기 위한 교육을 강화하거나 자체적으로 정기적인 트렌드 리포트를 작성해 구성원들에게 배포하는 등 빠른 변화에 대응하기 위해 노력하고 있다. 꼭 기업이 아니더라도 상황은 마찬가지다. 자영업을 하건, 1인 기업을 운영하건, 또는 취업을 준비하는 학생이건 간에 빠른 변화에 얼마나 적절하게 대응하느냐가 성패를 좌우하는 시대이다. 매년 연말이면 서점에 다음 해의 트렌드를 소개하는 책이 넘쳐나는 것은 이러한 이유일 것이다. 다양한 트렌드나 사회 변화를 책이나 신문, 또는 연구보고서를 통해 접함으로써 간접적으로 트렌드 변화를 인식할 수도 있다. 하지만 직접 체험하는 것만큼 큰 자극이 되는 것은 없다. 변화와 트렌드를 직접 인식하면 여기에 어떻게 대응해야 할지, 업무 또는 사업에 이를 어떻게 접목할 수 있을지에 관해 아이디어를 얻고 실현하는 작업이 더 폭넓고 다양한 차원에서 빠르게 이루어질 수 있기 때문이다.

둘째, 새로운 아이디어를 통한 차별화가 중요해졌기 때문이다. 오늘날에는 기업이든 개인이든 차별화된 무엇인가를 지속적으로 내놓지 않으면 경쟁에서 우위를 점하기 어렵다. 이는 새로운 상품이나 서비스의 개발 부서 뿐만 아니라, 인사 또는 재무관리 영역에서도 마찬가지이다. 경쟁에서 우위를 점하기 위해서는 무언가 다른 사람과 달리 차별화된 기획이 필요하고, 이것의 원천을 아이디어라고 할 수 있다. 그런데 이 아이디어라는 건 아무 노력 없이 갑자기 생각나는 것도 아니고, 몇 시간씩 회의를 한다고 나오는 것도 아니다. 흔히 '무에서 유를 창조한다'는 표현에서처럼 아무 것도 없는 곳에서 새로운 것이 나오지는 않는다. 즉, 새로운 자극과 영감 없이 새로운 아이디어는 절대 얻을 수 없다.

트렌드의 분석과 예측은 꼭 새로운 공간을 찾아 떠나지 않더라도, 새로운 시각에서 우리의 일상과 주변을 '관찰(watch)'함으로써 항상 새로운 자극에 나 자신을 노출하는 효과를 낳는다. 즉 새로운 아이디어를 위한 자극, 영감의 소재를 일상생활 속에서 찾을 수 있게 하는 것이다. 따라서 트렌드의 분석과 예측을 통해 상품뿐만 아니라 홍보, 영업 등 다양한 분야에서 새로운 기획을 위한 아이디어를 얻는 것이 가능하다. 이러한 아이디어는 개인이나 기업이 경쟁자와 차별화할 때 유용하게 활용될 수 있을 것이다.

셋째, '잠재니즈를 어떻게 하면 알 수 있을까'에 대한 기업 또는 개인 차원의 관심이 높아졌기 때문이다. 잠재니즈란 표출되지 못하고 숨어 있는, 즉 분명히 존재하지만 고객이 말이나 글로써 표현하지 않거나 표현하지 못하기 때문에 파악하기 어려운 니즈를 말한다. 이렇게 숨어 있는 고객의 잠재니즈를 어떻게 하면 파악할 수 있을까에 대해 기업, 특히 새로운 상품이나 서비스를 기획하거나 개발하는 부서에서 무척 관심이 높다. 고객이 표현하는 니즈에 대응하는 것만으로는 혁신적인 것을 만들어내기도 어렵고, 다른 기업이나 사람과 차별화하기도 어렵기 때문이다. 트렌드 분석과 예측은 이러한 잠재니즈를 파악하기 위한 방법으로서도 유용하다. 고객들이 잠재니즈를 말이나 글로 표현하기는 어렵지만 표정이나 행동 등에서 무의식중에 이러한 니즈를 나타내므로 관찰을 통해 이를 파악할 수 있기 때문이다(김선주·안현정, 2013).

트렌드의 발생과 확산

1) 트렌드의 발생

트렌드는 어떻게 생겨나고 확산되는가? 트렌드의 발생과 확산에 대한 설명으로 효용이론과 사회학적 관점을 들 수 있다. 효용이론은 트렌드가 사람들에게 제공하는 유·무형의 이점에 주목하는 것이다. 예를 들어 웰빙 트렌드가 성장할 수 있었던 이유를 삶의 질 향상이라는 이점에서 찾는 것이다. 사회학적 관점은 차별화와 모방의 술래잡기 게임으로 트렌드가 생겨나고 사라지는 과정을 설명한다. 예를 들어 사회학적 관점에서는 채식 열풍의 원인을 채식의 생리적 이점보다는 연예인 등 사회 명사들이 채식 다이어트에 열광하며 이점을 전파하기 시작한 데서 찾는다.

트렌드는 소비자의 욕구가 투영된 결과라는 점에서 효용이론은 정확한 분석을 제공한다고 볼 수 있다. 그러나 시장형성의 메커니즘을 이해하는 데에 더 많은 시사점을 제공하는 것은 사회학적 관점이다. 트렌드의 수명을 결정하는 것은 효용이지만, 단지 효용을 가진 신제품이 출시되었다고 해서 시장의 판도가 바뀌지는 않는다. 누가 트렌드를 주도하느냐가 제품의 혁신성보다 더 중요한 경우가 많다. 시장은 매우 사회적이고 심리적이기 때문이다.

2) 트렌드 수명주기

트렌드의 수명은 여러 변수들의 상호작용에 따라 다소 차이가 있을 수 있지만, 트렌드가 나타나고 성장하고 소멸하는 과정은 대체로 일정한 패턴을 보여 준다. 트렌드는 일반적으로 징후를 최초로 감지하거나 표현하는 소수의 트렌드 창조자로부터 출발하여, 점차 의견선도자 혹은 트렌드 결정자의 관심을 끌기 시작하고 이후 대중에게 알려지면서 큰 시장을 형성하여 유지되다가 점차 영향력이 약해져 소멸되거나 기존 문화의 틀 안으로 통합되어 간다. 이런 과정을 잠재기, 전기 확산기, 후기 확산기, 냉각기로 나누어 설명할 수 있다.

(1) 잠재기

① **솟아나는 징후와 트렌드 창조자** 　언제나 트렌드는 조금씩 드문드문 변화의 신호를 보내는 것으로 시작한다. 잠재기는 트렌드가 될 가능성이 있는 징후가 나타나는 시기이다. 징후는 정해지지 않은 형태로 여기저기서 솟아난다. 그것은 어떤 작가의 신작일 수도 있고, 신기한 아이디어 상품일 수도 있으며, 누군가의 색다른 휴가 계획일 수도 있다. 혹은 통계수치의 변화 속에도 징후가 숨어있을 수 있다. 성장가능성이 높은 트렌드의 징후는 어떤 한 분야에서만 나타나지 않는다. 서로 관련이 없어 보이는 다양한 분야에서 속속 나타나는 징후일수록 후에 영향력이 큰 트렌드가 되기 쉽다. 따라서 다양한 분야를 균형 있게 관찰하는 것이 중요하며, 서로 다른 제품 카테고리에서 비슷한 시도가 나타나고 있지는 않은지 주시할 필요가 있다.

　잠재기에 드문드문 신호적으로 나타나는 변화에 있어 트렌드 창조자들의 역할이 매우 크다. 21세기의 기업경쟁은 트렌드를 창조하기 위한 경쟁이라고 해도 과언이 아니다. 누가 미래 트렌드의 열쇠를 쥐고 있을까? 사상가·예술가·엔지니어·디자이너·작가·사회운동가·여행가 등 새로운 가치와 가능성을 찾아 실험하기를 그치지 않는 이들, 탐구·설계·시도·실험·탐미·유랑·모험 등의 단어가 어울리는 사람들이 트렌드 창조자의 역할을 하고 있을 가능성이 높다. 이들이

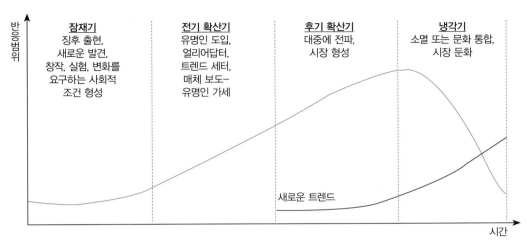

그림 1-3   트렌드 수명주기
자료: 이순종, 디자인의 시대 트렌드의 시대, 미래의창, 2012, p.49.

매사를 트렌드를 주도하겠다는 생각으로 임하는지 알 수 없지만, 확실한 것은 이들은 기존의 것에 안주하기를 거부하며 실패를 두려워하지 않는다는 점이다.

② **소비자가 이끄는 트렌드의 시대**   트렌드 창조자들은 확실히 남다른 감성과 상상력을 가진 사람들임에 틀림없다. 이들의 일대기는 신화가 되고, 이들의 철학은 오랫동안 회자되며 다양한 형태로 재생산되어 왔다. 그러나 정보기술이 생산의 주도권을 생산자에서 소비자로 이전시키면서 사회가 소수의 천재적인 창조자와 대다수의 수동적인 대중으로, 중심과 주변으로 이분되던 시대는 끝났다. 오히려 소비자의 생산성과 창조성이 새로운 개념과 스타일을 만들어내는 결정적인 역할을 한 사례도 늘어나기 시작했다. 그리고 많은 기업이 소비자의 새로운 발상을 산업화하기 위해 노력하기 시작했다. 거물 디자이너나 스타급 연예인, 혹은 그들의 스타일리스트뿐만 아니라 일반인도 트렌드 창조에 참여하는 기회가 확대되기 시작한 것이다.

이 모든 것이 정보와 커뮤니케이션의 주도권이, 개인을 수직적으로 통합하는 조직과 단체에서 개인들의 수평적 연합으로 분산된 덕분이다. 문화 다원주의와 탈 중심주의, 소비자의 자기결정성 증대, 생산과 소비의 민주화, 사회구조의 수평화 등도 특별한 소수가 독점하던 트렌드 창조자 혹은 결정자의 지위를 보다 일반적인 것으로 변화시키는 데 기여하고 있다. 결과적으로 오늘날에는 다양한 사회적·경제적 배경을 가진 사람들이 트렌드의 주도층이 될 수 있는 잠재적 기회를 가질 수 있게 되었다. 물론 이러한 사실이 전통적인 트렌드 창조자 집단의 중요성을 약화시키는 것은 아니다. 오히려 전통적인 트렌드 창조자 집단의 다양성이 확대됨을 의미한다. 이는 트렌드 발생의 기회가 그만큼 더 많아졌다는 암시인 것이다.

(2) 전기 확산기

잠재기에 새로운 변화가 여기저기서 솟아나기 시작했다면 전기 확산기에는 소비자 중에서 변화에 가장 민감한 집단, 즉 트렌드 결정자들이 이를 포착하고 자신의 삶에 수용하여 과시하기 시작한다. 이어 트렌드 결정자의 움직임에 민감한 관련 시장이 대응하게 된다.

① **트렌드 결정자**　트렌드 결정자는 트렌드 세터(trend setter)라고도 표현하는데, 의도했는지 여부와는 무관하게 새로운 트렌드가 확산될 수 있도록 안착시키는 사람들이다. 트렌드 결정자는 일반적으로 변화에 민감할 뿐만 아니라 변화를 적극적으로 수용하는 사람들이다. 이들은 신제품을 가장 많이 소비하며, 스타일과 취향이 아주 개방적이고 호기심도 왕성하며 스타일의 변화를 기꺼이 받아들이는 데에 누구보다 앞장선다. 트렌드 결정자들이 새로운 것을 선호하는 이유는 차별화이다. 이들은 자신이 남과 다름을 확인하기, 즉 '구별 짓기'를 원한다.

　트렌드 결정자는 일반적으로 대중이 주목하는 직업을 가진 인물인 경우가 많다. 주로 인기 연예인, 유명 모델, 스포츠 스타, 방송인, 유명 예술인, 다양한 분야의 인기 명사, 상류층 등이 트렌드 결정자가 된다. 물론 반드시 유명인이나 상류층만이 트렌드 결정자가 될 수 있는 것은 아니다. 일반인 중에서도 변화에 민감하고 새로운 시도에 거침없으며 주변인의 호감과 질투를 동시에 불러일으키는 인물들이 있다. 이들은 자신이 속한 네트워크 안에서 다른 구성원들의 의사결정에 영향을 줄 수 있다. 이들이 주변의 인기를 모으며 질투심 혹은 호감을 살만한 매력을 지닌 존재라면, 이들의 일거수일투족은 주변에 인기 연예인 못지않은 영향력을 미칠 수 있다. 오늘날 인터넷으로 인해 일반인 트렌드 결정자도 유명 스타 못지않은 사회적 영향력을 발휘하게 되었다. 트렌드 결정자의 선택은 단지 새로움 때문에 대중에 전파되는 것이 아니라, 그것을 선택한 트렌드 결정자 개개인의 독특하거나 매력적인 캐릭터의 힘과 결합하여 대중의 호기심을 획득하게 되는 것이다.

② **조기 수용자(early adapter)**　조기 수용자와 트렌드 결정자는 많은 면에서 비슷해 보인다. 사실 모든 트렌드 결정자는 조기 수용자이다. 그러나 모든 조기 수용자가 트렌드 결정자인 것은 아니다. 이 두 집단의 차이는 바로 대중의 이목을 집중시키는 힘이다. 트렌드 결정자는 조기 수용자에 비해 매스컴으로부터 훨씬 많이 주목받는다. 따라서 트렌드 결정자가 조기 수용자보다 트렌드의 전파에 더욱 직접적인 영향력을 행사한다. 일반적으로 트렌드 결정자는 직업이나 성격 등 캐릭터의 여러 측면에서 많은 사람들의 이목을 집중시키기 때문이다.

그에 반해 조기 수용자는 반드시 대중의 이목을 집중시키는 캐릭터를 갖고 있지는 않다. 또한 사회구조적으로 자신의 일거수일투족이 대중에게 중요한 영향을 미치는 위치에 있지 않을 수도 있다. 사람들 앞에 나서지 않고 조용히 사는 사람이라도 개인적으로 새로운 것에 관심이 많으면 조기 수용자가 될 수 있다. 하지만 그의 대중적인 영향력은 낮다. 따라서 조기 수용자라고 해서 반드시 트렌드 결정자가 되는 것은 아니다. 그럼에도 조기 수용자의 잠재력이 커질 가능성이 높다. 1인 미디어가 보편화되면서 조기 수용자가 새로운 대상에 대한 자신의 경험을 불특정 다수에게 전파할 수 있게 되었기 때문이다. 이들의 의견은 트렌드의 잠재 동조자들에게 신뢰할 수 있는 기준으로 작용할 가능성이 높다. 이제 대중의 눈에 쉽게 뜨이는 유명인이 아니어도 트렌드를 주도할 수 있게 된 것이다.

③ **트렌드 확산의 기폭제인 매스컴**　매스컴은 트렌드를 확산시키는데 매우 중요한 역할을 담당한다. 트렌드 결정자는 매스컴에 뉴스 거리를 제공하고, 매스컴은 그들의 라이프스타일을 대중에게 드라마틱하게 전달함으로써 대중의 호기심을

만족시킨다. 대중은 새로운 스타일에 적응하고 학습된다. 얼마 전까지만 해도 예쁘다고 생각하지 않았던 것이 한순간 갑자기 예쁘게 느껴지는 것이다. 필요치 않았던 것이 서서히 필요해지고, 주변 사람들의 변화가 속속 눈에 들어온다. 이와 같이 대중의 안목과 취향을 이끌고 가는 과정의 일등공신이 바로 매스컴이다. 매스컴이야말로 최신 트렌드를 전 세계로 확산시키는 일등공신이다.

(3) 후기 확산기 – 대중화

어떤 대상이 일반인에게까지 사랑받기 위해서는 충분한 수의 트렌드 결정자에 의해서 일정 시간 동안 관심을 끌어야 한다. 트렌드 결정자의 일거수일투족이 방송 등의 매체를 통해 대중에게 전달되면서, 트렌드 결정자가 보여 주는 스타일이나 새로운 개념 및 가치관 등에 대한 대중의 호기심과 친숙성이 높아진다. 이 때 트렌드 시장의 규모가 최대화되는 시점에 도달한다. 하이엔드(high-end)[1]급 제품보다 보급형 제품이 시장을 주도하고, 제품군별로 트렌드 신제품이 계속해서 쏟아져 나오는 시기가 후기 확산기이다.

전기 확산기를 트렌드 결정자가 주도한다면, 후기 확산기는 대부분의 일반 소비자가 주도한다. 이들은 변화를 싫어한다기보다는 덜 예민할 뿐이고, 위험이나 실험을 좋아하지 않는다기보다는 즐기지 않는 편에 가깝다. 다수의 소비자들이 트렌드 결정자에게서 본 새로운 대상이 좋고 바람직하며 매력적이라고 느끼기 시작하면서부터 트렌드가 대중적 기반을 갖게 된다. 대중이 새로움이나 변화에 무관심한 것은 아니다. 다만 많은 경우 대중은 새로움 자체보다는 누가 그것을 추구하는가에 더 많은 관심이 있다. 남보다 먼저 새로운 스타일을 창조하고 앞서가는 것보다는 트렌드 결정자의 행보를 주시하는 것이 이들에게는 더 안전한 전략이다.

후기 수용자들은 트렌드 결정자들이 무엇을 언제 어떻게 하는지 지켜보면서

---

1 오디오 제작 기업들은 가장 좋은 사운드를 구현하는 오디오를 만들기 위해 '가격을 염두에 두지 않고' 제품을 개발해왔는데 이를 '하이엔드(high-end)' 오디오라고 한다. 즉 디자인과 성능, 품질 등 모든 면에서 가장 뛰어난 오디오를 뜻한다. 이후 적용 분야가 점차 넓어져, 자동차 오디오를 최고급으로 구축하는 카 하이엔드 오디오 분야나 IT 분야 등으로 확장이 이루어졌다. 이와 같이 오디오 시장에서 주로 사용되던 용어가 다른 제품들에 대해서도 사용되고 있는데, 제품군 가운데 가장 뛰어난 성능을 가진 제품을 가리킨다.

변화를 감지한다. 그들이 받아들인 대상은 방송에서 많이 본 것이거나 주변 사람들이 먼저 구매한 것이었을 가능성이 높다. 후기 수용자들에게는 안전함, 익숙함, 같은 부류가 되는 소속감, 체험의 즐거움이 새로운 것을 시도하는 스릴보다 더 의미 있다. 새로운 것을 받아들이는 데 있어서 주변의 상황과 나름의 타당성을 고려하는, 신중하고 합리적인 이들이 바로 후기 확산기 시장의 고객인 대중이다.

(4) 냉각기

① **진부화**　냉각기는 트렌드 열풍이 잦아드는 시기이다. 그러나 여전히 시장은 트렌드 상품으로 가득하고 여전히 괜찮게 팔려나간다. 그러나 확산기 만큼의 추진력이나 새로움은 많이 약해져 있다. 진부해지기 시작하는 것이다. 트렌드는 끝난 것인가? 냉각기에 접어든 트렌드는 일반적으로 소멸 아니면 통합의 수순을 밟아가면서 대중의 관심에서 멀어지게 된다.

② **소멸 혹은 통합**　쓸모가 없어지면 사라진다. 경제논리와 같다. 유지에 드는 비용이 실질적인 이득보다 크면 유지할 필요가 없어지는 것이다. 예를 들어 한때 트렌드였던 패션 아이템은 한차례 열풍이 휩쓸고 지나가면 쉽게 진부해져 대부분 시장에서 사라져 버린다. 트렌드가 한참 지난 옷을 입는 경우 좋은 평가를 많이 받을 가능성이 거의 없기 때문이다. 철 지난 패션을 고수하면 검소하고 알뜰하다는 평가를 받기보다는 답답하고 생기가 부족하고 세상물정 모르는 사람으로 보이기 쉽다. 트렌드를 따라잡아야 한다는 의무 아닌 의무감에는 이러한 마음

표 1-3　소멸하는 트렌드와 살아남는 트렌드

소멸하는 트렌드	살아남는 트렌드
트렌드 주기가 짧은 것	트렌드 주기가 긴 것
감각적인 것	실용적인 것
기술혁신과 깊이 관련된 것	생활개선과 깊이 관련된 것
교체비용이 낮은 것	교체비용이 높은 것
대안이 많은 것	대안이 적은 것

자료: 이순종, 디자인의 시대 트렌드의 시대, 미래의창, 2010, p.57.

이 배어 있다.

반면 어떤 트렌드를 일상생활 속에 유지하는 실절적인 이득이 유지비용보다 크다면 그 트렌드는 문화에 통합될 가능성이 높다. 트렌드의 사회적 이슈성이 없어지는 대신, 사람들의 일상생활 속에 자리를 잡는다는 것이다. 트렌드의 새로움은 빛바랬을지라도 그 효용과 가치는 존속할 수 있는 것이다. 열풍은 식어도 시장에 남는 트렌드는, 계속해서 쓸 만한 신제품이 나온다든지 혹은 다른 것으로 대체할 수 없는 근본적 가치(건강·행복·성공 등)를 가지는 등 나름의 존재의 이유가 있다(이순종, 2010).

3) 트렌드의 확산

(1) 트렌드 확산의 유형

자료를 찾는 것은 쉽지만 그 속에서 트렌드를 포착하기는 어렵다. 트렌드 관찰을 시작할 때는 역사 속의 한 시점에서 시작한다. 과거는 이미 지나갔고, 미래는 눈앞에 펼쳐져 있다. 미래 예측의 경우 대개 10~100년 전의 과거부터 5~20년 후의 미래를 생각하는 것이 적절하다. 트렌드 조사의 목적은 우리가 그동안 어떤 상황이었으며 어느 방향으로 가고 있는지를 알아내는 것이다. 이렇게 하면 트렌드란 '지금 일어나고 있는 일이 무엇인가'에 대한 설명이 된다. 주의할 것은 트렌드는 예측이 아니라는 사실이다. 트렌드는 그저 지금까지 수집한 자료를 보기 쉽게 나타낸 것에 불과할 뿐이다. 그러나 이 트렌드로부터 미래를 추론할 수 있다. 여러 종류의 트렌드 곡선은 자료가 이끄는 방향이 어딘지를 시각적으로 이해하는 데 도움을 준다. 또한 그래프의 어느 지점에 와 있는가를 파악할 수 있다.

① **직선형 트렌드**　얼핏 보면 직선형 트렌드가 가장 이해하기 쉽다. 한 마디로 변화가 일정한 속도로 일어나고 있다는 뜻이다. 〈그림 1-4〉를 보면 세 가지 직선형 트렌드가 나타나 있다. 오른쪽으로 상승하는 직선은 미국에서 매년 9%씩 증

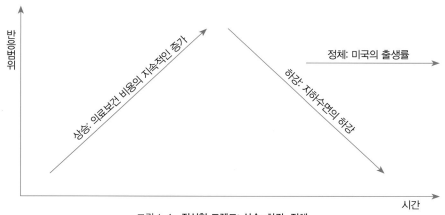

그림 1-4　**직선형 트렌드: 상승, 하강, 정체**
자료: 에릭 갈랜드, 손민중 역, 미래를 읽는 기술, 한국경제신문사, 2008, p.81.

가하는 의료보건 비용을 나타낸다. 상승하는 직선의 끝은 어디일까? 반면 오른쪽으로 갈수록 하강하는 직선은 중동과 미국 서부의 지하수면이 낮아지고 있다는 사실을 나타낸다. 어디까지 내려갈 것인가? 마지막으로 수평 직선은 가임 여성당 2명의 신생아로, 정체된 미국의 출생률을 나타낸다.

　미래를 생각할 때 제기해야 할 진정한 질문은 '이 트렌드가 언제 변화할 것인가?'이다. 예를 들어, 상승 직선인 의료보건 비용의 상승세를 영구적으로 멈출 수 있는 요인으로는 무엇이 있을까? 하강 직선과 관련된 우리의 물 사용 유형이 언제쯤 바뀔까? 혹은 담수가 완전히 고갈될 생태지역이 생기지나 않을까?

② **S곡선**　빠른 상승세를 보이는 S형 곡선을 보면 '이 추세가 영원히 지속될까?', '상승세를 자연스럽게 멈출 요소가 있을까?'라는 질문을 던져야 한다. 예를 들어, 가정용 컴퓨터 대수를 생각해보자. 가격하락으로 수백만 명의 소비자가 컴퓨터를 사게 되어 결국에는 PC 없는 가정이 없게 된다. 〈그림 1-5〉에서 보듯이 이런 경우에 급상승세는 정체기로 전환하게 된다.

③ **포물선**　포물선은 새로운 시대가 열리기 바로 직전을 보여준다. 이러한 트렌드는 시작은 미미하나 폭발적인 상승세를 보인다. 인터넷 사용자의 증가추세는

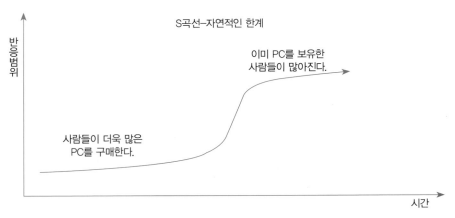

그림 1-5 **S곡선 트렌드: 급상승 후 정체기**
자료: 에릭 갈랜드, 손민중 역, 미래를 읽는 기술, 한국경제신문사, 2008, p.83.

포물선 곡선의 좋은 예다(그림 1-6 참조). 인터넷 확산의 경우 1992년경에는 포물선의 맨 아래 부분 수준이었다. 당시는 전 세계에서 몇 명의 컴퓨터광에게만 인터넷 사용이 가능했다. 인터넷 사용자 수는 1970년대 이후 줄곧 정체상태였다. 미국에서 아르파네트[2]에 접속할 수 있던 정부의 과학자들과 몇몇 대학의 연구진만 컴퓨터와 연결된 인터넷망을 사용했다. 1990년대 초반에는 더욱 많은 대학들이 아르파네트에 연결이 되었다. 1994년에는 아메리카 온라인(America Online/AOL)이 급속히 확산되었다. 1995년에는 월드와이드웹(www)이 등장했다. 인터넷의 전성시대가 도래했고, 이제 인터넷을 사용하지 않는 사람이 없는 듯 보였다. 이렇게 인터넷은 포물선 곡선에서 볼 수 있듯이 어마어마한 속도로 성장했다.

　이러한 트렌드를 보면서 앞으로 이 곡선이 얼마나 더 상승할 것인지, 조만간 정체기로 돌입하지는 않을 것인지 등을 살펴야 한다. 이러한 물음은 인터넷을 사용하는 현재에도 해당되는 사안이다. 향후 지구상에서 인터넷을 사용하게 될 사람은 추가로 얼마나 남아 있는가? 지금의 폭발적인 성장세가 언제쯤 둔화될 것인가? 등이다.

---

2 ARPANET(Advanced Research Projects Administration Network): 미국 국방부가 개발한 초기 인터넷

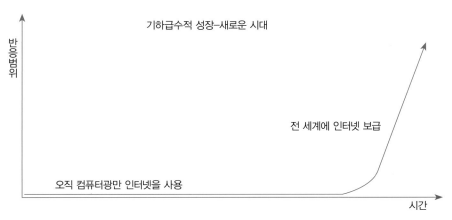

그림 1-6 포물선 트렌드: 기하급수적 성장
자료: 에릭 갈랜드, 손민중 역, 미래를 읽는 기술, 한국경제신문사, 2008, p.84.

④ **역포물선** 포물선의 반대곡선으로 기하급수적 하락을 보여 주는 것이다. 예를 들어, 과거 한때는 얼음 장수들이 도시나 마을을 다니면서 아이스박스용 얼음을 팔았다. 그러나 전기가 싸게 공급되고 가전제품이 등장하자 얼음 장수들은 빠르게 자취를 감췄다(그림 1-7 참조).

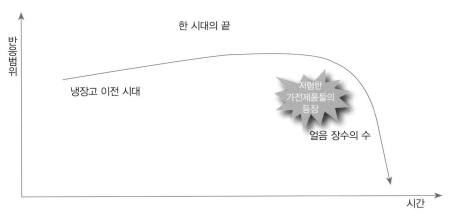

그림 1-7 역 포물선 트렌드: 기하급수적 하락
자료: 에릭 갈랜드, 손민중 역, 미래를 읽는 기술, 한국경제신문사, 2008, p.85.

트렌드를 볼 때는 이 트렌드가 나아갈 다양한 방향에 대해 생각해 보아야 한다. 뭔가 변화를 포착했다면 이 트렌드가 직선형인지, 곡선형인지, 포물선형인지를 알아보아야 한다. 그리고 이 트렌드가 우리의 미래에 어떤 영향을 줄 수 있을지 생각해 보아야 한다. 즉, 이 트렌드가 여전히 요인으로 작용할 것인가? 이 트렌드가 곧 정체 상태에 접어들어 더 이상 문제가 안 될 것인가? 새로운 시대가 우리 눈앞에 도래해 있는가? 등이다(에릭 갈랜드, 2008).

(2) 트렌드 확산의 경로와 구성원

① 확산 경로의 구성원들 〈그림 1-8〉의 다이아몬드형 트렌드 모델(Diamond Shaped Trend Model)은 트렌드의 생성에서부터 확산, 소멸에 이르기까지의 과정을 각 트렌드 집단들 간의 확산을 통해 보여 준다. 먼저 지극히 혁신적이면서 창조적인 사람들, 즉 트렌드 창조자들로 이루어진 집단은 규모는 매우 작지만 트렌드 확산 과정에서 중요한 역할을 한다. 트렌드 결정자들이 수용하고자 하는 새로운 스타일을 창조하기 때문이다. 따라서 트렌드 창조자들이 동질적인 집단을 이루고 있지 않고 시장을 대표한다고 할 수는 없지만 그들은 이 트렌드 모델의 정상에 위치한다.

반면에 변화를 전혀 받아들이지 않는 집단도 존재한다. 특히 미국 북동부에 거

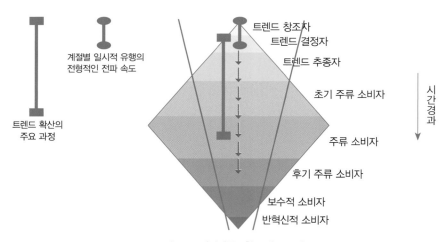

그림 1-8 **다이아몬드형 트렌드 모델**
자료: 헨릭 배일가드, 이진원 역, 트렌드를 읽는 기술, 비즈니스 북스, 2010, p.236.

주하는 기독교 교파인 아미시파(Amish)가 그렇다. 그들의 생활방식은 1700년대부터 지금까지 거의 변함이 없다. 그들은 지금도 여전히 마차에 짐을 싣고 다니고, 250년 동안 거의 동일한 의상을 고수하고 있다. 시장에는 이처럼 변화를 거부하는 사람들이 존재하지만, 그 세력은 미세하고 근대적 생활양식에 걸맞는 시장을 형성하지 못한다. 그럼에도 불구하고 트렌드 모델이 가능한 한 현실을 반영하도록 하려면 트렌드 창조자와 반혁신적 소비자 모두를 모델에 포함시켜야 한다.

그러나 트렌드의 확산은 트렌드 결정자에서 시작되고, 보수적 소비자에서 끝난다고 할 수 있다. 트렌드 결정자에서부터 보수적 소비자에 이르기까지 6유형 트렌드 집단의 중요한 차이는 변화에 대한 의지, 요컨대 새로운 스타일에 대한 개방성과 관련이 있다. 이 모델의 위 편에 위치한 소비자들은 스타일과 패션의 변화를 좋아하는 반면, 아래 편에 위치한 소비자들은 스타일과 패션을 바꾸려고 하지 않고, 심지어는 변화에 적대감마저 보인다. 즉, 전자는 변화 의지가 강하고 새로운 스타일에 개방적 태도를 취하는 반면, 후자는 변화 의지가 없고 오래된 스타일을 그대로 유지하려는 욕구가 강하다.

트렌드를 창조하고 확산시키는 것은 결국 사람들이다. 만약 새로운 트렌드가 왜 생기는지를 묻는다면, 트렌드 결정자가 '변화'와 '다양성'을 늘 갈망하고 있기 때문이라고 답할 수 있다. 이들은 변화를 통해서 성장해 나간다. 이들은 단 한 번 보고도 새로운 스타일에 끌리지만 주류 소비자들은 그렇게 끌리기까지 수천 번을 확인한다. 이제 트렌드 확산을 가능하게 하는 6개 트렌드 집단 각각의 특성을 알아보기로 하며, 각 트렌드 집단의 비율은 〈표 1-4〉와 같다.

● **트렌드 결정자**　이들은 스타일과 취향 면에서 아주 개방적이면서 호기심도 왕성하다. 스타일의 변화를 기꺼이 받아들이고, 변화가 규칙적으로 일어날 경우

표 1-4　트렌드 집단의 구성 비율

• 트렌드 창조자	1%	• 초기 주류 소비자	20%	• 보수적 소비자	10%
• 트렌드 결정자	5%	• 주류 소비자	38%	• 반혁신적 소비자	1%
• 트렌드 추종자	10%	• 후기 주류 소비자	15%		
26%		73%		11%	

자료: 헨릭 베일가드, 이진원 역, 트렌드를 읽는 기술, 비즈니스 북스, 2010, p.120.

그것을 긍정적으로 생각한다. 새롭게 선보이는 혁신적인 스타일에 열광하고, 그러한 스타일을 받아들이는 데 누구보다 앞장선다. 이들은 누구보다 먼저 혁신적인 스타일을 받아들인다.

- **트렌드 추종자** 이들은 트렌드 결정자와 성향이 비슷하지만, 자신이 직접 사용해 보기 전에 다른 사람들이 사용하는 걸 먼저 지켜보려고 한다. 그들은 스타일과 취향 변화에 매우 개방적이지만, 다른 사람들에게 받아들여질 만한 것을 자신들이 선택하고 있다는 사실을 확인받고 싶어 한다. 이들은 트렌드 결정자로부터 영감을 얻고, 주류 소비자에게 영감을 주는 역할을 한다.

- **초기 주류 소비자** 이들은 대다수 사람들이 받아들이기 직전에 새로운 스타일을 받아들인다. 즉, 일반 대중보다는 새로운 스타일에 더 개방적이지만 트렌드 추종자보다는 조금 더 주저하는 경향이 있다. 트렌드 추종자는 극히 일부만이 혁신적인 스타일을 구입할 때 곧바로 따라서 하지만, 이들은 꽤 많은 사람들이 혁신적인 새로운 스타일을 받아들인 후에야 비로소 수용한다.

- **주류 소비자** 이들은 '모든 사람'이 혁신적인 새 스타일을 받아들인 후에, 이런 스타일을 받아들이거나 사용한다. 이미 검증되고 인정받은 제품을 쓰고 싶어 한다는 점에서는 초기 주류 소비자와 유사하다. 이들은 트렌드 결정자만큼 자신이 트렌드에 민감해지는 걸 원하지 않으며, 그렇다고 보수적으로 보이는 것도 바라지 않는다. 이들의 신조는 '새로운 걸 가장 먼저 써보려고 하지 말고, 오래된 걸 가장 늦게 버리려고도 하지 말자'이다.

- **후기 주류 소비자** 이들은 스타일과 취향이 궁극적으로 변해야 한다는 점은 인정하지만, 어떤 면에서는 스타일과 변화를 아예 무시한다. 이들이 새로운 무언가를 사려고 한다면 (물론 이미 몇 시즌 전에 등장했던 것을 산다) 기존에 구입하던 스타일을 결코 구할 수 없기 때문이다. 이들은 스타일 변화를 전혀 받아들이지 않음으로써 대다수의 사람과 자신이 다르다는 사실을 깨닫기도 한다.

- **보수적 소비자** 이들은 수년 전, 심지어는 수십 년 전부터 존재해 왔던 스타일을 선호한다. 새로운 스타일에 가장 회의적인 사람들이다. 이들은 스타일과 취향이 변하는 것을 내켜 하지 않고, 지금 자신이 사용하는 것에 만족한다. 그들은 자신이 잘 알고 있고, 오랫동안 사용해 왔던 제품을 더 이상 구할 수 없을

때야 비로소 새로운 것을 구매한다.

② **구성원들 간 트렌드 이동과 확산**   〈그림 1-8〉의 트렌드 모델이 다이아몬드형인 이유는 각 트렌드 집단의 수를 반영했기 때문이다. 트렌드 확산의 주요 과정은 트렌드 결정자로부터 주류 소비자에게로의 이동이다. 특히 창조의 역할을 하는 트렌드 창조자보다 트렌드를 선택하여 확산시키는 트렌드 결정자의 역할이 중요하다. 따라서 이 모델에 따르면 트렌드는 '어떤 스타일이 트렌드 결정자로부터 주류 소비자로 움직이는 과정'이라고 정의할 수 있다. 일단 어떤 스타일이 주류가 될 경우, 주류 소비자로부터 보수적 소비자로 전파되는 과정이 시작된다. 그러나 이 과정에서 트렌드는 더 이상 성장하지 않는다. 그리고 제품 개발이나 디자인, 스타일 개발에 지속적인 노력이 뒷받침되지 않을 경우 그 제품이나 디자인, 스타일에 대한 관심은 줄어들거나 심지어 소멸해 버릴 수도 있다.

따라서 트렌드가 주류 소비자에게 도달할 때가 정점이다. 그러나 트렌드가 가장 유행할 때는 언제일까? 트렌드 결정자가 선호하는 스타일이 될 때일까 아니면 주류 소비자 사이에서 인기가 정점에 이를 때일까? 전자는 트렌드가 부상하는 시기에, 후자는 트렌드 확산 이후에 중요성을 부여하는 것이라고 할 수 있다. 만일 소규모의 혁신적인 회사나 매장을 운영 중이라면 전자, 즉 트렌드 결정자가 무엇을 하는지 파악하고, 그들에게 집중하는 노력이 필요할 것이다. 이들이 다른 제품으로 눈을 돌리는 순간 트렌드가 바뀌는 것처럼 생각될 수 있다. 그러나 실제로는 후자, 즉 그 트렌드가 계속되면서 대기업이나 대형 소매 매장의 관심을 사로잡을 것이다. 따라서 어떤 사람은 새로 부상하는 트렌드에 집중하는 반면, 또 어떤 사람은 정점에 달한 트렌드에 집중하는 것이다.

한편 〈그림 1-8〉을 보면 위에서 아래로 V자 모양의 선이 그려져 있는데, 이는 각 트렌드 집단들의 소비 패턴을 제시하는 것이다. 이것을 보면 각 트렌드 집단의 소비가 동일하지 않다는 것을 알 수 있다. 예를 들면 트렌드 결정자들은 보수적 소비자에 비해 새로운 스타일의 제품을 더 자주 산다. 이 모델의 위 편에 위치한 트렌드 집단들은 다양한 변화를 추구하기 때문에 더 많은 제품을 소비한다. 이는 시장에서 활동하는 트렌드 결정자들에게 어필할 수 있는 브랜드가 언제든지 생겨날 여지가 있음을 보여 주는 것이다. 또한 이 그림은 계절별 일시적 유행의 전파를 보여 주는데, 일시적 유행은 대체로 트렌드 결정자까지만 확산되어 트렌드 결정자 이외의 시장을 확보하기 힘들다. 따라서 매 계절마다 시장에 수많은 일시적 유행이 존재할 수 있지만, 빠르게 등장했다가 빠르게 사라진다.

한편 트렌드 확산을 사회적·경제적 계층 간의 확산으로 설명하기도 하는데, 미국의 사회비평가인 베블런과 프랑스 사회학자 타르드가 1900년대 초에 주장한 '하방침투' 이론이 대표적이다. 즉, 서열 사회에서 스타일의 혁신은 상류 계급에서 시작해서 하층의 가난한 계급으로 확산된다는 것이다. 이들은 새로운 의상을 구매할 수 있는 부자들이 어떻게 제일 먼저 구매에 나서는지, 그리고 대다수의 노동 계급에서는 구매 여력이 안 되지만 부자들의 의상을 갈망한다는 것을 설명했다. 사실 제2차 세계대전 이전의 사회에서는 스타일과 취향의 변화가 대부분 이런 식으로 일어났다.

그러나 현대 사회는 사람들 간의 사회적·경제적 관계가 그 당시와는 크게 달라져, 하방 침투 원칙은 새로운 스타일이 대중화되는 현상을 설명할 수 있는 유일한 방법이 아니다. 즉, 부랑자와 가난한 계층, 언더 그라운드 하부 문화에서 출발하는 '버블업' 과정이 존재한다는 것을 보여 주는 사례들도 많다. 결론적으로 오늘날 트렌드는 모든 사회 계층에서 나오고 있으며, 확산 과정에는 다양한 계층의 사람들이 관여할 수 있다. 왜냐하면 트렌드는 모든 사람과 관련된 것이기 때문이다.

③ 트렌드 관련 집단의 특성 분석과 비교
㉠ 트렌드 창조자와 트렌드 결정자: 발명가, 혁신가, 선구자, 기업가 등은 부르는 이름은 각기 다르지만, 신제품을 개발하고 새로운 스타일을 창조한다. 그러나 이들이 창조하는 상당수가 스타일과 취향에 관한 사람들의 중대한 변화를 이끌어 내지 못할 때도 많다. 즉, 트렌드 결정자들이 어떤 신제품이나 스타일을 받아들일 때 비로소 그 스타일은 하나의 트렌드로 자리 잡게 되고, 혁신가나 발명가는 트렌드 창조자가 되는 것이다.

트렌드 창조자가 만든 스타일이나 제품이 상용화될 경우 가장 먼저 이를 구매하거나 사용하는 사람이 바로 트렌드 결정자들이다. 트렌드 결정자들처럼 트렌드 창조자 이외의 사람들이 새롭고 혁신적인 제품, 디자인, 스타일 등을 사용하기 시작해야 비로소 그것이 확산될 가능성이 있다. 제품이나 서비스 사용을 누구보다 먼저 시도하는 사람들, 즉 트렌드 결정자들은 새롭고 혁신적인 제품, 디자인, 스타일 등을 가장 먼저 받아들인다. 따라서 새로운 스타일이나 취향을 확산시키는 데 중요한 요인 중 하나는 트렌드 결정자들의 수용 여부이다.

사실 누가 트렌드 창조자이고 누가 트렌드 결정자인지 구분하는 것이 분명할 때도 있지만 분명하지 않은 경우도 많다. 이 때 트렌드 창조자와 트렌드 결정자 사이에 존재하는 가장 큰 차이점은 전자가 새로운 것을 창조해 온 반면, 후자는 창조된 제품을 가장 먼저 사용해 왔다는 데 있다.

ⓛ 트렌드 결정자의 역할과 특성: 트렌드 결정자는 매우 강력한 소비자다. 따라서 소비자의 스타일과 취향을 추종하는 제품을 판매하는 기업에게 트렌드 결정자는 강력한 영향을 미친다. 하나의 브랜드가 장기간 살아남으려면 신제품 개발을 게을리해서는 안 된다. 만약 1903년 설립된 할리 데이비슨이 현실에 안주하여 제품에 변화를 주지 않았다면 이 브랜드는 지난 100년 동안 존속하지 못하고 사라지고 말았을 것이다. 또한 리바이스는 제품에 변화를 주지 않았기 때문에 한때 청바지 시장에서 매력적인 위치를 상실하기도 했다.

브랜드나 기업은 트렌드 결정자를 고객으로 확보하거나 잃는 것이 어떤 의미인지를 잘 알고 있다. 이는 소비자의 감각에 어필하는 제품이든 일반적 기업이나 브랜드든 마찬가지이다. 만일 예전에 트렌드 결정력이 있었던 브랜드가 다이아몬드 형 트렌드 모델의 아래쪽으로 떨어졌다면 어떻게 될까? 트렌드 모델의 위쪽에 자리 잡고 있더라도 언제든지 고객을 잃을 수 있는 것처럼, 아래쪽으로 밀려났더라도 다시 고객의 관심을 끌 수 있다. 20세기 말 영국에서 가장 오래된 의류 브랜드 가운데 하나인 버버리가 좋은 사례다.

트렌드 결정자의 역할은 모든 산업에서 동일하다. 스타일이나 취향 면에서도 마찬가지다. 관심을 기울일 만한 것이 없다면 트렌드 결정자들은 다른 곳으로 옮겨 간다. 광고만으로는 그들의 관심을 붙잡아 둘 수 없다. 중요한 것은 '혁신적인 제품'이다. 제품의 혁신이 없다면 트렌드 결정자들은 광고에 관심을 기울이지 않

는다. 〈그림 1-9〉는 트렌드 결정자 성향이 강한 집단이 어떤 집단들인지를 보여
주고 있다.

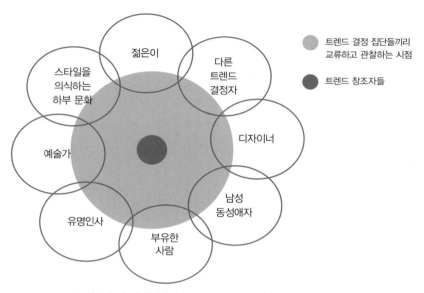

그림 1-9 **주류 사회에서 트렌드 결정자 집단들 간의 연관성**
자료: 헨릭 베일가드, 이진원 역, 트렌드를 읽는 기술, 비즈니스 북스, 2010, p.93.

ⓒ 트렌드 결정자 집단의 교류와 트렌드 확산: 트렌드 창조자들은 매우 이질적이
면서 다양한 출신들이 모인 지극히 작은 집단이다. 반면 트렌드 결정자들은 훨씬
더 큰 집단에 속한다고 할 수 있다. 그러나 이들도 이질적인 사람들끼리 섞인 집
단을 이루는데, 그 중 두드러진 영향력을 발휘하는 트렌드 결정자 집단이 있다.
그러나 이 사람들이 트렌드 결정자 집단에만 속해 있는 것은 아니다. 예를 들어
대부분의 젊은이들과 디자이너들과 남성 동성애자 집단은 주류 문화에도 속한
다. 그들은 분명 다른 사회와 분리되어 있지 않으며, 이것은 트렌드 확산에 중요
한 영향을 미친다. 그들은 다양한 방식과 사회적 배경 속에서 서로 교류하고 섞
이는데, 새로운 것을 찾기 위해서 반드시 서로 잘 알거나 대화를 해야 하는 것은
아니다. 관찰만 할 수도 있다.

트렌드를 결정하는 집단들이 함께 섞이는 장소가 바로 극장, 콘서트장, 예술품
경매장, 갤러리 개막전, 미술 전시회, 자선 행사장, 시상식장 그리고 패션 박람회

같은 곳이다. 다양한 집단 출신의 트렌드 결정자들이 서로 섞일 때 그들은 다른 사람을 관찰하고, 다른 사람들로부터 영감을 얻으며, 다른 스타일을 받아들일 수 있는 기회를 얻게 된다.

스타일과 취향의 변화가 광범위하게 확산되기까지는 시간이 걸린다. 어떤 집단에서는 확산이 굉장히 빠르게 일어날 수도 있지만, 이는 보통 소규모 집단에서 제한적으로 나타나는 일시적 유행의 경우가 대부분이다. 혁신적인 새로운 스타일이 많은 사람들에게 확산되기 위해서는 매우 복잡한 과정을 거친다. 중요한 것은 이러한 과정은 '多사회적'(poly-social) 집단에서 일어날 가능성이 높다는 것이다. 多사회적 집단은 다른 집단과 수많은 사회적 교류를 한다. 우리 문화에서 대부분의 집단들은 사실상 '單사회적'(mono-social)이다. 여기서는 비슷한 사람들끼리 주로 교류하기 때문에 트렌드가 좀처럼 확산되지 않는다. 반면 多사회적 집단들은 개인적, 준공공 혹은 공공 장소에서 다양한 방법으로 서로 섞이기 때문에, 다양한 트렌드 결정 집단들에 의해서 혁신적인 스타일이 관찰되고 모방된다. 이를 정리하면 다음과 같다.

- 多사회적 집단이 새로운 트렌드를 수용해야 트렌드는 비로소 폭넓게 확산된다.
- 각 多사회적 집단 내의 트렌드 결정자 중 다수가 트렌드를 수용할 때 트렌드 추종자들의 관심을 끌게 된다.
- 多사회적 집단에 영향력을 발휘하는 대중매체는 트렌드가 확산될 수 있도록 독자에게 이를 소개한다.

〈그림 1-9〉는 多사회적 집단들 간의 연관성과 중복성을 표현한 것인데, 실제로 트렌드 결정자 집단들은 모든 방향에서 서로 연관되고 중복된다. 〈그림 1-9〉는 트렌드 결정자 집단들이 서로 교류하면서 다양한 형태로 주류 사회로 퍼져 나가는 모습을 보여 준다. 트렌드 확산 과정에서 비언어적 커뮤니케이션이 중요한 역할을 하지만, 입소문 커뮤니케이션뿐만 아니라 편지와 우편엽서, 인터넷을 통한 교류 등의 활동이 펼쳐질 것이다.

ⓒ 트렌드 결정자와 혁신가의 비교: 트렌드 결정자와 혁신가는 유사한 점도 있지만 차이점도 있다. 혁신의 확산 과정을 연구한 초기 연구자들은 새로운 혁신이나

지식, 방법 등을 받아들이는 속도가 사람들에 따라 다르다는 사실을 알아냈다. 예를 들면 부유한 농부는 가난한 농부보다 더 일찍 새로운 씨앗을 사용했으며, 넓은 사회적 네트워크를 토대로 많은 사람들에게 이를 알려줄 수 있었다. 이런 연구 결과를 기초로 '수용자 모델'이 만들어졌는데 사람들을 혁신가, 초기 수용자, 초기 다수 수용자, 후기 다수 수용자, 최후 수용자 등의 5가지 범주로 구분하고 있다.

이런 수용자 범주와 트렌드 집단들을 비교해 보면 두 집단 사이에 일면 유사점을 발견할 수도 있으나, 사실상 서로 다른 사회적 현상이다. 먼저 두 집단의 제일 위에 있는 혁신가와 트렌드 창조자를 비교해보면, 혁신가는 새로운 아이디어를 생각하거나 새로운 지식을 창조하거나 새로운 방법을 개발하는 사람은 아니다. 그들은 다른 사람이 발명했거나 발견한 것을 가장 먼저 받아들이는 사람이다. 따라서 혁신가는 트렌드 창조자와는 다르며, 오히려 트렌드 결정자와 유사하다고 할 수 있다.

그러면 트렌드 결정자와 혁신가는 전적으로 유사한가? 일반적으로 수용자 모델의 혁신가와 초기 수용자들은 '가장' 국제적이면서 많은 여행을 하고, 높은 교육을 받으며, 정신적으로 안정적이면서 감성적이고, 지적이며, 부유하고, 운명에 자신을 내맡기지 않으며, 사회적으로 활발한 성향을 보였다. 반면 후기 다수 수용자와 최후 수용자들은 가난하거나 사회적 네트워크가 잘 형성되어 있지 않은 성향을 보였다. 그러나 트렌드 결정자들의 사회적·경제적 프로필은 다른 사람들과 다르지 않다. 즉, 트렌드 결정자가 다른 트렌드 집단보다 더 부유하거나 더 좋은 교육을 받은 것은 아니며, 더 국제적이라고 볼 수도 없다. 또한 트렌드 결정자와 혁신가는 새로운 것을 받아들이는 빈도에서도 차이가 있다. 트렌드 결정자는 어느 정도 규칙적으로 새로운 스타일을 수용하는 반면, 혁신가가 새로운 방법이나 지식을 규칙적으로 받아들인다고 보기 어렵다.

㉑ 트렌드 결정자와 여론 선도자의 비교: 앞서의 수용자 모델에서의 초기 수용자가 여론 선도자라 할 수 있으며, 따라서 이 둘은 유사한 특성을 갖는다. 다른 사람과 비교한 여론 선도자의 특성으로는 여론에 더 많이 주의를 기울이며 파악하

표 1-5 트렌드 결정자와 여론 선도자의 비교

집 단	관 심	스타일이나 취향	영향력 범위	영향력 행사방법	소 비
여론 선도자	상상할 수 있는 모든 것	매우 다양	개인적 네트워크	활동적이고 말을 잘함. (직접 추천)	반드시 제품이나 브랜드를 갖고 있는 건 아님.
트렌드 결정자	새롭고 혁신적인 스타일과 제품	매우 동질적	트렌드 추종자들	수동적이고 시각적임. (관찰대상)	일반적으로 제품이나 브랜드를 소유하거나 스타일을 수용함.

자료: 헨릭 베일가드, 이진원 역, 트렌드를 읽는 기술, 비즈니스 북스, 2010. p.255.

고, 더 국제적이며, 더 사회적이고, 더 다양한 네트워크를 갖고 있으며, 더 높은 소득을 올리거나 더 많은 재산을 소유하고 있다는 점 등을 들 수 있다.

여론 선도자는 적극적으로 영향력을 행사하고, 또 그러기를 원한다. 여론 선도자가 되기 위해서는 일반인에 비해서 더 카리스마가 넘치고, 더 매력적이며, 더 활동적이고, 더 말을 잘하며, 아는 게 많아야 한다. 여론 선도자들은 사람들이 뭔가 새로운 것을 하거나 받아들이기 전에 조언을 구하고 싶은 사람 역할을 하거나 집단 내에서 강력한 영향력을 행사한다. 여론 선도자는 스포츠 단체나 교류 단체, 저녁 식사 모임 혹은 회사 등 대부분의 사회 집단에서 발견할 수 있다.

이상과 같은 여론 선도자의 특성은 트렌드 결정자와 유사한 측면이 많다고 할 수 있다. 그러나 〈표 1-5〉에 제시한 바와 같이 관심이나 스타일, 취향, 영향력의 범위와 행사방법, 소비 등에 있어 두 집단은 차이를 보인다고 할 수 있다(헨릭 베일가드, 2008).

(3) 트렌드 확산과 지역

① **트렌디한 지역들** 오늘날 세계의 대도시들은 응집력 있는 하나의 단위나 공동체가 아니다. 각 지역 공동체가 모여 이루어진 것이다. 모든 대도시는 각 지역별로 고유한 특성을 가지고 있는데, 대부분 사회적 · 문화적 · 인종적 배경 때문에 이런 특성이 발생한다. 트렌드 창조자와 결정자들은 영감을 얻기 위해 종종 세계의 대도시로 여행을 떠날 때가 있다. 혹은 대도시에 거주할 지도 모른다. 이

표 1-6　시대별 세계 문화의 중심도시

연　도	문화적 중심	연　도	문화적 중심
1300~1450년	브뤼헤	1750~1850년	런던
1450~1500년	베네치아	1850~1930년	보스턴
1500~1550년	앤트워프	1930~1980년	뉴욕
1550~1650년	제노바	1980~2000년	로스앤젤레스/샌프란시스코
1650~1750년	암스테르담	2000년 이후	생각해 보기

자료: 헨릭 베일가드, 이진원 역, 트렌드를 읽는 기술, 비즈니스 북스, 2010. p.165.

들은 새로운 트렌드의 공급 장소로 이러한 대도시의 역사적인 위상을 알고 있으며, 또한 새로운 트렌드를 더 잘 포착할 수 있는 특정 장소들이 있다는 사실도 잘 알고 있다.

1800년대 후반에 유럽과 미국의 여러 도시 가운데 특히 트렌드 결정자들의 관심을 끌던 지역이 있었는데, 이들 가운데 다수는 예술가들이 살았던 유서 깊은 장소인 경우가 많다. 가장 대표적인 곳으로 뉴욕의 그리니치 빌리지를 들 수 있으며, 파리의 몽마르트르는 수많은 예술가들이 거주하던 곳이다. 비아 브레라는 '밀라노의 몽마르트'라 할 수 있으며, 런던의 소호는 오랫동안 보헤미안들이 활동하던 지역으로 유명하다.

② **트렌드 발생 지역에서 세계로 확산**　역사적으로 살펴보면 르네상스 시대 이후 전 세계적으로 강력한 경제적·문화적 영향력을 발휘한 도시들이 많았다. 수세기 동안 세계 권력의 중심지는 유럽이었으나, 1800년대 중반에 들어오면서 중심지가 미국으로 바뀌었다.

프랑스 정치학자인 자크 아탈리에 따르면 1300년대 초 이후 세계의 경제적·문화적 중심은 다음과 같은 변화를 겪었다고 한다. 이 도시들은 각 기간 동안 경제적·문화적 측면에서 전 세계적으로 엄청난 영향력을 행사했다. 이것은 단순히 군사적 혹은 정치적 힘 때문이 아니라 이 도시들이 참신한 아이디어와 새로운 혁신의 진원지였기 때문에 가능했다. 아탈리는 가장 독창적이면서 강력한 아이디어를 생산할 수 있는 도시나 지역이 세계적으로 막강한 영향력을 행사하는 문화적 중심지가 된다고 주장했다. 아탈리가 역사적으로 문화적 중심지였다고 밝힌 9개 도시는 모두 바닷가에 있거나 바다에 접근하기가 용이했기 때문에 다른 나라와 교류가 활발했다. 오랜 세월 동안 트렌드가 해외로 확산된 것도 이처럼 다른 국가들과의 교류를 통해서였다.

21세기에도 여전히 트렌드를 결정하고 확산시키는 능력은 그 도시가 다른 대도시들과 얼마나 광범위하게 연결되어 있느냐에 달려 있다고 할 수 있다. 여기서 말하는 '다른 대도시'란 국내외 항공 연결망이 잘 갖춰진 도시를 말한다. 어떤 트렌드가 아무리 그것이 발생한 지역이나 주변에 영향을 주더라도, 그 지역에 항공망이 제대로 갖춰져 있지 못할 경우 외부로 확산되기는 힘들다. 스타일과 취향 면에서 가장 영향력이 큰 도시들을 찾고 싶다면 다른 지역과 교통망이 잘 연결된 곳을 살펴보면 된다. 20세기 말에는 런던과 도쿄가 세계에서 가장 붐비는 국제선 노선 중 하나라 할 수 있었다. 국제적으로는 뉴욕, 로스앤젤레스, 런던, 파리, 샌프란시스코, 도쿄, 밀라노의 국내외 항공망이 가장 잘 갖춰져 있다. 이 도시들은 직항로를 통해서 서로 연결되어 있다. 이 7개 도시의 항공 노선을 보면 어느 방향으로든 비행기가 가지 않는 곳이 없다는 사실을 알 수 있다. 또한 다중적으로 연결된 항공 노선에는 일정한 패턴이 있음을 보여 주고 있다(그림 1-10 참조). 이런 패턴은 트렌드가 지역들 간 확산되는 경로를 잘 반영하고 있으며, 트렌드가 국제적 차원에서 확산되는 데 아주 중요한 역할을 한다.

미국의 경우 새로운 트렌드는 뉴욕에서 시작해서 전국적으로 확산되는 경향이 있다. 먼저 시카고, 오스틴, 마이애미, 보스턴, 애틀랜타 등과 같은 지역적 허브로 빠르게 확산되고, 여기서 다시 다중의 별 모양 패턴으로 소도시들로 재확산되는 양상을 띤다. 국제적 수준에서도 트렌드는 이러한 패턴으로 확산된다. 예를 들어 트렌드는 로스앤젤레스로부터 런던과 파리 그리고 다른 유럽 도시로 확산된다.

트렌드 결정자들이 다른 사람보다 더 자주 여행한다는 걸 보여 주는 통계 자료는 없다. 트렌드 결정자와 일반인들 사이에 존재하는 유일한 차이점은 트렌드 결정자가 세계 주요 도시에서 발견되는 트렌드 생성 환경을 날카롭게 관찰한다는 것에 있다. 트렌드 결정자는 트렌드 창조자 또는 다른 트렌드 결정자를 만날 수

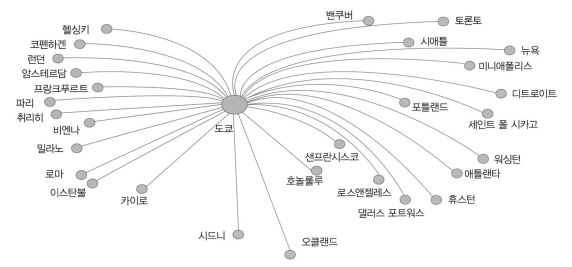

그림 1-10 **다중으로 연결된 별 모양의 항공 노선(도쿄에서 시작되는 국제선 노선)**
자료: 헨릭 베일가드, 이진원 역, 트렌드를 읽는 기술, 비즈니스 북스, 2010. p.168.

있는 도시와 지역을 직접 찾아가려는 경향을 보인다. 수많은 트렌드 결정자가 활동하는 도시들이 다른 트렌드 결정자들을 방문객으로 끌어 모을 때 이곳에서 시작된 트렌드가 전국적·세계적으로 확산될 가능성이 더 높아진다(헨릭 베일가드, 2008).

(4) 트렌드 확산의 속도

트렌드 확산의 속도는 여러 가지 요인에 따라 달라질 수 있다. 이에 대해 살펴보면 다음과 같다.

① **국가나 조직의 규모** 트렌드 확산의 속도는 국가 규모에 따라서 달라질 수 있다. 대체로 규모가 큰 다민족 국가에서보다는 규모가 작은 단일민족 국가에서 훨씬 더 빠르게 변화가 일어난다. 따라서 미국처럼 큰 나라보다는 덴마크처럼 작은 나라에서 변화가 더 빠르게 일어난다고 할 수 있다. 또한 소규모 집단이나 조직이 대규모 집단이나 조직보다 쉽게 변화한다.

② **관찰 가능성**　관찰과 모방이 트렌드 확산 과정에서 매우 중요한 요소이기 때문에 새로운 스타일이나 디자인이 쉽게 관찰될 경우 확산 속도가 빨라지는 것은 당연한 이치다. 예를 들어 화장품과 헤어 스타일 그리고 의상은 가정용 가구나 스포츠 장비보다 훨씬 더 쉽게 관찰할 수가 있기 때문에 트렌드로 자리 잡는 데 시간이 적게 걸린다.

③ **트렌드 집단**　트렌드 확산 속도는 다이아몬드형 트렌드 모델의 위 편이 아래 편보다 더 빠르다. 왜냐하면 아래 편에 속한 트렌드 집단은 변화를 꺼려하는 집단이기 때문이다.

④ **상품의 가격**　트렌드의 확산은 보통 저가 제품에서 더 빠르게 일어난다. 이는 소비자들이 저가 제품을 더 자주 구매하기 때문이다.

⑤ **제품의 종류**　다이아몬드형 트렌드 모델은 수직적으로 각 트렌드 집단이 새로운 스타일과 취향을 받아들이는 속도를 추적하는데 활용될 수 있는 시간 측정 지수를 갖고 있다. 트렌드의 집단 간 이동의 일반적 속도를 알 수 있다면, 트렌드 결정 이후 주류 소비자들에게 도달하는 시간을 예상할 수 있을 것이다. 헨릭 베일가드(2010)는 사례연구들을 토대로 5개 상품의 어떤 특정 트렌드가 트렌드 집

표 1-7　트렌드 관련 집단 간 트렌드 확산에 걸리는 시간

상 품	트렌드 결정자 → 주류 소비자 확산에 걸리는 시간	트렌드 추종자 → 후기 주류 소비자 확산에 걸리는 시간
화장품	1~2년	3~5년
의류	2~3년	7~10년
액세서리	2~3년	7~10년
홈 디자인	5~7년	12~18년
스포츠 장비	6~8년	15~20년

자료: 헨릭 베일가드, 이진원 역, 트렌드를 읽는 기술, 비즈니스 북스, 2010. pp.238-239.

단 간에 확산되는데 걸리는 시간을 〈표 1-7〉과 같이 추정하였다. 이 표를 보면 트렌드의 확산속도가 제품별로 다르며, 눈에 잘 띄면서도 관찰이 쉬울 때 좀 더 빠른 속도로 움직인다는 것을 알 수 있다. 이는 왜 음악이 빨리 확산되는 제품에 속하고, 식품의 변화는 주류 소비자까지 도달하는데 많은 시간이 걸리는지를 잘 설명해준다.

그렇다면 새로운 스타일은 얼마나 자주 출현해야 할까?

기업들이 원하는 위치를 유지하기 위해 얼마나 자주 신제품을 개발하거나 기존 제품을 다시 디자인해야 하는지 알고 싶다면, 우선 다이아몬드형 트렌드 모델의 위 쪽에서 벌어지는 트렌드 확산 과정의 속도를 이해해야 한다. 예를 들어 선글라스를 만들면서 타깃 집단을 주류 소비자로 정했다면 새로운 선글라스가 트렌드 결정자에서 주류 소비자에게 확산되기까지 얼마나 걸릴지를 알아야 한다. 연구를 토대로 이 기간을 약 3년이라고 한다면, 선글라스가 낡은 것으로 간주되지 않기 위해서는 적어도 3년에 한 번씩은 완전히 새로운 선글라스를 출시해야 한다.

반면 선글라스 제조업자가 트렌드 결정자들을 공략하고 싶다면 이들로부터 트렌드 추종자에까지의 트렌드 확산 속도를 지켜볼 필요가 있다. 업계 경험상 약 1년 정도가 소요된다고 한다면, 매년 완전히 새로운 스타일의 선글라스를 출시해야 한다. 만일 2년에 한 번씩 새로운 선글라스를 출시할 경우는 트렌드 결정자보다는 트렌드 추종자를 고객으로 확보하게 될 것이다. 결론적으로 어떤 브랜드가 새로운 스타일의 제품을 선보이는 횟수가 많을수록, 그 브랜드는 다이아몬드형 트렌드 모델에서 점점 더 위로 올라간 집단을 타깃 집단으로 삼게 되는 것이다 (헨릭 베일가드, 2008).

(5) 트렌드 확산의 촉진요소

트렌드가 될 만한 상품을 결정하는 것은 트렌드 결정자들이다. 그러나 그렇다고 해서 그들이 받아들이는 모든 것이 트렌드가 되지는 않는다. 많은 경우 일시적 유행에 그치거나 심지어는 아주 잠깐 관심을 끌다가 사라지는 경우도 있다. 또한 신제품과 디자인 또는 스타일의 혁신이 모두 유행이나 트렌드가 되는 것은 아니다. 그 이유는 여러 가지이다.

가장 주된 이유는 오늘날 새로운 스타일과 취향이 과잉 생산되고 있기 때문이다. 따라서 트렌드 결정자 가운데 가장 열성적인 사람조차 이것을 모두 흡수할 수는 없다. 둘째로 어떤 혁신은 트렌드 결정자들 사이에서조차 시장을 찾기 힘들 정도로 너무 극단적이기 때문이다. 예를 들면 어떤 의상이 새로 나왔는데 라텍스 소재라 입기가 아주 불편할 수 있다. 혹은 1964년에 미국 디자이너 루디 건릭이 디자인한 가슴이 드러나는 수영복처럼 금지된 것일 수 있다. 또 미국 디자이너 조르지오 성안젤로가 알루미늄 편물로 만든 바지처럼 대량 생산이 어려울 수도 있다. 또는 스타일이 문화적으로 너무 극단적이어서 수용하기 힘들 수도 있다. 예를 들어 1970년대 데이비드 보위가 화장을 한 행위는 그 당시 남성들이 받아들이기에는 너무 극단적이었다. 혹은 제품이 부자들조차 부담스러울 정도로 비쌀 수도 있는데, 우주여행 상품이 그 좋은 사례다. 그리고 어떤 이유 때문이든 모방할 수 없는 것은 트렌드가 될 수 없다.

사실 트렌드보다는 일시적 유행에 그치는 것들이 더 많은 것이 현실이다. 왜냐하면 트렌드 결정자들은 항상 혁신적인 스타일을 추구하기 때문에 각기 다르게 옷을 입어 각각의 상품이나 디자인, 스타일 등이 일시적 유행으로 끝나기 때문이다. 또한 패션계에서는 한 시즌 유행에 그치고 주류 유행이 되지 못하는 경우도 많다. 만일 그런 유행이 주류로 편입된다면 트렌드가 될 수 있다. 따라서 트렌드가 생겨난다는 것은 이야기로 치면 클라이맥스에 이른 상황이라고 할 수 있다. 그래서 트렌드의 확산 가능성을 파악하고자 할 때는 트렌드 결정자들이 받아들인 것 중 확산이 가능한 것이 무엇인지 비판적 시각으로 따져 보아야 한다. '관찰하기 쉬운가?', '모방은 용이한가?', '언론이 그것에 대해 보도하는가?' 이런 질문에 대한 답이 긍정적이라면 새로운 스타일이나 취향이 주류로 부상할 가능성이 높다. 특히 관찰이 쉬워야 한다는 것은 기존 스타일과 정반대되는 스타일로의 변화가 트렌드가 될 가능성이 크다는 사실과 일맥상통한다. 예를 들어 남성의 헤어스타일이 장발에서 단발로 바뀔 때 관찰과 모방이 쉬워진다.

트렌드 결정자들의 호기심을 끄는 것과 이들이 받아들이는 것은 때로 다를 수 있다. 하지만 트렌드 결정자들이 무엇을 받아들일지 미리 파악할 수 있는 몇 가지 중요한 단서가 있는데 이는 다음과 같다.

① 과거에 본 적이 없는 완전히 새로운 스타일과 미적 취향
② 주류에서 벗어난 스타일과 미적 취향
③ 지속적으로 발전하는 스타일과 미적 취향
④ 대중매체에 의해서 트렌드라고 대대적으로 발표된 적이 없는 것

　변화가 일시적 유행에 그치지 않고 트렌드가 되더라도 그것이 모든 사람에게 영향을 미치는 일은 드물다. 왜냐하면 모든 스타일이 모든 사람에게 적합한 것은 아니기 때문이다. 어떤 트렌드는 여성에게 적합하고, 또 어떤 트렌드는 남성에게 더 적합하다. 헤어스타일을 예로 들면, 대머리인 트렌드 결정자의 경우 새로운 헤어스타일에 개인적으로 관심을 가질 가능성은 낮다. 정원 가꾸기 트렌드의 경우 정원을 갖고 있느냐, 혹은 정원 손질에 관심이 있느냐 여부에 따라 영향을 받을 것이다. 식품과 음료수를 좋아하지 않고, 또 이런 것들에 관심도 없는 사람들의 경우 식품과 음료수에 관한 취향의 변화는 이들에게 영향을 주지 못한다.

　어떤 트렌드가 각 트렌드 집단 내 소수에게만 관심을 끌 때 그 트렌드는 빠르게 확산되지 못한다. 이 경우 그 트렌드가 주류가 되기까지는 꽤 많은 시간이 소요된다. 왜냐하면 트렌드 추종자들이 트렌드를 받아들였다는 확신을 주류 소비자들이 가질 때까지 많은 시간이 걸리기 때문이다. 많은 사람들이 트렌드를 받아들인다면 더 많은 사람들이 그것을 관찰할 수 있고, 주류 소비자들은 트렌드에 대해 안도할 것이다. 즉, 트렌드 확산 과정은 스타일이나 취향을 '보고 듣는' 과정이 아니라 스타일이나 취향을 '받아들이는' 과정과 관련이 있는 것이다(헨릭 베일가드, 2008).

　트렌드가 주류로 편입될 가능성이 높기 위해서는 다음과 같은 조건들이 충족되어야 한다.

① 현재의 주류에 대항해서 새로운 트렌드가 시작된다.
② 서로 다른 분야의 트렌드 결정자들이 트렌드를 받아들인다.

③ 많은 트렌드 결정자들이 트렌드를 받아들인다.

④ 트렌드 결정자들이 많이 거주하는 주요 도시에서 트렌드가 등장한다.

⑤ 트렌드 결정자들이 많이 거주하는 것으로 알려진 도시로 트렌드가 빠르게 확산된다.

⑥ 트렌드의 확산 초기에는 제품과 디자인의 발전이 계속해서 이루어진다.

⑦ 제품이나 스타일의 모방 혹은 복사가 가능하다.

⑧ 트렌드를 결정하는 언론들이 트렌드에 주목한다.

⑨ 유명인과 트렌드 사이에 관련이 있다.

⑩ 영화 또는 TV 프로그램과 트렌드 사이에 관련이 있다.

(6) 트렌드 확산과 혁신의 확산

기술적·과학적 진보와 관련된 혁신의 확산 과정과 트렌드의 확산 과정은 서로 크게 다르다. 아이디어와 지식은 스타일이나 디자인의 변화와는 다른 방식으로 확산되는 것이다. 아이디어와 지식은 사람의 머릿속에 들어 있다. 따라서 트렌드라는 단어가 가치, 정치, 정신 등의 변화와 동의어로 쓰일 수도 있지만 그렇다고 해서 이것들의 변화가 스타일과 취향의 변화 과정과 동일하다고 보기는 어렵다. 예를 들면 사람은 의상은 자주 갈아입지만 자신의 가치관이나 정치적 신념 또는 영적 믿음을 자주 바꾸지는 않는 것이다.

트렌드의 확산을 더 잘 이해하기 위해서 혁신의 확산과 비교해보면 다음과 같다.

① 혁신의 확산 과정은 일반적으로 아주 유사한 집단에서 일어나며, 특정한 특성을 공유하는 사람들에게만 영향을 미친다. 그러나 트렌드 확산 과정은 서로 다른 사람 사이에서 일어나며, 서로 다른 사람에게 영향을 미친다.

② 혁신의 확산 과정은 일반적으로 소규모 집단이나 지역 공동체처럼 지리적으로 제한된 영역 내에서 일어난다. 반면 트렌드의 확산 과정은 지리적으로 제한되어 있지 않다. 트렌드는 전 세계 누구에게나 영향을 미칠 수 있다. 그렇다고 해서

모든 사람에게 영향을 미치는 것은 아니고, 전 세계 모든 지역 중에서도 일부에게 영향을 미친다.

③ 혁신의 확산 과정은 일대일 커뮤니케이션에 의해서 좌우된다. 다시 말해서 사람들끼리 서로 잘 알고 있고, 서로 대화를 나눠야만 기술적·과학적 발전에 대한 지식이 확산될 수 있다. 반면 트렌드의 확산 과정에서 사람들은 서로를 잘 알 필요가 없으며, 트렌드를 확산시키기 위해 서로 대화할 필요도 없다. 트렌드의 확산 과정은 같은 조직에 속한 사람과의 대화보다는 다른 사람의 행동을 관찰하는 것과 더 관계가 있으며, 서로를 아는 것보다 서로 얼마나 잘 접하느냐와 관련이 있다.

④ 혁신의 확산 과정에서는 언론을 포함한 대중매체가 큰 영향력을 발휘하지 못하고 보통 여론 선도자가 중요한 역할을 한다. 반면 대중매체는 트렌드 확산 과정에서 매우 중요한 역할을 수행한다. 영화와 TV 시트콤, 잡지와 인터넷을 포함한 다양한 미디어를 통해 우리는 트렌드 확산 과정을 지속적으로 살펴볼 수 있다. 트렌드 확산 과정에서는 스타일과 취향의 변화에 대한 새로운 소식을 듣기 위해 여론 선도자에 의존할 필요가 없는 것이다(헨릭 베일가드, 2008).

■ ■ ■ ■

트렌드의 영향요인

트렌드는 복합형 형상이다. 트렌드는 단순히 소비자의 선호도 아니고, 소비문화도 아니다. 트렌드는 그 모든 것의 변화를 꿰는 열쇠이다. 따라서 트렌드를 간파하려면 정치, 경제, 사회, 문화 환경 제 분야의 동향을 총체적으로 파악해야 한다. 또한 트렌드가 확산되는 원리는 새로움을 추구하고 다른 사람을 참조(혹은 모방)

하는 사람들의 자연스러운 심리적 영향과 깊은 관련이 있다. 따라서 트렌드의 발생 및 확산에 영향을 미치는 요인은 매우 다양한데, 이를 대략 사회적 요인, 기술적 요인, 환경적 요인, 경제적 요인, 제도적 요인, 우발적 요인 등으로 구분할 수 있다.

트렌드의 종류에 따라 영향 요인의 상호작용도 다를 수 있다. 예를 들어 메가트렌드는 기술적 요인이나 인구 관련 요인과 깊은 관련이 있는데 반해, 패드(FAD)는 매체나 해외교류 등과 더 깊은 관련이 있다. 한편 어떤 트렌드에 대한 요인들의 일반적 영향관계를 추론할 수는 있지만 모든 영향요인을 사전에 규명하기는 쉽지 않다. 트렌드의 영향요인을 아무리 많이 조사해도, 모든 요인 간의 상호작용을 사전에 계산하기는 어렵다. 마치 슈퍼컴퓨터로 가공할 양의 정보를 계산하지만 정작 일기예보 결과는 틀리는 경우와 같다고 할 수 있다. 따라서 트렌드의 영향요인을 경험적으로 어렴풋이 이해하고 추론할 수 밖에 없는 것이다. 그럼에도 불구하고 트렌드 예측의 기본은, 여러 분야의 변화 동향을 고르게 관찰하는 것이다. 어느 한 분야만 관찰해서는 변화의 징후를 충분히 찾아낼 수 없기 때문이다. 트렌드의 영향요인은 전부 다 검토되어야 하는 변수라기보다는, 트렌드에 대한 관찰력과 상상력을 증진하는 도구로 보는 것만으로도 충분하다. 트렌드 확산의 영향요인이 다양할 수 있다는 사실을 인식하는 것만으로도 트렌드 안목은 크게 향상될 수 있다.

이제 트렌드의 영향요인을 중요한 요인들을 중심으로 살펴보면 다음과 같다.

1) 사회적 요인

사회적 요인은 경제 및 기술적 요인과 함께 트렌드의 발생과 확산에 큰 영향을 미친다. 사회적 요인에 포함되는 변인은 매우 다양한데 몇 가지만 살펴보면 다음과 같다.

(1) 가치체계적 요소

물질, 개인, 성역할, 관습 등에 대한 개인적·사회적 가치관과 이러한 가치관의 변화가 트렌드의 성장에 영향을 미친다. 어떤 가치관을 가졌느냐에 따라 선호체계와 새로움에 대한 감수성, 행동 양식의 차이가 발생하기 때문에 똑같은 대상이 어떤 사회에서는 강력한 트렌드가 되는데 다른 사회에서는 주목할 트렌드로 부상하지 못하는 경우가 발생하게 된다.

(2) 사회환경적 요소

① 도시화는 일반적으로 인구밀도의 증가와 사회적 상호작용의 증대를 야기한다. 따라서 도시화율이 높은 지역일수록 트렌드가 발생하고 확산되는 속도나 빈도가 높아지게 된다. 또한 도시화된 지역일수록 트렌드 시장의 규모도 크다.

② 계층구조는 트렌드의 확산범위를 예측하는 데 중요한 요인이다. 트렌드는 사회의 상층부에서 시작하여 차츰 하위 계층으로 확산되어 나가는 경향(trickle down)을 보이기 때문이다. 일반적으로 구매력이 있는 중산층이 두터울수록 트렌드 시장이 커진다.

③ 교육제도가 발달할수록 트렌드의 확산속도가 빨라지고 확산범위도 넓어질 가능성이 높다. 교육수준이 높아질수록 새로움과 차이에 대한 감수성이 높아지는 경향이 있기 때문이다.

④ 매체는 대중화되고 개인화될수록 트렌드의 확산속도를 높인다. 매체는 사회전반적으로 정보전달 속도를 높이기 때문에, 개인화된 대중매체가 보급될수록 트렌드 확산속도가 빨라지는 것이다. 대신 트렌드의 지속 기간은 단축될 가능성이 높은데, 이는 소비자들이 다른 새로운 정보에 노출되는 빈도가 더욱 높아지기 때문이다. 최근 인터넷의 발달로 영상정보를 포함한 각종 정보가 엄청나게 빠른 속

도로 전세계로 전파되고 있다.

⑤ 해외교류의 빈도와 다양성이 증가할수록, 트렌드 확산이 활성화될 가능성이 높다. 해외교류는 이국 문화와 각종 정보에 대한 노출을 의미하기 때문이다. 트렌드는 대체로 선진국에서 시작되고 점차 후발국으로 하방 전달되는 경향이 있다.

2) 기술적 요인

정보·통신 기술의 발달과 대중화는 현대사회의 트렌드 확산과 지속에 매우 중요한 영향을 미치고 있다. 정보 처리 및 관리의 기술이 발달하면서 개개인에 대한 맞춤형 상품 생산과 서비스가 가능해졌고, 고객관계관리 분야의 마케팅 기술이 급격히 진화할 수 있었다. 또한 최근들어 급부상하고 있는 인공지능, 증강현실, 로봇, 사물인터넷, 공유경제 등의 발전은 이미 소비생활에 적용되어 자리잡기 시작하였으며 향후 소비생활을 더욱 빠르게 변화시킬 것으로 예측되고 있다.

한편 건강관리, 미용, 질병 예방 및 치료와 관련된 의료기술의 진보는 수명연장을 가능케 했을 뿐만 아니라 노화에 대한 태도를 송두리째 바꾸어 놓고 있다. 그에 따라 가치관과 욕구 구조도 달라지고 있고, 이는 당연히 트렌드에도 영향을 미치고 있다. 이와 같이 기술적 요인들은 트렌드 확산을 가속화시킬 뿐만 아니라 소비자의 트렌드 체감도를 높이는 사회구조적 인프라로 작용하고 있다.

3) 경제적 요인

경제는 한 사회의 트렌드 성장 속도를 가늠하는 중요한 변인이다. 특히 경기가 중요하다. 트렌드의 강약은 경기의 영향에 민감한 소비로 드러나기 때문이다. 호황에는 트렌드가 보다 급속히 광범위하게 확산되는 경향을 보인다. 불황기에는 전반적으로 소비가 주춤해지기는 하나 불황기 특유의 소비성향, 즉 욕구 위축, 손

표 1-8 트렌드의 영향요인

구 분	하위 요소	구체적 요인
사회적 요인	가치체계적 요소	물질, 개인, 성역할, 관습 등에 대한 개인적·사회적 가치관과 이러한 가치관의 변화
	사회환경적 요소	도시화, 계층구조, 매체보급, 교육제도, 교육수준, 해외교류
	인구사회적 요소	성비, 연령대별 인구규모, 평균수명, 가구규모별 구성비, 혼인연령, 혼인율, 출산율, 이혼율
	협의의 문화적 요소	음악, 미술, 문학, 영화, 연극 및 뮤지컬 등의 종합예술, 연예인, TV 등 대중문화적 산물
우발적 요인 (잠재 요인)		자연 및 사회분야에서 나타날 수 있는 예측 불가능한 사건, 사고 및 모든 종류의 잠재위험
기술적 요인		정보 및 통신기술, 의료기술, 인공지능, 증강현실, 로봇, 공유경제 등
환경적 요인		지리적 변수, 기후변화, 생태변화, 자원 및 자원의 수급구조
경제적 요인		경기, 소득수준
제도적 요인		사회 각 분야별 정책기조나 정책방향, 규제 및 지원제도

자료: 이순종, 디자인의 시대 트렌드의 시대, 미래의창, p.175.

실 회피, 보상 심리 등에 따른 독특한 소비트렌드가 나타난다. 또한 불황에도 중요한 가치소비는 건재하다.

트렌드의 성장에는 트렌드 결정자나 매스컴 등의 역할도 중요하지만 대중의 구매력이야말로 트렌드 시장을 확대하는 데 더욱 중요한 역할을 담당한다는 점은 변함이 없다. 대중의 구매력이 예전에는 가처분소득에 따라서만 달라졌다면 지금 그리고 앞으로는 개인의 가치지향과 상황적 니즈에 따라서도 큰 영향을 받을 수 있다. 다음 표와 그림은 트렌드의 영향요인을 체계적으로 제시 혹은 도식화한 것이다(이순종, 2010).

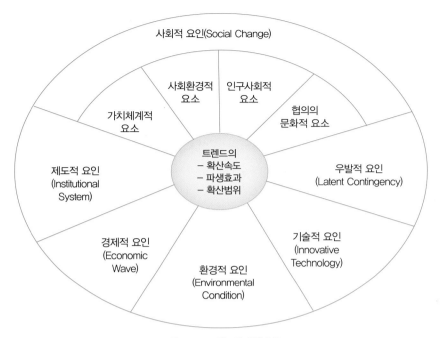

그림 1-11 **트렌드의 영향요인**

자료: 이순종, 디자인의 시대 트렌드의 시대, 미래의창, 2012, p.61.

참고문헌　　　　**국내문헌**

김선주 · 안현정, 트렌드 와칭, 21세기북스, 2013

김영신 · 서정희 · 송인숙 · 이은희 · 제미경, 소비자와 시장환경, 시그마프레스, 2012

마티아스 호르크스, 이온화 역, 미래 진화의 코드를 읽어라, 넥서스, 2004

서정희, 소비트렌드 예측의 이론과 방법, 내하출판사, 2005

에릭 갈랜드, 손민중 역, 미래를 읽는 기술, 한국경제신문사, 2008

오혜영, 상품 및 서비스 기획실무, 교문사, 2014

이순종, 디자인의 시대 트렌드의 시대, 미래의창, 2010

최윤식 · 양성식 · 박복원, 앨빈토플러처럼 생각하는 법, 라이온북스, 2102

트렌즈지 특별취재팀, 권춘호 역, 10년 후 시장의 미래, 일상이상, 2014

헨릭 베일가드, 이진원 역, 트렌드를 읽는 기술, 비즈니스 북스, 2008

CHAPTER 2
**소비트렌드
분석의 기초**

CHAPTER 2
소비트렌드
분석의 기초

학습목표

세계적인 번영은 21세기 중반까지는 어쨌든 이어질 것이다. 그러나 시장은 이미 포화 상태에 이르렀다. 앞으로 수십 년에 걸쳐 중국·브라질·인도가 아무리 독자적이고 혁신적인 산업을 구축하게 되더라도, 그 안에서 차기 생산성 향상의 주체를 발견하기는 어려울 것이다.

그렇다면 차기 생산성 향상의 주체는 무엇일까? 기술일까? 최근 4차 산업혁명이 미래를 이야기하는 화두로 대두되었다. 이는 정보통신기반(ICT)의 새로운 산업시대를 대표하는 용어가 되었다. 4차 산업혁명이란 인공지능, 사물인터넷, 클라우드 컴퓨팅, 빅데이터, 모바일 등 지능정보기술이 기존산업과 서비스에 융합되거나 3D 프린팅, 로봇공학, 생명공학, 나노기술 등의 신기술과 결합되어 모든 제품과 서비스를 네트워크로 연결하고 사물을 지능화하는 것이다. 이와 같이 미래의 변화를 가져오는데 있어 기술이 주요 역할을 할 것은 분명하지만 기술만으로는 역부족일 것이다. 즉, 앞으로 세계가 어떻게 진행될 것인지를 파악하기 위해서는 미래에 결핍 현상을 겪게 될 요소가 무엇인지 찾아내야 한다. 예를 들어 사람들이 가장 많이 우려하는 네 가지 결핍은 에너지, 원자재, 건강, 교육 등이다.

이와 같이 메가트렌드는 소비자 욕구의 심층적 기반을 형성하고 또 이것의 변화를 초래하는 힘이므로, 소비트렌드는 메가트렌드의 관점에서 이해되고 평가되어야 향후 크게 성장할 트렌드로서의 가치를 갖게 된다. 반대로 소수의 마니아적 성향의 집단들에서 나타나는 마이크로 트렌드는, 소비자욕구의 변화를 누구보다 먼저 포착하여 실행함으로써 향후 전개될 소비트렌드의 선도역할을 하기도 한다. 이에 본 장에서는 소비트렌드의 기초가 될 수 있는 메가트렌드와 마이크로 트렌드에 대해 살펴보고 소비트렌드와의 관련성을 고찰해보기로 한다.

마이크로 트렌드와 소비트렌드

1) 마이크로 트렌드의 개념과 특성

마이크로 트렌드는 말 그대로 작은 트렌드이다. 파급력을 기준으로 볼 때 가장 약하다. 무엇보다도 동조범위가 좁기 때문이다. 마이크로 트렌드는 특정 집단에서만 일시적으로 나타나는 경우가 많다. 대중적으로 크게 알려지는 경우도 많지 않다. 다수 대중의 사회적·심리적 이해관계와 관련이 적은 것이다. 많은 사람들의 관심을 받지 못하니 자체적인 추진력으로 새로운 시장을 형성하기에는 부족하다. 주변 분야에 대한 영향력도 매우 미미하다. 아마도 마이크로 트렌드 중에는 세상에 알려지지 못한 것이 알려진 것보다 훨씬 많을지도 모른다.

마이크로 트렌드의 중요성을 역설한 마크 펜(Mark Penn)과 키니 젤리슨(E. Kinney Zalesne)은 이제 거대 질서가 세상을 지배하던 시대는 끝났으며, 앞으로는 일상적이고 소소하고 개인적인 변화의 힘을 주목해야 한다고 주장했다(펜·젤리슨, 2008). 일상적이고 사적이고 국지적인 변화를 지칭하는 마이크로 트렌드는 집단적 정체성보다 개별화된 특수성을 예찬하는 시대적 정서를 잘 반영하는 개념임에 틀림없다.

특히 공장에서 대량으로 찍어내는 상품만을 소비하던 대량생산 시대가 지나고 텔레비전, 통신, 인터넷, 모바일 등의 발전과 더불어 사람들은 자신들의 생활 범주를 뛰어넘는 많은 요소들을 접하고 직·간접적으로 경험하면서 이전 시대의 사람들보다 다양한 가치관과 생활패턴 속에서 살게 되었다. 오늘날 이러한 다양한 가치관과 생활패턴을 가진 사람들이 급속도로 부상하여 열성적인 주체성을 가진 집단이 되었고, 이러한 현상을 마이크로 트렌드라고 정의할 수 있다. 하지만 마이크로 트렌드를 일반 대중이 아닌 특정 소수집단의 트렌드로 간주하여 무시해선 안 된다. 마이크로 트렌드를 창조하고 그 흐름에 동조하는 자들이 바로 다름 아닌 "트렌드 세터(Trend Setter)", 즉 트렌드를 주도하는 자이기 때문이다.

무엇보다도 마이크로 트렌드는 흥미롭다. 주된 내용은 일부 부류에게서 나타난 독특한 생활상이나 습관, 취미, 취향, 정서, 소비양식 같은 것이 대부분이다. 마크 펜과 키니 젤리슨이 소개한 '주의력 과다족(Long Attention Spanners)', 뒤늦게 커밍아웃을 하는 '늦깎이 게이족(Late-Breaking Gays)', '눈덩이 밑에 깔린 게으름족(Snowed-Under-Slobs)', 연하남을 선택하는 여성들인 '쿠거[1]족', '테크 파탈[2](Tech Fatale)', '맘모니스(Mammonis)'[3] 등은 이름에서부터 연구자의 호기심을 자극한다. 마이크로 트렌드의 명칭은 차이를 강조하기 위한 수사적 전략의 결과이다. 어떤 부류를 그렇게 호명함으로써 그 부류만의 차별적인 정체성을 부각시키는 효과가 생기기 때문인데, 때로 그것은 현상 자체의 중요성보다 이슈 메이킹 의욕이 앞선 과장되고 성급한 작명에 지나지 않을 수도 있다. 명칭의 매력에 이끌려 착시의 오류를 범할 수 있다.

어떤 트렌드도 처음에는 작고 미미한 조짐으로 나타나기 시작한다. 소비자의 일상 구석구석에서 솟아나는 작은 변화는 중요하다. 아주 작은 변화라도 그만한 변화가 발생하는 데는 경제적·사회적·심리적 배후가 필요하기 때문이다. 새로운 아이디어는 오히려 그런 곳에서 나타날 가능성이 높다. 마이크로 트렌드라고 해서 간과할 수 없는 이유다. 다른 트렌드에 비해 돌발적이고, 간헐적이고, 특수성 짙은 현상이기 때문에 마이크로 트렌드를 예측하는 것은 거의 불가능하지만, 미래 트렌드의 징후일 가능성을 고려하면 마이크로 트렌드에 대한 관심을 놓지 않아야 한다(이순종, 2010).

---

[1] 쿠거는 북미지역 사람들이 퓨마를 가리키는 이름으로, 마운틴 라이언 또는 펜서라고도 불리운다. 쿠거는 황혼이 질 때 깨어나 활동하는데, 잠행이 주특기로 어둠 속에서 먹이를 사냥하며 살아간다(다큐 사이언스).
[2] '테크(Tech)'와 '팜므 파탈(Femme Fatale)'을 합친 말로, IT제품에 관심을 가지고 적극적으로 소비하는 1980년생 이후 여성을 뜻한다. 이들은 최신 기술과 성능을 중요시하는 남성 IT 사용자들과 달리 디자인이나 색상 브랜드 같은 감성적인 부분을 중요하게 여긴다(매경 닷컴).
[3] 마마보이와 비슷한 의미로, 독립하지 않는 남성이 늘어난 이탈리아 상황을 표현하는 단어이다.

2) 마이크로 트렌드의 포착

미래의 모든 일들은 현재 벌어지고 있는 일들에 의해 준비되고 만들어진다. 그러나 미래의 일들을 미리 보여 주는 요술거울이나 미래를 예측할 수 있는 영험한 비결은 존재하지 않는다. 미래의 현상들이 갑자기 우리의 눈앞에 나타나 놀라지 않도록 대비하는 방법은 오직 하나, 지금 우리 앞에 일어나는 일들을 면밀히 관찰하는 것뿐이다. 특히 문화 현상을 관찰할 경우에는 다수 대중의 움직임에만 현혹되면 안 된다. 개별적인 개인으로 존재하면서 독특한 사고방식을 가지고 생활하는 사람들이나 새로운 소집단 문화를 영위하는 사람들을 주목하는 것이 무엇보다 중요하다. 사실 많은 사람들에게 인기 있는 유행이나 패션, 기타 유행 상품들이 현재 문화의 주류를 이루고 있지만, 이것들도 원래는 주변(fringe) 문화 또는 언더그라운드(underground) 문화의 일부로 평가받았던 개인이나 집단의 시각이나 감각, 정서 등에서 출발하는 경우가 많다.

따라서 이런 부류의 개인과 집단을 이해하고 이들의 동향을 파악하기 위해서는 이들이 쳐 놓은 울타리 속으로 들어갈 필요가 있다. 예를 들면 미국의 스푸트니크(Sputnik) 마켓 리서치 회사에서 하는 일이 바로 이것이다. 스푸트니크는 미국 전역에 있는 젊은 통신원들로 형성된 네트워크이다. 이들 스푸트니크 통신원들은 비디오 카메라를 들고 새로운 사고를 가지고 새로운 행동을 하는 개인과 집단을 찾아다닌다. 스푸트니크 통신원들은 거리의 젊은 디자이너, 클럽의 프로모터, 디스크 자키, 웹 브라우저 개발자, 영화 제작자, 전자음악 연주자 등 새로운 문화 집단 속으로 들어가 이들과 함께 호흡하고 생활한다. 그리고 이 과정에서 이 주변 문화인들의 신념 체계를 발견하고 이들의 생각과 행동이 어떻게 젊은이들 주류 문화에 영향을 미치는지를 파악한다.

이와 비슷하게 새로운 거리 문화(street culture)에 주의를 기울이는 것도 매우 중요하다. 이유는 간단한데, 요즘 젊은이들은 다마고치와 같은 디지털 장난감, 둥둥 뜨는 물체가 들어 있는 음료, 옷처럼 세탁할 수 있는 반짝이는 장식물, 과거 눈썹 화장용에서 둔갑한 머리 염색약, 라디오 방송을 통해서는 좀처럼 들을 수 없는 전자 음악 등에 미쳐 있기 때문이다. 이런 것들은 셀 수 없이 많다. 그런데 바로 이런 것들은 처음부터 주류에 속했던 것이 아니라 주변 문화 속에서 살아가는 개인과 집단에 의해 고안되어 사용되기 시작했다.

마케팅, 제품 개발, 브랜드 관리, 광고 등 여러 분야에서 성공의 기회를 포착하기 위해 트렌드를 조명하고 해석하고 있다. 기업들에게 있어서 소위 '유행곡선(trend curve)'을 앞질러 예측하여 다음 시기에 '유행될' 새로운 움직임과 변화를 포착하는 것이 매우 중요하다. 그러나 실제로 좀 더 깊숙이 들어가면 문제는 좀 더 복잡해진다. 단순히 어떤 상품이 유행할 것인가를 파악하는 것만이 문제가 아니다. 이 계층의 새로운 관심 대상을 알아내고 이들의 머릿속으로 들어가 이들이 불러올 새로운 변화의 바람을 이해하는 것이 더욱 중요하기 때문이다(마티아스 호르크스, 2014). 그런데 모든 유행이나 트렌드는 시작점이 있다. 마이크로 트렌드와 그 속의 트렌드 세터들은 그들의 트렌드 흐름이 범대중적으로 확산되든 계속 소수집단의 열성적 흐름으로 남든, 그것을 접해보지 않은 사람들에게 새로운 가치관 및 욕구를 일깨워 주는 아주 중요한 역할을 하고 있다. 〈표 2-1〉은 향후 큰 성장이 기대되는 마이크로 트렌드의 특징, 사례, 잠재력과 함의 등을 제시한 것이다(이순종, 2010).

3) 마이크로 트렌드와 소비트렌드

마이크로 트렌드가 소비트렌드로 성장할 가능성이 없는 것은 아니지만 그렇게 되는 경우는 많지 않다. 마이크로 트렌드의 주인공들은 보통 대중의 관심을 비껴 있는 인물들이다. 또한 마이크로 트렌드는 소수 문화, 하위문화의 성격이 강하다. 아웃사이더적인 감성이 짙은 것이다. 또한 기성 사회의 헤게모니를 넘어설 만한 힘이 약하다. 대중적인 공감대를 확보할 수 있는 상징 공간이 작은 것이다. 즉, 대중이 공감할 수 있는 여지가 많지 않다. 요약하면, 마이크로 트렌드는 시장성이 떨어진다. 마이크로 트렌드는 소수 성향이고 강하고 기성문화의 문법과 융화되기 어려운 경우가 많다. 어떻게 보면 '트렌드'라는 위상을 부여하는 것이 어울리지 않는 면도 있다.

표 2-1 향후 큰 성장이 기대되는 마이크로 트렌드

특 징	마이크로 트렌드	사 례	잠재력과 함의
차별적 가치표현	소문난 문화 거리	서울 가로수길, 삼청동, 홍대 앞 등 기존 획일적 상권에서 벗어나 지역만의 독특한 색깔을 보유한 거리	새로운 소비문화의 발원지
	제3세계 문화	이태원 미식거리, 아시안 푸드 등 미국·유럽 중심의 문화를 넘어 색다른 이국적 경험 추구	다문화 시장의 성장
	판타지	코스튬 플레이, 판타지 소설과 영화 등 현실 도피형 엔터테인먼트의 확산	꿈과 모험 시장의 성장, 스토리텔링의 중요성 증가
	인디 문화	'장기하와 얼굴들', '워낭소리' 등 인디 문화가 대중적으로 인기를 얻고 인디 콘텐츠를 활용하는 기업도 증가	새로움을 추구하는 대중의 욕구 충족을 위한 대안 중 하나
고정관념 타파	남성 전업 주부	2007년 가사에 종사하는 남성의 수는 약 14만 명, 계속 증가 추세	남녀 역할에 대한 인식 변화, 여성 사회 활동 증가
	열정적 노년 'APPLE 세대'	활동적으로(Active), 자부심 갖고(Pride), 안정적인(Peace), 고급문화(Luxury)를 즐기는 경제력(Economy) 있는 노년층 확대	고령화 시대의 핵심 소비층
新가족	다문화 가정	2008년 전체 혼인 건수의 11%가 국제결혼, 전체 인구의 1.5%가 외국인	외국인 유학생, 거주자, 노동자 증가
	청년 귀농족 'Re-farm'	최근 10년간 귀농 인구의 40%가 2030세대, 독특한 사업 아이템으로 성공적으로 정착	농업의 고부가 가치화, 느리게 살기
	불임 부부	2007년 불임 환자 16만 명	임신을 도울 수 있는 상품과 서비스 증가

자료: LG ERI 웹진, '마이크로의 눈으로 트렌드를 읽어라', 2009.8.24.를 참고하여 수정.

그럼에도 불구하고 마이크로 트렌드를 간과할 수 없는 것은, 미래에 소비트렌드로 변화될 가능성이 있기 때문이다. 또한 마이크로 트렌드는 현재 진행 중인 트렌드의 사례이거나 독특한 변종일 수도 있다. 게다가 사회의 오피니언 리더 혹은 트렌드 세터 그룹이 마이크로 트렌드에 심취하지 않으리라는 보장이 없다. 대중보다 앞서가고, 대중과 달라지는 것이 그들이 추구하는 역할이기 때문이다. 마이크로 트렌드는 주변적이지만, 오히려 주변적이기 때문에 주목받을 가능성도 있다(이순종, 2010).

한편 마이크로 트렌드가 소수의 중·단기적인 측면의 트렌드라고 한다면, 메가 트렌드는 다수의 장기적인 측면의 트렌드라 할 수 있다. 즉, 메가트렌드는 20~40

년 단위에 걸친 사회·문화의 전반적인 변화로 전 대중에게 영향을 주는 거대한 시대적 조류로서 예를 들면 탈공업화, 도시화, 여성화, 글로벌 경제 등을 들 수 있다. 이에 반해 마이크로 트렌드는 마니아적인 성향의 트렌드라고 할 수 있다.

그러나 이런 트렌드들이 전혀 다르다고 할 수 없다. 왜냐하면 마이크로 트렌드가 사회에 퍼지면서 소비트렌드가 되고 또 메가트렌드도 될 수 있기 때문이다. 이러한 예시 중에는 "웰빙"트렌드를 꼽을 수 있을 것이다. 과거 슬로푸드 운동, 슬로비(slobbie)족[4], 보보스(bobos)족[5] 등을 전신으로 하여 2000년대가 넘어 우리나라에서 떠오른 트렌드가 바로 "웰빙"이다. 처음에는 건강과 삶의 질에 관심이 많은 소수의 열성적인 사람들이 외치는 단어에 불과했지만, 곧 우리 사회 전반적인 열풍이 되었고 현재 웰빙은 단순한 일시적 열풍이 아니라 사회 전반적인 하나의 트렌드로 정착하였다. 여기서 우리는 소비트렌드 또는 메가트렌드로 성장할 수 있는 잠재적 가치를 가진 마이크로 트렌드를 선별해 내는 능력, 또는 하나의 마이크로 트렌드를 범사회적인 트렌드로 성장시킬 수 있는 능력이 이 시대에서 굉장히 중요한 능력이며, 우리가 피해갈 수 없는 필수적인 요소인 것을 알 수 있을 것이다(마티아스 호르크스, 2014).

---

4   슬로비(slobbie)족은 Slow But Working People의 약자이다. 어지러울 정도로 빠르게 돌아가는 현대생활의 속도를 늦추어 보다 천천히 그리고 느긋하게 살자고 주장하며 물질보다는 마음을 그리고 출세보다는 자녀를 중시하는 사람들이다.
5   부르주아(Bourgeois)와 보헤미안(Bohemian)의 합성어로, 부르주아의 물질적 실리와 보헤미안의 정신적 풍요를 동시에 누리는 미국의 새로운 상류계급으로서 1990년대의 젊은 부자를 상징하는 용어이다(한경 경제용어사전).

메가트렌드와
소비트렌드

미래학자 존 나이스비트(John Naisbitt)[6]는 '탈공업화 사회, 글로벌 경제, 분권화, 네트워크형 조직 등을 특징으로 하는 현대사회의 거대한 조류'를 읽어내고, 여기에 처음으로 메가트렌드라는 이름을 붙였다. 메가트렌드는 세계적으로 진행되는 거시적인 사회변동을 말한다. 메가트렌드는 적어도 10년 이상, 일반적으로 30~50년 이상 점진적으로 지속되면서 사회 시스템의 구조적인 변화를 일으킨다. 일시적 유행에서 소비트렌드까지는 개인이 선택 여부를 결정할 수 있는 여지가 있지만, 메가트렌드는 개인적 선택의 대상이 아니다. 메가트렌드는 전 세계인이 부지불식간에 그 영향권에서 호흡하며 살아가는 공기 같은 것이다.

소비트렌드와 메가트렌드 모두 사회의 여러 영역에 걸쳐 나타나지만, 메가트렌드는 소비트렌드보다 좀 더 넓은 범위에서 심층적인 사회 변화를 일으키는 힘이다. 잘 알려진 것처럼 도시화, 개인화, 정보화, 성 평등 등은 장기간 전 세계적으로 진행되면서 정치 · 경제 · 사회 · 문화 등 각 영역에서 다양한 지형 변화를 일으키고 있다. 이것이 가능한 이유는 메가트렌드란 인간이 사회화되고 삶을 유지하는 방식에 영향을 미치는 '사회적 조건'을 변화시키는 힘이기 때문이다. 메가트렌드는 결국 삶의 환경과 시대정신(ideology)의 변화이다. 이는 기회 · 욕구 · 가치에 대한 관점과 문화의 변모로 이어진다.

트렌드 예측이라 하면 지금까지 없었던 새로움을 발견하는 것이라고 생각하는 것이 일반적이지만, 새로움에만 주목하면 마이크로 트렌드나 패드를 좇는데 그치는 경우가 많다. 트렌드의 새로움보다는 그 파급력에 대한 정보가 시장의 규모를

---

6 존 나이스비트(John Naisbitt)는 금세기 최고의 세계적인 석학이자 미래학자이다. 하버드대학교, 코넬대학교, 유타대학교 등에서 수학했으며, 정치학과 인문학, 공학, 과학 등 15개 분야에서 학위를 받았다. IBM과 이스트만 코닥의 고위 간부를 거치며 40년간 기업에서 활동했고, 존 케네디 정부에서 교육부 차관보, 린든 존슨 정부에서 대통령 특별고문으로 일했다(해외저자사전).

예측하고 새로운 기회를 창출하는데 더 실질적인 도움이 되는 경우가 많다. 따라서 트렌드의 파급력이 얼마나 크고 지속적일지 예측하는 것이 더 중요하다.

우리는 메가트렌드를 관조함으로써 사회가 지향하는 큰 그림을 보고, 다가올 시대정신을 앞서서 느낄 수 있다. 특정한 조짐의 미래 파급력을 예견할 수 있는 힘을 갖게 되는 것이다. 메가트렌드는 우리의 트렌트 리터러시(literacy)를 향상시킨다. 메가트렌드는 사회 전반의 구조적인 재편을 일으켜 소비자욕구의 심층적 기반을 변화시키는 힘이므로, 어떤 소비트렌드 현상도 메가트렌드의 관점에서 이해되고 평가되지 않으면 향후 크게 성장할 트렌드로서의 가치를 장담하기 어렵다(이순종, 2010).

1) 메가트렌드의 개념과 의의

(1) 메가트렌드의 개념

트렌드 이외의 다른 종류의 변화가 있을 수도 있다. 그리고 사람들이 정치, 경제, 기술, 문화 등에서의 변화를 트렌드라고 부르더라도 이러한 변화가 디자인과 스타일 분야에서의 변화와 반드시 같은 과정을 밟는 것은 아니다. 일반적으로 과학기술, 정치, 경제, 문화 분야에서 일어나는 변화가 오랜 시간에 걸쳐 좀 더 복잡하게 벌어진다고 할 수 있다. 또 이 변화가 급격하고 빨리 일어날 때 우리는 그것을 '혁명'이라고 부른다. 최근에는 4차 산업혁명이 시대의 화두로 등장하고 있는데, 이는 기업들이 제조업과 정보통신 기술(ICT)을 융합해 작업경쟁력을 제고하는 차세대 산업혁명을 가리키는 말이다.

이처럼 서로 다른 종류의 변화가 존재한다는 사실을 알기 때문에 사람들은 지금 일어나고 있는 문화적·경제적·정치적·기술적 변화를 이야기할 때 이 변화가 거의 모든 사회 분야에 영향을 미친다는 의미로 메가트렌드(megatrend)라는 단어를 사용한다. 미국의 미래학자 존 나이스비트가 1982년 출간된 그의 저서 《메가트렌드(Megatrends)》에서 이 단어를 처음 사용했다. 1990년에 출간된 그의 또 다른 저서 《메가트렌드2000(Megatrends 2000)》에서는 10가지 메가트렌드를 자세하게 조명하고 있다. 메가트렌드는 트렌드보다 오래 지속되며 다른 분야에도 영향을 미친다. 때때로 메가트렌드는 정치, 경제, 기술상의 변화를 수반하는 복잡한 과정을 밟는다. 그것은 또한 사회에 지속적인 영향을 미치지만 예측하기가 결코 쉽지 않다. 따라서 메가트렌드를 제대로 이해하려면 모든 사회과학적 지식을 총동원하거나 대규모 시리즈 출판물이 필요할지도 모른다(헨릭 베일가드, 2008).

메가트렌드를 정의하자면 '장기간에 걸쳐 영향력을 발휘하면서 사회적·경제적 시스템을 변형시키는 막강한 변화의 추동력'이라 할 수 있다. 도시화, 개인화, 연령 구조의 변화를 아우르며 세계화와 교육 및 인터넷을 통한 세계의 네트워크화까지 모두 포괄하는 개념이다.

메가트렌드는 판을 다시 짜는 힘 또는 미래의 질서에 대한 이야기다. 질서는 대개 비가역적이다. 큰 흐름으로 볼 때, 역행하지 않고 한 방향으로만 흘러간다. 메가트렌드는 작은 변화들이 모여 만든 큰 흐름이라 할 수 있다. 따라서 메가트렌드의 이면을 찬찬히 들여다보면 수십 수백 가지의 변화가 숨어 있다. 거대한 강의 상류로 거슬러 올라갈수록 수많은 소하천과 지류가 나타나고, 그 지류의 끝이 다시 또 다른 계곡으로 이어지는 것과 마찬가지다.

사람들은 보통 메가트렌드 하면 쓰나미처럼 우리를 집어삼켜서 낡은 습관을 무너뜨리고, 돌맹이 하나 남기지 않고 모든 것을 싹 쓸어가 버리는 막강한 힘을 떠올린다. 그러나 전혀 그렇지 않다. 메가트렌드는 서서히 그리고 점진적으로 영향력을 발휘한다. 세상을 내부로부터 서서히 변화시키기 때문에 '보수적'인 동시에 '진보적'이다. 미래를 이해하기 위해서는 반드시 메가트렌드의 순환적인 역동성을 파악해야 한다. 메가트렌드가 어디에 영향을 미치는지 또 어디에서 생성되는지 이해하지 못한다면, 미래를 이해하는 것은 불가능하다(마티아스 호르크스, 2014).

(2) 메가트렌드의 의의

미래는 직선적인 논리를 따르는 인과관계만으로 만들어지는 것이 아니다. 그렇다고 하이퍼 테크놀로지 예언자들의 주장처럼 인간적인 제약을 극복하고 도약하는 것으로만 생겨나는 것도 아니다. 미래는 종합적으로 만들어진다. 보다 복합적인 차원에서 낡은 것과 새로운 것을 결합하는 고리 운동 속에서 만들어지는 것이다. 그러나 복합성이 발전의 최종 목적지는 아니다. 오히려 그것은 일종의 부차적인 산물이라고 할 수 있다. 생물학적 진화 과정과 사회적 진화 과정에서 벌어지는 수많은 변화 가운데 일부는 좀 더 고차원적인 복합성을 갖추게 되는데, 이런 복합적인 시스템은 보다 높은 개방성과 회복력을 지니고 있다. 뛰어난 복합성을 갖춘 시스템이 더 자주 선택받고, 더 안정적으로 유지되는 경향이 있는 것도 바로 그런 이유에서다.

요컨대 메가트렌드는 이런 과정을 밀고 나가는 주체이자 대리인이다. 사회적·경제적 시스템 속에서 만들어지는 체계적인 긴장감을 높이기 때문이다. 예를 들어 '세계화' 메가트렌드는 공간의 질서를 변화시킬 뿐만 아니라, 정신적인 의미에서 내적인 지평선과 각종 관계를 변화시킨다. 이렇게 함으로써 우리의 경제적·정치적·문화적 시스템 내부에서 새로운 협력을 요구하고 강요한다. '여성화'는 남성과 여성의 공동생활 방식을 변화시킬 뿐만 아니라, 이와 더불어 가족의 조직 방식도 변화시킨다. 이것은 우리의 사회문화적 체계와 가치 체계에 더욱 고차원적인 복합성을 강요한다. '건강 추구' 메가트렌드는 의료 분야 자체뿐만 아니라 우리가 자신의 신체와 육체적인 능력을 관리하는 방식과 자신의 노화 과정에 대처하는 방식까지도 함께 변화시킨다. '새로운 직업'이라는 메가트렌드는 노동과 생계 활동 과정에 대한 우리의 기본적인 태도를 변화시킨다. 그리고 창조적 협력이라는 새로운 개념을 필수적인 요소로 만든다. 이렇게 보았을 때, 메가트렌드는 우리 사회문화 시스템 전체에 미치는 복합성의 압력이다. 다시 말해 변화를 재촉하여 복합성을 높이는 바람과도 같다.

최근에 더욱 급속한 발전을 보여 주는 새로운 기술은 사회적 태도 변화와 결합되어 생산성 향상으로 이어진다. 그러나 생산력 폭발을 통한 새로운 복지가 생성되기 위해서는 통상적인 기술과 사회기술이라는 두 가지가 반드시 손을 맞잡아야만 한다. 이렇게 만들어진 새로운 복지는 인간 개개인이 누리는 자유를 훨씬 폭넓게 해준다. 그리고 이것은 다시 개인화, 사회적 분화, 다양한 문화 간 네트워크화 등의 메가트렌드를 강화하는 작용을 한다. 따라서 메가트렌드는 기업의 입장에서 중요하고 산업의 변화를 만들어낼 수 있으며, 장기적 사회 시스템이나 인식의 변화까지 요구한다고 할 수 있다(마티아스 호르크스, 2014).

트렌드는 지속 기간이 비교적 길고 반응범위도 매우 크다고 기대할 수 있기 때문에 예측할 만한 가치가 높다. 특히 사회 각 분야의 변화와 소비자의 내적 욕구가 상호작용을 일으켜 강력한 추진력을 생성시키는 트렌드가 중요하다. 예를 들어 물질 위주의 사회 시스템에 질식되어 영적인 삶의 질을 회복하자는 데서 탄생한 웰빙 트렌드는, 환경파괴와 비인간화 등 그동안 전 세계적으로 진행되어 온 산업화와 도시화로 인한 삶의 질 위기에 대한 누적된 심리적 반작용이 존재했기 때문에 급속히 전파되었다. 강력한 트렌드에는 강력한 이유가 있다. 고로 트렌드 예측이 과학이라는 말도 성립될 수 있다. 트렌드 예측은 단순한 유추나 상상 또는 추측보다는 체계적이고 논리적인 연구를 필요로 한다(이순종, 2010).

(3) 메가트렌드의 변곡점

레이 커즈와일(Ray Kruzweil)[7]을 비롯한 일부 미래학자들은 미래에 기술발전의 속도가 급속히 변함으로써, 그 영향이 넓어져 인간의 생활이 되돌릴 수 없도록 변화되는 기점이 있다고 주장한다. 그 기점 이후의 변화에 대해서는 우리가 인지하고 이해할 수 없는 기술 범위에 속하기 때문에 더 이상 예측할 수 없다고 한다. 그야말로 미래학, 미래 예측의 방점이며 한편으로는 마침표가 되기도 하는 시점이다. 미래학자들은 이를 싱귤래리티(singularity), 변곡점 또는 특이점이라고 말한다. 기술 개발 역사로부터 추측해서 얻을 수 있는 미래 예측의 신뢰할 수 있는 한계인 것이다.

그렇다면 미래 예측에서는 이 변곡점(특이점)을 어떤 기준으로, 언제로 잡고 있을까? 학자들마다 의견이 조금씩 다르지만, 대체로 인공지능(Artificial Intelligence: AI)이 인간의 지능을 뛰어넘는 시점을 변곡점(특이점)으로 보며 시

---

[7] 레이 커즈와일(Ray Kruzweil)은 현 세계 최고의 발명가이자 사상가요, 미래학자 가운데 한 사람이다. 〈월스트리트 저널〉은 그를 지칠 줄 모르는 천재로, 〈포브스〉지는 그를 최고의 생각하는 기계로 칭했다. 빌 게이츠에서 빌 클린턴에 이르는 많은 추종자들이 커즈와일의 미래 조망을 크게 환영하고 있다(해외저자사전).

기는 2045년이다. 2045년 이후의 미래를 예측할 수 없다고 하는 것은 나노기술, 합성생물학, 특히 인공지능의 발달이 미래를 어떻게 바꿀지 알 수 없기 때문이다. 《유엔미래보고서 2045》에도 이런 내용이 실려 있다. 강조해야 할 점은 2045년 이후의 미래는 뛰어난 첨단 기술들, 또 우리가 그런 기술들을 어떻게 이용하느냐에 따라 달라질 수 있다는 점이다.

예를 들어 온난화는 피할 수 없는 미래다. 지금까지 진행된 탄소배출 탓에 향후 10년간 이루어질 온난화는 막을 수도 없는 상황이다. 또 차세대 청정에너지가 개발되어 전 세계에 보급되지 않는 한, 화석연료는 앞으로도 수십 년간 탄소배출을 일으킬 것이다. 그 경우 2070년 지구 평균기온은 4℃ 상승해서 지구를 인간이 살 수 없는 별로 만들 수도 있다. 그런데 인간보다 뛰어난 지능을 가진 인공지능의 전략과 나노기술이 합쳐진다면 온난화의 돌파구를 찾는 미래도 얼마든지 가능하다. 다만 우리가 어떤 미래를 선택하게 될지 예측할 수 없는 것이다. 분명한 사실은 미래는 우리가 어떻게 준비하느냐에 따라 달라진다는 점이다. 미래는 미리 준비하는 사람만이 바꿀 수 있다.

인공지능을 비롯한 기술의 발달은 인간의 삶을 더 편리하고 풍요롭게 만드는 방향으로 진행되지만, 그렇다고 미래의 인간이 행복할지 묻는다면 꼭 그렇다고 답할 수는 없다. 현재의 인류는 과거 어느 때보다 풍족한 삶을 누리고 있음에도, 과거의 사람들보다 행복하다고 할 수 없는 것과 마찬가지다. 의학의 발달로 수명 연장이 이루어져 2045년에는 평균 수명이 130세를 넘을 것으로 예상된다. 하지만 미래에는 1인 가구가 증가하고 일자리는 줄어들어서 외롭고 가난한 노후를 오랫동안 보내게 될 수도 있다. 과연 이런 미래를 어떻게 극복해야 하는지, 오래 사는 것이 행복한가에 대한 철학적 물음이 필요한 시점이다(박영숙·제롬 글렌, 2015).

2) 메가트렌드의 특징

메가트렌드는 몇 가지 중요한 점에서 다른 개별적인 트렌드나 그밖의 다른 방식으로 통제되는 트렌드들과는 구별된다. 가장 중요한 변별적 특징들을 요약하면 다음과 같다.

- **장기성** 메가트렌드는 어느 날 갑자기 기습적으로 들이닥치지 않는다. 수십 년간 이어지는 '잠복기'를 거치면서 영향력을 키워 나간다. 그리하여 이윽고 '활동기'에 이르면 대부분 한 세기를 넘어선다.

- **깊은 뿌리** 메가트렌드는 깊은 역사적 뿌리를 가지고 있다. 때로는 그 뿌리가 인류 역사의 기원으로 거슬러 올라가기도 한다. 이런 태고적 힘이 오늘날의 상황과 환경에 의해 활성화되고 강화된다.

- **편재성[8]과 복합성** 메가트렌드는 결코 어떤 부분적 영역이나 부분적 업종 또는 특수 영역에서만 가시화되지 않는다. 인간과 관련된 모든 영역에서 '지표' 역할을 함으로써 생활 환경, 경제, 소비, 정치 영역에서 변화를 불러일으킨다. 또한 가치, 내적인 방향 설정 등 정신적인 영역에도 영향을 미친다. 메가트렌드는 사회, 정치, 경제의 다양한 부문을 새로운 방식으로 결합한다.

- **세계성** 메가트렌드는 언제나 전 세계적인 경향을 띤다. 그렇다고 해서 전 세계에서 동시다발적으로 발전이 진행된다는 말은 아니다. 여성화 또는 도시화의 발전 상황은 당연히 다양한 지역에서 각기 다른 양상을 띤다. 즉, 여성화와 도시화의 역동성은 어디에서나 찾아볼 수 있지만, 아프가니스탄에서도 여성화라는 메가트렌드가 역사적인 파급 효과를 발휘하고 있다고 보기는 어려운 것이다. 그러나 분명한 사실은 여기서도 여성들의 역할이 눈에 띄게 그리고 지속적으로 변하고 있다는 것이다.

- **견고함** 메가트렌드는 결코 위기나 타격으로 말미암아 '궤도에서 벗어나는' 법이 없다. 이따금 정체되거나 심지어는 반대 방향으로 돌진하는 것처럼 보일 때도 있지만, 그것은 그저 일시적인 현상에 불과하다. 핵심적인 노선은 전혀 훼손되지 않고 온전하게 유지된다.

- **느린 속도** 때때로 메가트렌드가 '추진력을 발휘하는 시기'도 있기는 하지만, 장기적인 안목에서 보자면 점진성의 법칙이 우위를 점한다. 메가트렌드의 표준

---

8 편재(遍在)란 널리 퍼져 있다는 뜻이다.

속도는 연간 1퍼센트다.

● **역설적인 특징** '메가트렌드'라는 개념은 은연중에 뭔가 분명한 것, 직선적인 것, 반박할 수 없는 것, 일률적인 것을 암시한다. 그러나 실제로 메가트렌드는 '기이한 만곡선'의 형태로 움직인다. 그리고 바로 이런 점이 메가트렌드를 매우 흥미롭게 만들어준다. 언제나 하나 이상의 복고 트렌드, 즉 반동이나 대조적인 경향을 만들어내기 때문이다. 이런 복고 트렌드가 주류 트렌드와 소통하는 가운데 '기이한 고리'가 생성된다. 비직선적이라는 점은 메가트렌드의 고유한 특징이자 심오한 본질이다(마티아스 호르크스, 2014).

3) 메가트렌드의 진행

(1) 메가트렌드의 진행 유형

① **S자형 곡선**　모든 트렌드는 전형인 S자형 곡선을 그리면서 움직인다. 트렌드가 제대로 '이륙하기' 위해서는 초기에 긴 시간이 필요하다. 그리고 중간 부분에서 가속도가 붙었다가, 윗부분에 이르면 속도가 다시 떨어진다. 메가트렌드는 대부분 준비 시기가 매우 길다. 그뿐 아니라 그에 이은 단계도 매우 긴 구간을 형성하는데, 경우에 따라서는 이 기간이 100년 동안 이어지기도 한다.

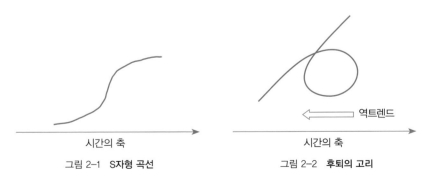

시간의 축　　　　　　　　　　← 역트렌드
　　　　　　　　　　　　　　　　시간의 축
그림 2-1　**S자형 곡선**　　　그림 2-2　**후퇴의 고리**

자료: 마티아스 호르크스, 배진아 역, 메가트렌드 2045, 한국경제신문사, 2014, pp.104, 111.

② **후퇴의 고리**　단순한 트렌드는 그저 점점 더 늘어나기만 하지만, 메가트렌드는 반동을 유발할 정도로 막강한 힘을 발휘한다. 따라서 새로운 트렌드가 형성되어서 세력을 얻기 시작하면 이 트렌드와 정반대의 상충되는 역트렌드가 만들어진다. 오늘날의 시대는 역설과 모순이 존재하는 시대이며, 명제와 반명제가 융합되어 사상 유례 없을 정도로 강력한 사회 변화의 엔진을 만들어 내는 시대이다. 이러한 역설을 통해 메가트렌드는 더욱 더 강도 높은 복잡성을 창출한다. 그리고 메가트렌드와 그에 역행하는 반대 트렌드로부터 좀 더 복합적인 합이 만들어지는데 바로 정-반-합의 원칙이다. 즉, 트렌드와 역트렌드가 일정기간 동안 서로 공존한 후에, 상충되는 자극들이 변증법적으로 종합되면서 제3의 새로운 종합 트렌드가 형성되는 것이다. 이 과정을 식으로 표시하면 다음과 같으며, 관련 사례를 검토해보기로 한다(서정희, 2005; 마티아스 호르크스, 2004).

> **중요 트렌드 = 트렌드 + 역트렌드 = 종합트렌드**

㉠ 세계화는 정체성과 공간적인 귀속성을 해체한다. 하지만 그럴수록 사람들은 더욱 더 강도 높게 고향, 귀속성, 일관성을 추구한다. 어느 정도 시간이 지나면 이 두 가지 요소로부터 양쪽 극단을 결합해주는 '글로컬(glocal)'한 생활 감각이 갖춰질 것이다. 즉, 오늘날 소비자들은 자신을 한 지역의 주민인 동시에 세계시민으로 생각하고 있다.

㉡ 인터넷이 24시간 내내 다른 사람들과 나를 연결시켜준다. 그러므로 집중, 프라이버시, 사색적인 측면과 사회적인 측면의 관리와 운영이 중요해진다. 다소 시기의 차이는 있지만 궁극적으로는 "선택적인 네트워크화"가 이뤄진다. 즉, 사람들은 온오프라인 두 가지 세계에서 가장 좋은 점만 골라내 그것들을 한데 결합하는 것이다.

㉢ 남녀를 불문하고 대부분 사람은 여성들이 사회에서 더 많은 영향력을 행사할

수 있게 되기를 바란다. 그러나 정작 여성들 스스로가 그것을 두려워한다. 그들은 모든 조건이 허락해도 직업적인 경력을 쌓거나 영향력을 행사할 의향이 없는 경우도 많다. 그러나 "여성화"라는 메가트렌드가 권력 구조 자체를 서서히 변화시키고 있다(마티아스 호르크스, 2014).

ⓓ 정보화 및 과학기술 발전은 새롭고 획기적인 것을 향하여 옛것을 단절하고 극복하기 위해 속도를 내는 가속화 트렌드를 만들어냈다. 그러나 일상생활의 가속화는 저항력을 강화했다. 즉, 생활의 속도 늦추기를 의미하는 슬로 트렌드를 추구하는 사람들이 생겨나기 시작했다. 이는 생활의 모든 영역에서 새로운 트렌드로 자리를 잡아가고 있다. 숲 속의 흙집, 알려지지 않은 그리스의 섬, 스코틀랜드 고지대에 있는 오두막이 정서적으로 불안한 도시인들에게 비싼 값에 팔렸다. 이탈리아에서는 모든 도시를 슬로 시티(slow cities)로 선포했다. 또한 번지점프나 스노보드 못지않게 트레킹이 인기를 얻고 있으며, 패스트푸드 대신 슬로 푸드를 찾는 사람들도 많다(김영신 등, 2012).

(2) 메가트렌드의 진행 속도

'메가트렌드'란 모두가 알고 있는 대상이자 어떤 식으로든 유추할 수 있는 대상을 번쩍이는 은박지로 포장한 것에 불과하지 않을까 하는 의견이 있을 수 있다. 또 메가트렌드가 단순히 무언가가 늘어나는 현상을 가리키는 게 아닐까 하는 의견이 있을 수도 있다. 그러나 메가트렌드는 인간의 조직 체계 내부에서 일어나는 구조적인 변화를 의미한다. 이와 같이 메가트렌드는 근본적인 변화 과정이기 때문에 서서히 진행될 수밖에 없다. 메가트렌드 진행에 대한 과거 경험의 분석에 따르면 진정한 메가트렌드의 평균 진행속도는 연간 1퍼센트 정도다. 이를 1퍼센트 규칙이라고도 하는데, 〈표 2-2〉의 주요 메가트렌드들을 토대로 이를 검토해보기로 한다.

먼저 '도시화' 메가트렌드는 연간 약 1퍼센트 속도로 진척되었다. 다음으로 '여성화'라는 메가트렌드를 살펴보면, 여성의 직업 참여 비율과 관리직 참여 비율도

표 2-2 미래연구소가 제시하는 11가지 메가트렌드

1	세계화	5	개인화	9	도시화
2	새로운 직업(지식노동)	6	건강	10	네트워크화
3	여성화	7	고령화	11	이동성
4	새로운 교육	8	신생태주의		

자료: 마티아스 호르크스, 배진아 역, 메가트렌드 2045, 한국경제신문, 2014.

연간 약 1퍼센트씩 증가하고 있다. 그리고 '새로운 직업'이라는 메가트렌드의 경우, 선진국의 지식노동자 숫자가 연간 1퍼센트 정도 속도로 증가하고 있다. 또한 창의적인 1인 기업에서부터 저임금 직업을 아우르는 비전형적인 노동 상황이 차지하는 비율 또한 지난 수십 년간 대략 연 1퍼센트의 속도로 증가했다. 기업에서 1차 활동(생산)이 차지하는 몫이 2차 활동(관리), 3차 활동(혁신, 마케팅, 커뮤니케이션 등)으로 옮겨가는 속도도 대략 1퍼센트다.

'새로운 교육'이라는 메가트렌드를 보면, 2차 교육과 3차 교육을 마무리한 사람들의 숫자가 전 세계적으로 매년 1퍼센트 가량 늘어나고 있다. 에너지 부분에서도 전체 에너지 생산량 가운데 재생 가능 에너지가 차지하는 비율이 매년 평균 1퍼센트 가량 증가하고 있다. 전체 생산품 가운데 유기농 제품이 차지하는 비율도 이와 유사한 속도로 증가하고 있다. 이는 '신생태주의'라는 메가트렌드로 지칭할 수 있다.

인터넷 사용자 수 또한 전 세계적으로 해마다 1퍼센트 정도씩 증가함으로써 '네트워크화'라는 메가트렌드를 형성한다. 인터넷은 지난 몇 년간 엄청나게 빠른 속도로 변화되어 단시간 안에 0에서 100퍼센트로 확산되었다고 생각할 수도 있다. 하지만 착각은 금물이다. 측정수단을 질적으로 확장해보면, 수많은 과정이 우리가 생각하는 것보다 훨씬 더 느린 속도로 진행된다는 것을 확인할 수 있다. 예컨대 지난 20년 동안 선진국들에서 인터넷이 중요한 매체로 발전했지만, 그렇다고 해서 유일한 매체는 아니다. 여전히 인터넷을 활발하게 사용하는 사람들보다 TV를 보는 사람들의 숫자가 더 많다. 수동적인 매체 소비 태도는 우리가 일반적으로 생각하는 것보다 훨씬 더 끈질기게 이어지고 있다. 또 이메일을 읽는다고 해서 무조건 디지털 세계의 주민이 되는 것도 아니다.

역사가 보여 주듯이, 근본적으로 새로운 기술은 새로운 문화기술과 결부되어 사용될 경우 매우 느리게 확산된다. 자동차 역시 선진 산업국가의 모든 사람들이 이용하는 운송수단이 되기까지 거의 1세기가 걸렸다. 기술발전 속도는 사회공학적인 요인과 문화적 행동 모형 그리고 습관에도 종속되어 있기 때문이다. 예컨대 컬러TV의 도입은 실제로 매우 신속하게 이루어졌다. 왜냐하면 라디오와 흑백TV를 통해서 사람들이 이미 그 매체를 소비하는 데 익숙해져 있었기 때문이다. 그밖에도 번거로운 절차 없이 송신기 옆에 수신기를 세워두기만 하면 되었던 것도 컬러TV가 신속하게 도입될 수 있었던 한 가지 요인이다. 기초설비를 갖추는 방법이 비교적 간단했던 것이다. 그러나 인터넷은 사용자들에게 완전히 다른 종류의 인지 행위를 요구한다. 인터넷은 다운로드 매체이기만 한 것이 아니라 업로드 매체이기도 한 것이다.

'이동성'이 너무나도 풍부한 우리 문화의 한가운데에서 부동의 이동성이라는 기이한 형태가 만들어지고 있다. 즉, 많아질수록 줄어드는 이동성의 역설이라고 할 수 있다. 예를 들면 여행을 하는 사람들이 점점 더 늘어나고 있기는 하지만, 제대로 여행하는 사람은 매우 드물다. 여행자들 대부분이 몸은 낯선 곳에가 있을지라도 정신적으로는 계속해서 익숙한 환경에 머무른다. 특히 최근 들어서는 아이폰 등의 기기를 들고 가는 여행자가 많다. 이들은 내내 호텔 방에서 아이폰을 만지작거리다가 가끔 여행지의 거리로 나온다. 그러고는 어느 가판대에서 발견한 우편엽서를 들여다보며 여행 분위기를 만끽한다고 생각한다(마티아스 호르크스, 2014).

4) 메가트렌드의 연구

우리가 존재하는 사회 안에는 경제 시스템과 정치 시스템, 의사소통 시스템 등이 있고, 자연 시스템과 진화 시스템도 있다. 시스템 연구자이자 여류 생물학자인 산드라 미첼은 그녀의 책 《복합성》에서 다음과 같이 말했다. "세상은 수없이 다양한 설명의 차원으로 이루어진, 풍성한 내용과 다양한 면모를 갖춘 복잡하게 뒤엉킨 구조물이다. 효율적인 예측과 행동의 근거는 그처럼 다양한 차원들이 한데 통합된 곳에서만 나올 수 있다." 따라서 메가트렌드의 포착 또는 연구는 단일학문으로 잘 이루어지기 어렵다. 다양한 면모를 갖춘 복잡하게 뒤엉킨 구조물인 메가트렌드 연구를 위해서는 학제적 연구 또는 간학문(間學問)을 적용하는 것이 적절하며 이에 대해 고찰해보기로 한다.

(1) 사회 시스템 이론 및 게임 이론

인간들 간의 상호작용을 '연속적인 게임'으로 이해하는 학문이다. 존 폰 노이만[9], 토마스 셸링[10], 존 내시[11] 같은 초특급 석학들이 동서 냉전 기간에 이 학문의 기초를 마련했다. 게임 이론은 처음에는 군사훈련에만 적용되었지만, 그 후로 어마어마한 발전을 이룩했다. 그 결과 오늘날에 이르러서는 컴퓨터 모델을 이용하여 모든 사회 시스템에 대해 시뮬레이션을 할 수 있게 되었다. 즉, 특정한 맥락이나 상황 속에서 개개인들로 이루어진 거대한 집단이 어떻게 행동하는지 그리고 위기와 협력이 어떤 식으로 전개되는지 등의 모든 과정을 밝혀낼 수 있게 되었다.

(2) 인지심리학

최근 들어 이 학문은 두뇌 연구소와 손잡고 인간이 주변 환경을 조화롭게 조정하는 방식과 그로부터 어떤 결정과 행동이 도출되는지에 관한 연구를 수행하고

---

9 존 폰 노이만(John von Neuman)은 헝가리 태생의 수학자로, 수학뿐만 아니라 양자 역학 연구 등으로 물리학에, 게임이론에 대한 연구로 경제학에, 컴퓨터 구조에 대한 연구로 컴퓨터 과학에도 큰 영향을 미쳤다. 컴퓨터의 설계자로 불리기도 한다.
10 토마스 셸링(Thomas C. Shelling)은 미국의 경제학자로 게임 이론의 분석을 통해 갈등과 협력에 관한 이해를 향상시킨 공로를 인정받아, 2005년에 노벨경제학상을 수상하였다.
11 존 내시(John F. Nash Jr)는 미국의 수학자로 내시균형(Nash Equilibrium)이라고 불린 비협력 게임의 평형 개념을 개발한 업적으로 1994년 노벨경제학상을 수상하였다.

있다. 인지심리학의 선구자인 대니얼 카네만[12]과 아모스 트베르스키[13]는 이미 20년 전에 '인간은 오직 이성에 따라 행동한다'는 관념이 얼마나 근거 없는 것인지 분명하게 보여 주었다.

여기에서는 밈(meme)[14]이라는 개념이 무척 중요한데, 밈은 진화생물학자 리처드 도킨스가 맨 처음 이야기한 것으로 생물학적 유전자 '진(gene)'에 대응하는 말이다. 동물에게는 생물학적 유전자만이 아니라 문화적 유전자가 존재한다는 사실을 전제로 하며, 모방 등과 같이 비유전적으로 후대에 전해지는 요소를 말한다. 밈이 작용하기에 우리 뇌 속에서는 불안, 기대, 기피 사이에서 신중한 저울질이 이루어진다. 그리고 이를 통해서 지속적으로 모델이 만들어지고, 기대심리를 통해 자기 충족적 예언들이 생성되며, 궁극적으로는 미래를 '생산한다'.

(3) 확장된 진화론

250년 전 찰스 다윈이 진화의 기본 원칙들을 처음으로 설명한 이후, 이 개념은 험난한 길을 걸어왔다. 오늘날 '다윈주의'는 많은 사람의 머릿속에서 생사를 건 싸움, 오직 한쪽만이 살아남을 수 있는 싸움으로 자리잡고 있다. 그러나 세상은 지배와 복종이 아닌 공진화(co-evolution)를 토대로 한다. 새로운 진화론은 두 가지 주요 분야인 진화심리학과 진화조직학을 통해 인간을 '서로 협력하면서 살아남는 존재'로 이해하도록 해준다. 우리가 아름다운 대상을 선호하는 이유, 부와

---

12 대니얼 카네만(Daniel Kahneman)은 편견에서 기인하는 보편적 인적 오류요인에 대한 인지적인 연구의 토대를 세웠으며 전망이론을 만들었다. 2002년 노벨경제학상을 수상했다.

13 아모스 트베르스키(Amos Tversky)는 대니얼 카네만과 함께 판단과 의사결정 연구의 부흥을 일으켰고 의사결정 연구에서 대부분 공저자로 활동하였다. 1974년에 〈사이언스〉지에 "Judgement under uncertainty: Heuristics and biases"가 실리면서 심리학뿐만 아니라 철학자, 경제학자, 통계학자들의 관심을 끌게 되었다. 리처드 테일러(Richard H. Thaler)는 이들과 교류하면서 소위 행동경제학이라는 경제학의 한 분야를 개척하게 되었다.

14 영국의 생물학자 도킨스(Richard Dawkins)가 1976년 출간한 저서 《이기적 유전자(The Selfish Gene)》에서 만들어낸 용어로, 문화가 전달되기 위해서는 유전자가 복제되는 것과 같은 복제기능이 있어야 한다고 했다. 즉, 바이러스가 숙주세포에 기생하는 것과 같이 문화의 전달에도 문화의 복제 역할을 하는 중간 매개물, 곧 중간 숙주가 필요한데 이 역할을 하는 것이 바로 밈이다. 밈의 전달형태는 모방을 통해 한 사람의 뇌에서 다른 사람의 뇌로 전달된다. 이 과정에서 각각의 밈들은 변이 또는 결합, 배척 등을 통해 내부구조를 변형시키면서 진화한다고 하였다.

지위를 추구하면서도 서로 간에 공감을 느끼는 이유와 방식은 물론이고, 경제적인 위기가 악화되는 과정이나 기업이 번성하는 과정 또는 암과 같은 끔찍한 질병이 발달하는 과정 등을 이해할 수 있게 해준다. 궁극적으로 확장된 진화론에서는 이 모든 것을 진화 과정의 일부로 본다.

이상의 세 가지 학문의 접점에서 통합적인 변화와 세계학이 대두하고 있는데, 이를 진화 예측학(evolutionary prognostics)이라 부른다. 이것은 트렌드 연구 및 미래 연구의 하위분야들로 구성되며, 앞에서 언급한 세 가지 간학문까지를 한데 결합하는 학문이다(마티아스 호르크스, 2014).

■ ■ ■

메가트렌드 예측의 실제

1) 10년 후 한국 사회 주요 이슈

10년 후 한국 사회에서 가장 중요하게 떠오를 이슈는 무엇일까? 정부나 기업, 부자와 빈자, 노년층과 청년층 등 각자의 위치에 따라, 그리고 각 집단과 개인의 가치관과 미래 비전에 따라 다양한 이슈들의 중요도에 대한 판단이 다를 것이다. 한국 사회 미래 설계의 최종 책임자인 정부는 어떻게 접근해가려 할까?

2014년 12월에 출범한 미래준비위원회는 한국이 당면할 미래 사회를 종합적으로 전망하고 주요 이슈들을 발굴하기 위한 목적으로 민간 전문가들로 구성하여 출범했다. 이 위원회에서 2015년 7월에 발표한 〈미래이슈 분석 보고서〉는 경제협력개발기구(OECD) 미래전망보고서 등 국내·외 관련 문헌정보와 국가정책연구 포털사이트 등의 데이터를 토대로 분석대상 이슈 28개와 미래 핵심기술 15개를 선정한 뒤, 전문가와 대학생 등 1,477명을 대상으로 이슈와 핵심기술에 대한 인식

그림 2-3 미래 한국 사회의 10대 이슈

조사를 벌여, 그 결과를 분석한 것이다.

이 보고서에서는 미래 한국 사회의 10대 이슈를 선정해 발표하였다. 〈그림 2-3〉에 보여지는 것 같이 저출산·초고령화, 불평등, 미래세대 삶의 불안정성, 고용불안, 저성장과 성장전략 전환, 국가 간 환경영향 증대, 기후변화와 자연재해, 북한문제 등이 그것이다. 우선 순위에 대한 견해는 사람마다 다르겠지만, 10대 이슈전체로 보면 현재의 한국인들의 마음을 대체로 잘 읽어낸 것으로 보인다. 위원회는 10대 이슈들은 모두 발생 가능성과 영향력이 큰 것으로 나타났다고 밝혔다. 또 10대 이슈에는 포함되지 않았지만 디지털 경제와 초연결사회 이슈도 발생 가

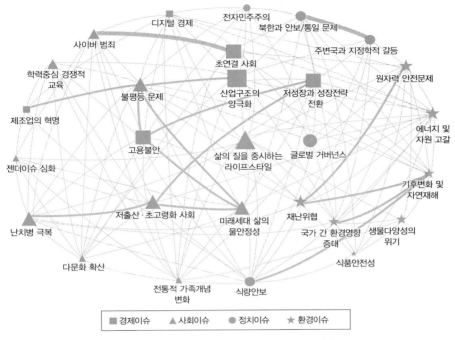

그림 2-4 미래 한국 사회 주요 이슈 간의 연관관계

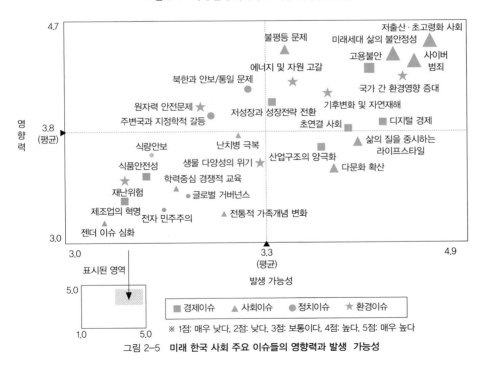

그림 2-5 미래 한국 사회 주요 이슈들의 영향력과 발생 가능성

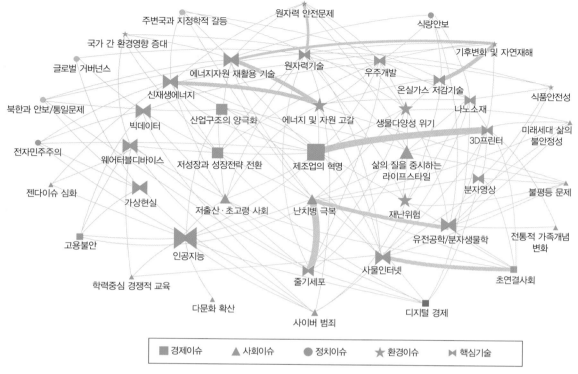

■ 경제이슈　　▲ 사회이슈　　● 정치이슈　　★ 환경이슈　　⋈ 핵심기술

그림 2-6 미래 한국 사회 주요 이슈와 과학 기술 간의 연관관계

능성과 영향력이 클 것으로 예상했다.

　이 보고서에서 특히 눈에 띄는 대목은 삶의 질이 다양한 이슈들을 관통하고 있다는 점이다. 〈그림 2-4〉와 〈그림 2-5〉를 보면, 삶의 질을 중시하는 라이프스타일은 이슈 그 자체로서는 중요성과 영향력이 상대적으로 낮으나, 다른 이슈들과 연관관계가 가장 높은 것으로 나타났다. 이는 앞으로 삶의 질이 한국인의 미래 행동패턴을 결정하는 데 큰 영향력을 끼칠 것이라는 점을 시사해준다. 삶의 질에 이어 고용불안, 불평등, 산업 양극화 문제도 이슈 간 관계에서 높은 상관성을 보여 주었다. 기술 중에서는 인공지능, 빅데이터, 사물인터넷 기술 등이 여러 이슈들과 높은 연관관계를 갖는 것으로 나타났다.

　한편 미래 한국 사회 주요 이슈들의 영향력과 발생 가능성을 보여 주는 〈그림 2-5〉에서 영향력과 발생 가능성이 모두 높은 이슈로는 저출산·초고령화, 미래세

표 2-3 미래준비위원회가 분석대상으로 삼은 28개 이슈와 15개 핵심기술

28개 이슈	경제 (6개)	초연결사회, 저성장과 성장전략 전환, 디지털 경제, 고용불안, 제조업의 혁명, 산업구조의 양극화
	사회 (10개)	저출산·초고령화 사회, 불평등 문제, 미래세대 삶의 불안정성, 삶의 질을 중시하는 라이프스타일, 다문화 확산, 전통적 가족개념 변화, 학력중심 경쟁적 교육, 젠더 이슈 심화, 난치병 극복(100세 시대), 사이버 범죄
	정치 (5개)	식량안보, 주변국과 지정학적 갈등, 북한과 안보/통일 문제, 전자 민주주의, 글로벌 거버넌스
	환경 (7개)	재난위험, 에너지 및 자원 고갈, 기후변화 및 자연재해, 국가 간 환경영향 증대, 원자력 안전문제, 생물다양성의 위기, 식품안전성
15개 핵심기술		사물인터넷, 빅데이터, 인공지능, 가상현실, 웨어러블 디바이스
		줄기세포, 유전공학 분자생물학, 분자영상, 나노소재, 3D 프린터
		신재생 에너지, 온실가스 저감기술, 에너지·자원재활용 기술, 우주개발, 원자력 기술

대 삶의 불안정성, 사이버 범죄 등을 들 수 있고 영향력과 발생 가능성이 모두 낮은 이슈로는 젠더 이슈 심화, 제조업의 혁명, 전자민주주의 등을 들 수 있다. 반면 원자력 안전문제와 주변국과의 지정학적 갈등은 영향력은 비교적 높으나 발생 가능성이 비교적 낮은 것으로 나타났고, 다문화 확산과 삶의 질을 중시하는 라이프스타일은 발생 가능성은 비교적 높으나 영향력은 다소 낮은 것으로 나타났다.

미래준비위원회는 이런 조사 결과를 바탕으로 사회문화·산업경제·삶의 환경 등 3개 분야별로 미래 과제를 제안했다. 첫째 사회문화 분야에서는 △ 획일화 사회 극복 △ 불평등 사회 △ 저출산·고령화 대비를, 둘째 산업경제 분야에서는 △ 초연결사회의 지속 가능한 미래 △ 지속 가능한 산업생태계 △ 인공지능 발전을, 셋째 삶의 환경 변화에서는 △ 기후변화 △ 대형 시스템의 안정성 △ 스마트 환경과 뉴 미디어를 각각 꼽았다.

정부는 이 분석결과를 바탕으로 2015년 하반기부터 매년 2~3개의 이슈를 선정하고, 과학기술과 정보통신 기술(ICT)을 활용해 이에 대응해 나가는 미래전략을 마련해 나갈 계획이라고 밝혔다. 미래준비위원회 이광형 위원장은 "이번 분석은 정부의 미래대응 전략을 마련하기 위한 사전 단계로 이슈와 이슈, 이슈와 과학기술 간의 관계를 분석한 데 의의가 있다"며 "미래 이슈 대응에서는 과학기술을 함께 고려한 포괄적 접근이 필요하다"고 말했다. 한편 미래준비위원회가 분석대상으로 삼은 28개 이슈와 15개 핵심기술은 〈표 2-3〉과 같다(한겨레신문, 2015. 7. 23).

2) 미래 연대표(Future Time Line)

미래의 연대표를 보면 세상이 어떻게 변할지 그 흐름을 읽을 수 있다. 또 흐름을 알아야 진정한 미래를 읽을 수 있다. 따라서 미래 예측 기관들은 어느 한 시점의 미래만 예측하는 것이 아니라 연대표를 만든다. 여러 미래 예측 기관 및 학자들의 예측을 종합해 정리한 2130년까지의 미래 연대표를 소개한다(박영숙·제롬 글렌, 2015).

표 2-4   미래연대표

연 도	미래 예측(2020~2130)
2020	• 유가가 배럴당 200달러로 상승하면서 전 세계가 다시 한 번 경제적 타격을 입는다. • 차세대 에너지로 각광받는 핵융합 에너지 실험이 실현된다. • 가상 망막 디스플레이 기술이 완성되어 눈앞에 실재하는 것 같은 가상현실을 볼 수 있게 된다. • 줄기세포를 이용해 장기나 뼈를 성장시킬 수 있게 된다. • 생각만으로 문자메시지를 보낼 수 있게 된다. • 프린트된 후 특정 상황에서 스스로 형태를 바꾸는 4D 프린팅 기술이 등장한다.
2021	• 지구 평균기온이 60년 전보다 1℃ 상승한다. 그 중에서도 북극의 기온이 가장 많이 상승하며, 아프리카에서는 킬리만자로의 얼음이 모두 녹는다. 동남아는 홍수가 심해지는 한편, 미국은 건조한 지대가 늘어나 먼지폭풍이 도시를 심각하게 오염시킨다. • 전력의 무선전송 기술이 실현되어 전기자동차 시장이 활성화된다. 이 기술이 더 발전하면 우주태양광 에너지도 실현될 것이다.
2022	• 독일에서 원자력 발전소가 완전히 사라진다. • 중국 최초의 우주정거장이 건설된다. 이 우주정거장은 우주인 3명이 장기 거주를 목적으로 하는 시설이다. • 미국 지역의 10%에서, 태양광 그리드 패리티[15] 신재생 에너지가 기존 에너지 가격과 같아지는 시점에 도달한다.

(계속)

---

[15] 그리드 패리티(grid parity)는 화석연료 발전 단가와 신재생 에너지 발전 단가가 같아지는 시기를 말한다. 현재 신재생 에너지 발전 단가가 화석연료보다 월등히 높지만, 각국 정부의 신재생 에너지 육성정책과 기술발전에 따라 비용이 낮아지게 되면 언젠가는 등가(parity) 시점이 올 것이라는 전망이다(시사경제용어사전).

2023	• 알츠하이머를 치료하는 방법으로 잃어버린 기억을 복원해주는 뇌 신경보철 이식이 실현된다. • 세계에서 생물 다양성 지수가 가장 높은 곳 가운데 하나인 보르네오의 열대우림이 소멸하면서 오랑우탄을 포함한 많은 생물종이 멸종할 것이다.
2024	• 시속 1,220km의 초고속 자기부상열차 기술이 완성된다. • 동성 결혼이 미국 전역에서 합법화된다.
2025	• 석유 생산량이 정점에 오르는 피크오일에 도달한다. • 장기를 포함해 인간 신체의 78개 부분을 3D 프린터로 프린트할 수 있게 된다. • 무료 인터넷의 보급으로 한반도의 통일 가능성이 높아진다.
2026	• 기후 변화로 인한 해수면 상승으로 몰디브가 수몰된다.
2027	• 절단된 사지를 재생하는 기술이 완성된다.
2029	• 인공지능을 가늠하는 기준인 튜링 테스트를 통과하는 인공지능이 등장한다. 이는 더 이상 컴퓨터 프로그램과 사람을 구분할 수 없다는 뜻이다.
2030	• 인도의 인구가 15억 명으로 세계 최대에 이른다. • 복제 기술의 발달로 매머드[16]가 부활한다. 이 기술로 인해 멸종 동물은 물론 공룡도 되살릴 수 있게 될 것이다. • 한국에서 동성 결혼이 법적으로 인정된다.
2031	• 죽은 사람의 모습을 홀로그램[17]으로 재현할 수 있게 되며, 두뇌 시뮬레이션의 발달로 이들의 성품과 감정을 분석해서 살아 있는 것처럼 표현한다. • 납이 고갈된다.
2032	• 1억 년 이상 생존해 온 장수거북이가 멸종할 위기에 처한다. • 사우디아라비아가 전력의 3분의 1을 태양광에서 얻는다.
2033	• 핵융합 발전의 원료인 헬륨3를 달에서 채취하기 시작한다. 헬륨3뿐만 아니라 다양한 자원을 가진 달을 선점하기 위해 각국이 뛰어들 것이다.
2034	• 스위스에서 원자력 발전소가 사라진다.
2035	• 피크오일 이후 10년, 중동 경제의 붕괴가 시작된다. • 달에 인류 최초의 기지를 건설함으로써 달에서 사람이 거주할 수 있게 된다. • 전 세계적으로 온라인 강좌가 활성화되면서 한국 대학의 절반이 사라진다.
2036	• 생체공학적 인공 안구가 인간의 시각을 능가한다. • 축산농가가 차지하는 1%의 땅에서 현재 육류 생산량을 채울 수 있는 배양육이 보편화된다.

(계속)

---

16 약 400만 년 전부터 4천 년 전까지 존재했던 포유류이며 긴 코와 4m 길이의 어금니를 가졌다. 혹심한 추위에도 견딜 수 있게 온몸이 털로 뒤덮혀 있었지만 마지막 빙하기 때에 멸종한 것으로 추정된다.
17 홀로그램(hologram)은 3차원 영상으로 된 입체 사진으로 홀로그래피의 원리를 이용해 만들어지는데, 실물과 똑같이 입체적으로 보이는 사진이다.

2037	• 유럽에 수몰되는 지역이 많아져서 남유럽과 북유럽이 분할되고, 최종적으로는 유럽연합이 붕괴하기에 이른다. • 기존 컴퓨터보다 수조 배 빠른 실행력과 안전성이 보장되는 양자컴퓨터[18]가 보편화된다.
2038	• 2025년 양자의 순간 이동이 가능해진 이래 이번에는 DNA, 단백질 등 복잡한 유기분자의 순간이동에 성공한다. • 온난화로 인해 시베리아의 동토가 녹으면서 러시아가 세계 식량강국이 된다.
2039	• 로봇, 자동화, 3D 프린터의 대중화로 서구에서 제조업이 소멸한다. • 협업으로 무궁무진한 일을 해내는 나노미터 규모의 스웜로봇[19]이 보편화된다.
2040	• 물질을 자유자재로 구성하는 나노기술 클레이트로닉스[20]가 등장한다. • 에너지와 물, 식량이 부족해지면 사람들은 자급자족이 가능한 에너지 섬으로 모여들어 마이크로 국가를 이루고 살게 된다. • 인도의 경제성장률이 미국과 중국을 따라잡아 세계 최대 강대국으로 떠오른다. • 한국의 해수면 상승으로 새만금, 서해안, 제주도 등에 수몰 지역이 등장한다.
2041	• 지구 평균 온도가 2℃ 상승한다. 그린란드가 용융(熔融, melting)의 티핑포인트에 도달하고 전 세계가 사막화, 홍수, 태풍으로 몸살을 앓게 된다. 아프리카는 인구의 4분의 3이 굶주리게 될 수 있다. • 나노기술의 발전으로 우주 태양광 문제가 해결되면서 에너지 시장의 판도를 바꾼다.
2042	• 세계 인구가 90억 명을 넘긴다. • 미국에서 백인이 최대 인구 자리를 내준다.
2043	• 트랜스 글로벌 고속도로와 철도 네트워크 개발 계획이 완료되어 세계를 연결하는 도로망이 완성된다. • 멕시코 만의 슈퍼 태풍으로 휴스턴, 뉴올리언스 등이 영구적으로 폐쇄된다.
2045	• 인공지능이 인간의 지능을 능가하는 시점, 특이점(特異點, Singularity)이 온다. • 75년간 궤도를 표류하던 아폴로 12호의 잔해가 지구로 귀환한다.
2048	• 남극 환경 보호를 목적으로 하는 남극조약이 만료되어 남극을 둘러싼 세계 이권 다툼이 일어난다.
2049	• 가정과 각종 산업에 로봇이 보편화된다. • 후쿠시마 원자력발전소 사고 피해 지역의 복구가 완료된다. • 더위가 심각해져 인간의 노동 잠재력이 평소의 80%로 떨어진다.
2050	• DNA를 조작해 성별부터 신장, 피부, 머리카락과 눈동자의 색 등 수백 가지 특성을 부모가 결정하는 '완벽한 아기'인 디자이너 베이비가 등장한다.

(계속)

---

[18] 양자컴퓨터(quantum computer)는 양자 역학의 원리에 따라 작동되는 미래형 첨단 컴퓨터로, 양자역학의 특징을 살려 병렬처리가 가능해지면 기존 방식으로 해결할 수 없었던 다양한 문제를 해결할 수 있게 된다.
[19] 스웜 로보틱스(Swarm robotics)란 기능이 단순한 복수의 로봇을 이용하여 로봇 간 상호작용과 협업으로 복잡한 작업이 가능하도록 하는 복수 로봇 시스템의 한 종류이다(지식경제용어사전).
[20] 클레이트로닉스(Claytronics)는 클레이(Clay)와 일렉트로닉스(Electronics)의 합성어로, 어떤 모양이든 원하는 것으로 변할 수 있는 찰흙의 특성과 전자소재의 나노기술이 결합된 것이다. 즉, 물질을 자유자재로 결합하는 나노기술을 말한다. 영화 '트랜스포머'의 속편에서는 자동차뿐만 아니라 토스터기, 커피머신, 심지어 와플기계로까지 변신하는 로봇들이 등장한다(blog.lgens.com).

2054	• 세계 인구가 100억 명으로 정점을 맞는다. • 강우 강도가 20% 증가해 땅의 표면이 깎이고 표피가 유출되며 물살을 더 세게 만들어 피해가 가중된다.
2056	• 지구 평균 기온이 3℃ 상승한다. 북극의 영구 동토층이 완전히 녹으면서 이산화탄소보다 약 70배 강력한 온실가스인 메탄가스가 대량 방출되어 온난화의 악순환은 인간의 통제를 벗어날 것이다. • 단일 유기체로 합성할 수 있는 세포의 수가 100조 개에 도달한다. 이는 인체 전체 세포의 수와 동일한 것으로 유전자 합성 인간의 탄생을 상징한다.
2059	• 석유 생산비용이 다른 에너지를 생산하는 비용보다 높아지면서 더 이상 석유를 사용하지 않는 석유 시대 종말이 온다. • 핵펄스 엔진의 개발로 화성까지 가는 시간이 6개월 이내로 줄어들면서 화성에 사람이 거주하게 된다.
2060	• 냉동인간을 되살리는 냉동보존술이 완성된다. • 육지로 둘러싸인 덕분에 기후 변화의 재난을 피해 온 지중해가 열대성 저기압때문에 허리케인 분지로 변한다.
2065	• 모든 국가에서 남성과 여성의 임금이 동일해진다. • 투명 망토가 등장한다.
2070	• 지구 평균 기온이 4℃ 상승한다. 이는 인간이 적응할 수 있는 한계를 넘어서는 수준으로, 인간은 나노기술과 줄기세포 기술의 발달로 살아남을 방법을 찾게 된다.
2083	• 영국의 힝클리 포인트C 발전소를 마지막으로 지구에서 원자력 발전소가 사라진다.
2085	• 디지털 통화의 형태를 가진 세계 단일통화가 등장한다.
2090	• 일부 유럽 국가에서 종교를 갖지 않는 사람의 비율이 90%를 넘긴다.
2095	• 20세기 후반 전 세계에 약 7,000종이 존재했던 언어의 절반 이상이 소멸한다.
2099	• 아마존 열대우림의 80%가 소멸한다. • 인류의 평균 노동시간이 주당 20시간 미만으로 줄어든다.
2100	• 인공지능을 이식하는 등 기계와 인간이 융합하는 트랜스 휴먼이 보편화된다. • 수몰과 기후 재난 등을 피해 인류는 해상국가로 이동하거나 초대형 생태건축물로 이주해 살게 된다. 이들 해상국가나 생태건축물은 단위 하나가 도시만큼 클 것이다.
2120	• 인간의 두뇌나 마음을 사이보그 등으로 옮기는 기술이 완성되면서 인간과 기계의 경계가 모호해진다.
2130	• 인간과 구별할 수 없는 휴머노이드가 등장한다. • 인간의 수명이 평균 200세에 이른다.

자료: 박영숙·제롬 글렌, 유엔미래보고서 2045, 교보문고, 2015.

3) 2045 메가트렌드 전망

레이 커즈와일을 비롯한 미래학자들은 기술이 인간을 초월하는 순간이 온다고 주장한다. 이를 싱귤래리티(Singularity), 즉 특이점이라고 하는데 인공지능이 인간의 지능을 뛰어넘는 시점으로, 시기는 2045년이다. 이 기점 이후의 변화에 대해서는 우리가 인지하고 이해할 수 없는 기술 범위에 속하므로 더 이상 예측할 수 없다고 한다. 2045년 이후의 미래를 예측할 수 없다고 하는 것은 나노기술, 합성생물학, 특히 인공지능의 발달이 미래를 어떻게 바꿀지 알 수 없기 때문이다. , 그러나 중요한 것은 우리가 그러한 기술들을 어떻게 이용하느냐에 따라서 미래는 달라질 수 있다는 것이다.

요컨대 2045년은 인류에게 큰 분기점이 되는 시점이다. 인공지능을 필두로 한 첨단 과학기술이, 그동안의 기술 발전의 역사를 통한 예측이 불가능할 정도로 발달하는 시작점이 되기 때문이다. 이후의 미래는 우리가 어떻게 준비하고 대처하느냐에 따라 낙원을 맞이하거나 재앙을 맞이하게 될 것이다. 이러한 관심을 반영하듯 많은 미래학자들이 앞으로 30년 후의 미래인 2045년을 특징짓는 메가트렌드에 대해 예측하고 있다. 이에 대해 소개해보기로 한다.

먼저 마티아스 호르크스는 메가트렌드를 형성하는 힘을 〈표 2-5〉와 같이 제시하였다.

표 2-5 마티아스 호르크스의 2045 메가트렌드를 형성하는 힘

네트워크화 – 모든 것은 연결 되어 있다	메가트렌드는 끝없이 진행되는 네트워크화 과정의 결과물이다. 여기서 인간의 문화는 자연의 '위대한 네트워킹' 과정을 재현해낸다. 이를테면 세계화는 경제 분야의 활동들을 전 세계적으로 연결하고, 이동성은 물리적 영역에서 이와 동일한 작용을 한다. 도시화는 대규모 인간들의 일상생활을 압축된 장소로 집결시킨다. 개인화는 '나'와 '우리'를 새로운 방식으로 연결한다. 교육의 본질은 각종 상징을 인간의 뇌 속에서 지속적으로 새롭게 결합하는 것이다. 새로운 직업, 즉 노동 세계의 변화는 지식과 응용의 상호작용 증대를 통해서 이루어진다. 그리고 이것이 바로 생산성이다. 여성화를 통해서 우리는 우리 문화의 여성적 요소와 남성적 요소를 효과적으로 결합할 수 있다. 우리 모두가 늙어간다는 사실은 지혜라는 새로운 잠재력을 탄생시킨다. 그리고 지혜는 '고차원적으로 통합된 정신적인 네트워크화'다. 이런 응축 과정과 연결 과정은 분명 퇴보를 겪을 수도 있다. 그러나 전체적으로 보았을 때 위대한 발전의 흐름은, 기껏해야 잠시 지체될 뿐 계속 진행될 것이다. 메가트렌드는 강인하다. 왜냐하면 그것은 훨씬 더 심오한 진화 원칙, 즉 복합성의 표현이기 때문이다.

(계속)

개인화	어떤 문화를 막론하고, 모든 인간은 두 가지 기본적 심리적 욕구에 의해서 움직인다. 즉, 소속감과 자율성에 대한 욕구이다. 진정한 개인화는 한 가지를 얻기 위해서 다른 한 가지를 희생시키지 않는다. 궁극적으로 이기주의와 나르시시즘은 실패한 개인화의 산물이다. 왜냐하면 순수하게 사회적인 존재인 우리는 오직 타인이라는 거울을 통해서만 우리 자신의 고유한 본질을 인식할 수 있기 때문이다. 자아를 스스로 발견하기 위해서는 반드시 '우리'가 필요하다. 역으로, 진정한 '우리'는 강력한 자아를 필요로 한다. 따라서 개인화는 가장 중요한 메가트렌드인 네트워크화 메가트렌드의 조건이자 기초가 된다.
또 다른 성의 급부상 – 여성화	태곳적부터 이어져 온 남녀 간의 게임은 결코 여성들에게만 유리한 방향으로 끝나진 않을 것이다. 여성 통치 시대가 등장하는 광경을 눈앞에 떠올리며 수많은 남성이 불안에 떨고 있지만 말이다. 현재 그 게임은 새로운 고리로 접어들어, 그 속에서 남성적 요소와 여성적 요소가 새롭게 혼합되고 있다. 남성들은 자신들의 내면에 있는 여성적 요소를 발견하고, 여성들은 자신들이 지닌 남성적 요소를 발견한다. 나아가 여성들은 자신들에게 유리하다고 판단될 경우 여성성을 이용하여 한층 더 솔직하고 과감한 태도로 게임에 임한다. 남성들이 남성성을 부각시키는 것과 같은 이치다. 이런 과정의 결과물은 중간 지대, 즉 일상적인 문화는 사랑과 파트너십에 대한 태도로 규정하고, 돈과 권력을 다루는 방식을 조종하는 곳에서는 더욱 더 양성적으로 변하고 있다. 이 새로운 세계의 가장자리는 울창한 정글과 유사한 모습을 하고 있다. 많은 파격과 틈이 존재하고, 다채롭고 이국적 생물이 섞여 있으며, 각양각색의 외침과 소음이 난무한다. 또한 남성과 여성의 역할은 갈수록 개인화된다.
100세 시대의 새로운 고령화 – 지혜를 공유하는 행복한 노화	지혜를 가진 인간은 노년의 비참함에 대해 면역력을 갖추게 된다. 지혜로운 사람은 지식의 내용보다는 그 지식들을 어떻게 연결시킬 것인지를 중요하게 생각한다. 지혜는 종교가 주는 위안을 미래 지향적인 사회적 결합으로 대체할 수 있다. 즉, 우리가 얻은 통찰을 다음 세대와 공유하는 것이다. 지혜의 힘을 통해서 운영되는 사회가 다가오고 있다. 평생 정신적인 변화를 거듭하여 마침내 최고 경지에 도달하는 사람들이 점점 더 늘어나는 사회 말이다. 그러나 이곳에 도달할 때까지는 많은 시간이 걸릴 것이다.
새로운 세계화, 글로컬리제이션 Glocalization	글로컬리제이션은 세계화(glovalization)와 지역화(localization)를 합친 말이다. 즉, 세계화를 지향하되 현지 풍토를 존중하는 방식을 가리킨다. 이 개념은 세계적인 것과 지역적인 것을 동시에 받아들이는 것이다. 지역적인 것과 새로운 방식으로 관계를 맺을 때, 우리는 세계화를 견뎌낼 수 있다. 즉, 표준화와 세분화라는 가치에 중점을 둔 거대한 가치창출 고리가 지구 전체에 존재하고 있다.
녹색 혁신과 함께 하는 도시화 – 녹색 도시와 창조적 도시	창조적인 도시는 다채로움을 통해 사람들에게 영감을 불어넣는다. 디자인, 정신, 예술 등의 요소를 보유하고 만남의 장소, 영감의 장소가 된다. 또한 중세 시장도시에서부터 바우 하우스풍 정원도시에 이르기까지 모든 시대적 요소를 새롭게 조합하고, 예술과 문화를 위한 공연구역으로 탈바꿈하기도 한다. 행정이나 사무용 건물들 또한 그저 '앉는 자리'를 제공하는 공간이 아니라, 미학적 감성을 지닌 커뮤니케이션 중심지로 변모한다. 혹은 구겐하임 미술관과 같은 중심지 역할과 함께 도시의 자의식을 형상화하는 '등대 건축물들'이 설계되기도 한다. 도심을 쇼핑가로 탈바꿈시키는 극단적 상업주의와는 다른 길을 가는 것이다. 또한 창조적인 대도시는 새로운 형태의 공동생활을 발전시킨다. 네트워크 시대에 접어들면서 시골 마을의 특징을 지닌 도시들이 생겨나고 있다. 공동정원, 구역별 시민단체 등이 도시인들의 만남의 장으로 자리 잡고 있다. 미국에서는 이런 지역을 '코하우징 지역(co-housing area)'이라고 한다. 이런 거주지는 대체로 교통량이 적고, 여러 세대를 아우르고, 어디를 가나 햇빛이 쏟아지고, 최적의 에너지 환경을 갖춘 곳에 형성된다. 또한 도시와 농촌의 전형적 특징, 즉 거리감과 친근함을 동시에 제공해준다. 많은 국민은 국회가 역할을 잘 하고 있는가에 대해 깊은 의구심을 표명하고 있다. 따라서 도시의 역할이 갈수록 중요해진다. 지방 중심 정치는 국가 중심 정치와는 달리 정당성 위기에 덜 시달린다. 지방 중심 정치는 결코 이데올로기적인 성격을 띨 수가 없으며, 언제나 구체적이고 실용적일 수밖에 없다. 왜냐하면 도시 거주민들이 자신들이 누리는 삶의 질에서 정치의 결과물을 즉시 측정할 수 있기 때문이다. 지방 중심 정치의 틀 안에서는 시민들의 참여가 더욱 더 구체화되고 가시화된다. 인구 백만 명의 대도시라고 하더라도 인터넷 있으면 정치의 투명성 보장과 정치 참여가 가능하다. 따라서 '새로운 도시주의'는 글로벌 문명의 다음 단계를 창출할 네트워크 시민사회의 성장 터전이 된다.

자료: 마티아스 호르크스, 배진아 역, 메가트렌드 2045, 한국경제신문, 2014.

또한 마티아스 호르크스는 2045년 미래의 모습을 〈표 2-6〉과 같이 '인구, 시장, 우머노믹스, 그리노믹스, 휴머노믹스, 공동체적 자본주의, 시민사회'라는 일곱 가지 키워드로 제시하고 있다(마티아스 호르크스, 2014).

표 2-6 마티아스 호르크스의 2045 미래의 모습

1. 한계에 다다른 인구	출산과 관련된 트렌드는 도시화, 여성화, 개인화, 고령화라는 메가트렌드들과 관련이 있다. 출산율을 높이기 위해서는 이런 트렌드들이 멈추거나 감소해야 한다. 즉, 어떤 문화를 막론하고 복지와 다양화를 조금이라도 경험하고 나면, 출산율은 높아지기 어렵다. 인구증가율은 21세기 중반까지 둔화되다가 마침내 변함이 없는 지점에 도달할 것이며, 이후 10~20년 동안 전 세계 인구가 90억 정도에서 안정적으로 유지될 것이다. 따라서 2045년에 인류는 정점 직전 상태에 도달하게 될 것이다. 아마도 신문에는 '인류, 점점 줄어들다가 마침내 멸종하게 될 것인가?'와 같은 헤드라인이 등장할지도 모른다. 이후 2070년 즈음이 되면 세계인구가 감소하기 시작할 것이다. 경제학자들은 2100년이 되면 세계 경제가 붕괴될 수 있다는 예측을 내놓고 있다. 맬서스와 정반대 이유인, 인구 부족 때문이다. 이에 따라 각 국에서는 출산율을 높이고자 비상이 걸렸다. 하지만 아직까지는 출산율 제고 대책이 다분히 피상적 수준에 머물고 있을 뿐이다.
2. 다층적이고 적응력이 뛰어난 시장	메가트렌드의 고리 효과는 생산방식과 시장의 내적 논리를 함께 변화시킨다. 즉, 대량생산 체제에 맞선 대응운동으로 유기농 상품이 나타났고, 이는 지역 생산품의 가치를 증가시켰다. 또 지위 과시용 소비나 향락주의적 소비 같은 물질적 확장보다는 각종 서비스와 교육, 커뮤니케이션 등을 중시하여 웰니스, 교육, 건강관리 또는 개인 코치나 치료사에게 더 많이 지출하는 소비자들이 늘어나고 있다. 2045년에는 이런 트렌드가 강력한 문화조류이자 경제조류로 성장해 있을 것이다. '자아 시장'이 호황을 이루면서 4차 경제인 의미경제의 근간을 이룰 것이다. 그러나 이는 산업경제의 대체보다는 보완 기능을 수행할 것이다. 대중적 믿에는 생태학적인 요인들이 포함되고, 전체적으로 물질주의를 탈피한 생활 스타일이 번성하게 될 것이다. 이는 인터넷을 통해서 형성된 지역 시장과 지역 공급 체인에 이익을 가져다주고, 다양한 영역에서 생산자와 소비자 간 직거래 체제가 더욱 번성할 것이다. 궁극적으로는 항상 위기와 난기류에 시달리면서도 견고함을 더욱 발전시켜 나가는 다층적이고 적응력이 뛰어난 시장이 만들어질 것이다. 빈자와 부자 모두를 위한 시장, 꿈과 환상을 위한 시장 그리고 홈 메이드 상품을 위한 시장 말이다.
3. 공동체적 자본주의	'사회주의냐 아니면 자본주의냐?' 거의 한 세기 동안 세계는 이런 양자택일식 질문에 매몰되어 있었다. 이 질문은 모든 정치적인 담론을 규정했으며, 그 결과 끔찍한 갈등이 초래되었다. 이것의 원인 중 하나를 살펴보면, 우리의 뇌는 양극화로 기울어지는 경향이 있다. 뇌의 입장에서 보면 복잡하다는 것은 곧 작업량 증가를 의미하기 때문이다. 고로 인간들은 혼란스러운 상황을 좋아하지 않는다. 보수주의자들은 늘 국가 기능을 축소하려고 하고, 사회주의자들은 항상 국가와 함께 모든 것을 해결하려고 한다. 그리고 사람들은 늘 이런 입장에 찬성 또는 반대를 한다. 그러나 사회는 언제나 문화와 인간의 본성, 개인과 공동체 간의 생산적인 긴장 관계를 기반으로 유지된다. 미래는 사회적인 게임에 참여하는 사람들 간의 복합적인 상호관계 속에 존재할 것이다. 고로 2045년에는 이원론적인 사고 체계에 작별을 고해야 할 것이다.
4. 남성성과 여성성이 조화되는 우머노믹스 (Womanomics)	우머노믹스는 여성(woman)과 경제(economics)를 합친 말이다. 2045년에는 정부조직뿐만 아니라 기업 이사회에서도 여성들의 존재가 당연시될 것이다. 이는 감성적인 국가뿐만 아니라, 마초 문화가 팽배한 곳에서도 그럴 것이다. 이런 현상은 특히 위기에 봉착한 곳에서 두드러질 것이다. 예를 들면 라이베리아에서는 남성들이 끝없는 내전으로 나라를 폐허로 만들자, 여성이 정부 수장으로 등극했고 내각에도 다수 진출했다. 노키아와 프랑스 텔레콤은 회사가 심하게 흔들리자 다수의 여성을 이사진에 편입시켰다. 여성들의 약진은 경제와 문화를 광범위하게 변화시키는데, 기업이 생활공간으로 변모한 것이 가장 큰 특징이다. 직원들에게 일-가정 협력에 기초한 작업 형태를 다양하게 제공하는 추세다. 2045년에는 '일과 삶의 균형'이 꿈으로만 머물러 있지 않을 것이며, 경

(계속)

영진조차 탄력근무 시간제를 선택할 것이다.

여성이 우위를 점하는 형태의 자본주의가 경제적으로도 성공을 거둘 수 있을까? 대표적인 사례가 바로 이케아, 노키아에서의 성공이다. 여성 특유의 부드러운 인사정책과 공정한 경영정책이 충분한 검증 과정을 거쳤다. 그렇다고 미래의 기업환경이 무조건 '더 부드럽고', '더 관대한' 방향으로 흘러가는 것은 아니다. 다만 지위를 둘러싼 싸움과 갈등이 이전과는 다른, 다양한 차원에서 펼쳐지게 될 것이라는 의미이다. 모든 명령 단계에서 남성처럼 행동하는 여성들과 완만한 사회적 통합의 길을 걸어가는 수많은 남성을 발견하게 될 것이다. 그러나 여성적 원칙에 의해 남성적 원칙이 해제되는 것이 아니라, 두 세계가 보다 조화롭게 서로의 세계를 파고들 것이다.

5. 실질적인 그리노믹스 (greenomics)

그리노믹스는 자연 및 환경(green)과 경제(economics)의 합성어로 친환경적 경제정책을 의미한다. 2045년에는 녹색경제가 승리를 거둘 것이다. 모든 상품에 구성성분, 물 소비량, 전기 소비량 표시가 부착되어 있을 것이고, 모든 생산과정이 원자재 재활용 사슬의 한 부분으로 편입될 것이다.

환경친화적이라는 개념이 현재는 탁월하거나 효과적인 기능을 수행하지 못하고 있지만, 미래에는 실제성을 갖게 될 것이다. 즉, 환경친화적이라는 개념이 단지 선의에서 나오는 말이 아니라, 체계적으로 훌륭하게 만들어진 상품을 의미하는 말이 될 것이라는 뜻이다.

6. 공공의 행복이 중시되는 휴머노믹스 (humanomics)

휴머노믹스는 인간(hunan)과 경제(economics)의 합성어로 인간 중심의 경제학을 일컫는다. 이것은 한편으로는 감정과 창의력 같은 '인간적인 측면'이 포함되는 것이고, 다른 한편으로는 경제세계와 인간세계 사이에 완충지대가 생기는 것이다. 완충지대란 경제 법칙이 유효성을 상실하는 자유공간이다. 예컨대 경제 분야의 생산성 향상이 지속적으로 이루어진다고 가정할 때, 국가가 국민의 기초소득을 보장해주는 상황 또는 국민의 3분의 2가 자신의 기초소득을 세계에서 가장 가난한 사람들에게 기부하는 상황 같은 것이다. 즉, 극빈층을 안고 가고자 하는 것이 자유공간의 역할이다. 이와 관련하여 사회적 기업가 정신이 직업 경력에서 더욱 중요한 역할을 차지하게 될 것이다. 미래에는 스리랑카로 가서 그 곳 학교에서 적은 보수를 받고 1년간 근무한 경력이 표준 경력에 속하게 될 것이다. 또한 '공공의 행복'을 사업목표로 설정한 회사들이 일반적인 모습일 것이다.

각종 조직의 미래는 수평적 질서를 특징으로 삼게 될 것이다. 사람들은 평등주의적이고 재능을 중시하는 조직 구조 속에서 창조적인 팀을 꾸려 작업을 하게 될 것이다. 물론 신시장을 개척하거나 새로운 생산 공정을 확립해야 할 때, 또 혁신안을 관철시키거나 새롭게 닥친 위기를 극복해야 할 때에는 기능적인 위계질서 체제가 활용될 것이다. 이 경우 조직 내부에 군대식 상명하달 구조가 만들어진다. 그러나 임무를 모두 완수하고 난 후에는 피라미드 구조가 해체된다. 대규모 조직이 불꽃 튀는 미래 시장에서 살아남으려면 이처럼 조직 구조를 유연화하는 방법밖에 없다.

이와 같이 부드럽고 재능을 중시하는 기업이 있는가 하면, 이것들이 전혀 고려되지 않는 기업들도 존재하게 될 것이다. 예컨대 2045년에는 고도로 자동화한 공장들이 널리 확산될 텐데, 사람들의 모습을 찾아보기 어려운 이런 공장에서는 한 가지 양식으로 통일된 기술관료 체제가 군림하게 될 것이다. 즉, 이는 북대서양의 석유시추선에 구축된 노동 세계와 비슷할 것이다. 고도의 전문지식과 기술로 무장한 전문가들이 처음 한 달 동안 24시간 내내 일을 하고, 다음 한 달 동안은 회사 돈으로 남국 해변에서 여유롭게 휴식을 취한다. 이런 종류의 태스크포스형 조직은 엄격한 규칙과 의식, 가치 체계를 갖춘 노동 세계를 형성할 것이다.

7. 참여의 힘이 커지는 새로운 시민사회

2045년이 될 때까지 우리는 공감의 자본주의, 새로운 시민사회로의 변화를 몸소 체험하게 될 것이다. 왜냐하면 전 세계적 경쟁체제 속에서는 국가, 시민사회, 개인, 경제가 서로 매우 긴밀하고 생산적으로 얽혀 있는 시스템이 유리하기 때문이다. 새로운 시민사회는 여러 특징들을 통해서 두각을 나타낼 것이다. 첫째, 경제뿐만 아니라 마을, 교구, 지역에 대한 사람들의 참여가 늘어날 것이다. 둘째, 이전 지출에 기반을 둔 과거의 단순한 복지국가 시스템에 작별을 고하고, 참여와 책임감에 기초한 새로운 사회 체제를 구축할 것이다. 셋째, 공개적 담론의 어조도 바뀔 것이다. 미래에는 '나는 불안하다. 그리고 그 책임은 국가에게 있다'라는 말 대신 '당신은 공동체를 위해서 무슨 일을 하고 있는가?'라는 말이 훨씬 더 자주 오르내릴 것이다. 고로 공공연한 불평문화의 시대가 막을 내릴 것이다. 따라서 미래에는 정치인들도 덮어놓고 형편없는 인간, 가장 부패한 인간들로 매도당하지 않을 것이다. 넷째, 사회적 사명감을 갖추지 않거나, 상품과 관련된 목적을 초월한 선한 목적에 참여하지 않는 기업이 더는 존재하지 않을 것이다. 혹시라도 순전히 알리바이용으로 그런 마케팅을 했다가는 성공은 커녕 기업

(계속)

평판에 치명타를 입게 될 것이다.

　　새로운 시민사회에 자리 잡게 될 창조적·협동적 자본주의는 과연 사회주의적일까, 아니면 자본주의적일까? '양쪽 모두!'가 정답이다. 미래의 시장은 경쟁의 힘은 어느 정도 허용하되, 치외법권적 특권은 용납하지 않을 것이다. 사회주의적 자본주의, 자본주의적 사회주의라고 할 수 있다. 이는 인간 공동체의 다음 단계이자 좀 더 복합적인 단계라고 할 수 있다.

자료: 마티아스 호르크스, 배진아 역, 메가트렌드 2045, 한국경제신문, 2014.

　　　　　　한편 박영숙과 제롬 글렌은 2045년을 특징짓는 메가트렌드의 10가지 키워드를 〈표 2-7〉과 같이 제시하고 있다(박영숙·제롬 글렌, 2015).

표 2-7　2045 메가트렌드 키워드

1. 인간 4.0 (Human 4.0)	• 인간의 기능 향상과 능력 확대는 지속적으로 가속화한다. 2025년부터 인간은 스스로 신체를 분석해 내부의 질병을 파악하고, 인간 유전체 지도를 통해 어떤 질병을 앓게 될 가능성이 높은지 파악하여 대비할 수 있게 된다. • 2045년이 되면 인지를 향상시키는 약물로 수명을 연장하고, 컴퓨터와 인공지능의 도움으로 의사와 같은 전문지식을 활용해 자신의 몸을 돌볼 수 있다. 유전자와 줄기세포 응용 치료는 더욱 진화하며 3D 바이오프린터를 이용해 낡거나 기능이 떨어진 장기를 바꿀 수 있다. 이로써 인간의 기능은 향상되고 비만과의 싸움에서 이길 수 있으며, 분노를 조절할 능력이 생긴다. 이 외에도 스마트 의수족 등으로 장애도 극복할 수 있게 된다.
2. 국가 해체 (Disrupted Nation States)	• 하이퍼 네트워크 시대가 되어 경쟁력을 강화하고 힘을 합치기 위해 유사한 그룹, 국가를 포함한 단체들이 합병한다. EU와 같은 연합이 다양하게 등장한다. 아프리카연맹, 중남미연맹, 아랍연맹, 아시아연합, 기후변화연맹, 연예인연합 등 지역을 넘어 같은 목적을 가진 단체들이 결집하는 현상도 보편화된다. 똑똑한 개인의 힘이 국가나 정부보다 커져서 투표권 행사를 통해 국민이 원하는 형태로 지역을 운영하게 된다. 이익집단 역시 같은 방법으로 합병해 스페인의 몬드라곤[21]처럼 거대 협동조합을 만들거나 국가대체 조직 또는 글로벌 시민연대를 만든다. • 심지어 세계적 부호들의 투자를 기반으로, 신기술로 무장한 해상국가나 자신들만의 마이크로 국가를 만드는 사람들이 생긴다. 실제로 시스테딩 연구소는 중남미의 태풍이 거세지 않은 공해상에 해상도시를 만드는 계획을 실행 중이다. 이런 도시는 2045년에는 규모가 커져서 해상국가가 되어 세금과 부정부패가 없고 국민이 직접 민주주의를 실천한다. 그 방법은 스마트폰이나 체내 삽입한 바이오 컴퓨터를 통한 수시 투표로 자신이 속한 그룹, 정부나 단체의 정책 결정에 의결권을 행사하는 것이다.
3. 인터넷 대기업(Internet Giants)	• 2045년 〈포춘(Fortune)〉이 선정하는 500대 기업의 70% 정도를 현재 아직 태어나지도 않은 기업이 차지할 것이다. 글로벌 시가총액 측면에서 구글은 2012년까지는 순위에 없다가 2013년, 단숨에 3위를 차지하였다. 미래에는 대기업 판도가 바뀌어 '인터넷 기업'이 대기업이 될 것이다. 미래에는 가상공간의 삶이 중요해지고 비

(계속)

21　스페인 북부 기푸스코아주에 있는 도시이다. 이 지역은 호세 신부가 설립한 노동자 생산협동조합인 몬드라곤 협동조합 운동의 중심지이다. 호세 신부는 스페인 내전 후 인구의 80%가 떠난 이 곳에 마을 아이들을 위한 기술학교를 세우고 그 졸업생들과 함께 1956년 작은 석유공장 울고(ULGOR)를 설립하였다. 2008년 금융위기로 수많은 기업들이 파산하고 정리해고를 강행했지만, 몬드라곤 협동조합은 단 한 명의 해고도 없이 오히려 15,000명의 신규고용을 창출하며 안정적 성장세를 이어가 세계의 주목을 받았다. 현재 250여 개 사업체로 구성되어 있으며 스페인에서 7번째로 큰 기업이다(한경 경제용어사전).

중도 늘어난다. 1인 기업, 1인 창업이 활성화되는 미래에는 가상공간에서 일하고 인간관계를 쌓아가며, 각종 서비스도 인터넷을 통해 받게 된다. 인터넷 인구는 현재 20억 명에서 2020년 70억 명에 이를 것으로 예상되며, 인터넷은 일상적인 활동 공간이 될 것이다.

• 한편 미국에서 기존에 토지나 유전 등으로 부자가 된 석유기업 등이 피크오일[22]에 적응하지 못하고 추락하고 그 자리를 구글, 애플, 페이스북, 아마존 같은 인터넷 기업이 차지할 것이다.

4. 디지털 통화 (Digital Currencies)	• 금융 서비스에 '디지털 통화' 붐이 일어난다. 세계 단일통화가 나오기 전에 먼저 디지털 통화가 세계를 하나로 묶을 것이다. 교통이 발달하고 국가의 경계가 더욱 옅어지는 미래에는 내수, 수출, 수입 등의 구분이 사라질 것이다. 어느 지역에 있든 가상공간에서 세계의 어떤 물건이든 구입할 수 있다. 지금의 '직구'가 더욱 활성화되는 것이다. 이때 통용되는 화폐는 페이팔이나 비트코인 등이 발전한 디지털 통화가 될 것이다. 이는 기존 금융 시스템에도 큰 변화를 몰고 올 것이다. 은행, 금융서비스, 주식시장 등이 추락한 2045년의 금융 서비스 풍경은 지금과 완전히 다르다.
5. 브레인 업로드(Brain Upload)	• 2025년부터 인간의 뇌를 매핑(mapping), 즉 지도처럼 가시화하는 기술을 통해 뇌 안에 들어있는 정보와 지식을 클라우드 등의 가상공간에 올리는 작업이 시작된다. 미래에는 이런 개인의 경험, 지식, 정보를 가상공간에서 판매하게 된다. 현재 유튜브나 페이스북에 올린 지식은 무료이지만, 미래에는 저렴하지만 유료로 제공될 것이다. 특히 일자리를 잃은 사람들 사이에서 이런 지식 제공이 일거리가 될 수도 있다. 관련 기업들은 인간 두뇌를 업로드 할 클라우드 서비스를 제공하기 위해 경쟁할 것이다.
6. 몰입 인생 (Immersive Life)	• 2015년 시작된 '몰입 인생'이 보편화된다. 증강현실이 삶의 부족한 부분을 채워주고 가상현실이 삶을 대체해주는 미래가 오는 것이다. 가상현실 속에서 레저나 교육을 경험하게 된다. 심지어는 세컨드라이프[23]에서 그랬듯이 자신이 선호하는 시대의 가상현실을 만들어 그 안에서 자신이 만들어낸 삶을 살 수도 있다. 이런 가상현실은 중독성까지 불러일으켜 아예 현실로 돌아오지 않은 채 은둔형 외톨이처럼 가상현실에서 헤어나지 못하는 사람들도 등장한다.
7. 가족 해체 (Disrupted Family)	• 가족 구조가 변한다. 1인 가구가 대부분이며 결혼제도가 붕괴하고 수시로 파트너를 맞아 공동생활을 하다가 일을 찾아 다시 이동한다. 사랑과 죽음에 대한 생각 역시 확연히 변한다. 사랑은 영원하지 않고, 인터넷 가상현실 속에서 지구 끝의 존재와 사랑을 나누는 등 그 방식도 변할 것이다. • 동거하는 파트너는 수명 연장으로 나이에 상관없이 다양한 관계로 이루어지며, 죽음이 늦게 찾아오면서 종교에 대한 귀의가 점점 늦어지거나 인간의 관심에서 멀어진다.

(계속)

---

22 피크오일(peak oil)이란 전체 매장량의 절반을 써 버려 석유생산이 줄어드는 시점을 말한다(한경 경제용어사전).

23 세컨드라이프(www.secondlife.com)는 미국 샌프란시스코에 본사를 둔 벤처기업 린든 랩이 2003년 선보인 인터넷 기반의 가상현실공간을 말한다. 여기서는 자신의 아바타를 이용해 집을 사고 물건을 만들어 파는 등 경제활동을 한다. 또 사이버 활동으로 번 돈(린든 달러)을 실제 미국 달러화로 환전해 주기 때문에 현실과의 경계가 허물어지고 있다. 파이낸셜 타임스(FT)는 "세컨드라이프는 현실세계와 가상세계의 경계가 없는 곳"이라며 "자본주의의 신천지(frontier capitalism)"라고 지적한 바 있다. 이 서비스는 2007년 기준 가입자가 870만 명에 달할 정도로 급성장했다. 세계 주요 기업들도 이 곳에 가상지점을 내고 광고효과를 거두고 있다. 세컨드라이프 주민들이 창출하는 국내총생산(GDP) 규모는 5~6억 달러에 달해 아프리카 라이베리아의 GDP 규모와 맞먹는 수준이 되었다(한경 경제용어사전).

8. 인공지능 로봇(AI Robotics)	• 'AI 로봇'은 인간의 모든 삶을 주도하고 대행한다. 인공지능은 인간의 일거수일투족을 관찰하면서 인간의 행동과 선택을 기록하고 분석해 그 다음 무엇을 요구할지 미리 알아내고 이를 수행한다. 로봇이 제조를 대행하고 소매 및 호텔 서비스, 치안과 보안, 수술과 간호를 대신하는 등 다양한 기능을 수행한다. • 현재도 주식 관련 기사와 스포츠 기사 등을 인공지능이 쓰고 있으며 2030년에는 뉴스의 90%를 인공지능이 대신 쓰게 된다. 그 밖에도 자동차, 가전제품, 전화 등 인간이 사용하는 모든 기기에 인공지능이 삽입되어 인간을 능가하는 고도의 지능으로 인간을 지원하며, 인간은 서서히 여기에 적응해간다. 마치 휴대전화가 등장한 뒤에 전화번호를 외우지 않게 된 것처럼 말이다.
9. 사물인터넷(Internet of Things)	• '사물인터넷'은 인터넷을 생명체로 만든다. 모든 사물에 센서, 칩, 인공지능 등이 삽입되면 모든 사물이 서로 소통하면서 스스로 제어한다. 사물인터넷 시장은 급속하게 확장되어 2024년에는 사물인터넷에 사용되는 센서가 1조 개에 달하며, 2036년에는 100조 개의 센서가 연결되는 세상이 올 것이다. 이때가 되면 모든 사물이 인간이 원하는 것을 제공하고 인간을 지원할 것이다. 집은 단순히 안식처가 아닌 스마트하우스로 인간의 가장 쾌적한 삶을 위해 존재할 것이며, 교통수단이나 택배 등 모든 것이 개인의 삶에 맞춰 제공된다. • 심지어 사물인터넷은 형사 사법제도조차 바꿀 것이다. 예를 들어 살인 사건이 났을 때 현장의 사물인터넷이 포함된 기기를 수집하는 것만으로 훌륭한 증거가 되어 범인을 특정할 수 있다. 다만 이것은 도움이 되는 동시에, 모든 것이 감시되는 사회를 상징적으로 보여준다. 사물인터넷이 보편화되는 2045년에는 사생활보호 및 개인정보보호를 위한 적극적인 방침 역시 등장해야 한다.
10. 합성생물학(Synthetic Biology)	• 특정 목적을 위해 생명체를 인공 합성하는 학문인 '합성생물학'은 생물학, 분자생물학 등 생명과학과 전기전자, 컴퓨터 등의 기술과학이 결합해 탄생한 새로운 과학 분야다. 생물학적 부분들, 장치, 시스템 등을 디자인하고 구축하기 위해 또는 자연 상태의 생물학적 시스템을 인공생명체로 만드는 목적으로 재설계하기 위한 기술이다. • 고대부터 인간은 생명창조라는 신의 영역에 도전해왔다. '인공 생명체'를 만드는 합성생물학의 응용범위는 무궁무진해서 나무, 돌, 인간이 융합된 생명체도 탄생시킬 수 있다. 생물학자 크레이그 벤터(Craig Venter)가 합성 DNA를 박테리아에 이식해 합성 유전체를 만들어낸 것 역시 합성생물학의 성과다. 신이 아닌 인간이 각종 생명체를 만들어내게 된 것이다. 2016년 미국의 합성생물학 시장 규모는 108억 달러에 달하고 2045년에는 최대 산업 중 하나로 부상할 것이다. 그 결과 이전에는 전혀 보지 못했던 새로운 생명체들이 지치지 않고 24시간 일하는 모습을 보게 될 수도 있다.

자료: 박영숙·제롬 글렌, 유엔미래보고서 2045, 교보문고, 2015.

끝으로 미국의 미래학자 토머스 프레이 다빈치연구소 소장은 과연 어떤 미래산업이 조만장자의 꿈에 도전할 수 있을지 상상력을 발휘했다. 과거 큰 부자를 상징하는 말은 천석꾼, 만석꾼이었다. 백만장자, 억만장자는 화폐경제가 탄생시킨 용어이다. 서구에서 백만장자(Millionaire)라는 말은 19세기가 끝날 때까지만 해도 최고의 갑부를 상징하는 유일한 대명사였다. 20세기 들어 억만장자(Billionaire)가 등장했다. '최초의 억만장자'로 불린 사람은 미국의 석유왕 록펠러(John D. Rockefeller)였다. 이제 세계 금융계는 1조 달러 이상의 부를 거머쥔 조만장자(Trillionaire)의 탄생에 관심을 갖기 시작했다. 스위스의 금융그룹 크레디트 스위스(CS)는 '2013 세계 부(富) 보고서'에서 지금과 같은 경제 흐름이 이어질 경우, 머

표 2-8 조만장자가 나올 수 있는 미래산업

1. 암호화된 화폐 (Crypto - currency)	2. 소행성 자원채굴 (Asteroid Mining) 사업	3. 즉석학습[24] (Instant Learning)
4. 사물인터넷 (Internet of Things)	5. 기상 조절 (Controlling the Weather)	6. 즉석 수면[25] (Instant Sleep)
7. 울트라 초고속 수송수단[26] (Ultra High Speed Transportation)	8. 시간 조절[27] (Controlling Time)	9. 순간 해체[28] (Instant Disassembling of Matter)
10. 개인용 떼로봇[29] (Personal Swarms of Swarmbots)	11. 인공지능 (Artificial Intelligence)	12. 에너지 저장 (Energy Storage)
13. 노화 치료 (Cure for Human Aging)	14. 중력 조절 (Controlling Gravity)	15. 인간 복제 또는 3D 프린팅 장기(Human Cloning or 3D Printed Bodies)
16. 드론 서비스 (Flying Drone Services)	17. 로봇 도우미 (Robotic Services)	18. 3D 원격 아바타 (3D Telepresence Avatars)

자료 : 곽노필, '조만장자' 나올 수 있는 미래산업 18가지, 한겨레신문, 2015.2.27.

지않아 첫 조만장자가 등장할 것으로 전망했다.

미래학자 토머스 프레이는 오늘날의 기업보다 수백 배나 더 많은 가치를 생산하려면 여러 조건이 충족돼야 할 것이라고 말한다. 예컨대 세계성, 급속한 확장성, 광범위한 대중적 수요, 전세계 사각지대가 없는 글로벌 배송, 남들보다 훨씬 높은 수익성, 강력한 파급력 등이다. 그는 이런 조건을 갖출 수 있는 산업 후보군으로 〈표 2-8〉과 같이 18가지를 꼽았다.

---

24 MIT의 네그로폰테 교수는 'TED' 콘퍼런스 30주년 행사에서 알약(pill)을 먹으면 영어나 프랑스어, 컴퓨터 프로그래밍, 셰익스피어 작품 등 원하는 지식을 즉시 획득할 날이 올 것이라고 예측했다.

25 잠깐의 수면으로 8시간의 잠 효과를 내는 것을 말한다.

26 순간이동을 방불케 하는 교통수단을 꿈꾸는 것이다.

27 불과 몇 분의 시간 조작이 가능하다면? 예컨대 다른 사람들보다 10분 앞서 뭔가를 알게 되는 걸 말한다. 이 가치는 도대체 얼마나 될까?

28 어떤 원자재에서 내용물을 추출해내기 위해 우리가 이용할 수 있는 도구를 말한다.

29 스왐봇이란 새떼나 벌떼처럼 무리지어 움직이는 초소형 로봇을 말한다. 예컨대 샤워를 하고 나면 스왐봇들이 달려와 물기를 말끔히 닦아준다. 화장대에 앉으면 화장도 해주고 머리도 다듬어준다. 일상 생활에 필요한 모든 일을 스왐봇들이 대신해주는 것이다. 로봇의 크기가 작아질수록 더 세밀한 작업이 가능해질 것이다. 심지어 초소형 날개를 단 스왐봇들이 온몸을 둘러싸면 비행도 가능해진다.

그는 "이는 지극히 개인적인 추론을 통해 나온 것이며, 이들 중 상당수는 아직 산업화는 고사하고 초기 성과물도 나오지 않은 상태"라는 점을 강조했다. 하지만 이 후보군들은 일단 산업화 단계에 들어서면 위에 거론한 조건을 갖추고 있는 것들이기 때문에 엄청난 속도로 성장할 가능성이 있다고 하였다(한겨레신문, 2015.2.27).

국내문헌

김영신·서정희·송인숙·이은희·제미경, 소비자와 시장환경, 시그마프레스, 2012

Mark J. Penn. E. Kinney Zalesne, 안진환·황수민 역, 마이크로 트렌드, 서울: 해냄, 2008

마티아스 호르크스, 메가트렌드 2045, 한국경제신문사, 2014

마티아스 호르크스, 이온화 역, 넥서스, 2004

박영숙·제롬 글렌, 유엔미래보고서 2045, 교보문고, 2015

서정희, 소비트렌드 예측의 이론과 방법, 내하출판사, 2005

LG ERI 웹진, 마이크로의 눈으로 트렌드를 읽어라, 2009.8.24

이순종, 디자인의 시대 트렌드의 시대, 미래의창, 2010

한겨레신문(2015.2.27.), '조만장자'나올 수 있는 미래산업 18가지

한겨레신문(2015.7.23.), 10년 후 한국 사회에 떠오를 10대 이슈는?

헨릭 베일가드, 이진원 역, 트렌드를 읽는 기술, 비즈니스 북스, 2008

CHAPTER 3
**소비트렌드 분석의
자세와 실제**

CHAPTER 3
소비트렌드 분석의
자세와 실제

학습목표

우리나라는 이미 정치, 사회, 과학, 기술, 문화 등의 여러 분야에서 상당한 수준의 단계에 올라 있어 외국의 트렌드를 모방하는 단계는 지났다. 최근에는 다른 선진국에서도 선례가 없는, 많은 실험적이고 역동적인 현상들이 우리나라에 나타나고 있다. 따라서 이제 모방이 아니라 스스로 여러 중요한 미래의 이슈들을 발견하고 지속적인 조절과 양분 공급을 통해, 우리나라가 원하는 방향의 트렌드로 발전시켜 나가야 할 시기가 왔다고 할 수 있다.

트렌드란 '시간이 흐름에 따라 일어나는 모든 변화'이다. 미래 지향적 사고를 연습하려면 우선 변하지 않는 것도 있다는 생각을 버려야 한다. 변화란 그저 다른 사람들과 다른 산업에서만 일어나는 이야기라고 생각하기 때문에, 많은 사람들이 중대한 변화와 좋은 기회를 놓치기 일쑤다. 트렌드는 다양한 분야에 종사하는 모든 사람에게 중요하다. 트렌드는 트렌드 결정자는 물론이거니와 트렌드 관찰을 좋아하는 사람에게도 중요하다. 뿐만 아니라 스타일과 취향의 변화가 제품 개발에 중요한 역할을 하고, 브랜드가 트렌드의 영향을 받기 때문에 대부분의 기업인에게도 트렌드는 중요하다. 따라서 트렌드를 잘 이해할 필요가 있다.

본 장에서는 소비트렌드 예측의 의의와 자세, 소비트렌드 관찰 및 정보수집과 자세, 소비트렌드 분석과 요구능력에 대해 살펴보고 소비트렌드 전문가 자격인증을 소개하기로 한다.

소비트렌드 예측의
의의와 자세

1) 트렌드 예측의 의의와 방법

(1) 트렌드 예측의 의의

미래 예측은 미래의 여러 가능성을 예측하고, 창안하고, 형성해나가는 노력이다. 미래를 족집게처럼 맞추기 위해서라기보다는, 미래에 영향을 미치기 위해서, 미래를 만들기 위해서 미래를 예측한다. 미래를 만들어 갈 수 있는 가능성이 존재하는 한, 미래상을 스케치하는 것은 매우 중요하다. 모든 예측은 위험이 크다. 트렌드 예측도 마찬가지이다. 더구나 트렌드는 시장의 경쟁과 기업의 전략적 의사결정에 중요한 영향을 미칠 수 있다. 트렌드 예측의 위험은 비용이 막대할 것이기 때문이다. 그러나 트렌드를 '창조하고 선도할 수 있다'는 관점에서 보면 위험의 문제에서 보다 자유로워질 수 있다.

트렌드 예측은 수많은 기회 중 가장 유력한 기회를 골라내는 하나의 수단이다. 결과의 맞고 틀림보다 중요하게 생각해야 할 것은 트렌드를 예측하는 과정에서 새로운 가치에 대한 영감을 활성화하고 구체화시키는 실험적 활동이다. 장기적인 통계자료와 수학적 추정이 중요한 경제예측과 달리, 트렌드 예측은 처음부터 직관적·감각적·경험적 통찰과 해석이 중요한 매우 질적인 작업이다. 이 점에서 트렌드 예측은 사회 전반의 변화와 소비자의 경험 세계에 집중함으로써 영감을 얻는 기회를 확대하는 과정이라는 데에 의의가 있다.

(2) 트렌드 예측의 논리

미래 예측은 경험적 논리에 근거하는 방식과 연구자의 직관에 의존하는 방식으로 나눌 수 있다.

① **경험적 예측**　경험적 예측은 누적된 경험적 지식과 정보에 근거하여 미래를 예측하는 것으로서, 외삽적 미래 예측과 이론적 미래 예측으로 구분할 수 있다.

㉠ 외삽적 미래 예측: 미래를 과거의 연장으로 간주하는 예측방법으로 과거부터 현재에 이르기까지의 시계열 자료에 입각하여 미래의 변화를 예견한다. 이 방법은 과거에 관찰된 유형이 미래에도 계속될 것이라는 지속성, 규칙성, 자료의 신뢰성과 타당성 등을 가정한다.

㉡ 이론적 미래 예측: 현상의 인과적 원리에 대한 이론을 근거로 미래를 예측하는 것이다. 유추적 예측이라고도 하는데 이는 모든 현상에는 발생의 인과적 연관성과 순서가 있으며, 제반 현상 간의 인과관계 및 발생 순서를 관찰하면 미래에 일어날 사상을 예측할 수 있다고 보는 것이다.

② **직관적 예측**　직관적 예측은 인간이 경험적으로 축적한 지식이나 이론보다는 연구자의 직관과 통찰력, 창조적인 상상력, 영성 등의 개인적인 탁월성에 따른 미래 예측을 말한다. 이는 인간에게 어떤 본능적 예지력과 창조력이 있음을 전제로 한다.

　예측하고자 하는 대상의 속성에 적합한 예측 기법을 적용해야 예측력을 높일수 있다. 예를 들어 식량 수요를 예측하면 외삽적 예측이 주가 되고 보완적으로 유추적 예측이 필요할 가능성이 있다. 패션 트렌드나 여가 트렌드를 예측하는 경우에는 외삽적 접근법보다는 유추적 접근과 직관적이고 창조적인 예측이 병행되어야 할 것이다.

　트렌드는 사회 각 분야의 상호작용이 누적된 결과라는 점에서 경험적이고, 고유한 확산 경로를 갖는다는 점에서 이론적이며, 혁신적인 소수에 의해서 촉발될 수 있다는 점에서 직관적이고 천재적인 발상도 필요로 하는 복합적인 사회 현상이다. 따라서 트렌드 예측에는 경험적 근거도 필요하지만 직관적인 발상도 필요하다. 이와 같이 복합적인 접근이 요구된다는 것은, 풍부한 영감을 얻을 수 있는 트렌드 예측 환경을 만드는 것이 중요하다는 의미이다.

(3) 트렌드 예측의 목적과 방법

① **트렌드 예측의 목적과 방법**　트렌드 예측이 영감의 기회를 확대하는 방법이라면, 트렌드 예측에 사용되는 기법은 바로 그 기회를 효과적으로 확대할 수 있는 기술이어야 한다. 트렌드 예측 기법 그 자체가 통찰력을 주는 것은 아니다. 어떤 트렌드 예측 기법도 불완전하고 편의적인 수단에 불과하다. 다만 통찰력을 활성화할 수 있도록 도와줄 수 있을 뿐이다. 트렌드 예측에는 사회과학 특히 미래학 분야에서 개발된 미래 예측 기법이 많이 적용되고 있다.

　트렌드 예측의 관점으로 볼 때 미래 예측 기법의 활용 목적은 크게 여섯 가지로 분류할 수 있으며, 각 목적에 적합한 예측 기법은 〈표 3-1〉과 같다. 예측 목적과 예측 대상의 성격에 따라 사용 기법, 필요 자료와 자료처리방식이 달라지는데, 트렌드 예측에는 〈표 3-1〉의 기법들 중 양적 자료를 이용한 수학적 모델링 중심의 기법보다는 질적 접근 중심의 ①, ②, ③ 위주의 기법이 많이 적용된다.

② **트렌드 예측 방법의 선택**　트렌드를 보는 관점의 창조성이 중요한 만큼 트렌드 예측 방법론의 창조성도 중요하다. 트렌드 예측방법론에 있어 보편적인 표준안 같은 것은 존재하지 않는다. 오히려 연구진의 역량과 독자적인 관점에 따라 다양한 기법이 개발되고 적용되는 것이 일반적이다. 실제로 트렌드 예측은 동일한 기법을 적용하더라도 연구자의 개성과 역량에 의해 예측 결과가 달라지는 일이 허다하다. 트렌드 예측은 연구진의 오랜 통합적 경험, 정보융합 능력, 직관, 창조성 등에 많은 영향을 받는 대단히 질적인 작업이기 때문이다. 음식의 경우, 좋은 레시피란 누가 만들어도 똑같은 맛을 재현할 수 있는 레시피이다. 그에 반해 트렌

표 3-1 트렌드 예측의 목적과 방법

① 미래 예측에 필요한 자료를 체계적으로 수집하고 변수의 특성을 규명하는 방법	② 미래에 발생 가능한 상황을 모색하여 시나리오의 다양성을 확보하는 방법
텍스트마이닝 Text Mining 환경스캐닝 Environmental Scanning 이머징 이슈 분석 Emerging Issue Analysis	시나리오 기법 Scenarios 형태학적 분석 Morphological Analysis 시뮬레이션 Simulation 게임 Games 미래 수레바퀴 Future's Wheel 의사결정나무 Decision Tree 임무흐름 다이어그램 Mission Flow Diagram
③ 미래상에 대한 개인들의 주관적 의견을 효과적으로 압축하는 기법	④ 과거와 미래의 연속적 흐름을 규명하는 방법
브레인스토밍 Brainstorming 패널동의법 Panel Consensus 설문조사법 Opinion Polling 표적집단 면접법 Focused Group Interview 델파이법 Delphi Method	추세영향분석 Trend Impact Analysis 추세외삽법 Trend Extrapolation 순환적 분석 Circular Analysis 역사적 유추 Historical Analogy
⑤ 미래상에 대한 스토리나 개념적 이론을 구축하는 방법	⑥ 미래상의 영향변수 간의 관계를 규명하는 방법
천재적 예측 Genius Forecasting 미래지도 Future Mapping 미래역사 Future History 비전수립 Visioning 재구성하기 Backcasting 로드맵 Road Map	양적 시계열 Time Series Analysis 회귀분석 Regression Analysis 통계학적 모델링 Statistical Modeling 다각적 시점 Multiple Perspectives 인과계층분석 Causal Layered Analysis 연관성나무 Relevance Trees 시스템 동학 System Dynamics 교차영향분석 Cross-impact Analysis

자료: 이순종, 디자인의 시대 트렌드의 시대, 미래의창, 2010, p.73.

드 예측방법론이란 사람들의 관점과 사고를 한 방향으로 몰고 가기보다는 여러 방향으로 환기할 수 있는가 여부가 중요하다. 트렌드 예측과정에서 벌어지는 커뮤니케이션의 획일성보다는 다양성의 가능성을 발굴하는 작업으로서, 트렌드 예측의 독창성과 가치가 있기 때문이다.

위와 같은 여러 이유로 현재 국내외 많은 전문기관에서 적용하고 있는 트렌드 예측방법론은 매우 다양하지만, 그 안에도 흐름이 존재한다. 경제 및 사회문화적 동태에 초점을 맞추는 경우에는 주로 리서치 기반 트렌드 예측 기법이 사용된다.

체계적 조사 틀에 따라 사회 전반의 변화 양상을 조사·분석하여 미래 트렌드를 논리적으로 추론하는 것이다. 디자인 트렌드에 초점을 맞추는 경우에는 리서치 기반 트렌드 예측을 토대로 하면서 심상·소재·형태·콘셉트 개발 등의 조형적 변화 및 프로토 타입(prototype)[1]의 창조로 깊이 나아간다. 최종적인 예측 결과 물의 형태에는 차이가 있지만, 대부분의 기관이 리서치 기반 예측 기법[2]을 기본 으로 하고 있다. 이런 측면에서 보면, 트렌드 예측방법론의 차이는 논리의 차이라 기보다는 형식의 차이에 가깝다. 형식의 다양성을 시도하여 참여자들이 더 참신 한 발상을 할 수 있도록 돕는 것이다(이순종, 2010).

2) 트렌드 예측의 자세

누구나 미래를 생각하지만, 예측의 정확도와 통찰력에서 큰 차이를 보이는 것은 생각하는 방식이 다르기 때문이다. 즉, 정보를 읽고, 걸러내고, 해석하는 방식의 차이가 미래 예측력, 통찰력, 세상을 간파하는 능력의 차이를 만들어 낸다. 따라 서 미래에 대해 생각하는 방식, 즉 생각의 프레임이 중요한데 어떤 자세를 가져야 할지 고찰해보면 다음과 같다.

(1) 미래에 대해 끊임없이 관심을 갖고 주목하라

우리의 뇌는 '보고 싶은 것'이 생기면 자동으로 모든 집중력을 그 곳으로 돌려서 놀라운 능력을 발휘한다. 따라서 미래에 대해 관심을 가져라. 그러면 당신의 뇌는 미래에 관한 정보처리 과정을 자동으로 실행하면서, 지금까지는 보이지 않던 '미 래에 대한 새로운 통찰'을 선물해줄 것이다. 뇌는 관심 있는 정보를 수집한 후에 어떻게 해야 할지를 결정하는데, 우선순위는 무엇이며, 목표를 위한 행동을 선택 혹은 집중을 하며, 어떤 타이밍에 움직여야 하는지 등의 '행동 조절'까지 한다.

---

[1] 본격적인 상품화에 앞서 성능을 검증, 개선하기 위해 핵심기능만 넣어 제작한 기본모델을 말한다.

[2] 리서치 기반 트렌드 예측 기법은 4장에서 자세하게 설명할 것이다.

(2) 목적을 분명히 한 다음, 많이 읽고 잘 읽어라

많이 읽는 것보다 더 중요한 것은 "잘 읽는 것"이다. 이는 정보의 잡음에 휘둘리지 않고 읽고, 무엇을 읽어야 할지 분명하게 파악하고 읽는 것을 의미한다. 예를 들어 "경제가 어려울 때, 소비자들은 어떤 행동을 할까?"와 같은 질문을 뇌에 주입하고, 그런 상태에서 각 지역에서 발생하는 사건들을 신문이나 매스컴을 통해 많이 읽어라. 그러면 경제적 어려움을 겪고 있는 전 세계 소비자들이 겪는 위기의 실체와, 거기서 피어나고 있는 새로운 기회의 방향, 속도, 변화들이 자연스럽게 보이게 된다.

(3) 변하는 것과 변하지 않는 것을 구별하면서 읽어라

미래의 구성 원리는 간단하다. 예를 들어 "10년 후 한국 경제는 어떤 모습일까?"라는 질문을 해보자. 10년 후 미래는 현재와 비교해서 '변하지 않는 것'이 80~90%이고, '변하는 것'이 10~20%로 구성된다. 따라서 이 두 가지를 구별하면서 정보를 읽는 것이 매우 중요하다. 이 두 가지는 서로 역동적으로 얽히고설키면서 지금과는 '완전히 다른 관계'의 세상을 만들어 낸다. 변화를 꿰뚫어 보는 능력은 신문이나 뉴스의 변화를 말하는 사건들 속에서 변하는 것과 변하지 않는 것, 그리고 두 가지가 서로 충돌하면서 나타나는 관계의 변화를 구별하는 능력에서 시작한다. 이 세 가지를 잘 구별할수록 생존과 성공의 가능성을 높일 수 있다.

(4) 겉으로 보이는 변화만 보지 말고 속에 숨어 있는 변화의 힘을 찾아라

다양한 형태의 변화를 만들어내는 '변화의 힘'이 무엇인지 찾아라. 가장 근본적인 힘에서부터 시작하라. 그것은 신, 인간 자체 또는 인간의 본성이나 가치, 철학이 될 수도 있고 혹은 자연, 기술, 법과 사회적 제도가 될 수도 있으며, 시장경제나 정치권의 원칙이나 핵심 주체들이 될 수도 있다. 겉으로 보이는 수많은 변화는 변하지 않는 것 위에서 변화를 주도하는 힘들이 주어진 조건에서 드러난 것일 뿐이다. 눈에 보이는 변화, 일시적 유행을 걷어내라. 그러면 자연스럽게 '변화의 힘'이 모습을 드러낼 것이다.

(5) '변화의 힘'을 어떻게 연결할지 생각해 보라

미래학에서는 '세상에는 질서가 있다', '세상은 연결되어 있다'를 공리로 삼는다. 무언가를 연결할 때는 두 가지 방법이 있다. 연속적 연결과 연관적 연결이다. 전자는 주로 사건들의 연결에 사용하는데 반해 후자는 중요한 단서나 힘들을 연결할 때 사용한다. 변화를 주도하는 주요한 힘들은 강도의 차이만 있을 뿐 서로 연관되어 있다. 변화의 힘들 사이의 연관관계를 눈여겨 보라. 진정 거대한 변화는 느리지만 여기서 만들어진다. 겉으로 드러나는 수많은 새로운 '사건'들은 이런 움직임이 무엇인지를 암시하는 실마리일 뿐이다.

(6) 미래 예측은 그림 퍼즐 맞추기 게임이다

미래 예측의 가장 간단한 접근법은 '미래 퍼즐 맞추기'이다. 단, 주의해야 할 점은 겉으로 드러나는 사건들이 아니라 변화의 힘을 가지고 퍼즐을 맞추어야 한다는 것이다. 변화의 힘끼리 연관지어 가다 보면, 새로운 연관성이 꼬리에 꼬리를 물고 나타난다. 그리고 빠진 고리들이 발견될 것이며, 새로운 연관성과 패턴과 피드백이 나타날 것이다.

(7) 퍼즐이 맞추어지면서 시스템 구조가 완성되면, 어떻게 작동하는지 관심을 가져라

세상은 하나의 거대한 시스템이다. 국가도, 회사도, 가족도, 인간 그 자체도 모두 시스템이다. 다양한 변화는 시스템의 작동에서 비롯된다. 시간에 따라 시스템이 어떻게 작동하는지를 생각해 보라. 피드백의 작동 방식은 강화 피드백과 균형 피드백 두 가지이다. 어떤 부분에서 선순환이나 악순환의 강화 피드백이 걸리고 어떤 부분에서 균형 피드백이 작동하는지, 어떤 부분에서 외부의 힘들이 시스템으로 들어가고, 반대로 시스템에서 어떤 결과들이 나오는지 등을 생각해 보라. 이를 위해서는 먼저 피드백이 있는 시스템 구조로 미래관찰을 위한 모델을 완성해야 한다.

(8) 변화의 가능성이 나타나면 사람들이 무엇을 선택할지 생각해보라

사람의 선택에 영향을 미치는 것은 크게 세 가지다. 영성(종교 등), 감성(인문학을 통해 추적 가능), 이성(계몽, 교육 수준)이다. 다양한 미래 모델들을 만들었다면, 각 모델 하에서 각기 다른 상황과 시기에 이 세 가지(영성, 감성, 이성)가 어떻게 작동하여 인간의 선택에 영향을 줄지 추론해 보라. 그 과정에서 대중이 선택한 길이 '메가트렌드'이고, 소수 집단이 선택한 길은 '틈새시장'이 된다. 즉, 미래 변화의 가능성과 사람들의 선택, 이 두 가지가 결합하면서 미래가 만들어진다. 예컨대 혁신적인 기술이나 상품이 나오더라도 결국 사람들이 선택해서 대중적으로 확산할 때 기술과 사회 변화를 일으킨다. 거꾸로 사람들이 이런 기술이 나왔으면 좋겠다는 마음이 많아지면 결국 그런 기술이 나오게 되어 미래가 변화될 가능성이 높다.

(9) '비전의 범위에 드는 미래'를 선택해 보라

비전이라고 해서 상상력만을 발휘해서 환상적으로 그려서는 안 된다. '비전의 범위에 드는 미래'는 앞서의 과정을 모두 거친 다음 그 결과를 바탕으로 구성해야 한다. 그래야 현 상황을 긍정적으로 진보시키고, 미래의 위기와 위협들에 대비하면서 이를 최소화할 항로를 선택하며, 가장 바람직한 가치와 방향으로 전략적 진보를 성취할 수 있는 미래를 도출할 수 있다.

(10) 미래에 있을지도 모를 최악의 상황을 상상해 보라

마지막으로 이머징 이슈로 인한 '뜻밖의 미래'를 생각해봐야 한다. 일어날 가능성은 낮지만, 현실화될 경우 치명적인 극단적 미래 위협을 초래할 수 있기 때문이다. 뜻밖의 미래는 '비약적 진보에 의한 새로운 미래'와 '붕괴 후 새로운 미래'의 두 가지로 나눌 수 있다. 전자는 나노기술과 같은 혁신적 기술로 인한 인류의 진보, 후자는 북한의 갑작스러운 붕괴로 새롭게 만들어지는 동아시아와 한반도의 미래를 예로 들 수 있다. 기존의 것이 붕괴되고 만들어지는 새로운 미래는 좋은 미래일 수도 있고 좋지 않은 미래일 수도 있다. 즉, 북한 정권이 무너지면 좋은 미래가 올 수도 있고 나쁜 미래가 올 수도 있다.

근래에 들어서 뜻밖의 미래 가능성이 커지고 있다. 복잡성의 증대, 구성요소의 증가, 네트워크 연결 증가, 피드백을 통한 연쇄작용과 누적작용 등의 요인때문이다. 이 '뜻밖의 미래'는 가장 예측하기가 어렵다. 따라서 뜻밖의 현상(창발적 현상)이 '언제' 발생할지를 예측하려 하지 말고 대신, '그로 인한 잠재적 영향'과 '그것에 대비하는 방법'에 더 집중하라. 그리고 이것들을 미래전략에 포함하여, 미래에 대한 전략적 유연성을 증가시키는 데 활용하라.

(11) 커다란 변화의 완성은 생각보다 늦게 이루어진다

변화가 빠르게 진행되는 시기에 미래 변화는 생각보다 빨리 시작되지만, 변화의 '완성'은 생각보다 늦게 이루어진다. 그러나 커다란 변화가 시작되는 것만으로도 우리의 삶은 영향을 받는다. 예를 들어 사람을 완벽하게 모방한 로봇은 앞으로도 100년 이상 걸릴 수 있다. 그러나 사람의 수만 가지 동작 중 하나의 기능만 수행하는 기계는 산업시대부터 나타났다. 이런 로봇들이 출현하면서 인간의 삶은 큰 변화를 겪는다(최윤식, 2013). 예를 들면 2017년 1월 미국 라스베이거스에서 개최된 국제전자제품박람회(CES)에서는 수많은 종류의 로봇들이 등장했다. 청소나 설거지, 빨래 등 집안일은 물론이고 교통, 지리, 날씨 등의 안내와 마음으로 전해지는 소통과 대화까지 가능했다. 예를 들어 LG전자의 공항 안내 로봇은 고객

질문에 한국어, 영어, 중국어, 일본어 4개 국어로 대답할 수 있으며 여행객의 항공권 바코드를 스캔하여 탑승시간, 게이트 정보, 도착지 날씨 등을 상세하게 알려주고 길 잃은 고객에게는 안내도 한다. 또한 일본 부품업체 덴소의 커피메이커 로봇은 드립커피를 제조하고 컵에 정확하게 따르는 서비스를 선보였다.

또한 최근 인공지능의 출현에 대한 논쟁이 뜨겁다. 인간의 뇌를 완벽하게 구현하는 인공지능은 앞으로도 100년 이상 걸릴 것이다. 그러나 컴퓨터가 인간의 뇌가 하는 수많은 인식 능력 중 일부분을 해내는 시기는 이미 도래하였다. 2016년 3월 구글의 바둑 인공지능 알파고가 이세돌 9단에게 4승 1패를 거두어 세계를 놀라게 했다. 즉, 인공지능의 일부분만도 커다란 변화의 시작이어서 우리의 삶은 큰 영향을 받을 것이다. 이처럼 미래를 예측할 때 시작과 완성에 대한 시간 개념을 분명히 하는 것은 아주 중요하다.

■ ■
소비트렌드 관찰 및 정보수집과 자세

1) 소비트렌드 관찰의 의의와 유형

(1) 소비트렌드 관찰의 필요성

트렌드 포착은 시장에서 일어날 일에 대해서 미리 정보를 얻는 활동이다. 이런 활동은 기업에게는 경쟁에서 우위를 점할 수 있게 해준다. 그 이유는 대부분의 신제품 개발에는 시간이 걸리고(자동차 업계의 경우 최대 8년), 또한 시장에 더 잘 적응할수록 성공을 거둘 가능성도 높아지기 때문이다. 어떤 기업이 성장해 나갈 때 새로운 트렌드를 예측할 수 있다면 그 기업은 그 트렌드에 맞춰 신제품을 개발할 수 있다.

점점 더 많은 산업에서 트렌드에 주의를 기울이면서 트렌드를 더 잘 이해해야할 필요성이 커졌다. 이와 관련해서 다양한 기능과 역할을 하며 조언을 해줄 전문가들이 존재한다. 예를 들어 1990년대에는 '쿨 헌터(Cool hunter, 유행을 추적하는 소비자)'라는 사람들이 등장했다. 쿨 헌터는 세계적 도시의 트렌디한 지역들, 예를 들어 길거리나 술집, 식당과 클럽 등에서 벌어지는 일을 관찰하고, 계량적 데이터로는 대답하기 어려운 질문의 답을 찾았다. 1990년대 후반 쿨 헌터들은 언론의 많은 주목을 받았다. 그러나 많은 기업들은 쿨 헌터들이 알려준 것이 항상 트렌드가 되는 것은 아니라는 사실을 알게 되었으며, 이들이 역할을 잘 하지못하고 있다고 판단하였다. 이처럼 예상보다 쿨 헌터의 효과가 낮았던 이유 중하나는 이들이 일시적 유행과 진정한 트렌드 사이의 차이를 정확히 몰랐기 때문이다.

각자의 영역에서 활동 중인 트렌드 결정자에게 주목하고 그들과 이야기를 나누는 것은 큰 가치가 있다. 하지만 이러한 관찰 결과를 체계적으로 정리하고, 트렌드와 일시적 유행 사이의 차이를 구분하는 것이야말로 가장 중요한 일이다. 많은 사람이 '트렌디'라는 단어를 일시적 유행과 트렌드를 모두 지칭하는 데 사용한다. 둘 다 트렌드 결정자들의 관심을 끌기 때문이다. 그러나 일시적 유행과 트렌드를 구별하는 일이 항상 쉽지만은 않다.

새로운 무언가가 일시적 유행에 그칠 경우 그것은 시장에서 매우 짧은 기간 동안만 생명력을 유지하게 된다. 때로 그 기간이 너무 짧기 때문에 이를 목표로 시장에 뛰어든 기업은 어쩌면 그것이 소멸하기 시작할 때 뒤늦게 발을 담근 것일 수도 있다. 〈뉴욕 타임스〉는 이것을 다음과 같이 표현했다. "고객과 크리에이티브 디렉터들이 치마 길이가 내려오고 있다는 사실을 깨달았을 무렵, 그 때 치마 길이는 다시 짧아지고 있을지도 모른다"(헨릭 베일가드, 2008).

(2) 소비트렌드 관찰의 핵심

우리 눈에 어떤 행동이나 태도의 변화가 보이는 것은 그런 행동, 태도를 이끌어내

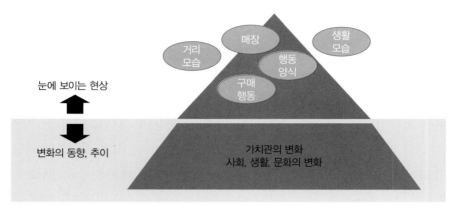

그림 3-1 　소비트렌드 관찰의 핵심
자료: 김선주·안현정, 트렌드 와칭, 21세기북스, 2013, p.57.

는 가치관의 변화가 발생했기 때문이다. 그리고 이런 가치관의 변화는 사회, 생활, 문화 등이 사람들 간의 상호작용을 통해 지속해서 변화하기 때문에 발생한 것이다. 따라서 눈에 보이는 현상을 통해 시장의 변화를 감지하고 잠재니즈를 파악하는 트렌드 관찰을 하기 위해서는 눈에 보이는 현상의 이면에 존재하는 사람들의 가치관 변화와 사회, 생활, 문화의 변화를 파악하고자 노력하는 것이 필요하다. 이처럼 눈에 보이는 현상과 그 현상을 만들어내는 보이지 않는 변화 동향과 추이의 원인을 읽어낸다면 남들과 다른 문제해결 및 기획 역량이 생기게 될 것이다.

　물론 거리의 모습, 사람들의 생활모습을 열심히 본다고 해서 가치관의 변화나 사회, 생활, 문화의 변화에 대한 통찰이 저절로 생기지는 않는다. 트렌드 관찰을 통해 기획이나 문제해결 방안을 찾아내려면 변화를 지나쳐 버리거나 단순히 '그런가 보다'라고 생각하는 것이 아니라 눈에 보이는 행동, 상황, 변화를 유심히 바라보며 '왜 그럴까'를 생각해야 한다. 뿐만 아니라 해결해야 하는 문제가 명확해졌을 때는 이런 변화를 좀 더 구체적이고 극명하게 관찰하기 위해, 트렌드 관찰을 진행하기에 앞서 누구를 또는 무엇을 관찰할지를 명확히 해야 한다.

(3) 소비트렌드 관찰의 유형

구체적으로 누구를, 무엇을 관찰할 것인가 하는 것은 트렌드 관찰의 유형에 따라

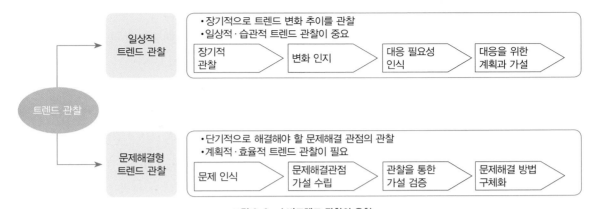

그림 3-2   소비트렌드 관찰의 유형

자료: 김선주·안현정, 트렌드 와칭, 21세기북스, 2013, p.59.

달라진다. 트렌드 관찰의 유형은 크게 두 가지로 구분되는데, 하나는 트렌드의 전반적 변화 추이를 탐색하는 것이고 다른 하나는 단기적으로 해결해야 할 문제해결의 관점에서 탐색하는 것이다. 전자는 일상적 트렌드 관찰, 후자는 문제해결형 트렌드 관찰이라고 할 수 있다. 이러한 트렌드 관찰 유형에 따라 트렌드 관찰을 하는 대상, 장소, 방법이 달라진다.

① **일상적 트렌드 관찰**   일상적 트렌드 관찰의 가장 큰 특징은 트렌드 변화 추이를 비교적 장기간에 걸쳐 일상적으로 관찰한다는 점이다. 여기서 트렌드 관찰을 통해 관찰하는 것은 눈에 보이는 현상, 즉 거리의 모습, 사람들의 생활모습이나 행동방식, 거리에 있는 매장들의 변화 등이다. 이처럼 눈에 보이는 현상에 대한 장기적 관찰 작업을 통해 무엇이 어떻게 변화하고 있는지 인지하면, 이에 대한 대응 필요성을 인식하게 되며 구체적 대응 계획을 수립할 수 있게 된다. 이 유형에서는 일상적이고 습관적으로 생활 속에서 트렌드 관찰을 하는 것이 중요하다.

사실 일상적 트렌드 관찰은 단기적으로 해결해야 할 명확한 과제가 주어진 상황은 아니다. 따라서 무엇을 또는 누구를 관찰할 것인가에 있어서는 새로운 것에 주목할 필요가 있다. 새롭게 부상하는 거리는 어디인지, 어떠한 유형의 매장들이 새롭게 생겨나는지, 최근에 사람들의 시선을 끄는 아이템은 무엇인지 등이다. 새로운 것들에 대한 사람들의 반응을 살피는데 있어서는 주로 젊은 층에 초점을 두게 된다. 이들은 새로운 것에 가장 민감한 특성을 보이며 자신을 표현하는 데에도 가장 적극적이기 때문에 일상적 트렌드 관찰의 대상으로 가장 적합하다고 할 수 있다.

② **문제해결형 트렌드 관찰**　문제해결형 트렌드 관찰은 단기적으로 이루어진다는 특징이 있다. 또한 전반적 트렌드 변화보다는 특정 시장, 특정 상품, 특정 서비스 분야 등 해결하고자 하는 문제와 관련한 트렌드를 관찰할 때 유용하다. 발생하는 문제를 문제해결 관점에서 단기간에 해결하겠다는 목적을 가지고 진행되는 것이다. 따라서 여기서는 상품개발이나 새로운 기획, 기타 해결 과제 등이 발생한 상황에서 특정한 문제를 인식하고 이의 해결 방법을 찾는 관점에서 트렌드 관찰을 활용하게 된다. 이에 따라 문제해결형 트렌드 관찰은 일상적 트렌드 관찰처럼 장기적, 지속적으로 불특정 다수의 일상의 모습을 보면서 새롭게 트렌드를 발견해가는 것이 아니라, 트렌드 관찰을 시작하기 전에 무엇이 문제인지, 그 문제를 해결하기 위해서는 누구를, 무엇을 관찰해야 할 것인지 구체적으로 정하게 된다.

결론적으로 일상적 트렌드 관찰에서는 장기적, 지속적인 변화 탐색이 중요한 반면, 문제해결형 트렌드 관찰에서는 계획적, 효율적 접근이 중요하다. 현재 새로운 기획을 해야 하는 당면 과제를 가진 사람은 문제해결형 트렌드 관찰을 주로 하게 되고, 지금 당장은 기획 업무나 해결 과제가 없는 사람들은 일상의 변화를 읽어내는 감각을 익혀 새로움을 찾아내는 일상적 트렌드 관찰을 주로 하게 된다. 따라서 트렌드 관찰은 각자 필요에 따라 적용하면 되는 것이다(김선주 · 안현정, 2013).

2) 소비트렌드 관찰의 자세

(1) 항상 새로운 현상, 장소, 아이템에 관심을 두고 주목하라

일반적으로 변화는 새로운 것이 생겨나고 기존의 것이 사라지거나 변형되면서 발생한다. 따라서 주변에서 나타나는 새로운 현상은 무엇인지, 새롭게 사람들의 관심을 *끄*는 장소나 아이템은 무엇인지에 관심을 두는 것이 중요하다. 인간은 자신에게 익숙한 물건이나 장소를 편안하게 느끼는 본성이 있다. 따라서 어느 정도 의식하고 노력하지 않으면 늘 같은 장소, 같은 아이템만 이용하고 변화를 인지하지 못하게 된다. 따라서 트렌드 관찰을 일상화하기 위해서는 의식적으로 새로운 현상, 장소, 아이템에 관심을 두고 주목하기 위해 노력하는 것이 필요하다.

(2) 사소하고 작은 변화에도 관심을 두어야 한다

어떠한 트렌드도 처음부터 많은 사람에게 영향을 미치면서 갑자기 등장하는 경우는 없다. 처음에는 항상 사소하고 작은 것에서 시작된다. 이렇게 작은 변화가 점점 더 많은 사람의 관심을 끌면서 주류로 부상한다. 따라서 시장의 빠른 변화를 먼저 인식하고 한발 앞서 대응하고자 한다면, 이같은 사소하고 작은 변화에 주목하지 않으면 안 된다. 아이디어를 찾을 때도 마찬가지이다. 우리가 트렌드 관찰을 통해 얻고자 하는 아이디어도 사소하고 작은 것에서 영감을 얻는 경우가 많다.

(3) 이러한 변화를 당연하다고 생각하지 말고 '왜'라고 질문하라

위대한 과학자들의 발견은 일상의 사소한 것에서 시작된 경우가 많다. 뉴턴은 사과나무에서 사과가 떨어지는 것을 보고 만유인력의 법칙을 발견했다. 또 아르키메데스는 욕조에 몸을 담글 때 수면이 높아지는 것을 보고, 물질의 밀도에 따라 비중이 다르다는 것을 발견했다. 우리가 트렌드 관찰을 할 때도 마찬가지이다. 관찰하는 새로운 현상과 변화에 대해 왜 이런 변화가 나타났을까 하고 질문을 던지는 것은 변화를 감지하고 대응하기 위해 꼭 필요하다.

(4) 변화에 대한 사람들의 반응을 살피라

새로운 장소나 새로운 아이템에 대해 사람들이 그 장소에서 어떤 행동을 하는지, 그 아이템을 어떻게 사용하는지, 또는 사용하면서 어떤 표정을 짓는지 등 사람들의 행동과 표정을 관찰해야 한다. 사람들이 "좋아요"라고 말할 때도 그 속마음은 여러 가지이다. 정말 그것이 좋을 수도 있고, 그다지 좋지 않지만 상대방의 입장을 생각해서 마지못해 좋다고 하는 것일 수도 있다. 따라서 우리는 "좋아요"라는 말만 듣는 것이 아니라 그 사람의 행동이나 표정을 살핀다면 그 의미를 좀 더 자세히 파악할 수 있다. 정말 좋을 때와 마지못해 좋다고 할 때의 행동이나 표정은 확연히 다르기 때문이다.

(5) 관찰 결과를 그냥 넘기지 말고 나의 일과 조직, 관심사와 연결하려고 노력하라

트렌드 관찰을 통해 아무리 좋은 것을 보고 알게 됐다고 하더라도, 이를 나의 업무나 사업에 연결하려고 고민하지 않는다면 아무 소용이 없다. 즉, 기획으로 활용하고자 하는 시도가 없다면 늘 '나도 저 생각을 한 적 있었는데……' 하며 뒤늦은 후회만 하게 될 것이다. 관찰한 내용을 내가 속한 조직이나 내 관심사와 연결해 보면서 새로운 시도를 하고자 하는 노력이 궁극적으로 기획력 향상의 큰 시작점이 될 것이다(김선주·안현정, 2013).

3) 소비트렌드 정보수집의 기초

수많은 정보가 난무하는 현실에서 유용한 트렌드 정보를 수집하기 위해서는 다음과 같은 사항을 염두에 두어야 한다(이상인, 1994; 윈슬러 페릴, 2000).

(1) 작은 길에서 정보를 찾는다

많은 사람들이 다니는 큰길에서는 트렌드 예측을 위한 좋은 정보를 얻기 힘들다. 큰길이란 누구나 다 알고 있는 곳으로 KBS, MBC, SBS, 조선일보, 한겨레신문 같은 주요 미디어를 들 수 있다. 또 길거리에서 정보를 얻는 것도 마찬가지이다. 종로나 광화문 같은 큰길, 유명 백화점의 주요 객장 등에서 현재 가장 유행하는 현상은 이미 트렌드 정보로서의 가치를 상실한 것이다. 이런 정보는 사전 정보가 아니라 사후 정보이다. 따라서 앞으로 일어날 새로운 동향이나 흐름을 예측하는 정보로서의 가치를 갖지 못한다. 이처럼 큰길에서 얻는 정보는 이미 많은 사람들에게 알려진 정보이며 유행의 정점을 지난 정보이다. 따라서 트렌드 정보를 입수하려면 큰길의 뒤편으로 들어가야 한다. 가능하다면 잘 알려지지 않은 미디어를 활용하여 작은 길을 거닐면서 자기만의 정보 탐색로를 개척해야 한다.

그러나 큰 구조와 흐름을 보지 못한 채 전체를 이해하기란 불가능하다. 관심있는 좁은 분야의 정보만 수집할 경우, 그 정보는 소비트렌드 분석에 의미있는 정보가 되기 어렵다. 따라서 사소한 정보를 큰 정보와 연관시켜 사고하는 습관을 통해, 정보의 연관성을 직관적으로 느껴야 효율적으로 정보를 수집할 수 있다. 대부분의 사람들이 빠뜨리고 지나치기 쉬운, 티끌 같지만 가치있는 정보를 찾아내는 정보수집 방법을 개발해야 한다. 이런 방법을 가지고 있으면 큰길 정보는 필요하면 언제든지 얻을 수 있다. 그러므로 언제나 많은 정보로 가득 차 있는 큰길 정보에 속지 않는 지혜와 힘을 가지고 있어야 한다. 한편 오늘날 세계화 시대에서 해외의 움직임에 둔감하면 우리나라의 미래도 옳게 전망할 수 없다. 해외정보를 수집할 때는 우리에게 필요한 정보를 수집해야 한다. 또한 다른 나라를 이해하려면 그 사회와 민족, 일상생활과 관련된 인류학적 지식을 먼저 얻어야 한다. 이것은 19세기 식민지 쟁탈전이 시작될 때 유럽 제국주의 열강들이 사전에 선교사나 탐험가를 이용해 원주민에 대한 인류학적 조사에 심혈을 기울였던 사실에서도 잘 알 수 있다.

(2) 첨단을 찾는다

의미있는 첨단정보를 수집하기 전에 무엇이 '첨단'인가를 확인해야 한다. 첨단에 대한 인식의 차이에서 트렌드 분석의 명암이 엇갈리기 때문이다. 첨단적 시각을 가진 사람은 항상 기성의 틀 밖에서, 기성의 것을 눈여겨보는 동시에 미래를 주시한다. 기성과 첨단이 만나면서 기성과 첨단의 중간 영역이 형성되고, 이후에 첨단은 기성이 되기 때문이다. 정보 수집영역에서도 첨단에 대한 이러한 인식을 적용할 수 있다.

첨단을 파악하기 위해서는 대담하게 기성의 틀을 떨쳐 버려야 한다. 기성의 틀 밖에 떠다니는 것들 중 미래의 트렌드로 자리 잡을 수 있는 것이 무엇인가에 집중해야 한다. 그것이 바로 트렌드의 징후가 되기 때문이다. 첨단은 미래에 기성이 될 수는 있지만, 시간이 지나면서 자동적으로 기성의 틀 안으로 들어오는 것은 아니다. 오히려 첨단적인 많은 것들이 기성의 영역으로 들어오지 못하고 사라져 버리는데, 과학과 기술 영역에서 많이 찾아 볼 수 있다.

(3) 사라지는 것과 등장하는 것을 눈여겨본다

정보에는 '사라지는 것(out)'과 '새롭게 등장하는 것(in)'이 있다. 사라지는 것은 현재 한창 붐을 이루고 있는 현상들이다. 반면 '새롭게 등장하는 것'은 현재는 아주 희미하게 보이는 징조이다. 그러나 새롭게 등장하는 것도 시간이 경과하면 다음 시대의 사라지는 것이 된다. 트렌드 예측을 위해서는 이 두 가지 경향의 순환과 역전, 강화와 소멸을 눈여겨보아야 한다. 현재 누구나 볼 수 있는, 성행하는 현상을 좇다가는 트렌드 예측에 항상 뒤처지게 된다. 따라서 현재 성행하는 현상은 트렌드 정보로서 가치가 없다. 트렌드 분석가는 어떤 징후가 한창 때를 구가하는 정점에서, 어떤 사태를 계기로 꺾이는 시점을 포착하는 날카로운 시선을 길러야 한다. 그러나 더욱 중요한 것은 새롭게 등장하는 것을 포착하는 것이다. 사라지고 있는 것은 현재 한창 붐을 이루기 때문에 무시하기가 매우 어렵다. 그러나 트렌드 분석가는 현재 성행 중인 것보다는 새롭게 등장하고 있는 '내부'에 도전해야 한다. 신중하게 '내부'를 읽으며, 이 소재를 중심으로 대담한 가설을 전개하고 다음에 다가올 현상을 예측해 보아야 한다.

(4) 순환변화와 구조변화를 읽는다

트렌드 분석을 위해서는 항상 변화를 주시하면서 관찰해야 한다. 변화는 순환적 변화와 구조적 변화로 구분될 수 있다. 순환적 변화는 주기적으로 반복되며 그 변화의 사이클과 진폭을 갖는다. 주파수만 맞추면 누구나 이런 순환적 변화의 흐름에 쉽게 적응할 수 있다. 또 변화의 순환적 국면을 과거 경험과 현재의 조건을 계산하여 미리 예측하는 것도 가능하다. 따라서 사람들은 이런 변화를 두려워하거나 망연자실해 하지 않는다.

그러므로 트렌드 분석가가 주목해야 할 변화는 구조적 변화이다. 구조적 변화는 전혀 새로운 경향이나 움직임으로, 과거의 것과의 질적인 단절을 의미한다. 따라서 과거의 경험을 이 사태에 대응하여 활용할 수 없다. 대체로 변화는 큰 물결로서의 구조적 변화의 틀 속에서, 순환적 변화의 잔물결이 흘러가는 형태이다. 따라서 구조적 변화의 큰 격량을 타면서 순환적 변화의 잔물결을 파악하는 것이 필요하다. 즉, 구조와 순환의 두 가지 변화를 조화롭게 판단하는 지혜와 혜안이 필요한 것이다. 또한 어떤 동향의 이동이 구조적 변화인가, 순환적 변화인가를 살펴보는 습관을 길러야 한다. 이를 통해 미래를 보는 눈이 마련될 것이다. 그리고 순환이 바뀌는 정점을 찾는 것도 중요하다. 한창 때는 곧 반전이 준비되고 있는 시기라는 점을 염두에 두어야 한다. 요컨대 어떤 주기로 순환하는가 그리고 전체 순환에서 지금이 어떤 국면에 위치하고 있는가를 알고 있으면 적절한 대응책을 마련할 수 있다.

(5) 의미 있는 이상 현상을 포착한다

정상(正常)적 현상들 사이에서 이상(異常)현상을 발견하는 것이 중요하다. 보통 정상적인 현상은 누구에게나 잘 보인다. 이것을 토대로 미래를 예측하는 것은 아무나 할 수 있는 일이다. 트렌드 분석가는 정상적인 현상이 언제, 어디서, 어떻게 변화할 것인가, 어느 시점에서 사라질 것인가를 확인할 수 있어야 한다. 여기서 말하는 이상 현상이란, 정상적 현상의 반대편 혹은 정상적인 흐름 속에 잠재해 있는 것이다. 그러나 비정상적인 것이 정도를 넘어선 경우에는, 이를 정보 수집의 소재로 포착할 필요가 없다. 지금은 이상 현상이지만 일정 시간이 흐르면 의미를 갖고, 새로운 시대의 정상적 기반으로 자리 잡을 수 있는 것을 포착해야 한다. 곧 새로운 시대의 징후라고 할 수 있다.

(6) '왜'라고 질문한다

사람들의 행동과 사회의 움직임에는 반드시 원인과 결과가 있다. 그러나 우리들은 결과에만 눈을 돌린 채 동기에는 주의를 돌리지 않는 경향을 갖고 있다. 어떤 행동이나 사회 현상에 대해 '왜'라고 질문하지 않고서는 결코 그 현상의 원인과 동기를 찾을 수 없다. 그리고 사회 현상의 원인과 동기를 모르고서는 그 현상을 충분히 파악했다고 말할 수 없다.

(7) 정보를 가공한다

트렌드 분석을 위해 정보를 수집한 후에는 수집한 정보를 가공하여 미래의 소비 트렌드에 대한 자신의 생각을 만들고 판단할 수 있어야 한다. 이를 위해서는, 자신이 수집한 원자료에 해당되는 정보를 가공할 수 있어야 한다. 이 과정에서 새로운 사실을 발견할 수 있고, 부족한 분야를 확인할 수 있고, 또 새로운 아이디어를 얻을 수 있기 때문이다.

(8) 트렌드 정보의 적용 타이밍을 맞춘다

트렌드 예측에서는 예측 시점이 매우 중요하다. 활용 시점을 놓친 예측은 트렌드 정보로서의 의미를 갖지 못한다. 흔히 주식이나 부동산 투자에서 '막차를 타서

망했다'는 경험담을 늘어놓는 사람을 만날 수 있다. 이는 예측의 시점을 놓친 사례이다. 트렌드 정보는 타이밍에 따라 정보 가치가 1도 되고 100이 되기도 한다. 그만큼 예측 정보에서는 시의성이 중요하다.

(9) 전염병처럼 번지는 정보의 확산을 주시한다

네트워크 사회에서는 어떤 생각이나 메모들이 다른 생각이나 메모들을 밀어내면서 사람들 간에 전염병처럼 번져 나간다. 이러한 움직임의 시작을 잘 포착하면 소비트렌드의 징후를 관찰할 수 있다. 자발적 정보 전파자들 사이에 상호작용이 돌풍처럼 나타나고, 이와 함께 구매의 물결이 일어나고 전파자들의 의견을 따르는 추종자들이 늘어나기 때문이다. SNS가 유행이 되면서 정보 확산이 더욱 빠르고 쉽게 진행되고 있고, 모바일 인터넷의 등장은 전파자, 선도자, 추종자들이 실시간으로 특정 정보에 대한 상호작용을 가능케 하여, 확산 속도가 매우 빨라지고 광범위하게 퍼지게 되었다.

(10) 난무하는 정보의 잡음 속에서 의미 있는 신호를 포착한다

정보화 사회에서는 정보가 풍부한 것처럼 보이나 대부분의 정보는 맥락이 없고, 체계적이지 못한 각종 의미 없는 신호가 난무하고 있다. 의미 없는 신호는 잡음이다. 잡음을 잔뜩 모아 놓고 많은 정보를 수집했다고 자처하는 경우가 많다. 정보 수집 활동이란 자신이 필요한 정보를 입수하여 그것을 자신에게 필요한 '의미'로 바꾸는 행위이다. 최상의 리시버와 섬세하고 정확한 튜닝이 잡음 없는 최상의 방송을 보장하듯이, 트렌드 분석가는 리시버인 오감을 개발하고 의미를 찾아내는 튜닝의 기술을 쌓을 필요가 있다(서정희, 2005).

4) 소비트렌드 정보원

(1) 소비트렌드 정보원의 유형

① 활자매체

신문	• 신문은 최대의 정보량을 가지고 있는 종이 미디어로 정치, 경제, 국제, 문화까지 모든 분야를 망라하기 때문에 트렌드를 읽는데 도움이 되는 정보가 많다. • 지방지는 지역에 밀착된 정보에 강하기 때문에 그 지방의 정치, 경제, 사회를 알기 위해서는 꼭 필요한 정보원이다. • 산업 경제지는 산업이나 기업의 조직 동향 정보가 게재되어 있다. 특정 비즈니스 분야의 기초정보가 풍부하므로 전체 동향이나 최신정보를 알 수 있다. • 스포츠 신문은 드라마성, 오락성이 높은 정보원이다. 과장된 표현을 냉정히 판단할 수 있다면 생생하고 현실감이 풍부한 정보를 입수할 수 있다.
잡지	• 잡지는 신문에 비해 가공도가 높은 경향이 있다. 잡지 기사의 내용은 어디까지나 "의견"으로 취하고, 정보수집의 "출발점"으로 활용하면 유용하다. • 경제 전문 잡지의 경우 현재 자신이 필요로 하는 잡지가 어떤 것인가 끊임없이 체크하는 자세가 필요하다. • 특정업계의 최첨단 기술이나 경쟁기업의 정보를 알기 위해서는 업계지를 선택한다. 최근에는 업계의 경계가 무너지고 있으므로 과거 업계의 틀에 얽매이지 않도록 주의한다. • 라이프스타일지에서는 독자층의 연령이나 속성, 취미 등을 타깃으로 하여 라이프스타일이나 가치관을 파악할 수 있다. • 스포츠나 레저지는 대상 독자층이나 내용이 세분화되어 있다. 독자층의 소비경향을 파악함으로써 여가시대의 시장욕구를 찾을 수 있다. • 취미, 오락지는 카메라, 원예, 영화, 연극, 음악, 바둑, 애완견 등 여러 종류가 있다. 여기서는 기사뿐만 아니라 광고를 통해서 소비자의 관심사를 알 수 있다. • 타운 정보지를 통하여 거리의 동향을 알 수 있다. 타운지를 수첩으로 활용하고 실제 돌아다니면서 거리 정보를 수집하면 더욱 큰 수확을 얻을 수 있다. • 정보수집의 보조 자료로 사전을 이용한다. 특히 최근에 급증하고 있는 최신분야의 새로운 형태의 사전은 발상의 힌트로 활용할 수 있다.
서적	• 비즈니스 서적의 서점 진열기간이 점점 짧아지므로, 신간을 체크하고 필요한 서적을 구해야 한다. 활용 시에는 출판 연월일에도 주의를 기울일 필요가 있다. • 정부 간행물은 신뢰성이 높고 기초가 되는 정보원의 하나이다. 정부 간행물의 종류나 개략을 파악하여 필요할 때 언제라도 활용할 수 있게 정리해둔다. • 팸플릿에는 상품 그 자체 못지않게 상세한 정보가 실려 있다. 또 PR지는 개성적이고 독특한 것이 많기 때문에 트렌드 정보원으로써 주목을 받고 있다.
전자북	• 전자북의 장점은 검색이 자유자재로 가능하고 간편하게 들고 다닐 수 있다는 것이다. 어디서든 이용할 수 있다.

자료: 서정희, 소비트렌드 예측의 이론과 방법, 내하출판사, pp.333-335.

② **전파매체**　전파미디어는 실시간 정보를 쉽게 얻을 수 있는 것이 장점이나, 기록이 번거롭고 정리와 재생에 어려움이 있다는 단점을 어떻게 극복하는가가 활용의 포인트가 된다. 소비트렌드나 시청자의 기호에 대해 극히 민감한 정보원이라고 할 수 있다.

라디오	• 라디오는 소비자의 살아 있는 소리를 들을 수 있다. 방송대학이나 전문 라디오 방송은 질 높은 전문적인 정보를 입수할 수 있는 보고다.
위성방송 과 케이블 텔레비전	• 위성방송, 케이블 텔레비전은 장래 1채널 1전문 내용에 의한 "멀티 채널방송"을 목표로 하고 있다. 따라서 트렌드 관련 채널들에서 많은 정보를 얻을 수 있다. 또 재방송 횟수도 많기 때문에 정보원으로서의 가능성이 크다.

③ **데이터베이스**　데이터베이스는 망라성, 신속성, 검색성이 우수한 정보수집 수단이다. 전문 기사를 검색할 경우 같은 주제를 과거로 거슬러 올라가서 찾기도 하고 복수의 신문을 비교함으로써 귀중한 사실을 발견할 수 있다. 세계 각 지역과 분야의 데이터베이스에 신속하게 접근이 가능하다.

인물 데이터베이스	• 인물 데이터베이스는 특정 인물에 대한 정보를 알려준다. 프로파일이나 활동, 주소와 같은 연락처에서 저서, 관련 기사 등까지 상세한 정보를 알 수 있다.
잡지 데이터베이스	• 잡지 데이터베이스는 한 잡지의 기사를 전체로 검색하는 것부터 주요 잡지를 망라하는 것까지 가능하다.
서적 데이터베이스	• 서적 데이터베이스는 특정한 테마를 다룬 문헌을 신속하게 검색하고 싶을 때 편리하다.
기업정보 데이터베이스	• 기업 정보 데이터베이스는 경쟁 기업의 조사를 신속하게 하기도 하고 조건에 맞는 제휴 기업을 찾아낼 수 있다.

④ 인적정보

일상회화	• 가볍게 주고받는 일상회화 중에도 중요한 정보가 넘치고 있다. 잡담을 하다 아이디어가 생각나는 경우도 있기 때문에 매일의 만남을 중요하게 여겨야 한다. 인맥을 넓히기 위해서는 GIVE & TAKE의 정신이 매우 중요하다. 상대에게도 정보를 줌으로써, 자신도 만족할 수 있는 정보를 얻을 수 있다는 점을 명심해야 한다. 정보의 중심 인물을 직접 만나서 얘기하는 방법은 가장 직접적인 정보 수집 방법이다. 자신의 입장이나 정보 수집의 의도를 성실하게 설명하면 좋은 정보를 얻을 수 있다.
거리 미디어	• 거리 미디어를 이용하여 정보를 탐색할 때는 찾고자 하는 공간을 감지하는 것이 중요하다. 거리의 어느 지점을 정해서 장기적으로 관측하는 것이 "정점 관측"의 기법이다. 매일매일 변하는 거리 표정의 분위기를 느낌으로써 트렌드를 예측하는 데 도움이 된다.

자료: 서정희, 소비트렌드 예측의 이론과 방법, 내하출판사, pp.338-339.

표 3-2 소비트렌드 자료원의 종류와 장단점

종류 / 장단점 등	외부 자료			내부 자료
	현장참여	정보검색	용역, 보고서	직접 소비자조사 시장조사 / 기업 내부 자료
	세미나 / 포럼 / 박람회 / 전시회	인터넷 / 신문잡지 / 전문서적 / 미디어 / 사회일반	트렌드 전문기관 / 협력사 / 행정기관	
장점	• 종합적인 트렌드 경향 파악에 유용하다. • 주최 기관의 공신력이 높다.	• 전반적인 동향 파악이 용이하다. • 가공되지 않은 원자료의 수집이 용이하다. • 이미지 위주의 구체적인 정보로 트렌드를 파악할 수 있다. • 디자이너에게 익숙한 언어를 사용한다. • 최신의 트렌드 및 신기술·소재 정보가 잘 정리되어 있다. • 각종 사회 이슈를 통해 현재의 사회적 정서와 잠재된 니즈를 파악한다. • 마이크로 트렌드의 징후를 점검하기에 유용하다. • 사회적 니즈에 대한 기업의 적절한 대응 방향을 제시해줄 수 있다.	• 트렌드 관련 함축적 키워드를 제시해준다. • 현실적인 제품개발에 도움이 되는 자료를 제시해준다. • 정책트렌드 파악의 가장 기본이 된다.	• 타깃 소비자 및 세분화 집단별 니즈 파악에 용이하다. • 최신 트렌드를 가장 현실적으로 파악할 수 있다. • 트렌드에 대한 영감을 얻고 선제안을 할 수 있도록 도와준다. • 해당 산업에 특화된 신뢰성·보안성 높은 자료를 제공한다.

단 점	• 공감대 없는 추상적인 정보를 단순 나열하는 경우가 있다. • 현실트렌드와 맞지 않는, 앞선 미래적인 콘셉트 제안이 많다. • 참가하는 디자이너의 경력·역량에 따른 주관적 해석 여지가 많다. • 메가트렌드를 파악하는데 적절하지 않을 때가 있다. • 한국적인 상황에 직접 적용이 어렵고 시간·비용 소모가 많다.	• 개인이 생산한 자료 위주로 정보의 신뢰성이 부족하다. • 자료 검색과 수집, 활용에 많은 노력이 들고 제품에 반영하기 어려운 경우가 많다. • 객관적인 자료라고 보기 어렵다. • 제품 디자인의 공개 정도가 낮다. • 각종 현상에 대한 전문가와 대중의 반응을 모니터링하기 쉽다. • 디자인 트렌드에 대한 함의를 직접적으로 제공해주는 것은 아니다.	• 정보가 패션분야에 제한되어 있고 전문 용어 사용으로 해석의 어려움이 있다. • 한 그림 제시에 그치는 경우가 다수 있다. • 협력사와의 이해관계와 얽혀 있고 구체적이지 못한 자료가 많다. • 자료의 양이 방대하여 수집에 시간, 노력이 많이 소요된다.	• 소비자 샘플링이 잘못된 경우 실제 시장을 파악하기 어렵다. • 산업 및 제품과 연계시키는 과정이 어렵다. • 트렌디한 장소·제품이 실제 소비자의 욕구와 다를 수 있다. • 시간 및 에너지 소모가 크다. • 신선한 자극을 받기에는 부족하다.
구체적 내용	• 국·내외 트렌드 전문기관 주최 세미나, 워크숍, 포럼, 콘퍼런스 • 동종산업 관련 해외의 선도적 박람회 • 패션·인테리어·가구 관련 박람회 • 아방가르드적 작품 및 퍼포먼스	• 포털사이트·커뮤니티·블로그 • 해외패션브랜드 웹사이트 • 동종산업 내 국·내외 잡지 • 패션 관련 잡지 • 각종 사진집 • 해당산업 관련 분야 전문 서적 • 각종 리뷰 • 미디어(방송, 영화, 만화, 인터넷 포털, 블로그, 온라인 게임) 모니터링 • 전문보고서 • 각종 행사 일지 • 사회 전문지 • 각종 조직 및 단체 웹사이트 • 뉴스	• 트렌드 조사기관 웹사이트 • 트렌드연구소 발행 정기 리포트 • 트렌드 전문기관 발행 유료 리포트 • 광고대행사 프레젠테이션 자료 • 협력사 수집·가공 자료 • 정책과 규제 변화에 대한 자료	• 회사 자체 소비자 대상 리서치 • 소비자 모니터 그룹 운영 • 국내·외 시장조사 • 마케팅 모니터링 • 각종 통계 • 직접 사용·경험·체험 • 트렌드 전문팀의 분석 자료
사 례	• 섬유센터 트렌드 설명회 • LG 트렌드 워크숍 • 밀라노페어, Maison & Objet, IMM, IHFC, ORGATEC(가구) • Heimtextil(벽지), Domotex(바닥재), Bau(건축 기자재) • Premiere Vision, ITMA, Texworld, IFFE, JFW(직물) • In-Cosmerics, Cosmoprof, ProfBeauty, BBSI(미용)	• 명품 패션브랜드 웹사이트 • 보그, 바자, 럭셔리 • 인테리어 & 데코, 월간 디자인, 행복이 가득한 집, 레몬트리, ARTrade, Men's Health • 모터사이클, Stuff T3 • 美的, VOCE • Wallpaper, Domus, Idea, Frame • Science, The Economist, National Geographic	• WSGN, 인터패션 플래닝, 넬리로디, 페클러 • 삼성경제연구소, 엘지경제연구소 • 부품 업체들의 해당산업 프레젠테이션 자료 • 광고대행사의 관련 산업 자료	• 소비자 대상 FGI·심층면접·설문조사 • 제품별 소비자 모니터 그룹 운영 • 소비자 고발 프로그램, 시청자 게시판 모니터링 • 국내·외 매장 직접 조사

<ul><li>5대 모터쇼: 제네바, 파리, 동경, 프랑크푸르트, 디트로이트, 상해, 북경, LA, 뉴욕 모터쇼</li><li>EuroBike, InterBike, Motofair, Intermot, Cycle mode(운송)</li><li>MWC, CS, CTIA, IFA, CeBIT, ISSH, SIGGRAPH(전자·통신·가전)</li><li>100% Design, DesignTide, Frankfurt Book Fair</li></ul>	<ul><li>키워드 검색, 인기 블로그, 카페, 커뮤니티 등</li><li>해외 트렌드 섹션, 국내·외 언론 보도 자료</li><li>정부·기업·시민단체의 보고서, 프로그램, 계획서 검토</li><li>각종 단체의 활동상, 대중 집회, 포럼, 콘퍼런스 모니터링</li><li>몽상가, 소설가들의 공상 모니터링</li><li>유명인사의 일화, 일기</li><li>각종 팬페이지 모니터링</li><li>사건사고 사례 조사</li></ul>

<ul><li>프로젝트별 발주 업체들의 프레젠테이션 자료</li><li>디자인진흥원, 국토해양부 등 정부기관에서 발표하는 공시자료 및 보고서</li></ul>	<ul><li>직접 구매·사용 경험 공유</li><li>인기 있는 인테리어 공간</li><li>트렌드 리서치팀, 뷰티 트렌드 팀</li><li>글로벌마케팅 연구소</li><li>자동차 산업 연구소</li></ul>

자료: 이순종, 디자인의 시대 트렌드의 시대, 미래의창, 2010, pp.168-169를 수정.

표 3-3   소비트렌드 외부자료의 예

1. 정부 및 정부기관 간행물	① 기획재정부: 경제동향 ② 통계청: 산업생산 통계, 한국주요 경제지표, 한국통계월보 ③ 노동부: 노동통계 조사보고서 ④ 대한상공회의소: 상의, 소매점경영 동태 조사보고, POS정보 ⑤ 지역상공회의소: 지역경제동향 ⑥ 한국은행: 국제수지, 조사통계월보, 주간해외경제, 월중 경제동향 & 최근 실물 경제동향 ⑦ 한국산업은행: 산업경제, 산은조사월보 ⑧ 한국무역협회: 월간무역, 업종별 수출입동향 ⑨ 한국산업기술연구원(KIET): 경제경영문헌, 경제동향주요지표
2. 마케팅 관련 출판물	① 마케팅관련 논문집: 소비자학연구, 소비문화연구, 경영학연구, 마케팅연구, 광고연구, 유통연구, 광고학연구 등 ② 연구소 간행물: SERI 경제전망과 정책과제 동향지표, 대외경제정책연구, 한국광고, 마케팅시대, 광고계동향, KAA저널, 유통물가 통계, Korad viewpoint ③ 광고사 간행물: MBC 애드컴, 오리콤, 엘·지애드, 동방기획, 제일기획, DaeHong Communication(대홍기획), SangAm Communication(상암기획)
3. 패션 관련 출판물	① 패션잡지 ㉠ 패션전문지: WWD, Elegance, Hi Fashion, BOOK MODA, Collectionism gap, COLLEZIONI, Mode at Mode, Maglieria Italiana, Fashion News, DNR(남성복), L'UOMO COLLEZIONI(남성복), Vogue Homme(남성복), Vogue Bambini(아동복), Salon News(헤어 및 미용)

3. 패션 관련 출판물	ⓒ 소비자잡지: Vogue, Harper's Bazaar, W, Ce-ci, Mademoiselle, Glamour, Essence, Elle, Marie Claire, Non-no, With, Esquire(남성) ② 패션비디오: 밀라노, 파리, 동경, 뉴욕, 런던 컬렉션 ③ 신문: 어패럴뉴스, 국제섬유신문, 한국섬유경제신문, 텍스헤럴드, 한국섬유신문, 세계섬유 등 ④ 기업관련 간행물: Texjournal, 패션마케팅, 패션투데이, 월간복장, 월간섬유, TEXTILE TIMES ⑤ 의류관련 전문학회지: 한국의류학회지, 대한가정학회지, 복식, 복식문화, 패션비지니스, 한국섬유공학회지, 섬유개발연구, 섬유기술과 산업, 색채연구
4. 패션 예측 정보기관	① 종합 패션경향: Pat Turnsky(미국), Here & There(미국), Nelly Rodi(프랑스), Trend Union(프랑스), Carlin(프랑스), Percler(프랑스), Promostyl(프랑스), 삼성패션연구소(한국) ② 컬러경향: ICA(미국, 독일, 네덜란드, 프랑스), Hue Point(미국), CAUS(미국), KOFCA(한국) ③ 소재경향: Premiere Vision(프랑스), Idea Como(이탈리아), Moda In(이탈리아), Interstoff World(독일), Kyoto Stoff(일본), Tokyo Pretex(일본), Interstoff Asia(홍콩), Seoul Stoff(한국), 이데아 서울(한국) ④ 원사(Yarn)경향: 국제양모사무국(I.W.s.), 국제면업진흥회(I.I.C.), Expofill(프랑스), Piti Imagine Filati(이탈리아)

자료: 서정희, 소비트렌드 예측의 이론과 방법, 내하출판사, pp.337-338.

(2) 주요 분야별 소비트렌드 정보원

먼저 정보원의 일반적 특성에 대해 살펴보면 다음과 같다.

① 조사 대상에 따라 정보원은 집중되어 있다. 따라서 정보원에 대한 가장 효과적인 접근 방법을 생각하는 것이 정보 수집의 지름길이다.

② 활자 정보로는 전체 개요를 파악할 수 있다.

③ 전문가나 전문 잡지는 유력한 정보원이지만 주관적이고 편협한 경우가 많다. 이를 극복하기 위해서는 복수의 정보원으로부터 정보를 수집하고 객관적으로 판단하는 능력이 필요하다.

④ 각종 콘퍼런스, 회의나 이벤트 등의 장소에서도 다양한 정보를 수집할 수 있다.
다음으로 주요 분야별 정보원에 대해 살펴보면 다음과 같다.

상품 정보	활자 정보로 파악하는 데는 한계가 있다. 상품 정보의 기본은 실제로 접하고 경험하는 것이다. 또 상품 자체 뿐만 아니라 주변 정보도 수집해야 한다. 슈퍼나 백화점은 상품정보의 보고이다. 또한 소비자로서 직접 물건을 사서 사용해보는 것도 유용하다.
지역 정보	문화나 역사, 풍토 등의 배경 정보를 모두 수집한다. 좁은 지역일수록 여러 가지 사항이 서로 관련되어 있기 때문에 다각적으로 조사하는 것이 중요하다.
외국 정보	정치, 경제, 문화, 사회의 차이를 종합적으로 수집한다.
주생활정보	광범위한 분야에 걸쳐 있으므로 주거 형태에서부터 라이프스타일, 가족, 지역 등까지 폭넓게 조사해야 소비자의 생활상을 제대로 알 수 있다.
패션 정보	상류에서 하류까지의 흐름인 패션 트렌드를 빨리 파악하기 위해서는 먼저 트렌드 분석가 자신이 상류에 있어야 한다.
여가 정보	취미, 스포츠, 여행 등의 여가 활동 분야의 전반적 경향은 대중 매체나 통계 데이터로 얻을 수 있지만, 세부적이고 전문적인 것은 그 분야와 관련된 인물이나 단체를 찾아가서 파악해야 한다.
문화 정보	영화, 연극, 미술 전시 등과 같은 문화정보는 공개 기간이 짧다. 과거 정보를 보존하지 않는 경우가 많기 때문에, 타이밍을 놓치지 않도록 가능한 사전에 정보를 수집해 두어야 한다.

자료: 서정희, 소비트렌드 예측의 이론과 방법, 내하출판사, pp.339-340.

(3) 소비트렌드 정보 기록 도구

인터뷰, 타운워칭 등 살아있는 정보를 수집할 때는 취재 상황과 수집한 데이터의 사용 방법을 고려하여 기록 도구를 잘 선택해야 한다. 정보기록 도구들에 대해 살펴보면 다음과 같다(서정희, 2005).

메모와 스케치	가장 간편한 기록 방법이며, 기록과 정보 정리가 동시에 가능한 방법이다.
테이프레코더와 MP3	회의나 인터뷰 기록 뿐만 아니라 음성 메모 도구로 활용할 수 있다. 생각난 것을 음성으로 기록하는 방법에 익숙해야 한다.
카메라	후에 자세한 사항을 알 수 있게, 촬영과 동시에 메모를 병행하는 게 좋다.
비디오	영상을 기록할 뿐만 아니라 비디오 시청을 통해 유사 체험까지 가능하다.
디지털 카메라	찍은 영상을 컴퓨터에 입력하고 편집, 가공할 수 있어 멀티미디어 시대의 정보 도구로 주목받고 있다.

휴대용 컴퓨터	취재 현장에 들고 다니기 쉽다. 입력한 정보는 그 자리에서 편집하여 보고서로 작성할 수 있어 정보 정리시간을 대폭 줄일 수 있다.

■ ■ ■
소비트렌드 분석과
요구능력

트렌드를 한발 앞서 읽고 싶다면 사소하지만 수많은 신호들을 관찰하고 그 결과를 종합한 다음, 그 결과가 트렌드 확산 과정의 특징적 패턴을 따르고 있는지를 확인해야 한다. 트렌드 분석가는 중요한 단서들을 활용해 사람을 관찰하고 라이프스타일, 디자인, 패션, 다이어트, 건강, 미용, 자동차, 예술, 여행, 인테리어 디자인 등 여러 분야의 광범위한 정보원들을 통해 체계적으로 얻은 정보를 분석한다. 이를 토대로 가설을 세우고 평가하게 된다(헨릭 베일가드, 2008).

1) 소비트렌드 분석의 지침

현재 우리가 살고 있는 생활세계는 항상 단선적인 방향으로만 움직이는 것이 아니라 무엇인가가 사라져가고 무엇인가 다른 것이 고통스럽게 태어나고 있는 것처럼 보이는 시대이다. 마치 무엇인가가 부스러지고, 쇠퇴하고, 스스로를 고갈시켜가는 반면 아직은 불분명한 무엇인가 다른 것이 그 잔해로부터 솟아오르고 있는 것 같아서 매우 혼란스럽고 임의적으로 보이는 경우가 많다.

이와 같은 쇠퇴의 재생 과정에서 가장 중요한 변화는 과거 이성시대의 기본 원칙들이 잘 적용되지 않는 사회로 바뀐 것이다. 그러므로 질서정연하고 단선적이고 자연적 과정을 강조하는 뉴턴의 과학, 이성적인 소비자가 완벽한 정보를 가지고 있다고 가정하는 고전경제학 등과 같이 완벽을 추구하는 사회과학 이론들과 서구의 합리적 전통에 바탕을 둔 접근방법들은 현대 사회의 소비트렌드를 분석하기에는 적당하지 않은 측면이 점점 더 증가할 것이다(마이클 마자르, 2000).

이러한 생활세계에서 소비트렌드를 읽기 위한 방법 중의 하나가 복잡성 이론이다. 복잡성 이론은 복잡한 적응 시스템을 조사하고 비대칭적이고 불연속적인 변화의 역할을 추적한다. 복잡성 이론은 외관상 이해할 수 없고 무분별해 보이는 시나리오에 형태와 의미를 부여하면서 소비자를 바라보는 관점이다. 복잡성 이론은 포스트 모더니즘의 세계관에서 출발하였고 포스트 모더니즘의 특성을 반영하고 있다. 뉴턴의 물리학과 데카르트의 사고보다는 양자 역학과 실존주의 철학에 상당 부분의 근거를 두고 있다. 복잡성 이론은 합리적이고 일관적이며 체계적인 관점으로 세계를 분해하기 보다는 분산과 다원적인 현상에 의존한다(윈슬로 페릴, 2000).

복잡성 이론은 인간사회가 아주 많은 수의 독립적인 행위자들이 아주 다양한 방법으로 서로 상호작용을 한다는 의미에서 복잡한 시스템이라고 설명한다. 커다란 집단의 행동을 구성하는, 개별행동을 하는 미시적 행위자들의 동기에 초점을 맞추고 있다. 복잡한 시스템은 질서정연하게 줄을 맞추어서 행진하는 병사들처럼 행동하지 않고 벌떼처럼 행동한다. 전체가 엄격한 규칙에 맞추어서 행동하는 것이 아니라 작은 행동들이 모여서 전체를 이룬다. 복잡성은 일단 발생한 뒤에는 그대로 고정되어 버리는 우연들과 기본적인 법칙들의 조합으로 간주될 수도 있다. 이 우연들은 먼저 일어난 우연 위에 겹쳐지는 형태로 발생하기 때문에 복잡한 시스템은 더욱 복잡해지는 경향을 보인다.

소비자의 매우 단순한 본능이나 행동패턴에서조차 예측할 수 없는 패턴이 나타날 수 있기 때문에 소비트렌드 분석가는 암묵적으로 통용되는 가정을 깨뜨리고 새로운 가능성에 마음을 열어야 한다. 즉, 새로운 행동과 사고를 가능하게 해주는 사람 또는 계획을 항상 끌어들이려고 노력해야 한다. 또한 복잡한 시스템의 작은 파편이 아니라 그 시스템 전체를 포괄적으로 포착하려고 하는 통합적인 노력이 필요하다.

한편 트렌드는 미래에 대해 말하고자 하지만 언제나 현재에 존재한다. 그러나 현재에 잘 포착되기 어려워 과거형으로만 이해된다. 즉, 트렌드라는 것이 '지금 현재' 수용되고 소통되고 존재하지만 그것을 '트렌드'라는 개념으로 포착해내기가 쉽지 않고, 따라서 시일이 지난 후에야 그것이 하나의 주요 흐름이었다는 과거형으로만 이해된다. 그렇기 때문에 누구나 트렌드를 예측하고 싶어 하지만 트렌드는 대중이 부지불식간에 만들어가는 카오스와 같은 것이므로 단지 추측만 가능할 뿐 정확한 예측이 어렵다는 것이다.

그럼에도 불구하고 여러 방법들을 동원한다면, 트렌드를 구성하는 개별요소들의 변화를 종합하면서 미래의 트렌드를 제안할 수 있을 것이다. 어떤 면에서 트렌드는 카오스(혼돈, 불규칙의 규칙성) 그 자체이며, 카오스적 현상의 가장 쉬운 예가 될 수도 있다. 트렌드는 말 그대로 '추세'만 있을 뿐이지 '정답'이 없다. 다음은 트렌드를 분석하기 위한 지침이다.

① 항상 새로운 물건, 사건, 현상에 관심을 가지고 주목하라.
② 항상 사소하고 작은 변화에 관심을 가지고 주목하라.
③ 큰 흐름을 파악하라. (사회구조, 산업동향, 정치상황, 경제흐름, 주요 사회의제, 이슈, 방송)
④ 큰 흐름 속 작은 변화에 주목하라.
⑤ 상호 무관한 것들을 카오스적으로 종합하라.
⑥ 간단한 것들은 종합하고 결합하고, 복잡한 것들은 분리하고 분석하라.
⑦ 당연한 사건, 현상, 물건들을 시공간적으로 분리해보라.
⑧ 자연스러운 것에 '왜?'라고 질문해 보라.
⑨ 작은 변화, 현상, 물건에 대한 대중들의 반응을 살펴라.
⑩ 기존의 낡고 폐기된 것을 새로운 패러다임으로 다시 분석해 보라. (복고의 새로운 이해)

2) 소비트렌드 분석가의 요구능력

트렌드는 단순히 한때의 유행이나 경제동향, 사회동향을 뜻하지 않는다. 트렌드 파악은 어떤 현상의 배후를 집요하게 캐물으면서 자신의 의문에 대한 해답을 찾으려는 고도의 정보술과 관련된 사고 과정이다. '왜'라는 질문과 사태의 의미를 묻지 않은 채 단순히 사태와 사건의 현상만 나열하는 것은 트렌드 파악과 무관하다. 이런 방식의 동향 분석으로는 미래를 예측할 수 없다.

엄정한 의미의 트렌드는 '인식'과 연결되어 있다. 트렌드 읽기는 시대와 사회의 방향성을 인식하는 것이다. 이를 트렌드 리터러시(literacy: 읽고 쓰는 능력)라 부를 수 있다. 트렌드 리터러시의 본질적인 의미는 독서 능력, 문자 해독 능력이 아니다. 컴퓨터 리터러시라는 말이 단순히 '컴퓨터 사용법 익히기'가 아닌 것과 마찬가지이다. 트렌드 리터러시는 체계적인 사고를 요구한다. 마치 컴퓨터 리터러시가 왜 컴퓨터가 필요하고 자신의 작업 수행에 컴퓨터를 활용할 수 있는 능력인 것과 마찬가지로 트렌드 리터러시는 현실을 미래와 결합시키는 의미 해독 능력을 지니는 것을 뜻한다.

트렌드 분석가와 마찬가지로 경제학자, 시장조사 분석가, 여론분석가들도 자료 분석을 통하여 미래를 예측하고 있다. 이들은 유용한 분석결과를 만들어내고 있으며, 이들이 만들어 낸 결과를 트렌드를 분석하는 데 이용하기도 한다. 그러나 이들은 그들의 전공에서 비롯된 시각때문에 '트렌드 분석과 관련하여' 다음과 같은 제한점을 가지고 있다(제럴드 셰런트 · 톰 밀튼, 1994).

- **경제학자의 제한점** 경제학자들은 사회 및 정치와 관련된 자료는 무시하고 경제 자료만을 사용해서 예측한다는 한계를 가지고 있다. 우리가 트렌드를 읽어야 하는 현실 세계는 양적인 크기에 비하여 매우 복잡하고 정밀하다. 경제학자들이 예측하는 방법은 환자의 신체 상태나 마음 또는 정신을 자세하게 살피지 않고 단지 증상만을 토대로 약을 처방해주는 의사와 같다고 할 수 있다.
- **시장조사 분석가의 제한점** 시장조사 분석가는 하나의 특수한 시장을 연구하기 때문에 다른 분야는 보지 않는 경향이 있다. 시장에 영향을 미칠 수 있는 사건이 발생했을 때조차도 이를 고려하지 않는다.
- **여론조사가의 제한점** 여론조사는 특정 시기에 단기간 내 이루어지고 조사 초점은 여론조사가에 의하여 정해진다. 즉, 사람들은 충분히 생각해보지 않았던 이슈에 관하여 특별히 고안된 질문을 받는다. 그리고 종종 여론조사가들이 이

럴 것이라고 생각하는 대로 대답한다. 그 결과 사람들이 진짜 염려하고 있는 문제나 이슈를 밝혀내지 못하는 경우가 있다.

그러면 트렌드 분석가가 갖추어야 할 능력은 무엇인가? 현재 우리가 살고 있는 시대의 가장 중요한 특징 중 하나는 경계선이 붕괴되었다는 점이다. 즉 분야의 구분이 점점 없어지고 있다. 이렇게 분야의 구분이 없어진 시대에서 소비트렌드를 정확하게 예측하기 위해서는 전통적인 경계선을 넘나들 수 있어야 하고, 상호 협력적이며 통합적인 방법으로 분석할 줄 아는 능력이 매우 중요하다. 따라서 전문적인 트렌드 분석가가 되기 위해서는 다음과 같은 능력을 종합적으로 갖추는 것이 필요하다(이상인, 1994).

- **문화적 상상력**　세태의 흐름과 징후를 읽어내는 감각이 필요하다. 예를 들면 치마길이에서 변화하는 여자의 마음을 읽어 낼 수 있어야 하고 유행어, 신조어, 히트상품 등에서 세태 변화의 징조를 잡아낼 수 있는 유연성과 섬세함이 필요하다. 트렌드 분석가는 Ray(1997)가 명명한 문화 창조자(cultural creator)와 같은 삶을 살아야 한다. 이들의 삶은 다음과 같은 특성을 가지고 있다.
  - 결과물보다는 과정을, 사물보다는 강렬하고 활기를 주는 경험을 선호한다.
  - 통합적이고 전체론적인 시각을 가지고 있다.
  - 강렬한 영적인 감각 및 도덕적 가치관을 가지고 있다.
  - 지식의 힘을 가지고 있다. 이들은 TV 시청 시간은 평균보다 적은 반면, 뉴스와 독서에 열중한다. 다양한 정보원으로부터 많은 정보를 받아들이고, 그 정보를 합성해서 큰 그림을 그려내는 재능을 가지고 있다.
- **문명비평가의 사상**　시대의 맥과 흐름을 진단하는 문명비평가의 사상이 필요하다. 시대 흐름의 굵은 줄기의 중심을 떠나지 않으면서 미세한 떨림을 감지할 수 있는 균형 잡힌 태도가 필요하다. 철학적 사상은 트렌드를 형성하는 가장 기초가 되기 때문이다.
- **사회과학적 방법론**　현실의 움직임을 구체적으로 분석하는 사회과학적 방법론이 필요하며, 양적 방법보다는 다양한 질적 방법을 이용하고 적용할 수 있는 능력이 필요하다. 또한 여러 분야의 경계선이 희미해짐에 따라 다양한 분야를

연결하는 선들, 즉 분야의 구분이 없어진 현실을 구성하는 맥락을 파악하는 능력이 필요하다.

- **과학적인 상상력과 공학적인 논리** 과학적인 상상력과 공학적인 논리도 때론 필요하다. 이를 통해서 트렌드를 더 직관적으로 볼 수 있다.
- **흐름에 관한 이해력** 시각적인 것이든 음악이든 모든 것은 흐름의 원리를 가지고 있다. 흐름에 관한 이해력을 갖추고 흐름을 파악할 줄 알아야 한다(서정희, 2005).

■ ■ ■ ■

소비트렌드 전문가 자격인증제도

1) 도입 배경

사회경제적으로 기업들의 트렌드 분석과 예측에 대한 수요는 매우 높으며 이를 기업 활동에 이용하는 움직임도 매우 활발하게 진행되고 있다. 삼성경제연구소 등에서는 매년 차년도 트렌드의 예측 보고서를 발빠르게 출간하기도 했고, 소비자학계에서의 트렌드 연구도 매우 활발하여 특히 서울대 소비트렌드 분석센터에서 발간하는 《트렌드 코리아》 시리즈는 매년 베스트셀러를 차지할 정도로 많은 관심을 받고 있다.

거시적 차원에서 트렌드 및 미래 예측 분야는 매우 유용한 관점을 제시하기도 한다. 실제로 이명박 정부에서는 미래기획위원회를 설치하여 한국의 신성장 동력을 예측하는 프로젝트를 운영하고, 이를 토대로 〈미래비전 2040 보고〉 등의 보고서를 발간하였다. 박근혜 정부에서도 미래창조과학부를 설립하여 미래 변화에 민감하게 대처하려는 움직임을 보였으며, 기업들도 미래 경쟁력이라는 것을 기업

경영의 화두로 삼고 미래 예측 부서를 경쟁적으로 두고 있다.

여러 국가들에서도 미래를 예측하기 위해서 많은 노력을 기울이고 있다. 핀란드 정부는 '미래위원회'를 국회 내에 설치하여 범국가적 합의기구로서 장기적 관점에서 핀란드 사회가 관심을 가져야 할 분야를 정해서 15년 후를 분석하고 예측하는 보고서를 작성한다. 이를 통해 미래와 관련된 이슈들을 다루고 장기적인 비전을 제시하며, 더 나아가 핀란드 의회는 이러한 정부 정책들이 이 보고서의 내용을 충분히 참고하여 만들어질 수 있도록 유도하고 있다(뉴스와이어, 2013.1.24).

미국의 시장조사업체인 아웃셀(outsell)에 의하면 "트렌드 예측 산업은 세계적으로 360억 파운드(약 64조 원)의 신시장을 형성하고 있다"고 밝히고 있다. 영국 일간 텔레그래프도 "트렌드 예측 산업이 패션에서 두드러지게 성장하고 있지만 최근에는 여러 분야를 넘나든다"고 강조했다(한국경제, 2011.5.2). 미래전략 수립을 위해서 IBM은 GTO(Global Technology Outlook)를, 지멘스는 "Picture of Future" 등의 프로젝트를 수행하고 있다. 경험 많은 예측 전문가들이 연중 내내 미래 예측을 자산화하면서 R&D 실행 부서와 정보를 공유해 미래 경영 방향을 결정하고 있다(김경훈, 2012).

그러나 정작 기업이나 공공영역에서 트렌드를 분석하고 미래를 대비할 수 있는 인력이 매우 미흡한 실정이며, 트렌드 분석 및 예측을 전문적으로 양성하는 기관이나 프로그램 역시 거의 전무한 실정이다. 현재 한국트렌드연구소 등 작은 규모의 교육컨설팅 기관 등에서 이러한 프로그램을 부분적으로 시행하는데 그치고 있다. 이러한 상황에서 트렌드 분석 및 예측 전문가 양성 및 교육은 소비자학의 한 분야로서 매우 중요한 축으로 대두되었다.

2) 자격인증의 개념 및 인증 기준

소비트렌드는 소비문화, 소비자행태 및 심리, 소비트렌드, 시장경제 등과의 상호작용을 통해서 형성되기도 한다. 이러한 관점에서 소비트렌드 전문가는 '소비자의 행동과 심리 및 소비자 시장환경에 대한 분석을 바탕으로 현재의 소비트렌드를 분석하며 미래의 소비트렌드를 예측할 수 있는 능력을 갖춘 전문가로 정의하였다(이은희 등, 2011).

소비트렌드 전문가 자격인증제도를 도입한 한국소비자업무협회 연구팀에서는 소비트렌드 전문가를 크게 두 가지 영역에서 능력을 갖출 것을 제안하였다. 첫 번째 영역은 소비자행동 및 심리분석 영역이며, 두 번째 영역은 소비자 시장환경 분석의 영역이다. 다양한 커리큘럼을 통해서 심리학, 행동경제학적 배경을 통한 소비자심리 및 행동을 이해할 수 있는 능력을 고양하며 소비문화론, 트렌드 이론 등을 통해서 소비자와 시장환경과의 상호작용을 이해하고 미디어와 광고분석을 통한 소비자와 시장환경을 분석할 수 있어야 한다(이은희 등, 2011). 이를 모형으로 도식화하면 〈그림 3-3〉과 같다.

소비트렌드 전문가 자격인증(한국소비자업무협회 인증)은 4년제 대학 이상 또는 전문대 졸업자로 소비자학 관련 교과목 중 필수와 선택 교과목을 이수하고 현장실습을 마친 자를 대상으로 자격인증을 발급하게 된다. 소비트렌드 전문가는 기업 내 소비자상담실 또는 상품기획실, 리서치 기관 등에 취업해 소비자조사 및 상품기획, 서비스 개선 및 개발, 트렌드예측 등의 업무를 담당함으로써, 기업으로 하여금 미래 전략 및 기획, 마케팅 활동 및 대고객 관련 업무가 효과적으로 이루어지도록 기능하고 불필요한 비용의 발생을 막으며 소비자복지 및 효율성 증진을 가져오는데 기여하도록 개발되었다. 소비트렌드 자격인증은 한국소비자업무협회에서 2012년 3월부터 발급되기 시작하였으며 구체적인 내용은 다음과 같다.

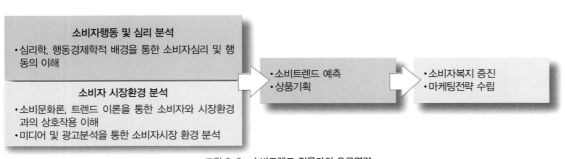

그림 3-3 소비트렌드 전문가의 요구역량

표 3-4 소비트렌드 전문가 자격인증의 수행직무와 획득기준

1. 소비트렌드 전문가(한국소비자업무협회 자격인증)의 정의 및 수행 직무
소비자의 행동과 심리 및 소비자 시장환경에 대한 분석을 바탕으로 현재의 소비트렌드를 분석하며, 미래의 소비트렌드를 예측할 수 있는 능력을 갖춘 전문가
① 수행직무
　㉠ 소비자니즈에 대한 정확한 예측과 효과적인 상품화 기획 및 자문
　㉡ 소비자복지 증진을 위한 마케팅 전략의 효율성을 높이는 데 기여
② 인증자격
　㉠ 4년제 대학 이상 또는 전문대 졸업자로 소비자학 관련 교과목 중 아래의 필수와 선택 교과목을 이수하고 현장실습을 마친 자
　㉡ 이수교과목의 학점기준은 개별교과목 C 이상(70점/100점 만점 환산), 전체 평균 B 이상(80점/100점 만점 환산) 이어야 인정됨.
③ 취득방법
일 년에 두 번(2월, 9월경) 인증발급 신청하며, 신청 기간 내에 구비서류를 갖추어 제출함.

2. 소비트렌드 전문가 자격인증 획득 기준

내 용		교과목	비고(대체인정과목)
이수 교과목	필수 ('소비트렌드 분석'을 포함 하여 5과목, 총14학점 이 상)	• 소비트렌드 분석 • 소비자심리 • 소비자행동 • 소비자와 상품개발 • 소비자시장 환경 분석 • 소비자조사법 　(정량/정성분석) • 고객만족분석	• 소비자트렌드분석, 트렌드분석론 • 소비심리학, 소비자심리의 이해 • 소비자의사결정, 행동경제학 • 소비자와 브랜드 전략, 상품기획론 • 소비자와 광고, 소비자와 미디어, 소비자와 　시장(환경), 소비자와 유통 • 연구방법론, 질적 연구방법, 통계분석, 소비자 　정량분석, 소비자정성분석 • 소비자만족, 고객만족과 기업경영, 고객만족 　과 서비스
	선택 (6학점 이상)	소비문화, 소비자정보, 소비자상담, 디지털상거래와 소비자, 경영학, 가계 경제, 마케팅, 소비자학, 경제학, 소비자학 세미나	
	이수교과목의 학점기준은 개별교과목 C 이상, 전체 평균 B 이상이어야 인정됨.		
현장 실습	기관	기업체 소비자행동 분석실 및 소비자상담실, 상품기획실, 리서치 기관 등	
	시간	최소 40시간 교과목의 경우 1학점 이상 이수	

참고문헌

국내문헌

김경훈, 비즈니스의 99%는 예측이다, 웅진씽크빅 리더스북, 2012

김선주·안현정, 트렌드 와칭, 21세기북스, 2013

뉴스와이어, 국가와 기업 미래경쟁력 위해 트렌드 미래예측 전문가 육성 절실, 2013.1.24

마이클 마자르, 김승욱 역, 트렌드 2005, 경영정신, 2000

서정희, 소비트렌드 예측의 이론과 방법, 내하출판사, 2005

윈슬러 페릴, 하시용·지용근 역, 히트상품 어떻게 탄생하는가, 푸른솔, 2000

이상인, 미래를 읽으면 세계가 보인다, 도서출판 푸른산, 1994

이순종, 디자인의 시대 트렌드의 시대, 미래의창, 2010

이은희·제미경·김시월·허경옥·성영애·유현정·서인주, 소비자전문상담사 자격제도의 개선방안
　　및 새로운 자격제도 제안, 소비자정책교육연구 제7권 3호, 2011

제럴드 세런트·톰 밀튼, 우경하 역, 트렌드 트래킹, 민맥, 1994

최윤식, 2030 대담한 미래, 지식노마드, 2013

한국경제, 64조 시장 '트렌드 예측 산업' 뜬다, 2011.5.2

한국소비자업무협회 http://www.kcop.net

헨릭 베일가드, 이진원 역, 트렌드를 읽는 기술, 비즈니스 북스, 2008

CHAPTER 4
**트렌드
접근방법**

CHAPTER 4
트렌드
접근방법

학습목표

트렌드 분석은 우리가 살아가고 있는 이 시대 사람들의 삶을 분석하는 것과 같다. 사회경제적·과학적 기술발달 등에 따라 우리가 살아가는 삶의 환경이 변화하게 되고, 환경이 변화되면 사람들은 그 변화에 맞춰 자신의 삶을 변화시킨다. 반대로 사람들의 가치관과 철학, 욕망 등이 변화하면 그에 따라 살아가는 방식이 달라지고, 이에 맞춰 시장과 사회제도 등이 함께 변화하게 된다. 어떤 때는 즉흥적으로 단기간에 급속한 변화가 일어나기도 하고, 또 어떤 경우에는 우리가 느끼지도 못할 정도로 작은 변화들이 서서히 우리의 삶 속에 녹아들기도 한다. 때문에 일정한 시기에 많은 사람들에게서 공통적으로 발견되는 행동양식인 트렌드는 그 시대를 살아가는 사람들이 무슨 생각을 하고, 무엇을 원하고, 추구해서 나타나게 된 현상인지를 보여 주는 중요한 수단이 된다.

그러나 수많은 사람들의 행동을 관찰하고 분석하고 그 결과로서 행동의 이유와 원인, 의미를 찾아내는 일은 매우 방대하고 힘겨운 작업이다.

따라서 트렌드를 분석한다는 것은 사람들의 행동과 사회현상, 시장의 변화와 움직임을 다양한 방법으로 조사하고 분석하는 것과 같다. 이때 주의해야 할 점은 어떠한 방법으로 조사와 분석을 하더라도 그 방법은 과학적이고 신뢰할만한 타당한 방법이어야 한다는 것이다. 개인의 호기심을 충족시키기 위해 혼자 하는 공부를 과학이라고 하지는 않는다. 우리는 과학적 방법을 통해 트렌드에 접근해야 한다. 그러기 위해서는 먼저 과학적 연구방법에 대한 학습이 필요하다.

과학의
패러다임

1) 과학에 대한 관점의 이해

기존의 소비자학이 채택한 지식탐구의 방법은 서구의 실증주의 (positivism)에 영향을 받아 객관성을 요구하는 과학적 접근 방법 (scientific approach)이었다. 보편적이고 객관적인 지식의 위기를 논하는 자연주의는 엄밀한 과학적 객관성을 실현할 수 없다고 보았다. 그리하여 최근 소비자 행동 분야에서는 소비자 행동 연구를 위한 인식론적 문제 (epistemological matters)에 대하여 활발한 논의가 이루어지고 있다. 인간에 대한 연구는 과학적 연구방법과 다른 연구방법을 취해야 한다는 연구자들이 자연주의적 연구방법을 따르게 되면서 질적연구방법이 발전하게 되었다.

2) 실증주의적 연구방법과 자연주의적 연구방법

1920년대 사회학자들이 사회현상연구에 질적연구방법을 사용했지만, 논리 실증주의에 근거한 연구방법에 의하여 쇠퇴기를 맞는다. 그러다 1960년대 다시 기존의 논리 실증주의적 객관성에 회의를 품은 사회학자들에 의해서 질적연구는 새로운 인식 패러다임으로 부활하였다. 지금까지의 소비자학 분야의 연구방법은 소비자와 환경과의 상호작용을 과학적 연구방법을 통해 보편적이고 체계적으로 탐구하며 발전해왔다. 그러나 소비자를 주요 연구 대상으로 하는 연구는 실증적인 검증뿐만 아니라 이해와 기술적인 측정이 필요하다는 인식이 학자들 사이에 점차 확산되면서 최근 소비자 행동 분야에서 자연주의적 탐구방법을 이용한 논문들이 활발하게 보고되고 있다.

전체적인 현상을 분리하여 엄격하게 분석함으로써 객관성과 일반화를 추구하는 실증주의적 접근방식은 사회적 상호작용을 이해하고 폭 넓은 사회 현상을 이해하는데 제한적이었다. 반면 자연주의 접근방식은 하나의 현상을 분리하지 않고 전체적인 맥락을 그대로 수용함으로써 현상을 현상 그대로 인식하기에 적합하다. 실증주의 접근방식에서는 객관성을 추구하므로 연구자의 주관을 철저히 배제시키지만 자연주의 접근방식은 연구자의 주관이 개입되는 것 자체에 의미를 둔다. 그러므로 실증주의 접근방식에서 요구하는 '신뢰도'란 자연주의 접근방식에서는 논의의 대상이 되지 않고 전혀 관련 없는 의미가 된다.

자연주의 접근방식은 현실은 복합적으로 구성되어 있고, 분리될 수 없으며, 전체적으로 이해되어야 한다고 본다. 실증주의 접근방식에서는 절대적 객관성을 추구하며 연구자의 가치기준이 배제된 상태에서 연구자와 연구대상이 독립적인 관계로 연구가 이루어지는 반면, 자연주의 접근방식에서는 연구자가 분석을 위한 도구로 사용되며 연구자의 가치기준은 연구에 적극적으로 반영된다. 또한 실증주의 접근방식에서 연구자와 연구대상의 관계는 독립적이며, 연구자는 연구대상의 관계에서 외부인의 위치를 갖는 반면 자연주의 접근방식에서 연구자와 연구대상은 상호작용하며 서로 분리될 수 없고, 연구자는 연구대상자의 관계에서 내부인의 위치를 갖는다. 실증주의 접근방식에서는 연구의 결과가 시공간을 초월하여 일반화가 가능한 반면 자연주의 접근방식은 시공간 속에서 적용되는 일시적인 가설만이 가능하다. 실증주의 접근방식과 자연주의 접근방식을 현실에 대한 인식, 연구자와 연구대상자 간의 관계, 일반화 가능성, 인과관계의 가능성, 가치기준의 역할에 따라 비교해보면 〈표 4-1〉과 같다.

실증주의 연구는 변수 자체에 의미를 부여하고 현장에 구애받을 필요가 없으며 객관적인 자료를 수집하고 인간보다는 객관적인 수단을 선호한다. 또한 언어적 지식을 토대로 하고 상황적인 지식을 배제하며, 정량적인 자료의 수집으로 연구를 진행한다. 자료수집을 위한 표본 선정은 표본의 대표성을 추구하고 확률적인 표본추출 방법을 선호하며 자료의 분석을 위해 연역적 분석을 사용한다. 연구

표 4-1 실증주의 원리와 자연주의 원리의 비교

원 리	실증주의 접근방식 (Positivistic Approach)	자연주의 접근방식 (Naturalistic Approach)
현실에 대한 인식	• 현실은 하나이고, 유형임. • 분리 가능 • 분리된 것을 분석	• 현실은 복합적으로 구성 • 분리될 수 없음. • 전체적으로 이해되어야 함.
연구자와 연구대상 의 관계	• 독립적 • 연구자는 외부인의 위치	• 상호작용 • 연구자는 내부인의 위치
일반화의 가능성	• 시간과 공간을 초월한 일반화가 가능	시간과 공간 속에서 적용되는 일시 적인 가설만이 가능
인과관계의 가능성	• 시각적으로 구분이 가능 • 가설은 일반적으로 원인과 결과의 관계로 기술	• 인과관계를 구분할 수 없음. • 모든 구성요소들은 상호작용하면서 하나의 현상을 형성
가치기준의 역할	연구는 연구자의 가치기준이 배제 된 상태에서 이루어짐.	연구자의 가치기준은 연구에 적극적 으로 반영

설계는 자료를 수집하기 전 단계에 이미 완료되어 있으며 설계를 통제하고 조작의 원리를 활용하여 이루어진다. 보고서를 작성하는 데 있어서 가설 설정과 검증의 결과를 중심으로 작성하고 신뢰성과 타당성을 검증한다.

반면, 자연주의 연구는 시간과 상황 속에서 의미를 부여하고 현장중심의 연구가 이루어진다. 연구자 자신이 연구의 수단이 되고 연구자가 자료를 수집하고 해석하는 도구가 되며 현장에서 나오는 모든 지식을 활용하여 연구를 수행한다. 정성적인 자료를 수집하며 표본을 선정하는 데 있어서는 대표성보다는 최대한의 분산성을 추구하며, 개괄적인 주제에 맞는 표본을 선정하기 위해서는 편의표본추출법과 눈덩이표집법이 오히려 적정하다. 자료를 분석함에 있어서는 귀납적 분석법이 사용된다. 연구가 진행되면서 연구가 설계되고 진행 상태에 따라 수정·보완된다. 보고서 작성에 있어서는 특정 현장에서 수집된 자료를 토대로 수집된 결과를 서술하는 사례형식을 취한다.

실증주의적 연구방법:
양적접근방법

1) 실증주의 접근방식의 연구절차

실증주의 연구방법 중 조사연구방법은 현재 우리나라에서 가장 대표적인 연구방법의 하나로 널리 사용되고 있는 방법이다. 조사연구방법은 영어로 'survey research'라고 하며 우리나라에서는 표본조사, 여론조사, 센서스 등의 여러 유사개념들이 혼용되어 사용되고 있다. 이중 서베이 연구를 중심으로 실증주의 접근방식의 연구절차를 알아보고자 한다.

조사연구는 사회과학연구방법의 한 분야로 사회적 또는 심리적 변인들의 존재와 분포, 상호관계를 발견하기 위하여 모집단으로부터 표본을 표집하여 모집단을 연구하는 것으로 조사연구의 주요 용도는 다음과 같다. 첫째, 어떠한 문제에 관한 탐색을 하고자 할 때 사용한다. 우리는 종종 어떠한 문제에 관심은 있으나 그에 관해 이루어진 선행연구들이 없어서 관심의 대상에 대해 알 수 없을 때 조사연구를 수행한다. 둘째, 어떠한 가설을 실증적으로 검증해 보기 위하여 사용된다. 셋째, 어떤 집단이나 사건, 현상 등의 상태나 특성 등을 기술하기 위한 목적으로 사용된다. 넷째, 조사연구는 어떤 사상에 대한 예측을 위한 목적으로 사용되기도 한다. 트렌드 분석은 거대한 현상의 동향이나 경향을 분석함으로써 미래를 예측하는데 이를 위해 조사연구가 활용되기도 한다.

조사연구를 하기 위해서는 여러 가지 많은 절차가 요구된다. 이러한 절차는 〈그림 4-1〉과 같이 대략 여섯 단계로 나누어 볼 수 있다.

먼저 1단계의 조사연구의 계획을 올바로 세우기 위해서는 조사연구의 목적과 문제를 명확하게 세워야 한다. 조사연구계획은 연구 결과의 성패를 좌우할 뿐만 아니라 실제 조사에 들어간 뒤에 연구계획을 변경하게 되면 이용이나 노력에 큰 손실을 가져온다.

1단계	조사연구의 계획

▼

2단계	조사연구의 설계

▼

3단계	설문의 작성과 사전검사

▼

4단계	조사대상자 선정

▼

5단계	실증조사

▼

6단계	결과 분석 및 해석

그림 4-1 **조사연구 절차**

2단계 조사연구 설계를 위해서는 연구문제를 해결하기 위한 가장 효율적인 조사방식을 채택하고 언제 누구를 대상으로 조사를 실시할 것인지에 대한 그림을 그린다. 조사연구 설계방안은 크게 횡단적 조사설계방안과 종단적 조사설계방안으로 나누어 볼 수 있다. 횡단적 조사설계방안은 어떤 한 시점에서 어떤 사건이나 사회문제 등에 관한 정보나 자료를 얻을 때 사용하는 조사방식으로 특정 시점에 모집단을 대표하는 표본들에게 해당 문제에 대한 태도나 의견, 감정 등을 묻는 조사를 한 차례 실시하여 그 결과를 도출하는 방안이다. 반면 종단적 조사설계방안은 어떤 사건이나 사회문제 등에 관한 개인의 태도나 의견, 감정 등에 관한 조사를 일정 기간 동안 2회 이상에 걸쳐 수집하는 방식으로 동향조사, 코호트 조사, 패널조사 등이 이에 해당한다.

조사설계가 끝나면 3단계로 연구자료를 수집하기 위하여 응답자에게 물어 볼 질문을 구성해야 하는데 이러한 질문을 흔히 설문이라고 한다. 설문을 구조화하여 배열해 놓은 것을 설문지라고 하는데 이러한 설문지는 조사연구에서 가장 핵심적인 요소의 하나로서 연구의 성패를 좌우하게 된다. 설문지는 전체분량과 응답방식에 따라 도출할 수 있는 결과가 달라질 수 있고, 응답자로 하여금 심리적 편향을 가져올 수도 있기 때문에 설문지가 완성되고 나면 반드시 관련 전문가를 통해 타당도 검증을 받아야 한다.

4단계에서는 설문대상자, 즉 응답자를 표집해야 한다. 조사대상자들인 표본을 표집할 때는 우선 그 조사연구의 모집단을 명확하게 규정한다. 모집단은 조사의 목적과 내용에 따라 달라질 수 있으며 연구자가 모집단을 명확하게 규정하지 않을 경우 표집의 오류로 인하여 조사의 결과가 왜곡될 수 있으므로 표집 또한 매우 신중하게 이루어져야 한다.

5단계의 실증조사에서는 면접조사원의 선정과 훈련, 응답, 면접조사원의 관리감독이 모두 포함된다. 면접조사원은 응답자의 정확한 설문응답을 도출하기 위하여 정직하고, 믿을 수 있으며 성실하고 태도가 중립적인 조사원을 선정하고 사전에 면접조사방법에 대한 교육을 실시해야 한다. 최근에는 온라인 서베이가 활성화되면서 면접조사원이 직접 조사를 수행하지 않고 응답자가 이메일이나 웹사이트를 통하여 설문에 응하기도 하지만 필요에 따라 면접조사원을 통해 1:1 대면조사가 진행되어야 하는 경우도 있다.

6단계로 면접조사든 온라인 조사든 분석에 필요한 조사가 완료되고 나면 응답자료를 전산화하여 분석 단계에 들어가게 된다. 이때 분석방법은 연구문제에 적합한 방법을 연구자가 선택하여 진행하고 이를 해석해야 한다.

2) 실증주의 접근방식의 분석 방법

실증주의 접근방식의 조사절차에 따라 수집된 데이터는 연구문제에 적합하게 다양한 방법으로 분석을 실시하게 된다. 대표적인 데이터 분석방법으로는 기술통계분석, 차이분석, 인과관계분석 등이 있다. 지금부터는 본 분석방법에 대해 알아보도록 하겠다.

이를 위해서는 먼저 척도의 네 가지 유형을 이해할 필요가 있다. 척도는 변수즉, 묻고자 하는 질문을 측정하는 도구를 말한다. 모든 척도는 그 척도가 담고있는 정보의 양에 따라 명목척도, 서열척도, 등간척도, 비율척도로 분류된다. 먼저 명목척도는 응답대안들을 상호배타적으로 분류하기 위하여 각각 응답대안에

임의적으로 숫자를 부여한 척도이다. 따라서 숫자는 그 자체적으로 크거나 작다는 의미를 갖지 않는다. 운동선수의 등번호나 성별에 대한 질문의 응답이 ① 남성 ② 여성인 경우가 이에 해당한다. 서열척도는 조사 대상들의 특성을 서열로써 나타내는 것이다. 예를 들어 경쟁 브랜드 A, B, C에 대한 선호 순위를 A(1), B(2), C(3)라고 가정하자. 이때 순위는 응답자가 가장 좋아하는 브랜드와 싫어하는 브랜드의 정보를 알려준다. 그러나 순위가 2배라고 해서 응답자가 A브랜드를 B브랜드보다 2배 선호한다고는 할 수 없다. 등간척도는 범주와 서열의 정보를 더불어 거리 정보를 갖는 척도이다. 등간척도에서 숫자 간의 차이는 절대적인 의미를 갖는다. 일상생활에서 사용되는 온도가 가장 좋은 등간척도의 예이다. 어떤 도시의 1월, 4월의 평균기온이 10℃, 20℃라고 하자. 이때 '4월의 평균기온은 1월의 평균기온보다 10℃ 높다'라고 해석할 수 있다. 그러나 '4월의 평균기온이 1월의 평균기온보다 2배 높다'라고 할 수는 없다. 왜냐하면 온도에서 0℃는 얼음이 어는 온도를 나타내는 인위적인 표현이지 온도가 없음을 나타내지는 않기 때문이다. 이밖에 어떠한 질문에 대해 동의하는 정도를 1점에서 5점까지로 구분해 응답하게 하는 리커트형 척도도 대표적인 등간척도이다. 비율척도는 범주, 서열, 거리의 정보에 추가적으로 비율의 정보를 갖는 척도를 말한다. 비율척도는 절대 '0'점을 포함하여 각각의 값이 절대적인 의미를 갖는다. 대표적으로 키와 몸무게, 거리 등이 비율척도에 해당한다.

(1) 기술통계분석

연구자는 모집단을 추론하기 전에 표본들이 어떤 특징을 가지고 있는지 확인하기 위해 수집된 자료를 기술하거나 요약하는 과정을 거친다. 이때 기술통계는 수집된 자료를 의미 있는 형태로 정리하여 평균값(mean), 최빈값(mode), 중간값(median) 등을 분석하여 자료의 중심경향을 측정할 수 있다. 평균값은 극단적인 관찰값들을 잘 반영하기 때문에 최빈값과 중간값에 비해 중심경향을 잘 반영할 수 있다. 그러나 극단값이 존재할 경우 평균값을 왜곡하기 때문에 평균값을 해석할 때 주의를 기울여야 한다. 최빈값은 자료의 분포에서 가장 빈도가 높은 수치이며, 중간값은 분산에서 상위 50% 수치와 하위 50%의 수치를 나누어 주는 값이다. 자료를 크기순으로 정렬했을 때 가운데 위치하는 값이다.

자료의 중심경향을 정확하게 파악하기 위해서는 자료가 평균값으로부터 퍼져 있는 정도에 해당하는 분산도를 확인해야 한다. 가장 기초적인 분산도 측정은 범위(range), 분산(variance), 표준편차(standard deviation)를 통해 이루어진다. 범위는 가장 단순한 형태의 분산도로 최대값에서 최소값을 뺀 값이다. 범위는 오직 최대값과 최소값만을 고려하기 때문에 자료의 분산을 측정하는 좋은 방법은 아니지만 산점도를 대략적으로 파악하기 위해 사용된다. 분산은 각 관찰값이 평균으로부터 떨어진 거리를 제곱한 것의 평균이다. 원래의 측정단위인 거리로 환원시키기 위해 분산에 제곱근을 씌우는데 이를 표준편차라고 한다. 표준편차는 측정된 변수들이 등간척도이거나 비율척도일 때 사용할 수 있으며, 표준편차가 크다는 것은 평균으로부터 분산이 크다는 의미로 자료가 평균으로부터 떨어진 거리가 멀다는 것을 의미하며 분산과 표준편차는 직관적으로 같은 의미를 가진다.

(2) 차이분석(교차분석, t-Test, ANOVA)

차이분석은 수집된 자료가 명목척도로 측정되었느냐 등간척도나 비율척도로 측정되었느냐에 따라 분석방법에 차이가 있다.

먼저 수집된 자료가 명목척도로 측정된 경우 두 변수의 관계를 조사하는 통계기법으로 x^2 독립성 검증(chi-square independence test)-교차분석이 있다. 이 분석은 특정 속성에 대하여 집단별로 어떤 차이가 있는지를 알아보기 위해서 사용하는 분석방법이다. 즉 성별에 따른 친환경제품 구매의도를 조사해 본 결과 300명의 응답자들로부터 수집한 자료를 통해 〈표 4-2〉와 같은 교차표가 도출되었다고 하자. 표의 첫 번째 칸은 남성이면서 친환경제품 구매의도가 있는 응답자가 82명이며 남성 중에서 54.7%가 이에 해당된다. 또한 남성 중 친환경제품 구매의도가 없는 응답자는 68명으로 전체의 45.3%에 해당된다. 이때 x^2값은 기대되는 빈도에 관측빈도가 얼마나 적합한가는 조사하는 방법으로 x^2값이 통계적으로 유의하게 나타난 예시의 경우에 성별에 따라 친환경제품 구매의도의 빈도에

표 4-2 교차분석 예시

구 분		친환경제품 구매의도			x^2
		있음	없음	합계	
성 별	남	82(54.7%)	68(45.3%)	150(100%)	58.202 ***
	여	105(70.0%)	45(30.0%)	150(100%)	

*P<.05, **P<.01, ***P<.001

는 차이가 있다고 해석할 수 있다.

다음으로 수집된 자료가 등간척도나 비율척도의 경우에는 특정 집단의 평균의 차이를 분석할 수 있으며, 같은 집단 내에서 2개의 변수의 평균에 차이가 존재하는지 또한 분석이 가능하다. 먼저 집단 간의 평균의 차이는 집단의 수가 2개일 경우에는 독립표본 t-test를 실시하고 집단의 수가 2개 이상일 경우에는 일원배치분산분석(one-way ANOVA)을 실시한다. 다음의 제시한 표와 같이 성별에 따른 혹은 연령대에 따른 친환경구매의도의 평균 수준의 차이를 살펴보고자 할 때 이 분석법을 활용할 수 있다.

표 4-3 친환경제품 구매의도 독립표본 t-test 예시

구 분		N	평 균	표준편차	t-value
성 별	남 성	150	3.22	1.23	1.649 ***
	여 성	150	3.67	1.11	

*P<.05, **P<.01, ***P<.001

표 4-4 친환경제품 구매의도 일원배치분산분석 예시

구 분		N	평 균	표준편차	F-value
연 령	20대	50	2.12 a	1.23	3.779 ***
	30대	50	3.78 b	1.11	
	40대	50	4.01 c	0.87	
	50대	50	3.65 b	2.34	

*P<.05, **P<.01, ***P<.001

(3) 인과관계분석

두 변수 간의 인과관계를 분석하는 분석법에는 회귀분석, 로짓분석, 구조분석이 있다. 기본적으로 인과관계분석은 독립변수가 종속변수에 영향을 미치는가를 검증하는 분석방법이라 할 수 있다. 예를 들어 지속가능한 소비에 대한 관심이 높은 소비자가 친환경제품 구매의도가 높을 것이다라는 가설을 설정하였다고 하자. 이때 지속가능한 소비에 대한 관심이 독립변수가 되고 친환경제품 구매의도가 종속변수가 된다. 이때 회귀분석과 로짓분석의 차이는 종속변수의 척도의 유형이다. 회귀분석은 종속변수가 등간척도나 비율척도로 측정된 경우에 사용되며, 로짓분석은 종속변수가 명목척도일 때 사용된다. 예시자료의 회귀분석 결과는 종속변수인 친환경제품 구매의도에 지속가능한 소비관심도와 교육수준, 월평균 가계소득이 통계적으로 유의한 영향을 미치는 것으로 나타났다고 해석될 수 있다.

회귀분석과 로짓분석이 독립변수와 종속 변수사이의 단일한 인과관계를 살펴보는 분석방법이라고 한다면 경로분석[1]은 다수의 독립변수와 다수의 종속변수 간

표 4-5 회귀분석 예시

구 분	β	t-value
(상수)	3.126	3.643 ***
성별(남성=1)	−.043	−1.501
나이	−.056	−1.020
교육수준	.315	10.496 ***
월평균 가계소득	.456	17.917 ***
지속가능한 소비관심도	.551	18.941 ***
F-value	51.409 ***	
R^2	.329	
adjR^2	.323	

[1] 구조방정식모형분석은 확인적요인분석과 경로분석이 결합된 형태이다. 이중 경로분석이 인과관계분석에 해당된다.

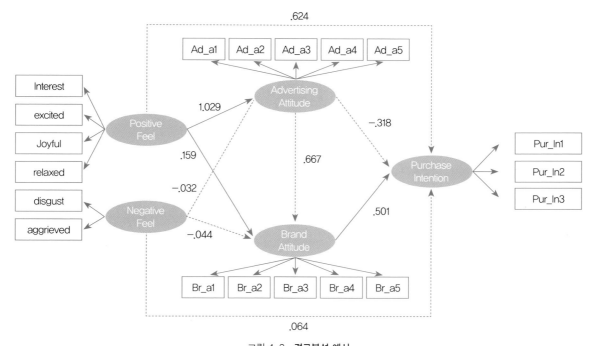

그림 4-2 **경로분석 예시**

자료: 송유진 외, 그린워싱 정보인식에 따른 소비자의 구매행동 의도, 소비자학 연구, 22(1), 315-338, 2011.

인과관계를 분석하는 방법으로 통계학적으로 보면, 경로분석은 다중회귀분석이 발전된 기법이라고 할 수 있다. 〈그림 4-2〉의 경로분석 예시를 살펴보면 긍정적 감정과 부정적 감정이 광고태도와 브랜드태도에 영향을 미치고, 또한 광고태도와 브랜드태도가 구매의도에 영향을 미치는 인과관계를 검증한 결과라는 것을 알 수 있다. 즉 경로분석은 회귀분석을 수차례 하는 대신 경로분석을 통하여 여러 단계의 분석을 한번에 실시할 수 있는 동시추정이 가능하다. 또한 측정의 오류를 줄일 수 있다. 일반적으로 한 construct를 측정하기 위해 단일 항목 측정법 보다 다항목 측정법을 사용하면 측정오류를 보다 줄일 수 있는 것으로 받아들여진다.

이러한 분석법은 모두 설문조사를 통해 수집된 데이터를 바탕으로 수행하게 되므로 연구결과의 일반화에 초점을 둔다. 따라서 개인별 성향이나 특정 사례에 적용하는 데에는 한계가 있으며, 무응답, 심리측정의 제한점과 같은 설문조사가 갖는 필연적인 한계가 존재한다.

■ ■ ■
자연주의적 연구방법:
질적접근

1) 자연주의 접근방식의 연구절차

현재 자연주의 접근방식에 대해서는 명확한 정리나 체계가 자리잡혀 있지 않은 실정이다. 많은 연구에서 민속지학과 근거이론, 내러티브, 현상학적 접근법 등을 수행했다고 제시하고 있기는 하나 실증주의 접근방식의 틀에서 벗어나지 못하고 있는 경우가 많다. 또한 일부 연구에서는 심층면접과 자연주의 접근방식을 혼동하여 사용하고 있다.

　그러나 많은 자연주의 접근방식의 선행연구와 참고서적을 살펴보면 실증주의 접근방식과 자연주의 접근방식은 연구절차에서부터 그 차이가 나타나고 있다. 실증주의 접근방식의 경우 연구자가 연구하고자 하는 주제를 선정하고 그에 따른 연구를 설계하는 과정에서 어떠한 연구방법을 적용할 것인지 고려하여 설문지를 작성한다. 그러나 자연주의 연구방법의 경우 명확한 주제를 처음부터 결정하지 않는다. 연구자가 관찰하고자 하는 현재의 사회현상을 선정하고 이를 확인한 뒤 이 현상을 어떠한 연구방법으로 풀어나갈 것인지를 결정한다. 그리고 주제는 연구의 제일 마지막 단계에서 선정하게 된다. 또한 실증주의 접근방식에서는 연구설계 과정에서 미처 고려하지 못했던 분석방법이라 하더라도 설문조사 이후 연구에 적용할 수 있으나 자연주의 접근방식은 연구설계 과정에서 채택한 분석방법을 고수해야만 한다. 왜냐하면 실증주의 접근방식은 자연주의 접근방식에 비하여 분석방법이 매우 다양하더라도 설문조사결과에 따라 연구설계를 수정하거나 보완할 수 있으나 자연주의 접근방식의 경우는 실증주의 접근방식의 설문조사에 해당하는 현장조사의 방식이 분석방법에 따라 달라지기 때문에 연구 설계를 수정·보완할 수 없다.

　따라서 본 연구에서는 선행된 여러 논문과 참고서적을 토대로 자연주의접근방식의 통합적 연구절차를 정리하고 이어 자연주의 접근방식의 분석법을 에스노그라피(민속지학지), 근거이론, 내러티브분석의 순으로 정리하도록 하겠다.

자연주의 접근방식의 연구절차는 다음과 같다. 먼저 관찰하고자 하는 사회 현상을 선정하고, 다음으로 그에 적정한 표본을 선정한다. 표본을 통해 자료를 수집하며, 수집된 자료를 정리한다. 그 후 자연주의 접근방식의 분석방법으로 분석한 후 분석된 것이 맞는지 조사대상자들에게서 동의를 구하고 동의를 했을 시, 쓰기 단계로 넘어간다. 만약 조사대상자들이 분석한 것에 대해 동의하지 않을 경우 다시 이들의 의견을 수렴하여 자료를 정리하고 분석에 들어간다. 쓰기 단계가 끝난 후에도 다시 조사대상자들에게 그들의 주장에 알맞도록 쓰여졌는지를 확인한 후 이들이 동의하였을 경우 그에 알맞은 주제를 도출함으로써 연구가 종결된다. 자연주의 접근방식의 연구 절차를 도식화해보면 〈그림 4-3〉과 같다.

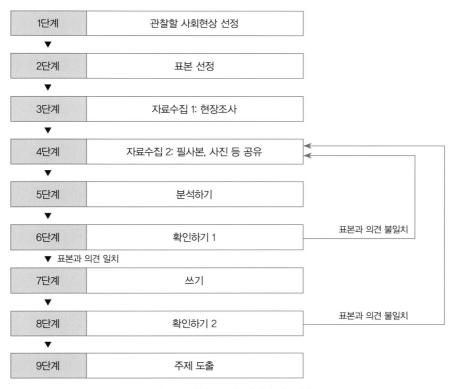

그림 4-3 **자연주의 접근방식의 연구절차**

그러나 자연주의 접근방식의 경우 각 단계별로 수행해야 하는 소절차들이 있는데 이러한 소절차들이 모여서 각 단계를 구성하게 된다. 또한 각 단계에 배치되어 있는 소절차들뿐만 아니라 이러한 소절차를 이행하기 위한 적절한 방법들을 상황에 맞도록 적절히 수행해야만 의미있는 연구결과와 주제를 도출할 수 있다.

2) 자연주의 접근방식의 분석 방법

(1) 에스노그라피(민속지학지)

민속지학은 문화를 기술하는 방법으로 그 문화의 중심에 위치한 사람들의 관점으로부터 그들의 삶의 방식을 이해하고, 그들의 문화를 배우는 것이라고 할 수 있다. Agar는 이질적인 문화와 이질적인 문화가 만들어진 사회를 연구하는 것이 ethnography 또는 folk description이라고 했다. 또한 그는 그의 저서 《Speaking of Ethnography (1986)》에서 ethnography에 있어서 가설, 측정, 표본 그리고 장치들은 잘못된 지침이며 대신 소외된 부분의 문화, 연구자가 이해하지 못하는 세계에 대해 배우는 것에 적절한 연구방법이다.

민속지학지 분석법을 수행하는 목적은 다른 사람들의 경험을 이해하고, 그들이 구성하는 경험의 의미를 이해하며, 새로운 문화를 이해하는 것으로 민속지학적 분석법은 자연주의 접근방식 중에서도 가장 실증주의 접근방식에 가까운 분석방법이라고 할 수 있다. 이는 민속지학적 분석법이 현장조사한 내용에서 included term을 뽑기 위해 수집된 자료를 조각내는 과정이 수행되기 때문이다.

민속지학 분석법은 우선 앞의 자료수집 1단계와 자료수집 2단계를 통해 얻고 연구자들이 공유한 자료를 비슷한 의미를 지닌 내용들을 분류하면서 시작된다. 가장 원천적인 자료에서 동일한 의미를 지닌 내용들을 분류하여 얻어진 것을 추상화과정을 통해 개념을 만들어낸다. 이렇게 하여 도출된 개념을 included term이라고 하고 이 included term을 다시 분류하여 추상화과정을 통해 개념을 형성하는데 이것을 cover term이라고 한다. cover term의 상위 개념은 domain,

Taxonomy, Theme으로 민속지학 분석법은 이렇게 가장 원천적인 자료로부터 동일한 의미를 지닌 의미의 단위들을 분류해서 여러 개의 묶음 단위를 만들고 그 단위들을 다시 분류하여 묶음 단위로 만드는 과정을 반복하여 최종적으로 하나의 주제를 도출하는 방식으로 진행된다. 민속지학의 분석방법을 도식화해보면 〈그림 4-4〉와 같다.

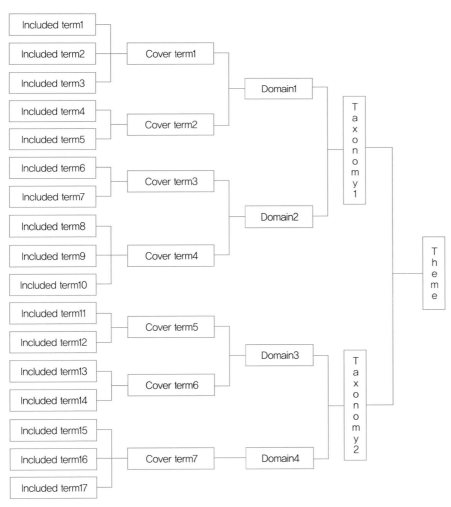

그림 4-4 민속지학지 분석에 따른 주제 도출방법

(2) 근거이론

근거이론은 1960년대 실증주의적 연구방법에 회의를 느낀 사회학자들에 의해 질적연구가 부활되면서 시작되었다. 우리나라에는 1987년 대한간호학회 춘계학술대회 보고서에서 근거이론 분석법이 국내 연구자들에게 소개된 후 간호학뿐만 아니라 타 분야에서도 꾸준히 적용되었다. 근거이론은 1967년 Strauss와 Glaser에 의해 하나의 이론으로 자리잡은 방법론이다. 이후 Stauss와 Glaser의 방법론에는 약간의 입장차이가 있었고, 국내에서는 Strauss와 Corbin에 의해 정리된 《Basics of Qualitative Research》(1990, 1998)가 많이 적용되고 있다.

근거이론은 개념을 발견하고 직관하며 이들을 논리적, 체계적, 설명 가능한 틀로 공식화하는 과정 또는 활동이다. 따라서 연구자는 특정 문제나 현상에 대해 다각적으로 탐구하여 개념을 발견하고 확인하며 개념 간의 관계에 대해 의사결정 하여야 하는 귀납적, 연역적 방법을 고루 사용한다. 이 이론은 다른 현상을 설명하기 위해 개념 간의 관계를 체계적으로 구성한 서술문으로서 개념은 보다 높은 수준으로 추상화될수록 적용의 범위가 넓고 여러 학제에서 활용될 수 있는 특징을 가진다.

Strauss와 Corbin은 〈그림 4-5〉와 같은 근거이론의 패러다임 모형을 제시하고 있는데 패러다임이란 자료에 내재된 사건들 간의 관계를 파악하는데 도움이 되는 틀이지만 사건들 간의 연계관계의 구조가 연구 분야에 따라 달라질 수 있기 때문에 근거이론의 패러다임은 유동적이라고 할 수 있다.

근거이론은 미리 가설을 설정하고 추출한 표본에 대한 그의 진위를 테스트하

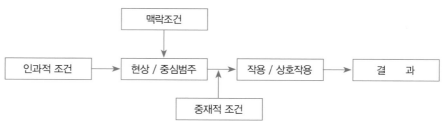

그림 4-5 패러다임 모형(Strauss와 Corbin, 1990)

는 연역적 방법과 대비되어, 이미 알려져 있는 공기로부터의 연역보다 자료로부터의 귀납을 강조하기 때문에 잘 알려지지 않은 현상을 연구하거나 잘 알려져 있다고 간주되는 현상을 새로운 각도에서 연구하기에 적합한 방법론이다.

　근거이론 분석은 사전에 수집한 자료들을 코딩하는 것이다. 근거이론에서의 코딩은 크게 개방코딩(open coding), 축코딩(axial coding), 선택코딩(selective coding)의 단계로 이루어진다.

① **개방코딩(open coding)**　개방코딩은 자료를 한 줄 한 줄 검토하여 개념화하고 자료 내에 숨어있는 과정을 파악하는 것이다. 개방코딩은 실제자료를 활용하기 때문에 '실체코딩'이라고 말하기도 하는데 개념에 대한 명명은 정보제공자의 언어를 사용할 수도 있고 연구자가 별개로 창조할 수도 있다. 개념은 새로운 개념이 발견될 때마다 개념들 간의 속성과 관계를 비교하여 개념들을 묶은 뒤 한 단계 높은 수준으로 범주화하고, 마지막으로 추상화과정을 거친다.

② **축코딩(axial coding)**　축코딩은 개방코딩을 통해 생성된 범주 간에 서로 연합관계를 만들면서, 개방코딩 후에 새로운 방식으로 자료를 다시 조합하여 범주를 생성하고, 이렇게 생성된 범주들 간의 전후관계, 중재 및 맥락적 관계, 작용 및 상호작용 전략 그리고 결과를 이끌어 내는 코딩이다.

　인과적 조건은 연구 대상 현상의 발생의 전개를 초래하는 사건이며, 현상은 무슨 일이 일어나고 있는가에 대한 대답으로 중심사건들 또는 상황들이며 행동/상호작용이 발생되게 하는 그 무엇이다. 맥락조건은 특정한 행동/상호작용적 전략을 취할 수 밖에 없게 하는 일련의 조건, 즉 현상과 관련된 속성들이 특정차원에 처해있는 위치라고 할 수 있다. 중재적 조건은 행동/상호작용적 전략에 내포된 구조적 조건 중의 하나로 특정 상황에서 취한 행동/상호작용 전략을 촉진하거나 제한하는 것이다. 작용/상호작용은 특정한 상황이나 조건하에서 현상에 반응하고 조절, 실행, 처리하기 위한 일반적·의도적 전략들로서 과정적·발전적 속성을 가지고 있으며 전략을 사용하는데 대한 특정한 이유가 있으므로 목적적·목표 지향적이다. 결과는 행동이나 상호작용에 의해 초래된 결과 또는 성과로서 반드시 예상했던 대로 되는 것은 아니다. 행동이나 상호작용을 하지 않는 경우에도 이에 따른 결과가 있으므로 이를 간과해서는 안 된다. 결과의 대상은 사람, 장소, 물건, 사건 등이 될 수 있으며 실제적·잠재적이 될 수 있고 현재 또는 미래에 발행될 수도 있다. 결과는 또한 차후에 발생될 작용/상호작용이나 중재적 조건이 될 수도 있으므로 양적연구에서 볼 수 있는 원인-결과와 같은 일방향적인 틀로 이해될 수 없다.

③ **선택코딩(selective coding)**　선택코딩은 핵심(core)범주를 선택하는 과정으로서 핵심범주와 다른 범주와의 관계를 체계적으로 연결한 후 이러한 관계를 확인하고 수정 또는 보완하는 절차를 거친다. 핵심범주는 자료에 발견된 다른 범주를 통합하고 작용/상호작용 양상의 다양성을 대부분 설명해주는 범주이므로 연구 대상 모두에게 적용 가능한 것이어야 한다. 이러한 작업은 범주 간의 관계가 분명해지고 범주들의 속성과 차원이 통합되면서 비로소 진척될 수 있다.

(3) 내러티브분석

내러티브 분석법에서 가장 널리 사용되는 방법은 인터뷰참여자가 한 말을 그대로 옮기는 방법과 Labov의 구조분석이다. 인터뷰참여자가 한 말을 그대로 옮기는 방법은 교육학이나 간호학에서 널리 사용되고 있다. 이것은 연구자가 인터뷰 당시의 상황과 배경 그리고 인터뷰참여자가 인터뷰과정에서 한 이야기를 ' ' 또는 " " 처리하여 있는 그대로 독자들에게 보여 주는 것으로 그 예로 최남희(2005)의 재난 생존자 경험의 내러티브 분석: 재난 간호를 위한 제언의 한 부분을 살펴보면 다음과 같다.

　… 그러나 많은 생존자들은 사건의 현장에서 무엇을 어떻게 해야 할지 몰라서 난감했던 부분을 강조하였다.
　'아무 생각도 나지 않았어요. 누구에게 도움을 청할 수는 더욱 없었으니까……그렇게 어두운 곳에서 어떻게 도망 칠 수 있는지 들어본 적이 없잖아요?……'

'그냥 쭈그리고 앉아 있었어요. 군대에서 화생방 훈련을 할 때 가스가 배출되는 화재가 나면 무조건 낮은 자세로 포복하라고 했거든요. 아무 생각 없이 저절로 앉아서 기다렸는데… 앞의 차에서 막 문 두드리고 살려달라고 하는 소리가 들리는 거예요. 그 칸의 사람들은 모두 사망했어요. 6호 칸이었거든요… 그래서 거의 기면서 더듬어서 벽 쪽으로 갔어요. 그리고는 기면서 계단을 올라왔죠… 그래서 살았어요. 나는 성대 화상도 거의 없고 가스도 거의 안 마셨어요.'

Labov의 구조분석이란 Narrative 자료를 분석하고 해석하는 여러 가지 방법 중의 하나이지만 가장 널리 이용된다. Labov는 화자가 자유롭게 표현한 Narrative Plot에는 각각의 기능을 갖는 6가지 요소가 포함되어 있다고 주장하였다. 여섯 가지의 요소란 어떤 이야기에 관한 것인가를 암시하는 요약(abstract), 언제, 어디서 어떤 상황에 관한 이야기인가를 소개하는 상황(orientation), 일어난 사건의 흐름에 관한 전개(complicating action), 그 일에 대해 화자가 부여하는 중요성과 의미와 같은 평가(evaluation), 어떻게 끝났는지에 관한 해결(resolution), 그리고 마지막으로 현재의 관점으로 돌아와 맺는 종결(coda)이다. 화자의 이야기는 구조분석에 따라 절(clauses)로 잘게 나누어 각 줄에 번호를 붙인 다음 6가지의 기능적 요소를 명시하여 최종 분석 자료인 Narrative Plot을 구성한다.

표 4-6 Labov의 구조분석 예시

〈이야기1〉 케이블 TV의 뷰티·패션채널 시청을 통한 정보수용과 사고변화

요약 (abstract)

001 처음에는 못했는데
002 평범하게 할 수 있는 거구나라는 생각이 들었어요.

상황(orientation)

003 Onstyle이나 O'live나 동아TV를 정해 놓고 보지는 않지만
004 돌려가면서 그때그때 마음에 드는 걸 봐요.
005 제가 추구하는 건 은근히 센스있네~ 은근히 약간 스타일리쉬하네 이정도지…
006 길거릴 돌아다니면서 눈에 확 들어오게 입는 거는 별로 안 좋아하거든.

전개(complicating action)

007 그래서 거의 채널을 보면 뉴욕에서 명품 싸게 파는 가게를 추천해주는데
008 일단 지금 갈건 아니지만 적어둬, 언제 갈지 모르니까
009 또 모델을 두고 옷 입혀 놓고 머플러, 목도리, 목걸이 이런 거 바꿔가면서 연출해 주는데 그거 보면서 배우지.
013 그냥 금목걸이나 그런 건 차지만… 패션 목걸이 그런 건 좀 그렇잖아~
014 정말 옷에 되게 신경 쓰니까 저런 거 하는구나 하는 생각이 들 수 있을 거 같아서 처음에는 못했는데
016 자꾸 TV같은데서 그런걸 보면서 한번씩 하면 정말 분위기가 달라지는 게 느껴지니까 점점 하게 되고
017 그게 튀는 행동이 아니고 평범하게 할 수도 있는 거구나 하는 생각을 하게 돼.

평가(evaluation)

018 저런 캐주얼한 옷에도 저런 액세서리를 할 수 있구나 하는 걸 배우면서 정보를 확장시킨다고 해야 하나?
019 나는 내가 봤을 때 액세서리 매치는 잘하는 거 같애. 처음에는 못했는데……
020 TV를 보면서 익숙해진다고 해야 하나?

해결(resolution)

021 튀는 행동이 아니고 자연스러운 행동이 된 거지.

종결(coda)

022 그런 목걸이도 찰 수 있는 거고~

자료: 유현정·송유진(2008), 내러티브분석을 통해 본 케이블TV 여성전문채널 뷰티·패션 프로그램 시청자의 소비경험 이야기, 한국생활가정학회지, 17(1), 57-80.

3) 질적연구의 평가과정

질적연구는 배경이 되는 패러다임, 연구 방법론, 연구 목적 등이 양적연구와는 확연히 다르기 때문에 연구를 평가하는 기준 또한 양적연구와는 달라야 한다. 질적연구의 평가기준은 학자들의 관점에 따라 약간의 차이가 있으며 가장 널리 사용되고 있는 평가기준은 Lincoln과 Guba의 엄밀성 평가기준인 사실적 가치, 적용성, 일관성, 중립성이다. 사실적 가치는 양적연구의 내적 타당도에 해당하는 것으로 인터뷰참여자의 지각과 경험의 진가를 평가하는 기준이다. 즉, 인터뷰참여자에게 인터뷰 기록내용과 분석결과를 보여 주어 연구자가 기술한 내용과 분석결과가 참여자의 경험내용과 일치하는지를 확인하는 것이다. 적용성은 양적연구의 외적타당도에 해당하는 것으로 연구 상황 이외의 맥락에서 연구자료가 적용될 수 있는 정도를 말한다. 즉, 각 연구 참여자의 진술이 반복적으로 나타나서 더 이상 새로운 자료가 나오지 않을 때까지 자료를 수집하고 그 의미를 발견하는 것이다. 일관성은 양적연구의 신뢰도에 해당하는 것으로 자료의 수집과 분석을 통하여 결과에 일관성이 있는지를 평가하는 기준이다. 질적연구의 경험이 풍부한 학자에게 연구결과의 평가를 의뢰하여 연구과정 전반과 연구결과에 관해 평가를 받고 주제 범주화에 대한 수정작업을 거쳐 연구의 일관성을 확인하기도 한다. 마지막으로 중립성은 양적연구의 객관성에 해당하는 것으로 연구과정과 결과에 있어서 모든 편견으로부터 해방을 의미한다. 이를 위해서 연구자는 중립성을 유지하기 위해 연구에 대한 선이해, 가정, 편견 등을 개인 일지에 기술하는 작업을 연구 시작과 더불어 완결될 때까지 계속하고, 또한 인터뷰자료와 문헌내용, 자아인식 등을 메모해 두어 내용들을 상호비교하고 구분할 수 있도록 의식적으로 노력해야 한다.

■ ■ ■ ■ ■
리서치 기반 소비트렌드
예측과 분석 방법

여기에서는 서울대학교 생활과학대학의 소비트렌드분석센터(ctc)의 방법을 중심으로, 리서치 기반 트렌드예측방법론의 한 예를 소개한다. 이 방법은 '연구 설계 → 자료수집 → 분석 → 핵심가치 도출 및 검증 → 키워드 도출 및 커뮤니케이션'의 5단계를 기본으로 한다. CTC에서는 매년 이러한 과정을 정기적으로 반복하여 다음 해의 소비트렌드를 예측하며, 특히 기업의 의뢰로 구체적인 전략개발을 필요로 하는 컨설팅 상황에서는 이 기본 과정에 이어서 전략적 적용 연구를 추가적으로 진행한다. 소비트렌드의 급변에 따라 경쟁 환경의 변동성도 높아지면서, 현장에서는 트렌드 예측 못지않게 예측 결과의 실제 적용방법이 중요한 이슈로 인식되고 있다.

1) 연구 설계

(1) 방법론의 중요성

트렌드 예측은 하나의 연구이다. 연구목적을 고려하여 적합한 방법을 선택하고 구체적인 실행 계획을 수립할 필요가 있다. 지난한 연구보다는 섬광같은 직관이 이끄는 트렌드 예측에 대한 환상을 갖기 쉽다. 그러나 실제로 유용한 트렌드는 체계적인 조사와 탐구를 거쳐 도출된 탄탄한 근거에 의해 뒷받침되는 트렌드, 즉 개연성이 검증된 트렌드이다. 단순히 현재의 사실 전달을 목적으로 하는 게 아니고, 미래의 변화에 대한 예측을 목적으로 한다면 방법론이 중요하다. 어떤 참신하고 중요한 트렌드 예측도 견고한 방법론이 뒷받침될 때에야 비로소 예측 신뢰성과 커뮤니케이션 파워를 갖게 되기 때문이다.

(2) 효과적인 방법의 선택

트렌드 예측도 일반적인 연구처럼 상당한 시간과 비용 및 적합한 인적 자원이 소요된다. 투입된 자원대비 결과의 효율성을 고려하지 않을 수 없다. 예측 대상도 계속 변화할 뿐만 아니라, 예기치 못한 변수의 영향을 받을 가능성도 있다. 따라서 제반 연구 환경을 고려하여 가장 효과적인 방법론을 선택하는 것이 매우 중요하다. 타운와칭이나 소비족 분석 등 일반적인 트렌드 예측 기법으로 많이 활용되어 온 질적 방법뿐만 아니라, 미래학을 중심으로 한 사회과학 영역에서 많이 활용되어 온 각종 미래 예측 기법 중에서도 적용할 만한 기법이 적지 않다. 각 방법의 특성을 깊이 있게 파악하고, 예측분야에 대한 적합한 방법을 선택한다.

(3) 직접조사와 간접조사

직접조사는 연구진이 대상에 직접 접근하여 자료를 수집하는 것이고, 간접조사는 이미 만들어져 있는 자료를 수합하는 방법이다. 간접조사법을 택할 경우 각종 간행물, 연구서, 보고서, 논문, 패널조사, 통계표 등을 많이 활용하게 된다. 직접조사를 통해 얻은 자료는 연구진의 관심과 직결된 주제를 다루며 소비자에 대한 심층적·직관적 이해에 유리하고, 방법 및 시점상의 독자성(originality)을 갖는 대신 동일한 형식의 연구를 반복하여 패널조사와 같은 장기자료(longitudinal data)를 축적하기가 쉽지 않다.

간접조사는 직접조사에 비해 연구기간 단축의 여지가 있고 동일 형식의 자료를 장기 축적하기 용이하나, 소비자와 현장의 변화양상을 축소하거나 과장하여 전달할 가능성이 있으며 연구자가 현장에서의 변화와 가치의 다양성을 경험적·직관적으로 파악하기 부족하다는 한계가 있다. 그렇다고 간접조사의 가치를 간과해서는 안 된다. 대표적인 간접조사자료인 사회 통계는 소비자의 심리적 특성을 분석하는 데에는 적절하지 않지만, 새로운 트렌드가 나타날 가능성을 예측하거나 미래 트렌드의 성장세를 예측하는 경우에는 상당히 중요하다. 일반적으로 직접조사가 간접조사보다 많은 시간적·인적 자원을 필요로 하며, 특히 연구자의 역량이 결과의 질에 많은 영향을 미치므로 수행 과정에서 어려움이 적지 않다. 그러나 직접조사에서는 소비자의 사회와의 상호작용과 변화의 뉘앙스를 보다 생생하고 정확하게 파악할 수 있다. 따라서 직접조사를 기본으로 하고, 필요한 상황마다 간접 조사를 적절히 활용하는 것이 좋다.

표 4-7 트렌드 예측과 분석 시 주로 활용되는 기법들

조사대상	접근방법	기 법	용 도	자료특성
인간-미시	직접조사	소비자설문조사 (Consumer Questionnaire)	특정 주제에 대한 소비자의 전반적 실태와 여론을 탐색적으로 조사해야 할 경우	양적
		소비자 다이어리 (Consumer Diary Analysis)	특정 주제에 대한 소비자의 일상적 경험양상을 세밀하게 조사해야 할 경우	질적
		참여관찰 (Participative Observation)	특정 현상의 구조와 문화코드 및 사람들의 감정과 경험을 조사해야 할 경우	질적
		소비족 분석 (Consumer Tribe Analysis)	기존 소비자와 구별되는 행동 및 감성특성을 지닌 소비자 집단을 심층적으로 규명해야 할 경우	질적
		핵심소비자분석 (Key Consumer Analysis)	특정한 소비현상을 주도하는 집단의 행동양식과 가치를 규명해야 할 경우	질적
		심층면접(In-depth Interview)·표적집단면접 (Focused Group Interview)	특정 주제에 대한 특정 집단의 경험과 생각을 심도 있게 분석해야 할 경우	질적
		라이프스타일 분석 (Lifestyle Analysis)	소비자를 서로 구별되는 일정한 특성을 공유하는 여러 개의 집단으로 분류해야 할 경우	복합적
		타운와칭 (Town Watching)	사회적 상호작용이 활발한 핵심지역의 경관과 구성요소, 이벤트, 통행인구의 특성 등을 종합적으로 관찰해야 할 경우	질적
		문화기술지 (Cultural Ethnography)	대상의 형태, 구조, 움직임 등을 종합적으로 관찰하여 대상의 의미체계로서의 문화를 내부자의 관점에서 규명해야 할 경우	질적
	간접조사	소비자설문조사 (Consumer Questionnaire)	특정 주제에 직접 접근하기 어려운 상황에서 소비자의 전반적 실태와 여론을 조사해야 할 경우	양적
		네트워크기술법 (Netnography)	웹 네트워크에서의 개인적 움직임과 사회적 상호작용에 대한 문화기술지가 필요할 경우	복합적
		사회통계 (Social Statistics)	사회 각 분야의 통계적 변화양상이 소비자의 일상생활에 미치는 영향을 분석해야 할 경우	양적

(계속)

사회– 거시	직접 조사	환경스캐닝 (Environmental Scanning)	정치 · 경제 · 사회 · 기술 · 문화 등 사회 전 분야의 실태와 이슈를 종합적으로 파악해야 할 경우	복합적
		이머징 이슈 분석 (Emerging Issue Analysis)	앞으로 중요한 사회적 관심사로 떠오를 가능성이 있는 이슈의 내 용과 파급효과를 분석해야 할 경우	복합적
	간접 조사	델파이 (Delphi)	특정 주제에 대한 각계 전문가의 의견을 종합할 필요가 있을 경우	질적
		문헌분석 (Text Analysis)	각종 연구소, 언론사, 광고사 등에서 출간된 연구보고서 및 각종 간행물 내용분석이 필요한 경우	복합적
		매체분석 (Media Analysis)	신문 · 방송 · 인터넷 · 잡지 등의 매스미디어에 대한 내용분석이 필 요한 경우	질적
		사회통계 (Social Statistics)	사회 각 분야의 통계적 변화양상을 통해 생활환경의 질적 변화를 추론해야 할 경우	양적

(4) 여러 분야 동향을 고루 관찰하는 기법 선택

트렌드는 모든 것이 상호연관성 아래 엮여 있는 '사회적' 현상이며 전체적인 변화
의 흐름이므로, 트렌드 예측도 사회의 제반 현상에 대한 총체적인 관찰로부터 출
발하여 특수한 변화로 시선을 옮겨가는 것이 바람직하다. 숲의 전체적인 규모와
특색, 지형 등을 파악한 연후에 수종과 생태를 관찰하는 순이다. 또한 수시로 그
역의 과정을 밟아야 할 수도 있다. 어느 한 가지 기법만으로는 이러한 요구를 모
두 만족하기가 어렵다. 따라서 필요한 자료의 특성과 활용 목적에 따라 두 가지
이상의 기법을 복합적으로 사용하는 것이 보통이다. 아래 표는 트렌드 예측과 분
석 시 주로 사용되는 기법들이다.

2) 자료 수집: 징후포착

(1) 자료 수집의 관건

자료 수집은 변화의 동향이나 신호를 관찰하고 수집하는 것이다. 이를 징후포착이라고도 한다. 대부분의 자료는 정보가 수치로 되어 있는 정량 데이터와 이미지, 텍스트 등의 질적 정보로 구성되어 있는 정성 데이터로 구분된다. 일반적으로 정성 데이터는 문화인류학적 관점에 기초한 직접조사를 통해서, 정량 데이터는 통계학적 접근에 기초한 간접조사를 통해서 얻는 경우가 많지만 항상 그런 것은 아니다. 일반적으로 직접조사 방법으로는 타운와칭, 심층면접, 핵심소비자분석 등이 많이 활용되고, 간접조사 방법으로는 사회통계, 문헌분석, 매체분석 등이 많이 활용된다. 중요한 것은 기법이나 데이터의 종류가 아니라, 변화의 동향을 고르게 모니터링 할 수 있는 복합적 방법론을 적용하여 충분한 기간 동안 지속적으로 사회를 관찰하고 자료를 체계적으로 정리하는 것이다.

표 4-8 소비트렌드 연구단계별 정보의 성격과 기능, 산출방법

연구단계	정보성격	기 능	사 례	산출방법
자료수집	단순정보	사실의 축적	• 과감한 컬러의 등장 • 골드가 주목됨. • 1인용 상품 급증 • 기존제품의 럭셔리라인 출현	자료수집틀에 따른 모니터링
분석	정리된 정보	사실의 체계화	• 개인적 니즈 관련 정보 • 컬러의 다양성 관련 정보	유목화, 서열화, 단순화, 핵심요약 등
	압축된 정보	자료의 의미와 가치 질서 규명	• 지난 시즌 트렌드였던 퍼플과 골드의 캐릭터 유사성 • 개인용품에 대한 욕구 진화	
핵심 가치 도출	해석된 정보	압축된 정보를 학제적 이론이나 다른 압축된 정보와 교차 분석하여 의미 발굴	• 소비자는 '나는 독특하고 소중하다'는 확신을 요구함. • 정체성, 사회적 존재감 욕망	경험과 통찰력, 상상력이 주도하는 의미 해석
	예측 정보	• 해석된 정보에 비전을 반영하여 도출한 정보 • (새로운 콘셉트)	• 퍼스널 비비드 • 오렌지 골드 • 퍼플 스카이	근거있는 과감한 비전 제안

표 4-9   소비트렌드의 연구단계와 분석목적별 적용기법

연구단계	목 적	기 법
징후수집	• 사회전반의 변화양상을 모니터링할 때 • 특정 이슈의 사회적 과정을 파악할 때 • 생활문화의 감성변화를 파악할 때 • 경관과 사람의 변화와 상호작용을 관찰할 때 • 소비자 여론을 파악할 때 • 이슈에 대한 소비자 의견을 발굴할 때 • 소비자의 눈으로 본 변화를 찾아낼 때	• 환경스캐닝 • 이머징이슈 분석 • 생활교차분석 • 거리문화접근법 • 소비자델파이 • FGI • 소비자모니터링
분석	• 징후의 향후 진행양상을 모색할 때 • 과거 패턴이 반복되거나 유지될 가능성을 검토할 때 • 현상의 원인구조의 의미맥락을 규명할 때 • 소비자를 성향 특성별로 분류할 때	• 로드맵 • 시스템관점 • 인과계층분석 • 라이프스타일분석
기획포착 · 혁신	• 트렌드의 파급효과를 탐색할 때 • 트렌드와 관련된 아이디어를 모을 때 • 트렌드와 관련된 소비자의 요구가 파생되는 현상을 탐색할 때 • 트렌드 영향요인의 상호작용이나 소비자의 새로운 요구를 탐색할 때 • 소비자의 새로운 요구에 따른 시나리오를 개발할 때	• 미래수레바퀴 • 브레인스토밍 • 연관성나무 • 형태학적 분석 • 임무흐름다이어그램

(2) 자료의 수집틀

자료 수집틀에 어떤 정답이 있는 것은 아니다. 예측의 성격과 연구진의 경험적 판단에 따라 최적의 자료 수집틀을 설계하면 된다. CTC의 경우, 매년 말 각계각 층에서 모집된 트렌드헌터 그룹을 조직하고, 이들의 개인적 관심사에 따라 주력 조사 분야를 할당하여 정기적으로 '트렌다이어리(Trendiary)'라는 보고서를 제출 하도록 하고 있다. 조사 분야는 ① 경제, ② 정치 · 정책(제도 · 행정), ③ 대중문화 (예능 · 광고 · 가요 · 드라마 · 공연 · 출판), ④ 인터넷 · 모바일 · 과학기술, ⑤ 패션, ⑥ 뉴스(사건 · 사고), ⑦ 통계, ⑧ 해외데이터베이스 ⑨ 유통 · 상품 · 생활, ⑩ 건 강의 10개 대분야로 구분하고 있다. 반면 한국트렌드연구소의 경우 ① 법과 제도 의 변화, ② 여론의 쟁점, ③ 인구통계, ④ 신상품, ⑤ 새로운 문화현상, ⑥ 라이프 스타일, ⑦ 신기술의 일곱 개 영역을 중심으로 징후를 관찰하고 있다.

(3) 공통적인 징후 찾기

징후포착 단계에서 가장 중요한 것은 여러 분야의 변화를 고르게 검토해야 한다는 점이다. 다양한 분야에서 변화의 징후가 솟아나고 징후 간의 상호작용 효과가 확산되는 것이 트렌드이다. 패션트렌드의 징후가 패션분야에서만 나타나는 것은 아니다. 현재의 인구동향, 라이프스타일, 예술 혹은 가치관의 변화에서도 미래 패션트렌드의 징후가 나타날 수 있다. 여러 분야에 나타난 징후들을 비슷한 속성을 가진 것끼리 묶어 보면, 향후 크게 성장할 가능성이 있는 트렌드를 발견할 가능성이 그만큼 높아진다.

(4) 사람에 주목하기

트렌드는 항상 사람들에 의해서 창조되고 확산되기 때문에 사람에 대한 관심을 놓지 말아야 한다. 큰 트렌드일수록 사회 구성원 다수의 자발적인 근원적 욕구의 추동력에 의해 뒷받침되지만, 다수에 앞서 여론 선도적 위치에서 활동하는 사람들의 스타일과 취향, 즐기는 일, 여가생활 등을 지속적으로 모니터링 하는 것이 중요하다. 욕구는 사회 곳곳에서 보이지 않게 성숙되지만, 실제로 욕구를 의식하고 표출하기 '시작하는' 사람들은 대부분 대중의 시선이 모이고 여론이 형성되는 사회적 허브에서 활동하는 이들이기 때문이다.

3) 분 석

(1) 자료의 요약

분석은 변화의 징후에서 미래 트렌드의 실마리를 찾는 것이다. 이 단계에서는 수집된 자료를 요약하고, 자료에 나타난 소비자의 변화를 구체화하며, 변화의 배경과 영향요인을 검토한다. 특히 질적 자료의 경우 내재된 의미는 압축하더라도 추후 키워드 도출 및 커뮤니케이션 단계를 위해 자료 본래의 생동감이 손상되지 않도록 보존할 필요가 있다. 방대한 자료를 요약할 때는 다양한 형태와 크기의 자료를 일관성 있는 형식에 따라 정돈하여 보기 좋게 만들면서, 변화의 맥락을 발견하기 쉽게 주제별로 배열하는 것이 가장 중요하다. 주제는 자료를 검토하다 보면 자료 속에서 자연스럽게 구체화된다. 자료의 요약 형식은 연구 설계 단계에서 결정되어야 하지만, 분석 단계 이후 예기치 못한 필요나 편의에 따라 수정되는 경우도 흔하다.

(2) 의미 분석

정리된 자료에 함축된 사회적·개인적 가치를 찾아낸다. 자료의 표면상 특징보다는 배후에 존재하는 원인이나 의미에 집중해야 한다. 나아가 의미 간의 관련성과 그것이 라이프스타일의 변화에 어떤 영향을 미치게 될지 추론한다. 비록 기존 현상과 겉보기에 유사한 현상이라도, 배경이나 사람들의 동기구조가 달라졌다면 이것이 트렌드 예측의 매우 중요한 단서가 된다. 따라서 트렌드 예측에서는 자료 자체의 신기함이나 새로움보다는 자료 간의 관계적 측면이 더 의미가 있다. 이 단계에서는 연구진의 배경지식과 경험이 풍부할수록 다양한 의미를 찾아낼 가능성이 높기 때문에, 우수한 전문가를 위시한 학제적 접근이 필요해지는 순간이기도 하다.

4) 핵심가치 도출 및 검증

(1) 핵심가치

핵심가치는 소비자행동의 티핑 포인트(tipping point)이다. 즉, 소비자들이 가장 민감하게 반응하고 실제로 행동을 바꾸게 만드는 이유를 말한다. 일반적으로 분석 단계에서 파악된 현상에 내재된 수많은 맥락과 의미(혹은 가치)를 규명하게 된다. 핵심가치 도출은 이 중에서 앞으로 다수의 소비자가 예민하게 반응할(혹은 강력하게 동조할) 가능성이 높은 가치를 선발하는 것이다. 일반적으로 분석단계에서 도출된 수많은 의미의 나열과 재배치를 거듭하면서 유사성·상호관련성·인과성 등을 찾아나가면서 중심적 가치와 주변적 가치를 변별하는 것이다. 중심적 가치 중에서 가장 중요하다고 판명된 것이 핵심가치가 된다.

(2) 소비자의 관점

핵심가치는 소비자의 관점에서 찾아야 한다. 소비자를 움직이는 것은 기술적 진보 자체가 아니라 기술적 진보가 소비자에게 체감되는 개인화된 편익의 크기이다. 개인화된 편익은 경제적인 것뿐만 아니라 사회적이거나 문화적인 것일 수도 있고 때로는 정치적인 것일 수도 있다. 개인화된 편익이 크거나 강렬할수록 더 많은 소비자가 트렌드에 자발적으로 반응하고 자연히 트렌드도 더욱 빠르게 성장하게 된다. 핵심가치는 소비자가 '체감할 수 있는' 가치 중에서 찾아야 한다.

또한 소비자에게 있어 새롭게 등장하는 가치는 기존 가치와 잠재적으로 경쟁관계에 놓이게 된다. 새로운 가치가 소비자의 변화를 촉구한다면, 기존 가치는 소비자의 변화를 제어하거나 늦출 가능성이 있다. 소비자 입장에서 확실하게 기존의 것과 차별화되는 가치를 제공하는 것이 핵심가치로 부상할 가능성이 높다. 핵심가치는 기존 가치와 차별화되는 가치 중에서 찾아야 한다. 또한 소비자는 사회적 존재라는 점도 핵심가치 판별 시 간과하지 말아야 한다. 소비자가 사회적 관계를 맺는 방식의 동기는 닮아가려는 욕구(동화)와 달라지려는 욕구(이탈)로 구분되는데, 새로운 가치들 중에서 동화 또는 이탈 욕구와 직접 관련된 것일수록 사람들의 행동을 변화시키는데 많은 영향을 미친다. 사회적 연관성이 높을수록 핵심가치일 가능성이 높다.

(3) 검 증

검증은 핵심가치의 성장가능성을 판단하는 것인데, 이를 위해서는 트렌드 확산에 영향을 미칠 수 있는 경제적·사회적·문화적 변수에 대한 고려를 해야 한다.

이 변수들 중에는 발생 가능성이 예측되는 것도 있고 예측할 수 없는 것도 있다. 인구구조의 변화나 정례적 이벤트는 예측 가능한 변수이고, 정책기조나 거시경기는 변동 가능성이 있지만 어느 정도 예측할 수 있다. 정치적 격변이나 예기치 않은 사고 및 재해, 기타 크고 작은 경제적 변수 등은 예측하기 어렵다. 이 모든 것들이 트렌드의 확산 속도나 범위에 영향을 미칠 수 있다. 불경기의 코쿠닝 트렌드가 신종플루 때문에 심화된 것이 한 예이다. 트렌드 확산의 영향요인 간의 상호작용에 따라 여러 트렌드 시나리오가 도출될 수 있다. 물론 불확실성 변수가 많아 탄탄한 예측근거를 구축하기가 쉽지 않지만, 핵심가치 중 다수 소비자의 보다 근원적인 욕구와 가까운 것일수록 불확실성 변수에도 쉽게 흔들리지 않는 트렌드로 성장할 가능성이 높다. 불황에도 불구하고 프리미엄 웰빙 시장이 고속성장을 하고 있다는 사실이 이를 입증하고 있다.

5) 키워드 도출 및 커뮤니케이션

(1) 간결하고 쉽고 감각적인 키워드

트렌드로 성장할 가능성이 검증된 핵심가치를 요약하는 작업이 필요하다. 핵심가치의 개념을 간결하고 정확하게 전달하면서 감각적·직관적 이해가 쉽도록 한다. 잘 만들어진 키워드는 트렌드에 대한 대중의 관심을 효과적으로 환기시키는 등 커뮤니케이션 효과를 극대화시킬 수 있으므로 많은 연구가 필요하다.

(2) 트렌드 커뮤니케이션

트렌드에 대한 커뮤니케이션은 트렌드 관계자들에게 예측된 트렌드가 사회 전반 및 일상생활 속에서 어떤 형태로 실제화 될 가능성이 있는지 이해시킴으로써, 트렌드에 대한 통찰력을 갖게 하는 것이다. 트렌드 키워드를 구체적인 사물이나 상황에 적용하여 풀어내고, 이를 직관적·감각적으로 파악할 수 있도록 시청각 자료와 결합시키는 작업이 필요하다. 사람들의 생활모습, 가치관, 흔한 사물 등이 트렌드의 영향으로 어떻게 달라질 수 있는지 묘사하는 방법은 트렌드의 직관적 이해에 많은 도움이 된다. 트렌드가 반영된 라이프스타일 시나리오나 트렌드 감수성이 높은 사람들의 페르소나를 개발하는 것도 많이 활용되는 방법이다.

(3) 트렌드의 전략적 적용

트렌드 예측도 중요하지만, 더 중요한 것은 '그렇다면 어떻게 대처해야 하는가?'이다. 트렌드 예측 정보는 넘쳐나지만 그 중에서 어떤 정보를 선택하고 이를 토대로 어떤 행동을 취해야 하는지는 결국 연구자 자신의 문제이다. 트렌드 예측이 기회를 찾기 위한 것이라면 적용 단계는 기회를 자신의 영역에서 재해석하고 혁신의 필요성과 방법을 발견하는 것이다. 즉, 리서치 중심의 이전 단계와는 전혀 다른 접근이 필요한 것이다. 트렌드가 몰고 올 변화에 따라, 시장과 소비자의 관점이 어떻게 달라질 것인지 예측하고, 산업 및 기업에 대한 트렌드의 영향력을 평가하고, 자사의 제품 포트폴리오 관점에서 어떤 변화가 필요한지 규명하는 등의 비판적이고 성찰적인 과정이 요구된다. 이를 통해서 기존 제품을 개선할 것인지, 아니면 완전히 새로운 제품을 개발할 것인지, 마케팅과 고객관리 등의 측면에서 어떤 전략을 선택할 것인지 등의 여부를 결정하고 구체적인 액션 플랜을 도출할 수 있다. 결론적으로 트렌드 예측 역량을 보유하는 것 못지않게 트렌드를 '활용'할 수 있는 능력이 중요하다.

(4) 미래 예측 기법의 활용

트렌드 예측은 곧 사람들의 마음에 받아들여질 만한 가치를 발견하고 이를 응용할 가능성을 확대하는 것을 의미한다. 여기서 미래 예측 기법의 활용방향은 크게 두 가지이다. 첫 번째는 앞으로 사람들의 마음에 받아들여질 만한 가치가 무엇인지 발굴하는 것이다. 즉 현재 소비자에게 잠재하고 있거나 발아하고 있는 니즈를 파악하는 것이다. 이 경우에는 징후 수집 및 소비자 분석 중심 기법을 활용하는 것이 바람직하다. 두 번째는 소비자가 원할 것으로 예측된 가치의 응용 가능성을 확대하는 것이다. 이는 잠재된 소비자 니즈를 충족시킬 수 있는 방법을 다양한 분야에 적용하는 것을 의미한다. 이 경우에는 핵심가치의 응용 가능성을 개발하는 데 도움이 되는 기법을 활용하는 것이 바람직하다.

■ ■ ■ ■ ■
질적접근을 통한
트렌드 분석 실습

다양한 연구논문, 저서, 신문기사, 인터넷기사 등에서 양적연구방법 또는 질적연구방법을 통해 트렌드를 분석한 사례를 찾아보고 토론해 보자.

(1) 팀 구성하기
1조당 4~5명으로 팀을 구성한다.

(2) 접근법을 선정한다.
조원들과의 토론을 통하여 양적연구방법 또는 질적연구방법을 통한 트렌드 분석 사례 중 어떤 접근법에 대한 사례를 조사할 것인지 선정한다.

(3) 조사대상을 선정하고 조원들 간에 역할을 분담한다.
1단계와 2단계를 통하여 단행본(저서)에서 나타난 양적연구방법의 사례를 찾아보기로 한다면, 단행본 검색기간별 또는 단행본 분야별로 역할을 분담한다.

(4) 조사를 수행한다.

(5) 조사 결과를 정리하고 내용을 조원들 간에 공유한다.

(6) 조사결과를 발표하고 토론하기

내용분석의 결과를 타인에게 발표하고 이에 대한 의견을 공유한다.

국내문헌

김기옥, 소비생활 이야기에 반영된 소비자의 사회·문화적 경험 분석: Narrative 분석의 실험적 적용, 대한가정학회지, 37(5), 61-83, 1999

김소선, 근거이론 연구방법의 이론과 실제, 간호학 탐구, 12(1), 69-81, 2003

신경림, 현상학적 연구의 이론과 실제, 간호학 탐구, 12(1), 49-68, 2003

유창조, Ethnography에 대한 Guideline과 연구사례, 2004 연구원 세미나, 1, 2004

유창조·김상희, "Ethnographic 접근방식을 통한 쇼핑행위에 관한 탐색적 연구: 확장된 개념, 감정의 다양성, 동기의 다양성," 소비자학 연구, 5(2), 45-62, 1994

유현정, 여성 소비자의 소비경험을 통해 본 "사치"의 의미분석, 한국가정관리학회지, 26(3), 115-130, 2008

유현정·남수정, 아나바다 사이트 참여자의 비윤리적 행동과 반영양식: 근거이론적 접근, 2006

유현정·송유진, 내러티브분석을 통해 본 케이블TV 여성전문채널 뷰티·패션 프로그램 시청자의 소비경험이야기한국생활과학회지, 17(1), 57-80, 2008

유현정·오아름, 민속지학적 접근을 통해 본 불법체류 외국인 근로자의 소비생활, 소비자정책 교육연구, 5(1), 49-68, 2009

유현정·오아름, 연구패러다임의 변화와 소비자학 분야에 적용된 질적 연구 고찰, 생활과학연구 논총, 11(2), 81-101, 2007

최귀순, Strauss와 Glaser의 근거이론방법론 비교, 정신간호학회지, 14(1), 82-89, 2005

국외문헌

Anderson, P.F.(1983), "Marketing, Scientific Progress and Scientific Method", Journal of Marketing, 46, 18-31

Anderson, P. F.(1986), "On Method in Consumer Research: A Critical Relativist Persperctive", Journal of Consumer Research, 13, 155-173

Holbrook, M. B. & J. O'shaugmessy(1988), "On the Scientific Statue of Consumer Research and the Need for an Interpretive Approach to Studying Consumption Behavior", Journal if Consumer Research, 15(December), 398-402

Lincoln, Y. S., & Guba, E. G. (1985). Naturalistic inquiry. Beverly Hills, CA: Sage

Michael, H. Ager(1986), Qualitative Research Method: Speaking of Ethnography, 2, 5-79

Peter, J. P. & J. C. Olson(1983), "The Relativist/Constructionist Perspective in Scientific Knowledge and Consumer Research", in Interpretive Consumer Research, ed. Elizabeth C. Hirschman, Provo, UT: Association for Consumer Research, 24-28

Strauss, A. L., & Corbin, J.(1998), Basic of Qualitative research: techniques and procedures for developing grounded theory (2nd ed.). SAGE Publication

CHAPTER 5
**내용분석을 통한
트렌드 분석**

CHAPTER 5
내용분석을 통한
트렌드 분석

학습목표

내용분석은 우리가 주변에서 활용할 수 있는 모든 자료들을 분석의 자료로 삼는다. 신문기사, 잡지, 다양한 사회통계자료 등을 분석자료로 하여 이를 2차적으로 분석하고 그 결과를 바탕으로 과거와 현재를 이해하고 이를 통해 미래를 예측하는 트렌드 분석법이다.

내용분석은 관련된 주제에 대한 방대한 자료를 조사하는 것으로 시작된다. 가령 현대의 외식문화에 대한 트렌드를 알아보기 위하여 가구당 외식비 변화 추세에 대한 통계자료와 외식문화에 대한 다양한 잡지, 신문기사, 광고내용 및 광고지면의 수, 인터넷 블로그 내용 등 다양한 커뮤니케이션 채널을 분석할 수 있다. 외식비에 대한 통계자료는 과거의 외식비와 현재의 외식비 차이를 알 수 있게 하고, 통계자료를 바탕으로 추산된 미래의 외식비 예측치는 앞으로 외식비가 얼마나 증가 혹은 감소될지를 알아볼 수 있게 한다. 또한 같은 시기의 인구관련 지표 혹은 가계소비지출 등의 자료를 연계시키면 외식비의 변화가 가족구성원의 변화 및 가구의 소득 및 소비와 어떤 관련성이 있는지도 분석해 낼 수 있다. 이와 같이 과거의 자료를 바탕으로 현재와 비교하고, 그 추이변화를 분석해 봄으로써 미래의 외식 트렌드를 예측해 볼 수 있을 것이다.

본 장에서는 내용분석의 주요 이론인 외삽법을 소개하고, 신문, 잡지, 뉴스 등 각종 미디어와 서적, 통계자료 등의 분석을 통해 트렌드를 예측하는 방법을 알아본다.

내용분석

1) 내용분석의 개념

내용분석은 커뮤니케이션 자료를 객관적·체계적·수량적으로 기술하는 연구방법으로, 현재 얻을 수 있는 책, 담화문, 신문기사, 연속극, 잡지, 인터넷 게시판 등과 같이 현재 이미 존재하고 있는 자료의 내용을 분석하여 과거를 이해하고 미래를 예측하기 위하여 사용되는 기법을 말한다.

내용분석의 자료가 되는 문헌과 방송 등은 사람들의 일상생활의 모든 면을 담고 있기 때문에 폭넓은 내용을 직접 분석함으로써 트렌드를 보다 구체적으로 예측할 수 있으며, 장기간에 걸쳐 자료 추적과 비교가 가능하다. 또한 현재의 입장에서 정치, 경제, 사회 등 여러 측면의 관점을 비교할 수 있고, 광범위하고 자유롭게 자료를 탐색할 수 있으며, 양적 자료와 질적 자료를 모두 이용 가능하다. 직접적인 질문이 편견을 발생시킬 가능성이 있을 때 비방해(unobtrusive) 평가 방법으로 적합하다는 이점이 있는 반면 자료를 수집, 분석, 해석하는 과정에서 연구자의 편견이 작용하여 연구결과의 일반화에 문제가 있을 수 있다는 단점이 있다.

내용분석은 기존의 인쇄물이나 방송물에서 자료를 얻기 위하여 전체를 여러 유목으로 묶는 작업을 한다. 유사한 단어, 구와 절, 문장, 주제, 문단, 전체 내용 등이 분석단위가 될 수 있다. 모든 사건은 특정 사회적·정치적·문화적·경제적 상황 속에서 발생하기 때문에 트렌드를 읽기 위한 내용분석에서는 사회적·경제적·정치적·문화적·기술적 의미가 있는 분석단위를 선정하는 것이 무엇보다도 중요하다.

특히 내용분석을 통해 트렌드를 전망하기 위해서는 단순히 출현빈도가 높은 분석단위보다는 소비문화의 전반적인 흐름과 미래를 전망하는데 필요한 분석단위를 찾아내는 것이 중요하며, 특정 용어가 등장하는 빈도를 양적으로 분석하는 동시에 그 용어가 사용되는 맥락과 전체적 구조에서 그 용어의 의미를 질적으로 분석할 필요가 있다.

2) 내용분석의 장단점

내용분석은 2차자료를 이용하기 때문에 비용과 시간이 절감된다. 설문조사와 같은 서베이를 통하여 적게는 수백 명에서 많게는 수만 명에 이르는 조사를 수행하거나 현장관찰이나 인터뷰와 같은 조사를 직접 수행하지 않아도 되므로 시간과 비용이 다른 조사방법에 비해 상대적으로 절감된다. 또한, 설문조사와 달리 분석이 잘못되어도 기존 자료를 다시 보면 되기 때문에 안전도가 높다. 내용분석은 현지조사로 불가능한 자료의 수집을 가능하게 하며, 개방식 질문의 응답을 처리하는데 도움이 된다. 직접적인 질문이 편견을 발생시킬 가능성이 있을 때 비방해 평가방법으로 적당하다.

　반면 내용분석은 일단 기록된 의사전달 내용만을 다루어야 한다는 점에서 한계가 있으며, 분석기준의 개발에 연구자의 주관이 많이 개입되어 타당성 확보의 문제가 있을 수 있다. 또한 데이터 수집, 분석, 해석 등에서 연구자의 편견이 작

표 5-1　내용분석의 장단점

구 분	내 용
장 점	• 2차자료를 이용하기 때문에 비용과 시간이 절감된다. • 설문조사와 달리 분석이 잘못되어도 기존 자료를 다시 보면 되기 때문에 안전도가 높다. • 현지조사로 불가능한 자료의 수집을 가능하게 한다. • 개방식 질문의 응답을 처리하는데 도움이 된다. • 직접적인 질문이 편견을 발생시킬 가능성이 있을 때 비방해 평가방법으로 적당하다.
단 점	• 일단 기록된 의사전달 내용만을 다루어야 한다는 한계가 있다. • 분석기준의 개발에 연구자의 주관이 많이 개입되어 타당성 확보의 문제가 있을 수 있다. • 데이터 수집, 분석, 해석 등에서 연구자의 편견이 작용하여 연구결과의 일반성에 문제가 제기될 수 있다. • 탐색적 연구의 성격을 지니고 있어 이론을 적용하기 힘들다. • 자료들이 대부분 명목척도로 측정되기에 추론적 통계를 사용하는데 제한이 있다.

용하여 연구결과의 일반성에 문제가 제기될 수 있고, 탐색적 연구의 성격을 지니고 있어 이론을 적용하기 힘들다. 마지막으로 자료들이 대부분 명목척도로 측정되기에 추론적 통계를 사용하는데 제한이 있다.

3) 내용분석의 연구방법

내용분석의 연구방법으로는 내용분석, 기존 통계분석, 비교역사적 분석이 있다. 지금부터 내용분석의 각 연구방법에 대해 다양한 연구결과를 사례로 알아보도록 하자.

(1) 내용분석법

내용분석법은 소설, 신문기사, 잡지, TV 프로그램, 저서 등 소비생활에 관하여 훌륭한 정보를 많이 제공해주는 문서화된 자료를 이용하여 트렌드를 추적하는 방법이다.

2002년 한일월드컵의 영향을 신문기사를 통해 분석한 김진동과 김남조(2003)는 중앙일간지인 동아일보와 조선일보를 대상으로 신문의 내용을 분석하였다. 이를 위해 분석유목을 주제유목, 기사의 게재면종, 기사의 유형, 기사의 중시도, 기사방향의 유목, 신문별 유목으로 구분하여 접하였다. 이들은 총 1,178건의 기사를 분석하였다. 이를 통해 이들은 2002년 한일월드컵의 사회문화적, 정치 및 국제관계적, 경제적 영향을 밝혔다.

홍은희와 이철한(2012)은 한국과 미국의 텔레비전 금연광고를 대상으로 내용분석을 실시하였다. 이들은 금연광고의 분석유목을 금연광고가 주는 메시지의 유형에 따라 흡연태도, 사회적 규범, 모델링, 기타로 구분하였고, 광고의 감정소구 방식에 따라 공포, 유머, 슬픔, 정보전달, 분노로 구분하였다. 이들은 한국과 미국의 금연 TV광고 분석을 통하여 한국의 금연광고는 사회적 규범의 메시지를 가장 많이 이용하였고, 그 다음으로는 흡연에 대한 태도 메시지를 사용하였으며, 자기

표 5-2 2002년 한일월드컵 내용분석을 위한 분석유목

구 분		세부유목	빈 도	%	구 분	세부유목	빈 도	%
주제 유목	1	거리응원 · 열기 · 열정/응원문화/응원명소/국민축제/붉은악마	179	15.2	게재 면종	지역	99	8.4
	2	포스트월드컵대책/기념사업/정책결정	40	3.4		방송연예	19	1.6
	3	문화행사(공연)	13	1.1		북한	4	.3
	4	사건사고/외국인범죄	14	1.2		생활여성	49	4.2
	5	정치 및 선거	52	4.4		특집	53	4.5
	6	국제관계/한일관계/북한	114	9.7		정보통신/과학	19	1.6
	7	선수인기/선수혜택/선수기타/한국축구/히딩크	149	12.6	기사 유형	뉴스	783	66.5
	8	지구촌월드컵열기 · 표정 등 세계반응/일본월드컵 관련소식	56	4.8		칼럼/논단	158	13.4
	9	기업 & 마케팅/월드컵 특수/관광산업 영향/기타 경제영향 및 효과	151	12.8		기획/연재	154	13.1
	10	국가부흥 · 도약 · 국민단합/국가이미지 상승/한국선전세계반응/외국인 평가/해외교포	117	9.9		사설	30	2.5
						좌담/대담	8	.7
	11	시민의식/사회심리 · 변화 · 현상/월드컵평가 · 체험 · 토론/월드컵증후군 · 후유증 · 금단증상 등	223	18.9		인터뷰	11	.9
						해설	1	.1
	12	FIFA 및 입장권 문제 관련	34	2.9		스케치	14	1.2
	13	건강/안전 & 환경 관련	29	2.5		가십	5	.4
	14	기타	7	.6	기사 유형	인물평/약력	1	.1
게재 면종		사회	287	24.4		텍스트	4	.3
		경제	109	9.3		통계/설문조사	9	.8
		정치해설	15	1.3	기사 크기	500자 미만	131	11.1
		문화	43	3.7		500~1000자 이하	461	39.1
		국제외신	6	0.5		1001자 이상	586	49.7
		오피니언/인물	147	12.5	기사 방향	호의적 · 중립적	1011	85.8
		종합	141	12.0		비호의적	167	14.2
		스포츠	187	15.9	대상 신문	동아일보	637	54.1
						조선일보	541	45.9

자료: 김진동 · 김남조, 2002년 한일월드컵 영향분석: 신문기사의 내용분석을 중심으로, 관광학연구, 26(4), 57~75, 2003.

표 5-3 한국과 미국 금연광고 메시지 유형 비교

메시지 유형	한국		미국		합계	%
	n	비율(%)	n	비율(%)		
흡연태도	12	34.3	14	38.9	28	39.4
사회적 규범	18	51.4	7	19.4	25	35.2
모델링	4	8.6	15	41.7	19	26.7
기 타	2	5.7	0	0	2	2.8
합 계	35	100	36	100	71	100

표 5-4 한국과 미국 금연광고 감정 소구 비교

감 정	한국		미국		합계	%
	n	비율(%)	n	비율(%)		
공 포	12	34.3	14	38.9	26	36.7
유 머	18	34.3	10	27.8	28	39.4
슬 픔	3	8.6	6	16.7	9	12.7
정보전달	2	5.7	5	13.9	7	9.9
분 노	5	14.3	1	2.7	6	8.5
합 계	35	100	36	100	71	100

※ 한국은 35편 금연광고 전수조사, 미국은 97개 금연광고중 샘플링 조사임.

자료: 홍은희·이철한, 금연 TV광고의 내용분석 연구 – 한국과 미국의 차이에 기반한 건강 커뮤니케이션 이론의 적용, 한국콘텐츠학회논문지, 12(11), 76–87, 2012.

효능감이나 모델링을 사용한 메시지는 가장 적게 사용한 반면, 미국의 경우에는 자기효능감이나 모델링을 사용한 메시지가 많았음을 밝혔으며, 이러한 차이의 이유는 문화적 차이에서 기인하는 것이라 하였다. 또한 금연광고에서 사용된 정서는 국가별 차이가 존재하지 않았으며 양국 모두 공포와 유머가 제일 빈번하게 사용되었고 슬픔이나 단순 정보전달, 분노는 상대적으로 적게 사용되었다. 청소년층만을 대상으로 광고가 제작된 경우는 양국 모두 많지 않았다는 점을 밝힌 바 있다.

다음으로 잡지의 내용분석을 실시한 사례로, 이은선과 안정선(2013)의 남성 잡지광고의 섹슈얼 이미지를 분석한 사례가 있다. 이들은 남성패션잡지인 Out, GQ, Maxim을 분석대상으로 선정하고, 제품특성과 광고특성으로 분석내용을 유목하였다. 이들은 남성 잡지광고의 분석 결과, 광고 제작자들과 크리에이티브 디렉터들이 인쇄 광고를 제작할 때 표적 소비자들에 대한 이해가 중요하다는 것을 밝혔다. 즉, 커뮤니케이션에서 특정 채널을 사용하는 소비자들에 대한 이해를 통해 더욱 효과적인 커뮤니케이션을 수행할 수 있을 것이라 하였다.

(2) 기존 통계분석 활용법

기존 통계분석 활용법은 정부, 지방자치단체, 기업, 연구소 등에서 정기적 또는 비정기적으로 발표하는 통계자료를 분석하여 미래를 예측하는 방법이다.

많은 트렌드 예측서와 보고서를 살펴보면 사회적 통계치를 근거로 다가올 미래의 트렌드를 예측하는 것을 볼 수 있는데 몇 가지 사례를 살펴보면 다음과 같다.

트렌드 코리아 2017은 2017년 트렌드의 하나로 'I am the Pick-me Generation'을 들었다. 이때 근거자료로서 〈그림 5-1〉을 제시하였고 이에 대하여 현대의 청년층은 무기력을 학습하며 저성장 시기 속에 어른이 된 세대로 픽미세대는 고도성장기의 희망이 사라진 빈자리를 자조와 체념, 또는 현실에 대한 빠른 직시로 채우고 불만스럽지만 세상사는 이치를 자연스럽게 터득하고 있다 하였으며 이러한 픽미세대가 대한민국의 한 계층을 이루고 있다고 하였다.

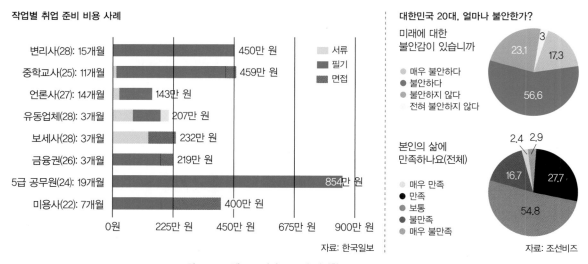

그림 5-1 트렌드 코리아 2017이 제시한 Secondary data

··· (중략) ···

실제로 청년 위원회의 〈청년구직자 취업준비 실태 보고서〉에 따르면 취업 준비 기간이 6개월에서 1년 미만이었다는 응답자는 30.5%, 1년 이상은 41.3%로 전체 70% 이상이 6개월 이상 취업을 준비한 것으로 나타났다. 취업준비 기간이 늘어날수록 경제적 부담은 가중된다. 대졸취업자가 스펙을 쌓는 데 필요한 돈이 등록금을 포함해 1인당 4,000만 원이 넘는다는 분석도 있다. 조선일보가 전국 20대 남녀 700명을 대상으로 실시한 조사에서는 37.4%가 현재 상환해야 할 대출금이 있다고 응답했다.

··· (중략) ···

이러한 전망의 부재는 취업을 했다고 나아지지 않는 것이 더 문제이다. 고용정보원의 보고서에 따르면 20~34세 대졸자 1만 8천여 명 중 2014년 대졸 청년층의 72.1%가 첫 직장 취업에 성공했지만 300인 이상의 대기업 정규직에 취업한 사람은 10.4%에 불과했다.
이처럼 픽미세대는 고도성장기의 희망이 사라진 빈자리를 자조와 체념, 또는 현실에 대한 빠른 직시로 채우며 불만스럽지만 세상사는 이치를 자연스럽게 터득하고 있다.

자료: 김난도 외(2016), 트렌드 코리아 2017

NH투자증권 100세시대연구소 역시 최근 '중산층 트렌드 2017'에서 다양한 통계치를 근거로 중산층에 대해 다음과 같이 해석하였다. 첫째, 중산층은 없다. 중산층은 현재의 눈높이로 미래를 판단하고 있으며, 중산층이 생각하는 이상적인 중상층의 자산은 도달하기 힘든 '하늘의 별 따기'이다. 또한 중산층이 생각하는 이상적인 중산층의 생활비는 월 339만 원이지만 실제 생활비는 월평균 220만 원으로 현실은 이상의 65%수준이다. 중산층의 실제 월 소득은 366만 원으로 이들은 번만큼 쓰고 싶어 한다는 점을 알 수 있다. 다음으로 중산층이 생각하는 이상적인 집은 32.9평이며 중형차는 몰아야 중산층이라 생각한다. 이러한 통계치를 근거로 중산층 트렌드에 중산층은 없다는 주제를 이끌어 내었다. 둘째는 학력과 부모가 만드는 계층사회이다. 중산층의 절반 이상이 4년제 일반대를 졸업하였고 현대의 중산층 10명 중 최소 4명, 최대 6명은 노후에 빈곤층이 될 것이라 예상된다. 또한 이들은 소득의 차이의 발생원인을 '떠오르는 수저론'과 '전통의 학력 주의'에서 찾고 있었다.

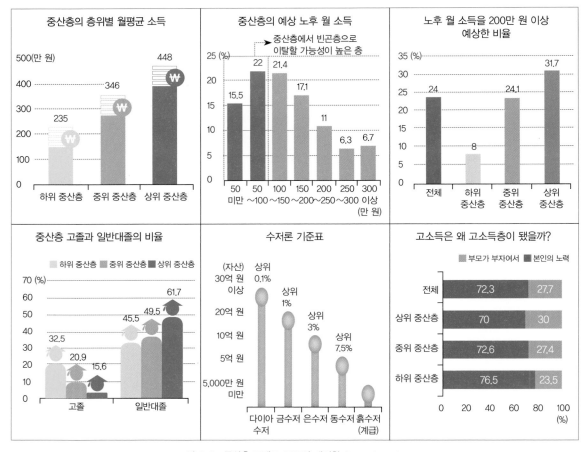

그림 5-2 **중산층 트렌드 2017이 제시한 Secondary data**
자료: NH투자증권 100세시대연구소

소득 차이의 원인 - 학력(學歷)이 학력(學力)인 시대

소득의 차이를 발생시키는 또 다른 원인은 학력이다.

… (중략) …

실제 학력별 소득의 차이는 명확하다. 2015년 임금근로자의 월평균 임금총액은 274만 원이었다. 중요한 것은 그 숫자가 아니라, 학력에 따른 임금의 차이가 명확하다는 점이다. 학력이 높아질수록 임금이 확실히 증가한다.

… (중략) …

본래 학력은 학교를 다닌 경력에 불과한 것이었지만, 이제는 그것이 소득 차이, 나아가 계층 차이를 만들어 내는 힘이 되고 있는 것이다.

소득의 차이는 '부모'와 '학력'에서 비롯

… (중략) …

부모의 부와 지위가 자식의 부로 이어지면서 태어날 때부터 출발선이 다르다고 여기는 '수저론'이 현실에서도 사람들의 머릿속에 엄연히 존재한다. 능력이 아닌 학력에 따라 소득이, 나아가 계층이 차별화되고 있는 학력주의는 수저론 보다 훨씬 더 명확한 사실이다.

… (중략) …

자료: NH투자증권 100세시대연구소(2017), 중산층 트렌드 2017

(3) 비교역사적 분석

이 연구방법은 연구자가 호기심을 가지고 있는 주제를 비교하면서 이해하고 역사적 고찰과 함께 트렌드를 예측하는 방법이다. 비교역사적 분석법으로 내용분석을 실시한 연구사례를 살펴보면 다음과 같다.

시대별 모성역할이미지를 TV광고 내용분석을 통해 엿본 손소영(2013)의 연구를 살펴보면 다음과 같다. 이 사례에서는 1997년, 2006년, 2011년을 대표연도로 선정하여 총 252편의 TV광고를 분석하였다. 분석유목은 모성역할, 모성역할 이미지 유형, 모델 유형, 자녀 연령에 따라 구분하였다. 분석유목에 따라 내용분석을 실시한 결과 1997년, 2006년, 2011년 시대별 모성역할이미지는 뚜렷한 변화의 양상을 보여 주고 있으며, 이는 광고가 우리 사회상을 반영하고 있음을 알 수 있는 결과라고 해석하였다.

최근에는 주방용품, 주방가전의 모델로 주부이미지를 가지고 있는 모델을 내세운 반면 최근에는 남성연예인을 모델로 내세우기도 하는데 이는 사회적으로 여성의 사회진출로 가사를 분담하는 부부들이 늘어나고 있는 현대 사회의 모습을 보여 주기도 하는 반면 주부들 사이에서 인기있는 남성모델을 통해 제품에 호감을 주기 위해서 이기도 하다. 이처럼 과거 주방용품 및 주방기기가 여성 주부모델의 전유물이었던 것에서 최근 남성모델이 등장한 것 역시 비교역사적 분석법으로 해석할 수 있다.

4) 내용분석의 해석방법

내용분석의 해석을 시도하기 위해서는 다양한 접근방법에 기초하여 해석을 시도하게 되는데 여기에는 종합적 접근방법, 변화의 변증법, 깜짝 시나리오기법, 흐름의 패턴 등이 있다.

먼저 종합적 접근방법은 경제학, 사회학, 정치학은 물론 생물학, 물리학 등 많은 학문으로부터 의견을 취하여 미래를 예측하는 것으로 연구자의 포괄적인 시각과 해석이 요구되는 해석법이다. 다음으로 변화의 변증법은 각각의 트렌드는 반동과 역트렌드를 만들어내고, 이들의 상호작용에 의하여 새로운 통합트렌드가 생성된다는 것을 기초로 접근하는 방법이며, 세 번째로 깜짝 시나리오(surprise scenario)는 혹시 발생할 수 있는 불연속적인 흐름, 즉 경제적 · 사회적 · 정치적으로 전혀 예상하지 못했던 새로운 방향으로 사건들이 진행되는 경우의 결과들을 조사한다. 확률이 낮으면서 커다란 영향을 미치는 사건이 인간이 처한 상황 또는 개별 기업에 커다란 충격을 줄 수 있고, 이러한 사건은 더 빠르고 더 심각하게 발생할 수 있다는 점에서 미래학자 피터슨(John Peterson, 1998)은 이 방법을 '와일드 카드'라고 명명하였다. 네 번째 흐름의 패턴은 역사적 불연속성이 존재한다고 해도 세계의 흐름에 밑바탕이 되는 어떠한 패턴은 존재하기 때문에 트렌드를 읽을 수 있다. 다섯 번째로 조심스러운 낙관주의 입장에서는 지식시대의 트렌드가 인류와 인류사회에 자유롭고 번영을 구가하며, 약자들에게 힘을 부여할 수 있는 미래를 창조할 유례없는 능력을 주고 있다는 점에서 낙관적이나, 인류가 그 힘을 효과적이고 현명하게 사용할 수 있을지 아직 확신할 수 없다는 점에서 조심스러운 입장을 취하고 있다. 마지막으로 희망적인 미래는 우리에게 달려있다는 접근방법은 인류의 잠재력은 매우 크며, 삶의 경험을 풍부하게 해줄 가치관을 만드는 것이 무엇보다도 필요하다는 데 초점을 맞추고 있다.

■ ■
빅데이터 분석

1) 빅데이터의 개념

빅데이터는 기존 데이터에 비해 너무 커서 기존 방법이나 도구로 수집, 저장, 검색, 분석, 시각화 등이 어려운 정형 또는 비정형 데이터를 의미한다. 과거의 빅데이터는 천문 · 항공 · 우주 정보 · 인간게놈 정보 등 특수 분야에 한정됐으나 정보통신 기술의 발달에 따라 전 분야로 확산되었으며 대규모 데이터와 관계된 기술 및 도구도 빅데이터 범주에 포함하고 있다. 사용자 참여 온라인 백과사전인 위키피디아에서는 빅데이터를 기존 데이터베이스 관리 도구의 데이터 수집 · 저장 · 관리 · 분석의 역량을 넘어서는 대량의 정형 또는 비정형 데이터 세트 및 이러한 데이터로부터 가치를 추출하고 결과를 분석하는 기술로 정의하고 있으며, 국가전략위원회에서는 대용량 데이터를 활용 · 분석하여 가치있는 정보를 추출하고 생성된 지식을 바탕으로 능동적으로 대응하거나 변화를 예측하기 위한 정보화 기술이라고 정의하였다. 빅데이터란 엄청나게 많은 데이터이지만 양적인 의미를 벗어나 데이터 분석과 활용을 포괄하는 개념으로 사용하고 있다.

2) 빅데이터 분석의 등장 및 활용 배경

혹자는 현대사회를 빅데이터 시대(The Age of Big Data)라고 한다. 과거에는 불가능했던 엄청난 양의 정보가 매일 매시간 양산되고 있고 컴퓨터 기술의 발전으로 이들 데이터에 대한 분석이 가능해지고 있다.

2011년 전 세계에서 생성된 디지털 정보량은 1.8 제타바이트인데, 1.8 제타바이트(1.8ZB = 1,800,000,000,000,000,000,000bytes)는 대한민국 모든 사람(약 4875만 명, 2010년 기준)이 18만 년 동안 쉬지 않고 1분마다 트위터에 3개의 글을 게시하는 양과 같다. 또 2시간짜리 HD 영화 2천억 개와 맞먹는 정보의 양이다. 게다가 전 세계 디지털 정보량은 2년마다 2배씩 증가하고 있다.

데이터는 정보사회를 움직이는 핵심 요소인 만큼 빅데이터로의 환경 변화는 정보사회의 패러다임을 견인할 정도의 큰 힘을 발휘하게 되었다. 빅데이터의 가공과 분석에 따라 상황 인식, 문제 해결, 미래 전망이 가능해지고 데이터가 경제적 자산과 경쟁력의 척도로 부각되었다. 지능화, 개인화 등 스마트 시대 주요 패러다임 선도를 위해서는 빅데이터의 활용이 핵심이며 그 수준이 경쟁력과 성패를 좌우하게 되었다.

고객가치 창출 측면에서 빅데이터가 출현하게 된 등장 배경은 고객 내지 소비자들의 일상적인 생활의 변화상에서 관찰되는데, 디지털 생활 및 소비가 일반화된 상황은 기업들이 소비자 데이터를 활용하게 되는 주요 요인이 되고 있다. 특히, 퍼스널 빅데이터는 기존의 공급자 중심의 데이터 수집과 확보에서 사용자 중심으로 전환하여 온/오프라인 상에서 데이터를 수집 및 확보한다는 측면에서 사용자를 제대로 이해하고자 하는 많은 기업들로부터 관심을 받고 있으며, 기업들의 빅데이터 활용 니즈가 관련 기술 기업들의 빅데이터 기술 자산화의 주된 배경이다.

빅데이터를 활용할 수 있게 된 주요 원인은 저장매체의 발달과 저장비용의 하락을 들 수 있다. 과거 필사본, 목판인쇄, 금속활자인쇄 등을 거쳐, 20세기에 들어와 사진용 필름, 레코드, 카세트테이프, 비디오테이프 등 아날로그식 저장매체들이 등장하였다. 그리고 현대에는 텍스트, 음성, 영상 등 다양한 형태의 데이터를 디지털기기를 활용하여 손쉽게 저장할 수 있고 이를 사용할 수 있게 되었다. 이를 통해 과거에 비해 데이터를 사용할 수 있는 비용이 절감되었다. 즉 디지털혁명은 빅데이터를 활용할 수 있는 주요 배경이 되었다. 두 번째는 사회적인 수요이다. 산업혁명 이후 공급이 수요를 초과하는 일이 벌어진 이후 소비자니즈와 소비자행동은 기업에게 중요한 정보가 되고 있다. 빅데이터는 소비자를 이해할 수 있는 유익한 자료로 활용됨으로써 기업에 중요한 가치를 제공하고 있다. 이는 정부도 마찬가지다. 최근 들어 복지에 대한 사회적 요구수준이 증가하고, 공무원들의 후생복지 증진을 위해서도 빅데이터는 좋은 자료를 제공해주고 있다.

3) 빅데이터의 특성

여러 학자들과 선행연구에서 나타난 빅데이터의 특성을 살펴보면 다음과 같다.

첫째, 데이터의 크기(Volume)는 단순 저장되는 물리적 데이터 크기의 증가뿐만이 아닌 이를 분석 및 처리하는 데 어려움이 따르는 네트워크 데이터의 급속한 증가는 빅데이터의 가장 기본적인 특징이다. 둘째, 데이터 입출력의 속도(Velocity)는 데이터의 실시간 처리 및 장기적 접근을 요구한다. 데이터 생산 및 유통, 수집 및 분석 속도의 증가와 이에 대한 실시간 처리 및 장기간에 걸쳐 데이터를 수집, 분석하는 장기적 접근이 빅데이터의 속도의 특성이다. 셋째, 데이터의 다양성(Variety)은 정형적인 데이터뿐만 아니라 비정형적인 데이터까지 그 데이터의 형태가 다양화되어 가고 있음을 의미한다. 기존 예측분석에서 데이터 분석은 기업 내부에서 발생하는 운영 데이터인 ERP, SCM, MES(Manufacturing execution system), CRM 등의 시스템에 저장되어 있으며 잘 정제되어 있고 의미도 명확한 RDBMS(관계형 데이터베이스) 기반의 정형 데이터를 통해 이루어졌다. 그러나 빅데이터를 이용한 데이터 분석은 고정된 시스템에 저장되어 있지 않은 XML, HTML 등과 같이 데이터베이스 스키마를 포함하는 반정형 데이터를 이용한 분석뿐만이 아닌 사진, 오디오, 비디오 형식의 소셜 미디어 데이터나 로그파일(Database log) 같이 비정형 데이터도 처리할 수 있는 능력을 요구한다. 즉, 빅데이터의 성장이란 단순히 데이터의 크기가 증가하는 것을 넘어서서 다양한 형태의 데이터 크기가 증가하는 것을 의미한다. 넷째, 복잡성(Variability)은 빅데이터 환경에서는 그 데이터의 형태가 점차 증가하고 있음을 의미한다. 다섯째, 데이터의 진실성(Veracity)은 데이터의 모호성, 불완전성 및 데이터 간의 불일치 등으로 인한 데이터의 불확실성에서 진실성을 찾는 것이며, 이러한 모호성으로 인해 잘못된 데이터를 분석하면, 결과도 왜곡시킬 수 있으므로 진실성이 확보된 데이터를 바탕으로 분석이 이루어져야 한다는 것을 의미한다. 여섯째, 가치(Value)는 서로 다른 데이터에 대한 경제적 가치가 다르기 때문에 빅데이터 안에 내재된 가치 있는 정보를 파악해야 한다는 것을 말한다. 또한 기업들이 보유한 빅데이터의 양이 거대한 가치 추출이 가능할만한 임계치에 도달하여 가치 추출 경쟁이 본격화되고 있는 만큼, 데이터의 활용성과와 가치창출 여부가 기업의 미래 생존을 좌우할 핵심요소(Key Factor)라는 의미로 이해할 수 있다.

4) 빅데이터 활용

최근 스마트 폰은 생활필수품이라 불릴만큼 많은 소비자들이 사용하고 있다. 스마트폰에서 사진을 찍으면 그 사진이 어디에서 찍은 것인지 GPS가 자동으로 사진을 촬영한 위치를 연동시켜주고 있다. 우리가 네이버나 다음, 구글에 검색어를 입력하고, 페이스북, 인스타그램, 트위터에 오늘 어떤 일이 있었는지 기록하거나 사진을 업로드하는 것, 다양한 모바일 지불 수단으로 지하철, 버스 요금을 지불하거나 신용카드로 물품을 구매할 때 물품 구매 시간, 지불 금액, 지불 장소 등 우리의 기억에서는 이미 잊혀진 수많은 정보들이 코드화되어 디지털 정보로 쌓여 가고 있다.

이렇게 쌓여 있던 정보에 분석이라는 생명을 불어 넣음으로써 인간의 삶과 사회에 다양한 효과를 불러오고 있다. 기업의 경영 환경을 바꾸고 있으며, 정부기관의 다양한 행정활동에도 영향을 미치고 있다. 특히 빅데이터를 통해 사람들의 행동, 동선, 관심, 흥미, 활동시간 등 다양한 정보를 읽어낼 수 있어 미래 트렌드를 예측하고 이를 현실에 적용하는 데에도 활발하게 활용되고 있다. 소비자들의 소셜 미디어 데이터를 분석하여 주력 판매 제품, 매장 구도 계획 등 상품별 판매 전략의 수립에 활용되기도 하고, 소비자불만이나 소비자의견 등 VOC 분석을 통해 소비자지향적 상품개발이나 서비스 개선 등을 위한 근거자료로 활용되기도 한다. 또한 기업은 고객정보데이터를 활용하여 세분시장을 구분하고 이에 따른 마케팅 전략을 구사하기도 한다.

빅데이터 분석은 이미 국내외에서 다양한 형태로 활용되고 있다. 영국의 브렉시트나 미국 대선에서 트럼프의 승리는 빅데이터의 승리였다. 여론조사 결과와는 달리 빅데이터는 브렉시트를 정확히 예측했고, 트럼프의 당선을 정확히 예측했다. 여론조사에서는 다양한 이유로 응답자들은 속마음을 숨기기 쉽다. 샤이 보수층

역시 대세의 흐름과 자신의 입장이 다르면 대중은 침묵한다는 '침묵의 나선' 이론을 다시 확인해준 것에 불과했다. 하지만 빅데이터는 인터넷에 매일, 실시간으로 쌓이는 흔적을 좇아 객관적인 의사결정을 내리게 된다. 이미 해외에서는 구글이 세계보건기구보다 먼저 신종플루 가능지역을 알려주는 감기지도(Flu-Map) 서비스를 제공했다. 세계적 자동차업체인 볼보와 토요타는 자동차 센서와 정보수집 장치로 운행정보를 분석, 사고 위험을 경고하거나 위급시 보다 빠른 서비스를 제공한다. 국내에서도 삼성의료원이 환자정보를 통합관리해 빅데이터 분석으로 자살가능성이 높은 환자를 예측하는 시스템을 구축했다.

국내에서도 빅데이터 활용에 가속도가 붙고 있다. 대통령 선거 기간 주요 후보 캠프에서 여론조사만큼이나 자주 언급한 게 바로 빅데이터다. 일단위 검색량에 기반해 키워드별 관심도 변화를 보여 주는 서비스 '구글 트렌드'는 선거보다 먼저 '문재인 대통령'을 예측했다.

국내의 빅데이터 활용을 통해 소비자의 마음과 패턴을 읽어내 성공한 대표적인 사례로 전통시장 활성화를 위한 빅데이터 분석사례가 있다. 공존이 사회적 화두로 들어서면서 소상공인 지원과 전통시장 활성화에 대한 오랜 기간 논의가 이루어져 왔다. 전통시장에 활성화를 위한 뚜렷한 답을 찾아내지 못하던 중 빅데이터의 활용으로 그 해답을 찾아가고 있다. 연관 키워드 분석 등 다양한 기법을 활용, 전통시장 관련 빅데이터 분석을 실시했다. 종합적으로 분석하면 전통시장에 대한 긍정적 인식이 높았다. 즉 인식과 소비자의 태도에 차이가 있음을 빅데이터를 통해 발견하고 전통시장에 대한 불편은 크게 제품, 환경, 접근성, 서비스·관리, 정책 등 다섯 가지로 조사되었다. 이를 통해 환경문제개선을 위한 상인들의 의식변화, 제품 진열 개선, 상업용 주차공간, 할인 제도 도입 등 가격표시제 도입, 환불·교환에 대한 전통시장 차원의 정책을 마련, 다양한 상품권이 유통 환경 조성 등의 해답을 찾았다.

국내에서는 네이버 데이터랩에서 일반인도 자유롭게 빅데이터 검색을 할 수 있다. 예를 들어 서울시 강남구의 패션에 대한 소비자들의 관심을 알아보기 위하여 강남구 지역의 업종별 카드사용 통계량과 해당 지역별 관심도를 그림과 같이 살펴볼 수 있다. 해당 데이터를 이용해 강남구 카드사용량을 살펴보면 웨딩과 관련

서울특별시 〉 강남구 지역에 대한 업종별 카드사용 통계

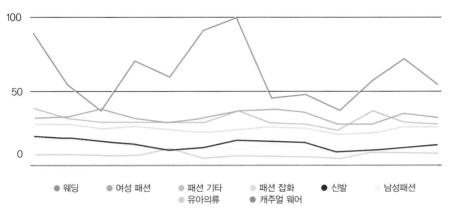

● 웨딩   ● 여성 패션   ● 패션 기타   ● 패션 잡화   ● 신발   ● 남성패션
● 유아의류   ● 캐주얼 웨어

그림 5-3   네이버 데이터랩을 통해 패션 키워드 카드사용 통계량 검색 결과

패션, 뷰티 〉 패션 업종에 대한 지역별 검색 관심도

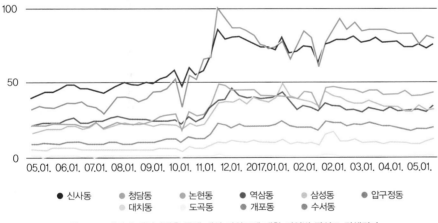

05.01. 06.01. 07.01. 08.01. 09.01. 10.01. 11.01. 12.01. 2017.01.01. 02.01. 02.01. 03.01. 04.01. 05.01.

● 신사동   ● 청담동   ● 논현동   ● 역삼동   ● 삼성동   ● 압구정동
● 대치동   ● 도곡동   ● 개포동   ● 수서동

그림 5-4   네이버 데이터랩을 통해 패션 키워드에 대한 지역별 관심도 검색결과

된 카드사용량이 가장 많았다는 사실을 알 수 있다. 또한 소비자들은 강남구에서 패션과 관련해서는 신사동과 청담동에 대한 관심이 높았음을 알 수 있다.

네이버 데이터랩을 통해 웨딩에 대한 관심이 높다는 점을 활용하여 결혼식의 다양한 유형을 키워드로 검색해 보았다. 셀프웨딩, 스몰웨딩, 웨딩을 키워드로 10년간의 소비자들의 관심도를 검색한 결과 웨딩에 대해서는 과거부터 지속적으로 일정 수준의 관심을 보여온 반면 2013년 중반부터 셀프웨딩에 대한 관심이 급증

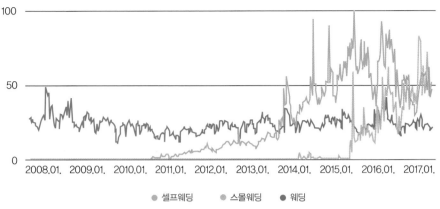

그림 5-5 　네이버 데이터랩을 통해 웨딩에 대한 소비자 관심도 검색결과

하였으며 2015년부터는 스몰웨딩에 대한 관심도 급격히 증가했음을 한눈에 확인
할 수 있다.

국내에서 네이버 데이터랩 이외에도 소셜메트릭스 또한 빅데이터 정보를 제공
해주고 있다. 소셜메트릭스에서는 연관어를 분석해주는데, 예를 들어 YOLO를
키워드로 연관어를 분석한 결과 다음과 같이 인물 정보로는 걸그룹 다이아가 검
색되었고 속성으로는 출퇴근, 프리뷰, 팬사인회, 전시회 등이 나타났다. 이는 최근
인기몰이를 하고 있는 걸그룹 다이아가 'YOLO'라는 앨범을 내면서 단기간에 연관
어로 걸그룹 다이아와 관련된 단어들이 분석된 것이다. 소셜메트릭스는 기간선택,
확대보기 등 디테일한 정보를 다루기 위해서는 유료서비스를 활용해야 한다.

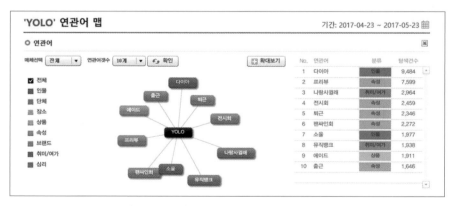

그림 5-6 　소셜메트릭스를 통한 YOLO 연관어 검색 결과

내용분석 실습

1) 미디어 등을 통한 트렌드 조사 및 분석

(1) 트렌드 조사 주제 선정하기

의, 식, 주, 여가, 문화, IT 등 다양한 분야 중에서 본인이 관심을 가지고 조사하고
자 하는 주제를 선정한다.

(2) 내용분석 대상 선정하기

TV(지상파, 케이블), 신문, 인터넷 뉴스, 광고(TV광고, 지면광고) 등 다양한 미디어
중 어떠한 미디어를 분석대상으로 할 것인지 선정한다. 단, 복수의 미디어를 선정
하여도 무방하다.

(3) 내용분석 기간 선정하기

분석 대상으로 선정한 미디어의 조사대상 기간을 선정한다. 가령 케이블TV를 분
석대상으로 선정한 경우에는 케이블TV 본방송 개시일인 1995년 3월 1일 이후부
터 현재까지를 내용분석 기간으로 정할 수도 있고, 연구 주제에 따라 특정 사건
을 기점으로 내용분석 기간을 제한할 수도 있다.

(4) 데이터 수집하기

내용분석 대상과 기간에 따라 정해진 주제에 따라 데이터를 수집한다.

(5) 데이터 분류하기

수집된 데이터를 특정 분류체계에 따라 분류한다. 가령, 남성잡지에서 나타나는 광고 트렌드를 조사하기 위해서 남성잡지를 대상으로 내용분석을 한 경우에, 술 광고, 화장품광고, 건강/헬스광고 등 광고상품의 종류에 따라 분류할 수도 있고, 광고에 사용되고 있는 단어를 중심으로 내용을 분석할 수도 있다. 이는 연구주제와 타당한 근거에 따라 분류체계를 정리하고 그에 따라 데이터를 분류하여야 한다.

(6) 데이터 분석 및 해석하기

분류한 데이터의 내용을 요약하고, 분석한 내용에서 트렌드 키워드를 도출한다.

(7) 해석결과의 타당성 조사하기

내용분석의 경우에 연구자의 주관에 따라 자의적 해석의 여지가 있기 때문에 조사내용과 해석을 제3자 또는 전문가와 공유하고 자문을 받는 형식으로 해석내용을 수정 또는 보완한다.

(8) 발표하고 토론하기

내용분석의 결과를 타인에게 발표하고 이에 대한 의견을 공유한다.

2) 통계청 데이터 분석을 통한 트렌드 도출

(1) 트렌드 조사 주제 선정하기

의, 식, 주, 여가, 문화, IT 등 다양한 분야 중에서 본인이 관심을 가지고 조사하고

자 하는 주제를 선정한다.

(2) 통계청에서 조사하는 다양한 데이터 속에서 본인의 주제와 관련된 데이터를 찾는다

KOSIS 국가통계포털
KOrean Statistical Information Service
통계청 국가통계포털(http://kosis.kr/)에서는 ① 인구·가구, ② 환경, ③ 교통·정보통신, ④ 재정·금융·보험, ⑤ 고용·노동·임금, ⑥ 농림·어업, ⑦ 도소매, 서비스, ⑧ 무역·국제수지, ⑨ 물가·가계, ⑩ 광공업·에너지, ⑪ 경기·기업경영(사업체), ⑫ 교육·문화·과학, ⑬ 보건·사회·복지 ⑭ 건설·주택·토지, ⑮ 국민계정·지역계정·국가자산(국부) 등 다양한 주제별 통계자료를 제공하고 있다. 특히 한계의 주제 내에서도 다양한 하위주제의 통계자료를 제공하고 있다.

(3) 관련 주제에 대한 통계자료를 수집한다

통계청의 자료 중에서 주제와 관련된 자료를 수집한다.

(4) 수집된 자료를 해석 및 분석한다

수집된 자료와 관련 주제의 연관성을 파악하여 미래 트렌드를 예측한다.

(5) 발표하고 토론하기

분석 결과를 타인에게 발표하고 이에 대한 의견을 공유한다.

3) 네이버 데이터랩을 활용하여 빅데이터 분석 체험하기

(1) 트렌드 조사 주제 선정하기

의, 식, 주, 여가, 문화, IT 등 다양한 분야 중에서 본인이 관심을 가지고 조사하고
자 하는 주제를 선정한다.

(2) 소셜메트릭스를 활용하여 관련 주제와 연관어를 입력한다

예를 들어 웨딩을 주제어로 했을 때, 주요 주제로 웨딩, 스몰웨딩 등을 주제어로
검색하여 연관어를 도출한다.

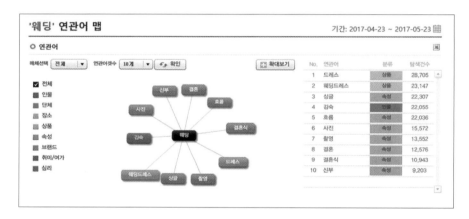

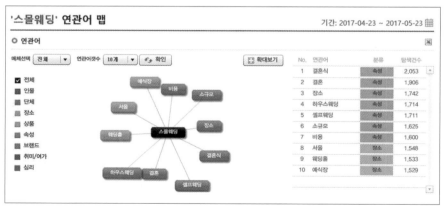

(3) 소셜메트릭스를 통해 도출된 연관어를 네이버 데이터랩에 입력한다

소셜메트릭스를 통해 도출된 '웨딩'의 연관어인 결혼식, 웨딩촬영 등을 네이버 데이터랩에서 웨딩과 연관된 검색어로 입력한다.

또한 '스몰웨딩'의 연관어인 셀프웨딩, 하우스웨딩 등도 연관어로 입력한다. 이때 소셜메트릭스가 디테일한 분석을 유료로 제공함으로 분석자의 판단에 따라 연관성이 낮은 검색어는 제외한다.

(4) 입력한 자료를 조회하여 소비자의 관심도를 분석한다

3단계에서 입력한 주제어와 연관검색어를 입력한 후 조회하기를 클릭하여 분석 결과를 도출한다.

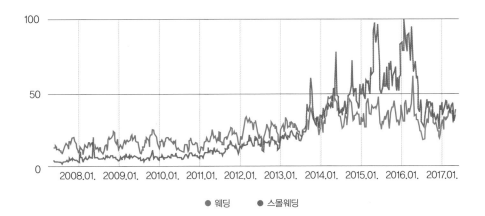

(5) 발표하고 토론하기

분석 결과를 타인에게 발표하고 이에 대한 의견을 공유한다.

국내문헌

김난도 · 전미영 · 이향은 · 이준영 · 김서영 · 최지혜, 트렌드 코리아 2017, 미채의 창, 서울, 2016

김진동 · 김남조, 2002년 한일월드컵의 영향분석: 신문기사의 내용분석을 중심으로, 관광학연구, 26(4). 57-75, 2003

김창수 · 송민정, 빅데이터 경영론, 학현사, 2014

디지털유니버스 보고서

박창걸 · 노현숙 · 최윤정 · 김현우 · 이재광, 기술사업화 프로세스 단계별 빅데이터 활용방안에 관한 연구, 한국전자거래학회지, 19(4), 73-99, 2014

(사)한국소프트웨어기술인협회 빅데이터전략연구소, 빅데이터 개론, 광문각, 2016

손소영, 시대별 모성역할이미지에 관한 TV광고 내용분석, 한국디자인포럼, 41. 227-240, 2013

NH투자증권 100세시대연구소, 중산층 트렌드 2017, 매일경제신문사, 서울, 2017

이은선 · 안정선, 남성 잡지광고의 섹슈얼 이미지 내용분석-메트로섹슈얼, 레트로섹슈얼, 호모섹슈얼을 중심으로, 한국콘텐츠학회논문지, 13(7). 80-90, 2013

전자신문, 2014년 2월 12일자, '빅데이터, 세상을 바꾸다' 침체된 전통시장, 빅데이터로 되살린다.

차석빈, 관광분야 연구에서 사용된 내용분석법의 방법론 분석, 호텔경영학연구, 21(6), 215-229, 2012

홍은희 · 이철한, 금연 TV광고의 내용분석 연구-한국과 미국의 차이에 기반한 건강 커뮤니케이션 이론의 적용, 한국콘텐츠학회논문지, 12(11), 76-87, 2012

국외문헌

Berelson, B.(1952), Content Analysis in Communication Research. N.Y: The Free Press of Glence

Snijders, C., Matzat, U., and Reips, U. D., 2012 "Big Data : Big gaps of knowledge in the field of Internet," International Journal of Internet Science, 7, 1-5

CHAPTER 6
거리관찰을 통한
타운와칭
(Town Watching)

CHAPTER 6
거리관찰을 통한
타운와칭(Town Watching)

학습목표

거리에는 다양한 사람들이 오가며 다양한 관심사를 표현한다. 많은 사람들의 관심과 흥미를 끌고 발길을 이끄는 다양한 문화적 요소들이 존재한다. 사람들의 공감대를 형성할 수 있는 것들이 거리의 중요한 위치를 차지하게 되고, 우리는 거리에서 사람들의 이목을 끄는 대상을 관찰함으로써 사람들이 무엇에 관심을 보이고, 무엇때문에 그것에 관심을 갖는지를 관찰할 수 있다.

타운와칭은 인터뷰나 설문지를 이용하는 조사방법과 달리 현상을 있는 그대로 여과없이 보고 분석할 수 있다는 장점이 있다. 관찰자의 주관성이 개입될 수 있다는 점은 단점으로 작용할 수 있지만, 묻는 질문에만 답을 제공받는 인터뷰나 설문조사와 달리 어떤 인위적 틀도 개입되지 않은 상태에서 사람들의 행동과 문화적 현상들을 매우 포괄적으로 접근해 관찰할 수 있다. 출퇴근 시간에 사람들의 걸음걸이는 어느 정도의 속도인지, 손에는 무엇이 들려있는지, 옷색깔은 어떤지 등등, 관찰자가 관심을 갖는 어떤 주제라도 그에 초점을 맞추어 현상과 행동을 관찰하고 분석할 수 있다.

특히 거리관찰은 주변문화나 언더그라운드문화, 제품범주 전체보다는 특정 제품에 대한 시각, 정서, 감각을 이해하고 파악하여 트렌드를 읽는 방식으로, 트렌드의 근원으로 직접 들어가서 현상을 해석하고 이를 통하여 트렌드를 예측하는 것을 말한다. 급격히 변화하는 정보사회에서 개성이 강한 군중들의 거리문화가 새로운 미래의 트렌드를 주도하기도 한다. 때문에 길거리 문화는 지역사회와 기업에 새로운 시장 개척을 위한 많은 정보를 제공해 주는데 이렇게 특정한 대상에 관심을 가지고 사람들이 모이는 데에는 그들의 관심에 특정한 패턴이 존재하기 때문이다.

따라서 거리관찰은 일반대중들의 새로운 관심분야와 소비패턴을 찾는 데 매우 유용한 기법이다. 거리관찰을 통한 트렌드 예측방법에 대해 알아보도록 하자.

거리관찰법의 이해

1) 거리관찰법의 개념

거리는 트렌드를 이해하고 예측하는데 중요한 자료가 된다. 거리에는 다양한 문화가 공존하고 있으며 다양한 사람과 구조물들이 거리를 구성하고 있다. 이러한 거리라는 장소에서 사람들이 일상적으로 무엇에 관심을 두고 흥미를 가지는지, 어떠한 행동을 하는지 관찰함으로서 변화를 찾아내고, 변화 속에서 아이디어를 찾아내어 새로운 기회를 창출하는 것이 거리관찰법이라 하겠다. 즉, 거리를 오가는 많은 사람들이 어느 지점에 몰려 있는지, 어떠한 곳에 관심을 가지고 특정 대상을 바라보고 있는지, 체류시간과 출현빈도, 새로운 유형의 상점과 광고 수단 등 길거리에서 일어나는 모든 정보를 관찰하고 수집하며 이를 분석하고 해석하는 것을 통해 새로운 시사점을 발견하는 것이 거리관찰법이다.

소비자는 각자 개별적으로 본인의 취향에 따라 소비하고 행동한다고 생각하지만 흥미롭게도 소비자들의 행동에는 일정한 패턴이 존재한다. 소비자들은 뉴스보도, TV 프로그램, 광고, SNS 등 다양한 경로를 통해 유입된 정보들에 의해 일정한 틀 안에서 행동하고 사고하게 된다. 우리는 대학로나 지하상가 문화의 공간에서 청소년과 청년들이 새로운 문화를 만들어가고 있는 것을 흔하게 발견할 수 있다. 또한 최근 들어 경복궁과 전주한옥마을, 북촌한옥마을의 길거리 곳곳에서 이벤트로 한복을 입고 마치 가두행진을 하는 것과 같은 젊은세대의 모습을 관찰할 수 있다. 이러한 길거리 문화는 지역사회와 기업에게 새로운 시장 개척을 위한 많은 정보를 제공해 주는데 이렇게 특정한 대상에 관심을 가지고 사람들이 모이는 데에는 그들의 관심에 특정한 패턴이 존재하기 때문이다.

이와 같이 거리관찰법은 거리에서 이들의 생활양식을 관찰하고 시대의 경향을 포착하는 것을 말한다. 지금까지는 주로 기업의 마케팅 담당자 등이 개별적으로 진행하는 것이 일반적이었으나 최근에는 타운와칭 자체를 목적으로 회원을 모집해 단체로 거리를 관찰하는 타운와칭투어도 진행된다고 한다.

전주한옥마을 길거리 사진
자료: Curioso / shutterstock.com

경복궁 관람객 사진
자료: Victor Jiang / shutterstock.com

거리에서 버스킹하는 모습
자료: E. S. Yang / flickr.com

거리에서 스케이트보드 타는 모습

2) 거리관찰의 필요성

거리관찰은 우리가 시장의 새로운 변화를 빠르게 인식하고 이에 대처하는데 중요한 자료를 제공한다. 시장과 우리 사회 전체의 빠른 변화에서 찾을 수 있다. 최근에는 시장과 사회 전 영역에 걸쳐 급격하게 변화하고 있다. 우리는 새로운 변화를 빠르게 인식하고 대응할 필요가 있다. 환경이 급격하게 변화하는 것은 기회 요인이 되기도 하고 때로는 위협 요인이 되기도 하는데 이를 결정하는 것은 변화를 얼마나 빠르게 인식하는가에 달려있다. 이는 트렌드변화, 트렌드 분석에 대한 사회적 관심이 증가했다는 데서 알 수 있다.

변화에 대한 대처를 위해서 위협요인을 기회로 바꾸기 위해서는 새로운 아이디어와 차별화된 전략이 필요하다. 그런데 아이디어라고 하는 것은 아무 노력 없이 어느 날 갑자기 우리에게 찾아오는 것이 아니다. 우리는 흔히 '무(無)'에서 '유(有)'를 창조한다는 표현을 쓰기도 하지만 아무 것도 없는 곳에서 새로운 것은 절대 나오지 않는다. 거리관찰은 새로운 시각에서 거리를 바라보고 새로운 아이디어를 위한 자극이나 영감의 소재를 일상생활 속에서 찾을 수 있는 좋은 접근법이다.

3) 거리문화의 특징

거리문화는 다양한 문화들이 거미줄처럼 서로 얽혀 상호작용하고 있는데 이러한 거리문화는 다음과 같은 특징이 있다.

첫째, 거리는 무엇이 최신유행이며 무엇이 대안인지를 규정하고 해석하고 있다.
둘째, 거리문화는 다양한 하위문화로 구성되어 있다.
셋째, 음악은 그 시대 문화의 특성을 가장 뚜렷하게 대변해왔다.
넷째, 문화의 다양성은 소비자에게 다양한 차이를 기뻐하고 즐기도록 가르쳐 왔다.
다섯째, 거리문화의 다양성이 시간이 지나면서 고유문화로 성장해 왔다.

1950년대 미국에서 보헤미안적 예술가와 문학가가 주축을 이룬 사회 · 문화운동인 비트운동을 펼친 비트족이나 1960년대 히피 또는 비트족을 따라하다 하나의 하위문화로 자리잡은 모드족은 대표적인 거리문화라 할 수 있다. 비트족은 1950년대 전후 미국의 풍요로운 물질 환경 속에서 보수화된 기성질서에 반발해

저항적인 문화와 기행을 추구했던 세대를 말한다. 비트족은 출세나 교육, 도덕이라는 전통적 개념에 도전했고 중산층의 라이프스타일에 매우 적극적인 태도를 보였다. 영화 '이유 없는 반항'의 제임스 딘을 비트족의 대표적인 예로 들 수 있다. 모드족은 1950년대 말에서 1960년대까지 영국의 건전한 중하층 젊은 노동자 계급이며 쾌락을 즐기고 유복한 생활을 꿈꾸는 젊은 낭만가로, 노동자지만 주말에는 말쑥한 차림을 하고 R&B를 들으며 이상향을 꿈꾸는 사회의 젊은이들이라는 이미지를 상징한다. 모드족하면 떠오르는 가장 대표적인 그룹이 '비틀즈'이다.

자료: Mike Licht / flickr.com

자료: Zoli Erdos / flickr.com

■ ■ ■

거리관찰법의
수행방법

1) 거리관찰의 절차

거리관찰은 단순히 거리의 외관만을 수동적으로 보는(Seeing) 것이 아니라 거리를 구성하는 여러 요소들을 통해 그들이 창조해내는 이미지와 상징을 읽어내고 이로써 트렌드를 예측하는 방법이다. 거리를 구성하는 사람들과 상점, 상점에 진열된 다양한 상품들은 그 시대의 사람들이 원하는 욕망의 주체와 객체들이다.

거리관찰을 위해서는 구조화된 조사방법을 활용하는 실증주의적 접근과 달리 자연주의적 접근이 필요하다. 트렌드를 읽어내기에 적합한 장소(field)를 선택하고, 관찰할 기간을 설정한 뒤 광범위한 관찰에 들어간다. 거리관찰에는 정점법, 비교법, 탐정법 등 다양한 관찰 기법이 있다. 관찰하고자 하는 대상과 목적에 따라 적합한 관찰기법을 선택한 뒤 녹화나 사진촬영, 인터뷰 등 다양한 방법으로 자료를 수집한다. 수집된 자료는 정량적으로 처리가 가능한 부분에서는 표를 작성하는 등의 처리를 하고, 인터뷰 등은 중요한 키워드를 중심으로 정리한다. 최종적으로 분석된 자료의 내용을 바탕으로 주요 키워드를 추출한 뒤 트렌드를 도출한다.

---

(1) 관찰사이트 설정(Selection of appropriate subjects for the study)
- 연구하고자 하는 주제와 목적 명료화
- 연구주제와 목적에 맞는 타깃집단 명료화
- 타깃집단의 사람들이 많이 보이는 장소 및 시간 선정

⬇

(2) 관찰기간 설계(Establishment of observation period)
- 관찰기간을 장기로 할지 단기로 할지 결정
- 결정된 기간 내 구체적인 관찰계획 설계(정점법/비교법/탐정법 등 계획)

⬇

(3) 거리관찰(Field watching)
- 사람, 상점, 진열된 제품 등을 중심으로 거리 관찰
- 트렌드 자료 수집

⬇

(4) 데이터 수집 및 분석(Gathering & Analysis of data)
- 데이터 특성과 수준에 따라 분류
- 정량적 혹은 정성적 방법을 활용하여 데이터 정리 및 분석

⬇

(5) 주제 도출(Draw a conclusion)
- 분석 자료를 토대로 주요 키워드 도출
- 키워드의 의미 해석을 통해 주요 트렌드 주제 도출

2) 관찰 방법

거리를 관찰하는 방법은 다양하지만 보통 정점법, 비교법, 탐정법의 세 가지가 일반적이다. 먼저 정점법은 관찰자가 자신이 주목해야 할 지점을 설정하여 집중적으로 관찰하는 방법으로서, 거리의 모습을 가장 잘 집약해놓은 특정 지점이나, 관찰자의 기획의도에 적합하다고 판단된 장소를 발견했을 때 사용한다. 비교법은 거리와 거리, 상점과 상점, 사람과 사람을 상호 비교하거나 한 지역을 대상으로 하여 시차에 따라 비교하는 타운와칭기법이다. 마지막으로 탐정법은 관찰자가 탐정이 되어 여러 거리를 관찰하여 수집한 타운 트렌드 가운데 자신의 관심을 끄는 특정사항을 선택하여 진원지, 전파경로, 현재의 상황, 앞으로의 진행 과정 등을 짚어 나가는 방법으로 트렌드의 진행과정을 추적할 수 있다는 큰 장점이 있다. 타운와칭기법은 추적하고자 하는 대상에 따라 연구자가 적절히 선택하여 활용했을 때 효과적으로 트렌드를 분석하고 예측할 수 있다.

■ ■ ■

트렌드
예측방법

거리관찰을 통해 트렌드를 예측을 위한 절차는 S.E.E.D이다. S.E.E.D는 트렌드 감지(Sensing) – 트렌드 추출(Extracting) – 생각의 확장(Expanding) – 생각의 발견(Discovering)의 머리글자를 딴 것으로 4단계의 순서에 따라 트렌드를 예측할 수 있다. 지금부터는 황성욱의 저서 트렌드 시드에서 제안한 S.E.E.D의 단계에 따라 트렌드를 예측하는 방법에 따라 알아보도록 하겠다.

1) 트렌드 감지(Sensing)

트렌드 감지는 거리관찰을 통해 트렌드를 예측하는 1단계에 속한다. 트렌드 감지는 관찰자가 특정 장소의 거리를 오가는 사람들이나 특정 장소에 모여 있는 사람들의 행동을 관찰하거나 각종 점포나 오락시설 등을 상세하게 관찰하면서 거리를 구성하는 여러 요소들의 의미와 상징을 관찰하여 시대의 분위기와 트렌드를 읽어내기 위해 거리로 나가는 것이라 할 수 있다. 이때 관찰자는 관심거리와 대상을 정해 관찰을 하게 되는데 관찰의 대상은 사람, 문화, 상점이 있다. 사람은 거리의 사람들의 행동을 통해 발견되는 것을 하며, 문화는 특정한 문화적인 현상을 보여 주는 것이라 하겠다. 상점은 디스플레이와 서비스, 제품들에서 발견되는 트렌드를 말한다.

이처럼 거리관찰을 수행하기 위해서는 무작정 거리로 나가 무작위로 대상을 관찰하는 것이 아니라 사전에 조사계획을 설계하고 이에 따라 조사를 수행해야 한다. 타운와칭을 효과적으로 수행하기 위해 유념해야 할 사항은 다음과 같다.

먼저 사람을 관찰할 때에는 첫째, 관찰 타깃을 명확히 하고 그들의 움직임을 주시해야 한다. 처음 거리관찰을 시작했을 때 관찰 타깃이 정해지지 않은 경우에는 길거리의 다양한 사람들을 탐색적으로 관찰하다 특정 관심 대상을 발견하면 그때부터 그들의 움직임을 예의주시하며 관찰하는 것도 가능하다. 둘째, 소수의 '트렌드 크리에이터'와 일반인들이 몰려들 때면 자취를 감추는 '오픈 킬러'를 주목해야 한다. 셋째, 표현력이 풍부한 젊은 층에 항상 주의를 기울여야 한다. 또한 관찰하기에 앞서 사회환경의 변화에 관심을 가지며, 프로소비자를 주목한다. 트렌드 크리에이터와 오픈 킬러, 프로소비자들은 소비트렌드를 이끄는 집단으로서 거리문화를 관찰하는 데 중요한 포인트가 된다.

다음으로 상품을 관찰할 때에는 첫째, 소비자를 사로잡는 상품을 주목해야 한다. 예를 들어 명동에서 일본인 관광객이나 중국인 관광객을 사로잡은 길거리 상품으로 화장품이 있다. 상품의 주요 구성이나 특징을 살펴봄으로써 트렌드 키워드를 도출할 수 있다. 둘째, 반대의 속성에 관심을 갖는다. 최근 소비자들이 친환경 소비, 녹색소비에 관심을 두는 이유는 그 반대속성인 인위성, 화학물질, 환경오염 등에 염증을 느껴 보다 건강한 삶을 본인뿐만 아니라 후대에 까지 이어주기 위해서이다. 이러한 측면에서 볼 때 거리의 사람들이 관심을 갖는 상품의 반대속성은 그들이 관심을 갖는 이유를 알아내는 데 중요한 단서로 작용한다. 셋째, 일시적 유행과 장기적 트렌드를 판별해야 하며, 상품의 이미지에도 관심을 갖는다. 넷째, 수입 잡화상은 상품변화가 빠르므로 이들의 상품도 관심을 가지고 살펴볼 필요가 있다.

매장을 관찰할 때에는 첫째, 유명한 상점의 비밀을 탐색해야 한다. 둘째, 회원제 상점이나 위치를 드러내지 않고 거리에서 비켜 있는 곳에 있는 상점을 적극 관찰하고 셋째, 신설점포는 항상 자세하게 점검하고 이색점포에 관심을 기울인다. 마지막으로 필요하다면 어느 곳이나 찾아가 상점의 특색을 관찰하여야 한다.

사람관찰지침	① 관찰 타깃을 명확히 하고 그들의 움직임을 주시한다. ② 소수의 '트렌드 크리에이터'와 일반인들이 몰려들 때면 자취를 감추는 '오픈 킬러'를 주목한다. ③ 표현력이 풍부한 젊은 층에 항상 주의를 기울인다. ④ 관찰하기에 앞서 사회환경의 변화에 관심을 가지며, 프로소비자를 주목한다.
상품관찰지침	① 소비자를 사로잡는 상품을 주목한다. ② 반대의 속성에 관심을 갖는다. ③ 일시적 유행과 장기적 트렌드를 판별해야 하며, 상품의 이미지에도 관심을 갖는다. ④ 수입잡화상은 상품변화가 빠르다.
매장관찰지침	① 유명한 상점의 비밀을 탐색한다. ② 회원제 상점이나 위치를 드러내지 않고 거리에서 비켜 있는 곳에 있는 상점을 적극 관찰한다. ③ 신설점포는 항상 자세하게 점검하고 이색점포에 관심을 기울인다. ④ 필요하다면 어느 곳이나 찾아간다.

2) 트렌드 추출(Extracting)

트렌드 추출은 트렌드 감지의 과정을 거쳐 관찰된 정보들 속에 숨겨진 트렌드를 직접 추출해 내는 것이다. 이때는 다음과 같은 세 단계를 거친다.

첫 번째 단계는 전체 유행 현상 파악이다. 탐방에서 가져온 이미지 자료들을 한자리에 모아 관찰 참여자가 모두 함께 공유한다. 이때 혹시 놓쳤을지 모르는 중요한 현상들을 다시 한 번 살피고 트렌드 탐방 경험을 함께 이야기한다.

두 번째 단계는 인플루언스 분석이다. 트렌드 시드들 속에서 숨겨진 코드, 하나의 의미있는 코드를 발견하는 단계이다. 공통점이 있는 사진 등을 나열하여 대략적인 공통된 사진이나 경험을 네 개에서 다섯 개 정도로 분류하는 것이다.

세 번째 단계는 다이나믹스 추출이다. 이 단계에서는 인플루언스 단계에서 분류한 묶음들을 트렌드 보드에 붙이는 작업을 진행한다. 이렇게 분류된 묶음을 개념화하여 트렌드 키워드를 추출해 낸다.

3) 트렌드 확장(Expanding)

트렌드 확장단계는 다양한 방법으로 생각을 확장하여 아이디어를 도출하는 단계이다. 이 단계에서는 트렌드를 예측하는 아이디어를 개발하는 출발점이라 할 수 있는 문제정의에 들어간다. 문제정의는 외부트렌드와 비교했을 때 부족한 요소, 상품이나 서비스 자체가 가지고 있는 한계점, 생산자의 불필요한 고정관념, 소비자의 불필요한 고정관념을 고려하여 복합적 관점에서 문제점을 도출한다. 이때 효과적인 문제 정의를 위하여 다음과 같이 TIPCard를 작성한다.

구 분	Trend Scarcity (외부 트렌드 대비 부족한 요소)	Internal Defect (상품 혹은 서비스 자체의 한계점)
Producer's Stereotype (생산자의 불필요한 고정관념)	T-P 교차점	P-I 교차점
Consumer's Stereotype (소비자의 불필요한 고정관념)	T-C 교차점	I-C 교차점

다음으로 T.I.P.C 각 항목의 문제점을 교차하여 복합관점의 문제점을 의문형으로 도출하는 것이다. 이를 위해서는 결합될 문제점의 선택, 각 문장을 부분 부정,

의문형 문장으로 변형의 3단계 작업이 필요하다. 예를 들어, 'T: 소비자의 체험적 요소가 부족하다'는 문제점과 'P: 체험요소가 증가하면 비용이 상승한다'는 문제점을 결합하여 복합관점의 의문형 문장을 도출할 수 있는데 그 방법은 다음과 같다. 먼저 '소비자의 체험적 요소가 부족하다'를 부분 부정하면, '소비자의 체험적 요소가 부족하지 않다', 즉 '소비자의 체험적 요소가 풍부하다'가 된다. 두 번째로 '체험요소가 증가하면 비용이 상승한다'는 문장을 부분 부정하면 '체험요소가 증가해도 비용이 상승하지 않는다'라는 문장이 된다. 마지막으로 이 두 문장을 결합하여 의문형 문장을 만들면 '소비자의 체험적 요소가 풍부해도 비용이 상승하지 않는 것이 가능할까?'라는 문장이 완성된다. 이러한 방법으로 각 4분면의 문제점을 뽑아내고 복합관점의 문제점을 의문형으로 도출한다.

다음으로는 TIPCard를 통해 도출된 최종의 의문형 문제점을 해결하기 위한 다양한 아이디어들을 도출한다. 이때는 아이디어 더하기, 아이디어 빼기, 아이디어 곱하기, 아이디어 나누기의 방법이 있다.

아이디어 더하기는 연관성이 없는 상품이나 서비스를 임의로 결합하는 방식이다. 흑맥주로 유명한 맥주 브랜드 기네스에서 최근 재미있는 아이디어의 프로모

그림 6-1　아이디어 더하기 사례 – 기네스 QR코드 맥주잔
자료: http://caples.org/guinness-qr-cup-0

선 컵을 출시하였다. QR컵이라 불리는 이 컵은 QR코드를 활용한 컵이다. 그런데 이 컵에 인쇄된 QR코드는 검정색 부분 없이 흰 부분만 인쇄된 반쪽짜리이다. 그래서 아무리 QR코드를 스캔하여도 원하는 내용을 볼 수가 없다. 그렇다면 이 컵에 인쇄된 QR코드의 내용을 보려면 어떻게 해야 할까? 방법은 간단하다. 검정색의 액체를 컵에 붓는 것이다. 투명한 물이나 노란색의 맥주를 QR컵에 부으면 투명하거나 노란색으로 구성된 QR코드가 생성이 되어 QR코드가 스캔되지 않지만 검정색 액체를 컵에 붓게 되면 비로소 흰색과 검정색으로 구성된 QR코드가 완성되어 입력된 내용을 확인할 수 있다.

아이디어 빼기는 기존의 상품이나 서비스가 가지고 있는 요소를 임의로 제거하는 방법이다. 얼마 전부터 날개 없는 선풍기가 큰 인기를 끌고 있는데 날개 없는 선풍기는 아이디어 빼기를 통해 도출된 파격적이며 좋은 아이디어 상품이라 하겠다.

아이디어 곱하기는 서로 연관 없는 다른 상품이나 서비스의 개념을 차용하는 변형의 방법으로 쇼핑카트나 청소도구에 자동차의 개념을 적용하는 것 등이 이에 해당한다.

아이디어 나누기는 다양한 기준을 통해 대상을 나누고 이를 변형하는 방법으로 이때 중요한 것은 여러 가지 기준으로 대상을 나누어 봄으로써 그 동안 생각지 못한 아이디어를 전개하는 데 있다. 나누기에서 가장 중요한 것은 다양한 기준에 따라 대상을 나누어 보며 아이디어를 전개하는 것이다. 나눌 수 있는 기준은 무궁무진하며 우리는 이 아이디어 나누기 방식을 통해 다양한 아이디어를 도출할 수 있다.

4) 생각의 발견(Discovering)

지금까지 도출된 아이디어 중 최적의 아이디어를 찾아내는 것이 생각의 발견이라 할 수 있다. 최적의 아이디어나 더 좋은 아이디어라고 하는 것은 적용 기준에 따라 얼마든지 달라질 수 있다.

■ ■ ■ ■ ■
거리관찰
적용 사례

1) 싱글족

혼밥족, 혼술족, 얼로너 등으로 지칭되는 싱글족이 2017년의 새로운 트렌드로 소개되고 있다. 그러나 이런 싱글족이 2017년이 들면서 갑작스레 등장한 것은 아니다. 많은 시간을 직장의 업무시간에 할애하고 있는 현대인들은 휴식을 위한 시간까지 방해받고 싶지 않다는 욕구와 혼자서라도 취미와 레저를 즐기고자 하는 욕구가 합쳐져 최근 여가시간을 혼자 즐기는 싱글족들이 사회적으로 이슈화 되고 있다. 케이블 TV 프로그램으로 '혼술남녀'가 등장하였고 편의점에는 혼밥족을 위한 도시락이 판매되고 있다. 이러한 싱글라이프는 몇 년 전부터 다양한 형태로 등장하고 있었다. 예를 들어, Bar 형태의 1인 대상 화로구이 식당, 솔로캠핑을 위한 캠핑 장비들의 등장, 칸막이가 있는 학생식당 등이 있으며, 주로 편의점에서 판매되던 간편식이 대형마트에서도 판매되고 있다. 최근 거리에 즐비한 상점들을 살펴보면 '1인 노래연습장'을 쉽게 찾아 볼 수 있다. 영화관이나 연극 극장 등에도 혼자 관람하는 사람들이 있으며, 대학가에서는 흔하게 혼자 수업을 듣고 도서관을 찾는 대학생들을 볼 수 있다. 이러한 현상을 얼로너나 싱글족, 싱글라이프, 솔로족 등의 다양한 방식으로 명명되고 있다.

2) 트렌드 키워드 '의외성'

최근에 보이고 있는 소비자와 관련된 중요한 트레드 중 하나로 '의외성'이 있다. 이것은 생각지 못한 제품 간의 결합이나 판매방식에 소비자들이 열광하는 것을 말한다. 이러한 트렌드의 '의외성' 키워드는 어떻게 나타나게 된 것일까?

아이헤이트먼데이의 양말 자판기

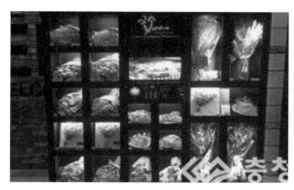

꽃다발 자판기

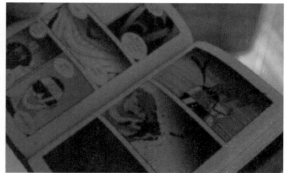

젠틀몬스터의 만화방

그림 6-2 **의외성 트렌드 사례**

    두타 지하 1층 패션 양말 브랜드 아이헤이트먼데에서는 양말자판기를 선보였고 꽃다발 자판기도 생겨났다. 아이웨어 브랜드 젠틀몬스터는 만화방을 열었다. 일상적인 콘텐츠를 재해석하는 젠틀몬스터의 BAT 프로젝트 두 번째 주제로 만화책을 선정해 신사동 쇼룸을 만화방으로 꾸민 것이다. 성황리에 종료된 BAT 프로젝트 '코믹 북, 더 레드(Comic Book, The Red)'는 새빨간 인테리어, 신전을 연상시키는 엄숙한 프로젝트까지 독특한 분위기로 일상적인 콘텐츠 만화를 새로운 시각으로 재해석했다. 이처럼 소비자들은 생각지 못한 제품이나 판매방식, 홍보방식 등에 흥미를 보이는데 이것이 바로 최신 트렌드 중 '의외성'이라 하겠다.

그림 6-3 KT의 폰브렐라

3) 폰브렐라

폰브렐라는 KT가 선보인 상품이다. KT는 국내 시장환경 특성상 서비스, 요금제 차별화에도 한계가 있어 결국 디자인을 통한 브랜드 전략이 갈수록 중요해질 수밖에 없다고 확신했다. KT는 복잡한 ICT 기술을 좀 더 쉽고 직관적으로 접할 수 있도록 하는 것을 목표로 하고 소비자 지향적 ICT 기술을 개발하고자 하였다. 그러다 보니 이용자의 기호나 트렌드에 민감해지고, 창의적·감성적인 아이디어를 위한 다양한 시도가 이어지면서 한 달에 한 번씩 '타운와칭'을 진행하였다.

폰브렐라를 개발한 강이환 상무는 "타운와칭은 직접 길거리에 나가 소비자를 관찰하는 활동으로, 직원들이 비 오는 날 거리 곳곳을 누빈 끝에 나온 결과물이 폰브렐라"라고 소개했다. 폰브렐라는 우산을 쓰고도 스마트폰을 쓸 수 있는 C자형 손잡이가 특징으로, 세계 35개국 200개 채널에서 방영되며 관심을 모았다.

이는 언뜻 보면 타운와칭을 통해 단순히 제품의 아이디어를 개발한 결과라 볼 수도 있지만 타운와칭을 통해 소비자들의 스마트폰의 일상화라는 트렌드를 추출하고 이에 따른 결과물로써 폰브렐라가 개발되었다고 볼 수 있을 것이다.

■ ■ ■ ■ ■
거리관찰
실습

1) 거리관찰 현장실습

5인 1조로 특정 주제를 정하고 다음의 타운와칭 관찰일지를 활용하여 타운와칭을 통해 자료를 수집해 보자.

(1) 트렌드 감지를 위한 트렌드를 읽기에 적합한 환경을 선정한다.

① 트렌드 주제에 맞는 사람들이 주로 모이는 장소와 시간을 설정한다.
② 장기적, 단기적 기간으로 나누어 관찰기간을 설정한다(일반적으로 4주 이상의 기간을 설정하여 관측한다).
③ 사람, 거리, 상점 간의 상호작용을 중심으로 하여 트렌드의 hard 기호와 soft 기호, 이미지 등을 관찰하여 타운의 정체성을 추출한다. 또한 필드 관찰 시에는 첨부된 '타운와칭 관찰일지'를 작성하고 사진촬영 등으로 데이터를 수집한다.

(2) 트렌드 추출을 위한 단계별 과업을 수행한다.

전체 유행 현상 파악 – 인플루언스 분석 – 다이나믹스 추출 단계에 따라 트렌드를 추출한다.

(3) 트렌드 확장을 위한 과업을 수행한다.

TIPCard를 작성하고 복합관점에서 문제를 정의하여 아이디어를 추출한다.

(4) 생각의 발견을 위한 과업을 수행한다.

트렌드 확장에서 도출된 아이디어 중 최적의 아이디어를 도출한다.

(5) 발표하고 토론하기

트렌드 키워드와 아이디어 도출 결과를 타인에게 발표하고 이에 대한 의견을 공유한다.

타운와칭(Town Watching)

어느 특정 도심에서 거리를 오가는 통행인들이나 어느 일정장소에 모여 있는 일반 대중들의 사실적인 행동을 자세히 살펴보거나 또는 각종 소매점포라든지 외식업소 및 위락시설 등을 상세하게 관찰하는 행위를 의미. 단순히 거리의 외관만 수동적으로 보는 것(seeing)이 아니라 거리를 구성하는 여러 요소들이 창조하는 이미지와 상징을 관찰하여 시대의 분위기와 트렌드를 읽어내는 방법

- 관찰 포인트: 사람관찰, 상품관찰, 매장관찰
- 와칭기법: 정점법, 비교법, 탐정법
- 예시: 음악 미디어 거리 관찰, 패션 스트리트 조사, 먹자거리 관찰, 거리문화 조사 등
- 관찰일지: 목적, 대상, 일시, 위치, 관찰내용 등을 상세히 기록 → 트렌드 키워드 도출

조편성

구 분	이 름	비상연락처
1		
2		
3		
4		
5		

목 적

대 상

일 시   위 치

관찰내용:

키워드

비 고

현장실습을 통해 수집된 자료를 객관적으로 편집하여 결과를 도출해 보고 해당 결론에 대해 토론해 보자.

■ 아래 공간을 활용하여 트렌드 추출 단계 과업을 수행해 보자.

■ 아래 공간을 활용하여 트렌드 확장 단계 과업을 수행해 보자.

2) 거리관찰 현장실습 및 결과 도출 사례

다음은 '20대 젊은이들의 음료 소비 현상'에 대한 학생들이 진행한 타운와칭 실습 및 결과 도출 사례이다. 앞서 수행한 본인의 타운와칭 사례와 비교하여 보자.

소비자 트렌드 분석 이론 및 실습

트렌드 타운워칭 실습
- 20대 젊은이들의 음료 소비 현상을 중심으로 -

담당교수님 :　　　　　　교수님
학　　　과 :　　　　　　학과
학 번/이 름 :

제 출 일 :　　　　2016 - 06 - 01

목차

---

1. 서론
1-1. 조사 목적 및 방법
　본 내용을 서술하기에 앞서, 트렌드는 간단히 말해 유행과는 달리, 변화의 흐름이나 추세가 어느 정도의 기간 동안 지속적으로 유지되는 것을 뜻한다. 그렇기 때문에 트렌드를 만들어 내고 그 흐름을 주도하는 것은 모든 사람이 아니라 특정계층의 사람들의 영향을 받게 된다. 그 중에서도 가장 중요하다고 할 수 있는 사람이 젊은이들이다. 젊은 사람일수록 변화에 대한 적응력이 뛰어나고 사고에 대한 융통성 및 발전하는 기술습득 또한 우수하다. 그렇기 때문에 우리는 젊은이들 중에서 사회에 중요한 영향을 줄 수 있고 그 힘이 커지고 있는 대학생을 비롯한 20대를 관찰하기로 결정했다. 따라서 앞서 말한 것처럼 우리는 대학생을 위주로 젊은 계층의 사람들을 관찰하기 위해서 충북대학교 중문일대를 조사하기로 계획을 했다. 충북대학교 중문은 학교와 사창사거리의 중간에 위치하는 지역이다. 중문에는 많은 골목에 상가 및 건물들이 위치하고 있다. 중문은 카페, 술집, 음식점 등 다양한 재화 및 서비스를 판매하고 있는 상가들이 존재한다. 그리고 충북대학교 학생들뿐만 아니라 청주 내 타 대학생들이나 젊은 사람들이 많이 나타나는 청주에서 손꼽을 만한 젊은이들의 '핫 플레이스'이기 때문에 목적에 맞는 중문이라는 장소를 선정하고 관찰을 했다.

앞서 소개한 장소 선정 이유에 따라서 이미 특정 계층의 사람들을 주 타깃으로 하여 조사를 시작했다고 할 수 있다. 먼저 우리는 무작정 중문의 여러 골목들을 돌아다니며 관찰 대상을 사람으로 지정하고 타운워칭을 실시했다. 조사는 모두가 모여서 실시한 단체 조사는 5월 18일 오후 6시부터 오후 8시까지, 5월 24일 오후 12시부터 2시까지의 점심·저녁 식사 시간대의 중문 일대 사람들을 관찰했다. 그리고 단체조사 뿐만 아니라 조원 개인별로 많이 방문하고 이동하는 중문이기 때문에 추가적으로 개별조사도 실시했다. 조사과정으로는 우선 특정 기준과 시각을 두지 않고 무작정 사람들을 관찰했다. 그 결과 사람들이 손에 테이크 아웃 음료나 음식들을 들고 있는 사람들이 많다는 것을 알 수 있었다. 커피나 과일 음료와 와플이나 타코야끼 등의 음식들이 관찰되었다.

이런 사람들 중 유독 테이크아웃 음료를 손에 들고 있는 사람들이 많이 보였다. 따라서 우리는 사람들이 많이 이용하는 커피·음료 전문점 근처에서 집중적으로 사람들을 관찰했다. 타운워칭의 기법 중 '정점법'을 사용하여 특정매장에서 어떤 사람들이, 어떤 음료들을 구입하는지 집중적으로 관찰했다.

1-2. 조사 내용

앞서 말한 것처럼, 우리는 여러 시간 대 별로 실시한 관찰을 통해 최근 종문일대의 많은 대학생 및 젊은이들이 테이크아웃 음료를 길거리에서 들고 다니는 것을 알 수 있었다. 관찰 대상을 사람으로 시작하여 상품으로 이동해 관찰한 결과, 기존의 거대한 자본력으로 막강한 경쟁력을 가지고 카페 및 음료 전문점 시장에서 영향력을 행사하는 유명브랜드 회사보다 오히려 보다 저렴하고 양이 많은 실속 있는 소규모 및 신생 음료전문점을 이용하는 경우가 많았다. 이 현상을 최근 트렌드로 떠오른 '가성비'를 추구하는 소비와 맞물려 나타난 것으로 추측된다.

타운워칭을 통해 젊은이들 사이에서 다양한 방식의 '테이크아웃 족'이 증가한 것을 우리들이 발견한 주 현상으로 지정하고 이로부터 파생되어 나온, 더욱 세부적인 흐름을 소개하려고 한다.

2. 본론

2-1. 생생 라이브

타운워칭 조사 결과, 기존에 커피를 주로 즐기던 '테이크아웃 족'들이 최근 들어 생과일을 이용한 주스나 스무디 제품을 소비하고 있는 모습을 알 수 있었다. 또한 최근 종문 일대에 생과일 주스 전문점이 급격히 생겨나기 시작하였다. 따라서 우리는 이 트렌드를 '생생라이브' 라고 이름을 지었다.

이런 현상은 기존에 존재하던 '웰빙' 트렌드의 하나의 연장선이자 파생된 트렌드라고 할 수 있다. 웰빙 트렌드는 트렌드 중에서도 '메가트렌드' 라고 할 수 있다. 메가트렌드란, 미국의 미래학자 존 네이스비츠의 저서 「메가트렌드」에서 유래한 용어로 현대 사회에서 일어나고 있는 거대한 조류를 뜻하는 것으로 탈공업화 사회, 글로벌 경제, 분권화, 네트워크형 조직 등을 그 특징으로 하고 있다.[1] 최근 카페에 대한 많은 우리의 커피를 줄이는 현상과, 기존에 유행하던 커피나 카페 음료가 많이 등장하면서 하나의 트렌드로 자리 잡으면

<hr />

1) [네이버 지식백과] 메가트렌드 [megatrends] (용어해설)

서 그 역 트렌드라고 할 수 있는 논 카페인 음료나 숙면을 돕는 음료 등이 시장에 많이 등장했다. 따라서 이러한 흐름에 맞춰 커피를 못 먹는 사람들이나 자의적으로 커피를 줄이려고 하는 사람들이 증가하면서 자연스럽게 생과일주스의 니즈도 증가하게 되었다. 비타민을 함유하고 있는 과일을 주 원료로 하여 상큼하고 시원한 그리고 새콤달콤한 맛으로 기존 음료시장에서 많은 부분을 차지하고 있는 커피시장에 뒤지지 않는 하나의 음료로 떠오르게 되었다.

2-2. 나만의 커피철학, CBC(Choie By Consumer)

국내 커피 전문점이 과거부터 꾸준히 많아지고 있고 그 규모가 팽창하고 있다. 골목마다 카페가 없는 곳이 없을 정도로 커피 전문점들이 즐비하고 시장에서 치열한 경쟁을 펼치고 있다.

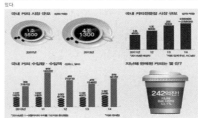

위 사진처럼 국내 커피 시장규모, 커피 수입량·수입액, 커피 전문점 시장규모 모두 꾸준히 증가하고 있는 추세다. 그렇기 때문에 더욱 치열해진 국내 커피 및 카페시장의 여타 기업들보다 우위를 점하기 위해 경쟁사보다 더욱 차별화된 전략을 이용한다. 예를 들어 파격적인 가격이나 색다른 맛을 제공할 수 있다. 우리는 가격적인 측면에서, 다른 곳에서는 쉽게 맛 볼 수 없는 커피를 제공하는 곳들을 위주로 조사를 실시했다. 많은 커피전문점에서 커피를 만드는 원두의 종류를 차별화 하여 원두마다 다른 특별한 맛을 제공하고 있었다. 원두의 차별화뿐만 아니라 커피라는 가치에 '핸드드립'이라는 또 다른 가치를 찾고자 하는 소비자들의 니즈를 반영한 것들도 볼 수 있다. 어느 커피전문점에서는 소비자가 직접 원두를 갈아서 핸드드립을 할 수 있게 하는 도구들을 팔기도 했다. 편의점에서 파는 인스턴트커피 중 소비자가 직접 드립을 하는 핸드 드립 컨셉의 커피도 판매하고 있었다.

종합적으로 일차원적인 자사 브랜드 자체를 홍보하기 보다는 자사가 사용하는 원두를 중점으로 맛을 예상하게 하는 전략을 취한다. 그리고 사업자가 획일적으로 원두를 따로 지정하지 않고, 소비자에게 원두 선택권을 부여한다. 또한 커피만 제공하는 것이 아니라 소비자가 직접 로스팅이나 드립을 할 수 있도록 방법을 제공한다.

2-3. 홀릭, 홀더에 홀리다

우리는 테이크아웃 음료를 관찰하면서 음료 자체가 아닌 '컵홀더'를 집중적으로 관찰하기도 했다. 컵 홀더는 테이크 아웃 시, 음료가 너무 뜨겁거나 차가울 때 반드시 필요하다. 음료 용기에 필요한 보조 용품으로 생각되어지는 컵 홀더는 테이크 아웃에 빠질 수 없는 하나의 요소가 되었다. 거의 모든 매장에서는 음료에 컵 홀더를 제공하고 있었다.

과거 '용도'에만 치중한 컵 홀더와 달리 '디자인'이나 '의미' 또한 특별하게 적용되고 있었다.

(과거 초창기의 컵홀더)

컵홀더에 대한 추가적인 조사를 통해 최근에 사용되고 있는 컵홀더의 용도와 의미를 알 수 있었다. 용도 자체에만 집중하여 사용을 하다가 자신의 회사로고를 새기기 시작했다. 그 이후 에는 회사를 나타는 그림과 눈에 확 띄는 시각적인 이미지의 컵홀더가 있었다. 최근에 이르러서는 자사 광고모델이나 제휴서비스 애니메이션 그림(ex 라인)을 새겨 넣거나 공공기관의 정책 및 정보제공을 담은 컵홀더를 음료전문점에서 제공하고 있었다.

(개성 있는 글귀와 그림으로 자사의 제품을 긍정적으로 어필)

(학교 공식 컵홀더)　　　　　(15주년 컵홀더)

(고용노동부 컵홀더)　　　　　(광고모델 컵홀더)

(편의점에서 제공하는 라인 컵홀더)

컵홀더를 통해서 자사의 컨셉 이미지를 투영하여 브랜드를 홍보를 하거나 기업의 홍보수단이 아닌 소비자 입장에서의 가치를 부여하는 정보제공 역할도 하고 있다. 그리고 고객의 입장에서 생각을 컵홀더를 제공하고 있다. 그 예로 고객에게 감사함을 표시하는 메시지수단으로 활용을 하거나 고객이 선호하는 광고모델 및 캐릭터와 연계하는 컵홀더가 있다.

결론적으로 소비자들이 소장가치가 있다고 생각하거나 음료 제품 자체만을 컵홀더를 중요하게 생각하는 경우도 나타나고 있어, 컵홀더 때문에 제품을 구입하거나 컵홀더 구하려고 하는 사람도 존재했다. 단순한 박스종이에 불과했던 컵홀더가 음료구입에 큰 비중을 차지하고 있다는 것은 소비자들의 매니아적이고 다양해진 욕구를 나타내는 것이다. 제품자체에 대한 장점뿐만 아니라 부가적인, 보조적인 용품을 통해서도 소비자들의 선택은 바뀔 수 있다는 것을 알 수 있었다.

3. 결론

3-1. 도출한 트렌드와의 기대되는 연관·파생트렌드 예측

앞서 도출한 '생생라이브' 라는 트렌드와 같이, 앞으로도 웰빙과 관련되어 생과일주스 외에도 다른 건강적인 측면을 포함한 음료나 샐러드가 주류 트렌드로 부상할 가능성이 있다. 일반 음료시장에서도 영양적인 성분이나 유기농과 같은 장점을 어필하며 소비자의 선택을 유도하는 상품들이 많이 등장하고 있다. 그 예로 현재 소비자들에게 인기가 많은 유산균음료인 요거트를 사용한 음료나 스무디가 있다. 따라서 테이크아웃 전문점이나 커피전문점에서도 새로운 트렌드의 컨셉 음료가 등장할 수 있다고 예상한다.

'생생라이브트렌드'는 기존 카페인음료 및 커피의 인기에 대항하여 나타난 역트렌드 현상이라고 볼 수 있다. 이러한 현상은 생과일주스 이외에도 다양한 제품의 출시를 불러일으키고 있다. 근육을 이완시켜서 숙면을 돕는 gs25의 신상품 '슬로우 카우' 는 등장과 함께 sns상에서 큰 파장을 일으킬 만큼 소비자의 니즈에 적중했다. 건강을 중시하는 소비자들이 늘어남에 따라 과일사랑 열풍이 확대되어 가고 있다. 지난 2015년 과일 소주, 과일 과자에서부터 시작한 과일 맛 열풍은 올해 들어 가공하지 않은 과일 그대로 판매하는 '진짜 과일' 열풍에 이르렀다. 즉 식품업계에서는 이제 단순히 과일 향을 첨가하지 않고 진짜 과일이 들어간 제품을 경쟁적으로 선보인다는 뜻이다. 이러한 열풍에 힘입어 롯데제과에서는 과일 향과 시럽을 섞은 제품이 아닌 진짜과일을 넣은 아이스바 '리얼 팜'을 출시했다. 리얼 팜은 요거트가 들어있는 아이스바 속에 크게 슬라이스 된 딸기와 망고, 파인애플, 키위 네 가지 과일이 들어있다.

또한 '홀릭, 홀더에 홀리다' 트렌드와 같이 컵홀더의 용도가 다양하지면서, 기업에서는 이러한 컵홀더를 하나의 광고수단으로 이용하고 있었을 뿐만 아니라 소비자입장에서의 의미와 가치를 담기에 이르렀다. 컵홀더는 음료구매자에게 우선 노출되고, 테이크아웃의 특성상 아주 많은 제 3자에게 다시 노출된다. 따라서 동일 제품군 시장에서 독보적인 우위를 차지하고 있거나 소비자들이 많이 구매하는 음료의 컵홀더를 통해 효과적인 광고효과와 고객의 선호를 얻을 수 있다. 자사와 관련이 없는 다른 회사의 정보나 제품에 대한 광고를 제공하고 광고비를 얻는 또 다른 수익구조가 생겨날 것으로 판단되며, 이제는 컵홀더를 넘어서 새로운 자투리수단을 활용한 활발한 crm활동 또한 확산될 것으로 전망된다.

또한 컵홀더가 단순한 시각적인 효과를 주는 것만 아니라, 재미나 늘이를 부여하며 그림그리거나 종이접기 등 컵홀더를 다른 용도로도 사용이 가능하도록 하는 제품이 등장할 가능성도 있다고 생각한다. 그 예로 cu편의점의 라인프렌즈 컵홀더를 활용한 냄비 받침 만들기의 활용법이 sns상에서 화제가 되고 있는 것을 발견했다. 아래는 화제가 된 해당 게시글의 이미지다.

(출처 : 페이스북)

'나만의 커피철학, CBC' 트렌드와 같이 국내 커피문화가 고급화·맞춤화 되면서 가정에서도 고급 원두커피를 즐기는 '홈 카페족'이 늘어날 것이라 예상해보았다. 이러한 현상은 기업에

참고문헌

국내문헌

김선주 · 안현정, 일상에서 트렌드를 발견하는 방법 트렌드 와칭, 21세기북스, 2013

디지털 타임스, 2016년 10월 31일 기사, 디자인 경영 빼고 ICT 혁신: 고객에 와닿겠나

서정희, 소비트렌드 예측의 이론과 방법, 내하출판사, 2005

스포츠 조선, 2017년 4월 11일 기사, 안경 브랜드가 만화방을 연 이유?

신한종합연구소, 타운와칭-거리관찰 가이드북, (주)성림문화, 1995

한석우 · 김정진, 타운와칭(Town Watching)에 의한 트렌드 트래킹 시스템과 활용에 관한 연구, 디자인학연구 13(4), 225-231, 2000

황성욱, 트렌드 시드-기막힌 아이디어를 만드는 생각 탄생의 비밀, 중앙북스, 2012

CHAPTER 7
**정성조사 인터뷰를
통한 트렌드 분석**

CHAPTER 7
정성조사 인터뷰를 통한
트렌드 분석

학습목표

트렌드를 분석하고 예측하는 방법으로서 정량적인 설문조사나 통계분석은 시장 전체를 조망하며 현재의 소비자 트렌드 추세를 분석하는 데 매우 유용하다. 그에 반해 인터뷰 등의 정성조사는 특정 세그먼트(segment)의 소비자들을 분석하는 데 유용하다. 표적집단면접법(Focus Group Interview)은 특정 세그먼트의 소비자들을 대상으로 집단면접 등을 실시하므로 소위 세그먼트 트렌드(segment trend)를 분석하는 데 유용하다. 가령, 화장품 회사가 20대 여성을 타깃으로 하는 제품을 기획하고자 할 때 20대 여성 소비자들을 모아 놓고 표적집단면접법을 실시하는 것은 매우 효과적인 방법이 될 것이다.

또한 트렌드를 예측하고 분석하는 방법 중 효과적인 방법은 해당 분야의 전문가에게 물어보는 것이다. 가령, 전자회사에서 해당 분야의 미래 가전 트렌드를 예측하기 위해서 IT전자 전문가에게 인터뷰를 실시할 수 있다. 이를 가리켜 전문가 인터뷰(델파이법)라고 일컫는다. 전문가의 식견과 안목을 통해 해당 분야의 트렌드를 예측하게 되는 것이다.

트렌드를 예측하기 위해서는 무엇보다 트렌드를 선도하는 소비자 세그먼트에 대한 분석이 이루어져야 한다. 소위 얼리어답터, 헤비유저 집단을 대상으로 이들의 니즈와 생각 등을 읽게 되면 해당 분야의 트렌드 현상 중 중요한 핵심 소비가치를 분석해 낼 수 있는 것이다. 그러므로 이들 의견선도 소비자 집단에 대한 인터뷰 등을 실시하는 것은 매우 유용한 작업이 될 것이다. 기업 등에서도 파워블로거, 헤비유저, 얼리어답터 집단을 대상으로 심층면접이나 관찰 등을 수행해서 이들의 생각을 읽어내어 선제적인 시장 전략을 도출하고자 한다. 그러므로 본 장에서는 정성조사 인터뷰를 통한 트렌드 분석 방법으로서 전문가 인터뷰, FGI, 투사기법 등의 방법과 이론에 대해 학습하고, 이 중에서 FGI 방법론에 대한 실습을 함으로써 실제적으로 기업 현장에서 해당 방법론을 적용할 수 있는 능력을 기르도록 한다.

■
표적집단면접
(Focus Group Interview)

1) 개 념

주로 기업에서 많이 사용하는 방법론이다. 보통 6~8명의 동질적인 집단의 면접 대상자가 2시간 정도의 자유로운 토론과 대화의 상호작용 속에서 자연스럽게 표출하는 니즈나 욕망 등을 추출하는 방식을 말한다. 기업 등에서 정성조사 방법으로서 애용되고 있는 방식이다. 표적집단면접에 참여하는 대상은 동질적인 대상이어야 한다. 특히 FGI의 성패 여부는 모더레이터(moderator)의 능력에 의해 좌우된다. 모더레이터의 능력이 어느 정도인지에 따라 FGI의 진행과 결과 도출 수준이 결정된다고 해도 과언이 아니다. FGI는 녹음 및 녹화시설이 내장된 전용룸이나 일방향적 룸미러가 있는 회의실에서 진행하기도 한다. 특히 FGI는 토론과 쌍방향적 상호작용(interaction)이 더욱 강조되기 때문에 이를 가리켜 FGD(Focus Group Discussion)라는 명칭으로 부르기도 한다. 기업측에서는 FGI를 실시해서

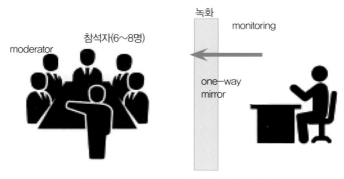

그림 7-1 **표적집단면적**(Focus Group Interview)

신상품 아이디어를 도출하고, 소비자들의 상품구매 과정 및 실태를 파악하고, 시장조사를 위한 예비조사에 활용하기도 한다.

2) 절 차

(1) 표적집단의 구성

표적집단은 사회통계인구학적으로 동질적인 집단으로 구성되어야 한다. 이를 통해 조사목적을 달성하고 집단구성원의 인식, 경험, 언어, 양태 등에 있어서의 이질성을 최소화시키려는 것이다. 구성원 간 이질성이 커지면 서로 간에 솔직한 의견을 표현하기가 어려우며 토론의 참여도가 줄게 되어 인터뷰의 효율성이 떨어지게 된다. 인터뷰 사전에 응답자의 특성을 정확하게 파악하여 인터뷰 목적에 맞는 참가자를 선별할 수 있어야 한다.

(2) 조정자(Moderator)의 역할

FGI에서 조정자는 집단 구성원 간의 친근감을 형성하고 자유로운 참여를 유도해야 한다. 모더레이터는 집단 상호 간의 규칙을 정하고 목적을 설정한 다음 응답자들에게 캐묻거나 토론을 활발히 이끌고 집단의 반응에 대한 요약을 하는 역할을 한다. 결국 모더레이터의 능력이 FGI의 성과를 결정하므로 유능한 진행자의 확보가 FGI 성공의 관건이 되는 것이다. 모더레이터는 집단 구성원 간의 친근감을 형성하고 자유로운 참여를 유도해야 하며, 조사결과의 분석과 해석 시 중심적인 역할을 수행하게 된다. 특히 모더레이터는 토론 주제에 대한 기술, 지식, 경험 등이 풍부해야 한다. FGI가 끝나자마자 조사 목적에 따라 각 좌담회에서 받은 느낌을 간단하게 정리하고, 결론과 관련하여 아이디어가 있으면 그때그때 함께 적어두어야 할 것이다. 결국 FGI를 진행할수록 각 집단에서의 차이를 잊어버리게 되므로 이런 정리 과정이 중요하다는 것을 알아야 할 것이다.

(3) FGI 가이드라인 작성

가이드라인은 조사목적에 의거해서 필수적인 질문을 적절하게 배열해야 한다. 인터뷰 주제별로 중요성에 따라서 인터뷰 할당시간을 적절하게 배분해서 인터뷰 가이드라인을 작성하도록 한다. 인터뷰 가이드라인은 설문지처럼 구조화되어 있는 것은 아니다. 인터뷰를 진행하면서 조사 목적에 따라 추가하거나 수정하는 것을 언제든 할 수 있는 유연성을 갖도록 한다. 가이드라인을 작성할 때는 미처 생각하지 못했던 인터뷰 주제가 도출되는 경우가 있기 때문에 조사목적에 부합한다면 가이드라인에 없더라도 적절하게 질문 리스트를 추가하는 것도 효율적이다.

인터뷰 가이드라인에 따른 질문 사항 카테고리 각각이 끝날 때마다 모더레이터는 그때그때의 느낌이나 생각을 간단하게 적을 수 있도록 한다. 결국 인터뷰 가이드라인을 개략적으로 정했다고는 하지만 상황에 따른 소비자들의 반응에 의거해서 가이드라인을 수정하거나 보충할 일이 생기게 되는 것이다.

무초점집단 면접법(unfocus group)

무초점집단 면접법은 최대한 다양한 분야의 지식과 배경을 가진 사람들을 모아 놓고 그룹 토의나 워크숍을 여는 방식이다. 참여자들로 하여금 풍부하고 창의적이고 다양한 아이디어를 내놓고 그룹 토의에서 기여할 수 있도록 독려하는 방식을 활용한다. 잠재적인 사용자로부터 다양한 의견과 아이디어를 끌어낼 수 있도록 유도하는 것이 무엇보다 중요하다.[1]

---

1 IDEO methodcards

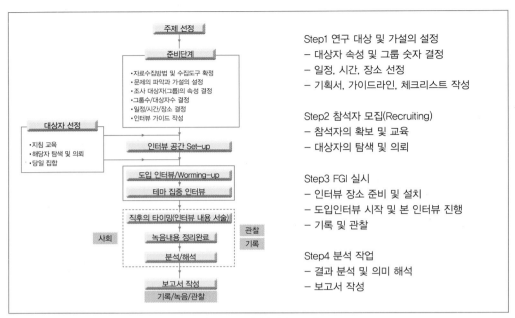

그림 7-2 **표적집단면접 프로세스**

(4) 구체적인 프로세스

① FGI 인터뷰 세부 실행 지침

㉠ 인터뷰 가이드라인은 모더레이터와 의뢰인이 공동으로 설계하고 작성하는 것이 바람직하다. 이를 통해 조사에서 다루어야 할 주제, 분량, 내용 등을 결정할 수 있다.

㉡ 적은 시간으로 최대의 정보를 뽑아낼 수 있도록 충분한 주제를 포함시킨다. 너무 많은 내용과 주제는 참석자들을 지루하고 피로하게 만들 수 있다.

㉢ 토론과 인터뷰는 최대한 자연스럽게 흘러갈 수 있도록 해야 한다. 다소 공격적인 질문은 참석자들 간에 친밀감이 형성되기 전에는 자제해야 한다.

㉣ 인터뷰 가이드라인은 모더레이터가 진행하기 편하도록 최대한 명확하고 상세하게 작성되어야 한다.

㉤ 인터뷰 가이드라인에서는 우선순위를 정해서 작성하고 내용이 너무 긴 경우

에는 조사를 2개로 분리할 수 있다.

ⓑ 모더레이터는 해당 주제에 대해 사전에 공부를 많이 해두어야 한다. 토론 주제에 관한 연구나 기사, 논문, 보고서 등을 사전에 숙지한 후 인터뷰에 임하는 것이 좋다.

② 세부 질문 방법

ⓐ 시작질문(opening question)

시작질문은 10~20초 내에 단순하게 대답할 수 있는 질문으로 구성한다. 참여자 모두에게 공통적으로 질문하는 것으로서 짧게 대답할 수 있도록 만든다. 목적은 참여자들이 편안하게 표적집단면접에 임하도록 하기 위한 것이다. 개인의 견해나 태도에 관한 질문은 최대한 피하는 것이 좋다.

ⓑ 도입질문(introductory question)

도입질문은 해당 면접에서 다루어야 할 주제를 소개하는 질문이다. 참여자들이 스스로 주제에 대해 자각하고 인터뷰에 임할 수 있도록 주의를 환기하는 차원에서 질문한다. 보통은 개방형 질문을 함으로써 해당 주제의 방향에 대해 참여자들이 사전에 인지하는데 도움을 주고, 진행자는 해당 주제에 대해 참여자들의 이해 정도를 파악할 수 있다.

ⓒ 전환질문(transition question)

주요 질문에 들어가는 가교 역할을 하는 질문으로서 광범위한 주제에 대해 좀 더 구체적으로 문제의식을 환기한다. 핵심 주제에서 논의가 이탈될 때 전환질문을 통해 다시 해당 주제로 돌아오게 만들 수 있다.

ⓓ 주요 질문(key question)

해당 주제에 대한 핵심 질문으로서 중점적으로 다루어야 할 질문들이다. 필요한 만큼 충분한 시간을 할애해야 하는 질문들로서 가장 많은 비중을 차지하는 질문 사항들이다.

ⓜ 마무리질문(ending question)

마무리질문을 하는 것은 토론을 끝내는 목적을 가지고 있지만 참여자들이 토론 중에 이야기하고 대답했던 사항들을 확인하는 차원이므로 여기서의 대답들도 중요한 분석 자료로 사용되기도 한다. 주요 토론 내용에 대한 정리와 요약을 하는 기회이기도 하며 참여자들의 응답 내용을 분석하는 목적도 있다. 마지막으로 연구의 주제를 설명하고 참여자들이 더 이상 할 이야기들은 없는지 확인해보는 기회이기도 하다. 이 질문을 위한 시간을 충분히 남겨 두어야 하므로 정해진 시간에서 10분 이상 남겨 두어야 한다.

델파이 기법

델파이(Delphi)는 미래를 예측하는 경우에 일반화 혹은 표준화된 자료가 없을 경우 전문가들의 식견과 직관을 통해 합의점을 도출하는 방법이다. 미국 Rand사가 개발한 미래 예측 기법이다. 전문가 그룹으로부터 의견을 체계적으로 수렴하기 위해 고안한 방법으로서 해당 문제에 대한 객관적이고 통계적인 접근이 가능하다. '델파이 기법'이라는 명칭은 미래 예측에 관한 문의에 초점을 두고 창안되었으므로, 이 기법을 고대 그리스에서 행하였던 델포이신전(Delphoe神殿)의 신탁(神託)에 비유하여 그것에서 따온 용어이다. 델파이 기법은 미래를 예측하는 기법으로 활용 가능하며 미래 트렌드의 전망 및 예측이 가능한 기법이다. 신제품의 시장 수요 예측에도 사용되며, 산업 구조의 변화를 예측하는 의사결정 도구이다. 델파이는 장기적 예측에 적합한 방법이다. 또한 기술 분야 예측에서 가장 많이 적용되는 방법이며, 기술예측의 90%가 델파이에 기초하고 있다.

익명성이 보장되어 전문가는 자신의 의견을 자유롭게 개진한다. 델파이 기법에서는 예측에 참여하는 전문가가 누구인지 또는 누가 어떤 의견을 개진하는지 참여 전문가들에게 알려주지 않는다.

전문가는 익명이 보장된 상태에서 설문서를 통해 의견을 개진한다. 익명성을 보장받음으로써 다른 권위 있는 전문가들로부터의 영향력을 배제할 수 있다.

이 기법은 첫째, 응답자의 익명을 보장하므로 공적으로 거론하기 어려운 미묘한 사안에 대해서도 솔직한 의견을 들을 수 있고, 둘째 통제된 환류(feed-back)를 포함하는 반복과정을 통하여 미래 예측을 담당한 기관은 미래 예측의 논점(論點)에 적절한 정보를 추출해 낼 수 있다. 셋째 많은 사람들의 의견을 통계적으로 종합 분석하여 미래 전망을 확률적으로 표시할 수 있다.

델파이는 대면회의 단점을 줄이고 장점을 극대화하는 방식이다. 델파이는 수행과정에서 대면회의 방식과 마찬가지로 전문가 상호 간에 의견교환의 장을 마련해 준다. 시간과 비용의 측면에서 대면회의보다는 델파이를 사용하는 것이 효율적이다. 그러나 전문가의 잘못된 선정, 조잡하게 설계된 설문, 엉성한 실행, 부적절한 방식 등은 델파이의 효과를 제한할 수 있다. 또한 전문가 그룹의 합의로부터 도출된 결과가 그 분야의 최고 전문가인 특정 개인의 의견보다 정확한가에 대한 논란의 여지가 있다. 가장 우수한 개인의 측정치는 합의결과보다 정확할 수 있기 때문이다.

델파이 기법의 장점은 다음과 같다. 판단이 요구되는 문제에 대해 객관적으로 접근이 가능하다. 정량화하기 어려운 내용을 객관적인 통계로 보여줄 수 있으며, 익명성이 있고 독립적이기 때문에 자유롭고 솔직한 전문가들의 의견 개진이 가능하다. 다수의 전문가들의 의견을 수렴하고 피드백할 수 있으며, 참석자들의 시간과 노력을 절감할 수 있다. 이에 반해 델파이 기법의 단점은 다음과 같다. 결론을 도출하기 위해 소요되는 시간이 길며, 설문조사에 대한 회수율이 높지 않고 조사가 반복됨에 따라 회수율은 낮아진다. 소수 의견을 배제하고 의견단일화를 위한 압력으로 창의적 발상이 저하된다. 또한 다수의 전문가를 확보하기가 어렵다.

델파이 기법의 특징을 표로 정리하면 다음과 같다. 델파이 기법은 집단효과, 익명성, 환류성의 특징을 갖는다.

표 7-1 델파이 기법의 특징

항 목	내 용
집단효과	• 집단 내의 극단적 오류가 상호 균형 및 수정을 통해 의견 간 합의 도출 • 집단의 판단이 개인의 판단의 합보다 우위
익명성	• 전문가들은 다른 사람들에 대해 알지 못한 채 개인적으로 독립적인 질문에 응답 • 이를 통해 집단에 대한 동의, 개인 이익의 추구, 사회자의 지배 등의 영향을 방지 • 일반적인 경향에 이르기 위해서 개인적 판단의 수정과 적응을 장려
통제된 환류와 다중반복	• 개인적·개방적 순환보다 여러 번의 폐쇄적 순환에서 보다 많은 정보 도출 • 형식적인 질문과정은 통계적 평가결과를 가진 집단의 감시와 평가에 의해 통제

델파이 기법의 실행순서는 다음과 같다. 먼저 준비 단계에서는 해당 분야의 전문가 그룹의 팀을 구성한다. 전문지식을 지닌 집단을 선별하여 해당 분야의 트렌드를 예측할 수 있도록 한다.

실행단계에서는 3~4단계 정도로 구분되는데, 1단계에서는 참여자들이 설문에 답변한다. 2단계에서는 전체 전문가 집단에게 답변 내용을 정리하여 참여자들에게 제공하고 구체적인 평가를 내리게 된다. 3단계에서는 답변된 내용의 평균을

표 7-2 델파이 기법의 실행순서

단 계	항 목	내 용
준 비	Delphi팀의 구성	델파이를 조사하고 실행 및 평가
	설문지 작성	오역이나 오해가 생기지 않도록 예비 테스트 실시
	전문가집단 구성	전문적 지식, 전문분야 경험 등을 가진 사람을 선발
실 행	1단계	참여자들이 설문에 답변
	2단계	답변된 내용을 정리하여 참여자들에게 제공하고, 구체적인 평가를 내림.
	3단계	답변된 내용을 평균하여 참여자들에게 제공하고, 논리 및 반론의 견지에서 자신의 주장을 정당화
	4단계	최종적으로 의견이 확정되고 이를 참여자에게 제공하고 최종 교정과 평가
평 가	통계적 평가	최종적인 통계적 평가
	보고서 작성	도표 등을 활용한 보고서 작성

참여자들에게 제공하고 논리와 반론의 견지에서 자신의 주장을 정당화하게 한다. 4단계에서 최종적으로 의견이 확정되면 이를 참여자들에게 제공하고 최종적으로 교정과 평가가 이루어진다. 조사된 내용을 기반으로 통계분석 등을 수행하여 최종적인 분석 보고서를 작성한다.

■ ■ ■

투사기법

1) 투사기법(Projective Technique)의 개념

투사기법(Projective technique)은 소비자 자신의 욕망이나 니즈를 은유적 대상 등에 투사(projection)하여 이야기하기 어렵거나 생각해 내지 못했던 잠재적인 요소들을 이끌어내는 방법이다. 특히 투사기법은 상징적이고 은유적인 연상을 이용하여 소비자와 커뮤니케이션하는 것이 핵심이다. 이를 통해 소비자의 잠재적이고 숨겨진 직관적인 감정, 소망, 욕망, 가치 등을 분석하는 데 도움이 된다. 이 방법론은 원래 심리학적 방법론으로서 정신의학에서 사용되던 것들을 응용하여 사용하는 것이다. 투사기법은 브랜드, 제품, 시장, 소비자를 보다 잘 이해하도록 도와주는 수단이 될 수 있다.

투사기법은 단독으로 사용하기 보다는 1:1 심층면접이나 표적집단면접 등에서 보조적으로 사용하면 더욱 효과적이다. 특히 투사기법을 수행하는 소비자들은 보다 쉽게 흥미와 재미를 느낄 수 있는 장점이 있으며 기본적인 해석은 소비자들 자신의 설명에 기초해서 이루어져야 한다. 특히 직접적인 질문으로 파악하기 어려운 심리적 요소들을 추출하는 데 매우 적합한 방법이다. 소비자가 인지하지 못하거나 잠재의식의 이면에 침잠하고 있는 추출하기 어려운 욕망을 추출하는 데 적합한 방법이다. 이 방법론은 소비자의 감성적 측면과 문화적 측면, 상직적 요소들을 추출하고 분석하는 데 매우 적합한 방식이다.

투사기법은 소비자들이 쉽게 찾아내고 표현하기 힘든 니즈들을 도출해내는데 매우 유용하다. 또한 투사기법은 참석자들이 쉽게 드러내기 힘든 혹은 드러내고자 하지 않는 응답들을 도출해 내는 데 유용하다. 소비자들 자신도 무의식 이면에 침전되어 있는 잠재니즈를 알기 어려우므로 이러한 투사기법을 통해 효율적으로 미충족 욕구(unmet needs)를 추출해 낼 수 있다. 이러한 투사기법을 적용할 때는 조사의 목적을 숨김으로써 더욱 진실된 반응을 얻어낼 수 있게 되는 것이다.

특히 다루어야 할 주제들이 개별적이거나 민감한 사안일 경우, 사회적인 규범과 민감하게 관련된 경우에 더욱 효과적으로 활용할 수 있다. 무엇보다 투사기법은 잠재의식 속에서 작용하고 있는 동기 유발 요소, 믿음, 태도 등을 확인하는 데에도 유용한 방법론이다.

투사기법의 한계점으로는 응답을 분석하기 위해서는 수준 높은 분석이 요구된다는 점이다. 투사기법 중 일부 방법의 경우에는 참석자의 참여가 상당 수준 요구되기 때문에 원하는 조사 결과가 얻어질 수 있을 것인가에 대한 불확실성이 존재한다.

투사기법을 너무 어렵게 구성하거나 급하게 진행하는 것은 바람직하지 않다. 즉 투사기법을 병행해야 할 경우에는 시간을 여유있게 할애해야 한다는 것을 유념해야 한다. 투사기법의 적용 시 너무 많은 종류의 방법을 적용하지 않도록 해야 한다. 투사기법을 사용한 이후에는 소비자들의 표현을 잘 해석하는 것이 연구원의 능력이다. 투사기법의 해석에 관해서는 소비자들이 잘 설명할 수 있도록 가이드해야 한다. 또한 응답자들에게 투사기법 조사에 있어서 정답과 오답이 없다는 사실을 이야기하고 생각할 수 있는 충분한 시간을 주도록 해야 한다.

2) 투사기법의 유형

(1) If X were Y(가정법)

가정법(If X were Y)은 응답자에게 특정 카테고리의 브랜드들을 다른 범주의 브랜드들로 치환하여 상상하도록 한다. 만약 크레스트, 죽염 같은 치약 브랜드를 자동차 브랜드로 바꿔서 이야기한다면 무엇이 될까 물어볼 수 있다. 또는 엘지전자, 삼성전자가 만약 대학교라면 그 대학은 어떤 대학이 되겠는가? 라는 방식으로 전혀 상이한 범주의 브랜드로 상상하여 이야기하도록 유도하는 방법이다. 이를 통해 이전에는 알지 못했던 기존 브랜드의 이미지, 장점과 약점, 숨어 있던 특성 등을 파악하는 데 유용하다.

(2) 상상세계(Imaginary Universe)

응답자로 하여금 마치 공상과학 영화와 같은 상상을 하도록 하는 것이다. 가령, 응답자들로 하여금 특정 브랜드의 사용자들이 온 지구와 세계에 살고 있다고 상상하게 한다면 그 세상에 대한 일련의 특징들을 묘사하게 하는 것이다. 예를 들어, 그 행성은 온화한 기후인지, 아니면 혹독한 기후인지, 행성의 물리적인 특징은 무엇인지, 그 행성에 사는 사람들의 생김새는 어떠한지, 그들의 신념이나 이상은 무엇인지 등등 자유로운 상상에 기초한 질문과 응답을 통해 특정 브랜드에 대한 소비자의 태도나 신념 등을 드러낼 수 있는 것이다.

(3) 외계인 방문(Visitor from another planets)

응답자가 외계에서 지구로 도착해서 처음으로 어떤 브랜드를 보았을 때 느끼거나 생각이 드는 점에 대해서 상상하도록 하는 방법을 통해서 브랜드의 특징을 유추할 수 있다. 예를 들어, 외계인이 스타벅스나 던킨도너츠를 처음 보게 되었을 때 그들의 첫 번째 반응이 무엇인지 생각해볼 수 있다. 또한 그들은 어떠한 질문을 할지, 그들이 결국에는 어떠한 브랜드를 선택하게 될지 등을 물어볼 수 있다. 이를 통해 특정 브랜드의 전혀 새로운 가치를 발견하거나 소비자의 니즈에 부합하는 특성이 무엇이 될 수 있을지 추론해 낼 수 있다.

(4) 행성 탐험법(Planets)

행성 탐험법은 응답자로 하여금 조용한 분위기에서 눈을 감고 상상하게 하는 것이다. 즉 인터뷰하는 사람이 응답자로 하여금 우주공간을 상상하면서 여행하게 만드는 것이다. 우주여행선에 타고 지구를 떠나 우주여행의 끝까지 가서 다시 지구로 귀환하는 과정 가운데 인터뷰를 하게 된다. 가령, 브랜드 X 행성에 방문했을 때의 경험과 감정에 대해 깊이 있게 생각하도록 요청받는 등의 방식이다. 예를 들어, 그곳은 어떻게 생겼는가, 행성 사람들은 어떻게 생겼는가, 건물은 어떻게 생겼는가, 무엇을 보고 느끼고 듣고 냄새 맡았는가(오감), 누구와 이야기하고 무엇을 이야기 했는가, 그곳에서 6달 동안 시간을 소비하면서 어떠한 것을 느꼈는가, 당신이 그곳에서 떠나도록 요청받았을 때 무엇을 느꼈는가, 이러한 상상유도법을 통해서 소비자들은 다른 브랜드 행성에 방문하도록 하여 비교하고 대조하도록 유도할 수 있다. 이러한 과정을 통해서 브랜드·상품과 고객 간의 관계에 대한 더 깊은 인사이트와 다채로운 묘사가 가능해질 수 있다.

(5) 잘못된 대답(Wrong Answer)

연속된 질문들에 대해서 계속적으로 잘못된 응답들을 하게 함으로써 이면에 숨은 신념이나 믿음들에 대해서 찾아내는 방법이다. 예를 들어, 페이셜 크림을 고르는 잘못된 방식은 무엇인가, 자동차를 고르는 잘못된 의사결정 방식은 무엇인가 등과 같은 질문을 한다. 이를 통해 그 잘못된 결정을 하는 것의 특징이 무엇인지 조사하는 것은 특정 카테고리 안에서 제품 선택의 고려요소들에 대한 적합한 가정들과 표준들을 발견할 수 있게 한다.

(6) 의인화 기법(Personification)

투사기법에서 많이 사용하는 기법 중의 하나이다. 이 기법에서는 응답자들로 하여금 상표, 패키지, 제품 등을 사람으로 전환하여 설명하도록 하는 것이 핵심이다. 특정 브랜드가 연령, 성별, 가지고 다니는 차 종류, 직업, 사는 곳, 성격, 취미, 옷 입은 스타일 등 사람의 요소가 무엇이 될지 다양하게 질문을 하게 된다. 이 방법은 브랜드의 이미지를 추출해 내는 데 효과적이다. 특정 브랜드가 사람이라고 가정했을 때 개인의 개성과 인격적 측면과 연관된 사회인구학적 요소들을 추출할 수 있다. 가령, 샤넬이 사람이라면 여자일까? 남자일까? 직업은 무엇일까? 사는 곳은 어디일까? 등의 방식으로 소비자에게 질문과 응답을 하게 한다.

(7) 유사법(Analogies)

유사법은 의인화법과 유사하지만 대상을 사람이 아닌 꽃, 나무, 자동차, 음식점, 호텔, 신문, 동물 등의 대상으로 치환한다는 측면에서 차이가 있다. 기본적인 사용 목적은 의인화법과 같지만 소비자들이 브랜드와 관련해서 어떤 사물을 연상하고 있는가를 알고 싶을 때 의인화법은 사람이라는 대상의 한계를 지니지만 유사법은 브랜드와 연상되는 다양한 사물의 특성을 발견해 낼 수 있는 장점이 있다. 브랜드, 상품 등의 주요한 장점과 단점 등의 특성을 파악하는 데 매우 유용하다.

(8) 단어연상법(Word Association)

단어연상법은 브랜드명, 제품명 등을 이용해 소비자로 하여금 자유 연상을 하게 하는 것이다. 가령, "내가 ~을 말할 때 너의 마음에 처음 떠오르는 것은 무엇인가?" 등의 질문을 하는 식으로 진행하게 된다. 단어연상법은 브랜드나 제품군에 대한 소비자의 최초상기의 측면과 상표와 제품이 주는 효익이 무엇인지 알아보는 데 매우 효과적이다. 주로 본격적인 조사를 시작하기 전에 워밍업 단계에서 많이 이용되는 방법이다.

(9) 상실연구 방법론

상실연구는 소비자들로 하여금 특정한 물건 없이 살아보도록 하는 것이다. 소비자 상실연구의 대표적인 사례는 〈갓 밀크(Got milk)〉 캠페인이다. 이 캠페인은 우유 소비를 촉진시키기 위해서 1990년대에 수행되었다. 그 당시에 소비자들은 식품으로서의 우유에 대한 의심, 걱정, 편견, 밋밋한 맛 등으로 인해 우유 소비가 급감하는 상황이었다. 이러한 상황에서 우유 소비를 촉진시키기 위한 다양한 캠페인을 벌였으나 직접적인 판매 증가로는 이어지지 않았다. 이러한 상황에서 〈갓 밀크〉 캠페인은 소비자들이 지금까지 우유에 대해 생각해 볼 수 있는 기회는 우유가 없을 때라는 것을 깨닫게 되었고, 캠페인 참여 지원 프로그램을 시작하게 된다. 캠페인은 연구자들에게 일주일 동안 우유를 사용하지 않도록 했다. 이 기간 동안 소비자들은 우유 없이는 자신들이 좋아했던 여러 가지 음식을 맛있게 먹는 것이 불가능하다는 것을 깨닫게 되었다. 초콜릿, 시리얼, 베이커리 등 우유 없이는 소비자들이 미각적 만족을 할 수 없다는 사실을 깨닫게 된 것이다. 이러한 내용을 광고에 담아 우유가 필수적인 보조재가 되는 음식들(과자, 시리얼) 등을 광고에서 묘사하고 세상에 그 어떤 우유도 존재하지 않게 된 상황을 설정하여 우유와 함께 먹는 행복한 순간이 파괴되는 장면을 그리면서 소비자들에게 폭발적인 공감을 불러일으키며 우유 소비를 증가시키는 결정적인 계기가 되었다. 소비자 상실연구는 상품부고기사 등의 투사기법을 실제 소비생활에 적용함으로써 소비자가 느끼게 되는 감정과 생각에 대해 좀 더 구체적으로 이해할 수 있는 방법론인 것이다.

(10) 말풍선(Bubble Cartoon)

만화나 카툰의 말풍선을 채워 넣는 방식을 말한다. 참석자들 본인을 만화를 통해 투사하여 표현하도록 하는 방법이다. 사람, 상표들, 제품들을 이용할 수 있으며 소비자들의 죄책감, 근심, 당황, 열망 등을 표현할 수 있게 해 준다. 이를 통해 사람과 제품 간의 관계를 더 잘 이해할 수 있으며 특정 제품이나 상표를 사용하는데 있어서 핵심적인 동기나 저항감을 파악하는 데 도움을 준다. 또한 소비자들이 그 상표에 대해 본인들의 솔직한 감정이 무엇인지 파악하기 어려울 때 사용하면 효과적이다.

(11) 문장완성법(Sentence Completion)

응답자로 하여금 불완전한 문장, 이야기 등을 완성하게 하는 방법이다. 빈 칸에는 마음 속에 떠오르는 단어나 구절을 자연스럽게 쓰게 유도한다. 가령, '롯데 백화점에서 쇼핑하는 사람은 (   )이다. 애플노트북 사용자는 (   )한 사람이다. 건강하게 생활하기를 원하는 사람들은 매일 (   )을 할 것이다. 외모에 신경을 쓰는 남성들은 (   )을 할 것이다.'처럼 말이다.

이야기 완성 기법은 응답자에게 어떤 이야기의 일부를 제시하고, 스스로 나름대로의 결론을 내리도록 하는 것이다. 상품이나 상표에 대한 소비자의 느낌이나 이미지를 더 많이 알기 위해 문장완성이나 이야기완성을 통해 응답을 유도하는 방식이다.

(12) 은유추출기법 ZMET(Zaltman Metaphor Elicitation Technique)

고객이 무의식 속에 갖고 있는 니즈를 비언어적·시각적 이미지를 통해 은유적으로 유도해서 파악하는 분석기법이다. 이것은 1995년 하버드 경영대의 잘트만 교수가 개발한 기법이다. 제품이나 브랜드 등과 관련된 소비자의 인식이나 사회적 관계 등을 탐색하기 위해 인류학, 사진학, 신경생물학, 심리분석학 등을 폭넓게 활용한다. 연구조사방법 도구로는 미국 최초로 특허를 취득하기도 했다. 이 기법에서는 사고는 언어가 아닌 이미지를 기반으로 하고, 대부분의 의사소통은 비언어적이며 은유는 사고과정의 중심으로서 숨겨진 지식을 추출하는 데 매우 유용하다고 강조하고 있다.

ZMET은 일대일 개별 심층 면접 형태로 약 2시간 동안 진행된다. 인터뷰 이전에 주제에 대한 소비자의 사고가 활성화될 수 있도록 주제와 관련된 그림을 고르도록 한다. 2시간 동안 참석자가 가져온 그림 6~8장 속에 감추어진 소비자의 사고를 추출하는 데 집중한다. 이 기법에서는 분석을 위한 일반적인 표본의 크기는 12명 정도까지 생각한다. 인간의 사고와 감정에 대한 심층적인 통찰력을 필요로 하는 분야, 마케팅 커뮤니케이션 전략방향, 신제품 콘셉트 개발, 기업/브랜드 이미지 분석 등에 적합하다. 나아가 영화대본 개발이나 기업조직 진단, 정치인들의 이미지 전략 등에도 적용된다. 이 기법은 충분한 발언시간, 인지친화적 조사도구인 그림이나 사진 등 이미지 사용, 친밀감 형성에 유리하다.

① **ZMET의 절차**　ZMET는 준비, 실행, 분석의 3단계로 구성된다. 준비단계에서는 주제를 정하고 이에 따라 소비자들은 어떠한 그림을 가져와야 하는지 생각해야 한다. 가령, 생수에 대한 소비자조사를 진행한다면 조사 주제가 일반적인 생수에 대한 사람들의 생각과 느낌에 관한 것인지 프리미엄 생수에 대한 사람들의 생각과 느낌에 관한 것인지 등으로 조사 주제를 세분화할 수 있다. 실행단계에서는 참가자들에게 그들이 가져온 그림이나 사진을 보고 조사 주제에 대한 생각과 느낌을 이야기하도록 한다. 분석단계에서는 인터뷰 전과정이 녹취되어 스크립트로 정리되는데 연구자들은 스크립트를 읽고 주요 개념(Construct)을 도출하게 된다. 개념은 은유 정도에 따라 표층은유(surface metaphor), 테마은유(thematic metaphor), 심층은유(deep metaphor)로 분류된다. 최종적으로는 개념들의 관계를 정리하여 공유개념도를 도출하는데 이것은 메타포리아(Metarphoria)라는 전문 소프트웨어에 의해 작성된다.

② **ZMET 분석 케이스**[2]　코카콜라는 2001년 소비자들이 자사 브랜드에 대해 가지고 있는 숨겨진 느낌과 생각을 알아내기 위해 ZMET 기법을 사용했다. 과거 포커스 그룹 인터뷰와 설문조사에서는 코크의 이미지가 에너지 충전, 갈증해소, 해변의 즐거움 등으로 나타났지만, ZMET 조사에서는 코크가 활기차고 사교적인 느낌뿐 아니라 고요함, 쓸쓸함, 정신이완의 느낌도 함께 전달하는 것을 보여 주고

2　삼성경제연구소

있다. 많은 사람으로 붐비는 축구 경기장에서 명상하고 있는 불교 수도자의 이미지를 새롭게 발견하였다.

네슬레(Nestle)는 크런치바가 소비자에게 어떤 혜택을 제공하는지 알아보기 위해 ZMET을 사용했다. 조사대상자들에게 크런치바에 대한 본인의 생각과 느낌을 표현하는 그림을 찾아오게 했는데 참가자들은 픽업트럭, 눈사람, 할아버지 시계, 성조기 사진, 교외 잔디밭에서 노는 아이들, 나무 울타리 등이 나와 있는 그림을 가져왔다. 인터뷰 결과 네슬레는 참가자들이 가져온 그림을 통해 time이라는 심층은유를 추출했다. 맛, 질감, 소비 같은 감각적 혜택 속에서 어린시절의 추억이나 안도감 같은 감정적 혜택이 환기된다는 사실을 발견했다.

③ ZMET 방법의 절차
㉠ Storytelling(그림 이야기): 가져온 그림에 대해 이야기 추출
㉡ Tripodic Sort(삼각 비교): 3개 그림 비교를 통한 은유 추출
㉢ Metaphor Probe(그림틀 확장): 그림틀 확장 통한 은유추출
㉣ Sensory Metaphor(감각 은유): 5가지 감각을 이용한 은유추출
㉤ Vignette(동영상 은유): 영화/동영상 스토리 통한 은유추출
㉥ Digital Image(콜라주): 가져온 그림을 한 장르로 조합하여 주제 요약 표현

FGI를 통한 세그먼트 트렌드(segment trend) 분석 실습

(1) FGI 실습팀 구성하기

① 팀 편성
모더레이터(Moderator) 1명, 서기 1명, 클라이언트(Client, 기업 담당자) 2명 +
5~6명 가상 소비자 집단(동질적 집단으로 가정)

② 토론 주제, 대상, 가이드라인 선정
주제는 팀원들에게 친숙한 것으로 정함.

③ 역할분담 및 준비
㉠ 모더레이터, 클라이언트, 서기 선정
㉡ 인터뷰 가이드라인 최종 조율
㉢ 인터뷰 주제에 따라 포커스 그룹 참여자 세그먼트(Segment) 선정

(2) 팀 역할 분담

① 클라이언트(Client)
㉠ 인터뷰 과정에서 조금 떨어져서 1명은 집중 관찰하고 나머지 1명은 집중 메모함.
㉡ 인터뷰 과정 중 주제에서 핵심적인 인사이트(insight)를 제공하는 것은 간단하게 메모함.
㉢ 인터뷰 과정에서 미흡한 점이나 추가 요구 사항은 모더레이터에게 전달하기도 함.

② 모더레이터(Moderator): 인터뷰 과정의 조정 및 진행
㉠ 클라이언트와 최종 조율한 가이드라인에 따라 모더레이팅 진행을 함.

ⓛ 간단한 조사결과와 중요사항은 메모함.

ⓒ 쉬는 시간에 클라이언트에게 추가사항이 없는지 점검함.

ⓡ 새로이 생각나는 질문 등을 즉석에서 가이드라인에 추가할 수 있음.

ⓜ 인터뷰 참석자 중에서 인상적인 행동이나 말을 했던 사항들은 기억해두거나 메모해 둠.

ⓗ De-Briefing: 인터뷰에 대한 간단한 결과 요약, 발표

③ 인터뷰 참여자(Participants)

ⓖ 주제 선정에 맞춰 표적집단면접에 참여함.

ⓛ 모든 사람이 골고루 인터뷰 과정에 참여할 수 있도록 모더레이팅

ⓒ 인터뷰 진행 시 잘된 점, 미흡한 점 등을 메모하기

④ 공통사항: 의문, 제안, 소감 사항 등을 인터뷰 진행 후에 공유

(3) 세그먼트 트렌드 도출 실습

① 표적집단면접 결과 요약

② 표적집단면접 결과를 통한 트렌드 키워드 도출

③ 트렌드 키워드를 중심으로 미래 트렌드 예측 및 히트상품 아이디어 브레인스토밍

④ 발표 및 토론

참고문헌

국내문헌

델파이 기법 [~技法, delphi method, Delphi technique] (행정학사전, 2009. 1. 15., 대영문화사)

리서치앤 리처시, ZMET 사례집

마가렛 A. 모리슨, 광고의 질적연구방법론, 커뮤니케이션북스, 2006

박영숙 외, 미래예측방법론, 2006

불황에는 팔릴 물건을 만들어라, 삼성경제연구소, 2003

삼성전자 조은정, 질적연구방법론 강의안 참고

유종해·김동현 외, 《행정학대사전》, 고시원, 1993, p.341

KISDI. 디지털사회의 미래예측방법론 연구, 2006

KISTEP, 미래전망과 유망기술발굴 기능고도화, 2009

CHAPTER 8
경험표집법(ESM)과
페르소나 분석

CHAPTER 8
경험표집법(ESM)과
페르소나 분석

학습목표

인간은 언제 행복을 경험할까? 칙센트미하이는 30여 년간 자신의 취미와 일에 열정을 바친 8,000명 이상의 사람들과의 인터뷰를 통해 이들이 행복을 느끼는 순간은 어딘가에 몰입해 있을 때라는 사실을 밝혀냈다. 그럼 인간은 언제 몰입을 경험할까? 또 하루 중 얼마나 자주 무언가에 몰입할까?

하루 중에도 인간은 수많은 활동을 하고 또 다양한 상황에 직면한다. 따라서 생활시간을 최대한 좁은 간격으로 나누어 밀착된 관찰과 측정이 이루어진다면 언제 어떤 상황에서 사람들이 무엇을 원하고, 또 행복해 하는지 생생하게 측정할 수 있다.

모든 인간은 소비자이다. 일상생활을 영위하기 위해서 우리는 다양한 형태로 인적 또는 물적 자원을 소비한다. 따라서 인간의 삶을 이해하고 잠재된 소비자의 욕구를 들여다 보기 위해서는 소비자들의 일상 활동에 가깝게 다가가서 이를 기술하고 평가하는 작업이 필요하다.

생활시간을 관찰하기 위해 집중관찰법, 순간표집법, FGI, 참여관찰법 등 다양한 접근이 시도되어 왔다. 그 중에서도 소비자 다이어리와 생활조사법은 비교적 장시간 동안의 조사 참여자들의 활동을 기록지를 통해 생생하게 들여다 볼 수 있는 방법이다. 그러나 자기보고방식에 의존하는 행동과학 데이터 수집은 정확하게 회상하는 것도, 정확하게 해석하는 것도 어렵다는 한계를 갖는다. 이러한 문제점을 극복하기 위해 칙센트미하이가 몰입을 연구하기 위해 사용했던 경험표집법이 유용한 대안으로 활용되고 있다. 이밖에 소비자의 모습이나 기대, 행동, 심리들이 특정한 패턴을 가지고 지속될 때 이를 트렌드라 하는데 이러한 소비자들의 행태를 분석하기 위해 사용되는 수많은 기법 중 하나가 페르소나 분석이다. 가상의 인물을 의미하는 페르소나 분석을 통해 소비자들의 패턴과 소비의 트렌드를 읽어낼 수 있다.

이에 본 장에서는 경험표집법과 페르소나 분석에 대해 알아보고 각 분석법을 실습해 보자.

경험표집법
(ESM: Experience Sampling Method)

1) 경험표집법의 등장배경

소비자들의 행동과 심리를 파악하기 위한 조사연구는 소비자들이 구조화된 설문지에 응답하거나 과거의 경험을 회상하여 인터뷰 질문에 응답하는 형식에 의존해왔다. 이러한 경우에는 기억의 왜곡이나 경험 당시의 심리적 상황을 이미 망각하기 때문에 소비경험을 정확하게 회상하리라는 것을 기대하기는 어렵다. 때로는 실제상황과 유사한 실험실을 구성하여 소비자의 행동을 관찰하기는 하지만 아무리 실험실을 유사하게 만든다 하더라도 실제상황과 동일하지 않다. 따라서 지금까지의 회상적 자기보고방식은 소비자들의 경험과 그때 당시의 심리를 파악하는 데 어느 정도의 차이가 존재한다.

이러한 기존의 연구방식의 한계를 극복하기 위한 다양한 노력의 결과로 나타난 조사방법이 경험표집법이다. 경험표집법은 일상생활의 현장에서 순간 순간의 소비자들의 상태를 반복적으로 검사함으로써 즉각적인 소비자들의 반응을 측정한다. 따라서 경험표집법은 소비경험에 대한 반복적인 응답으로 실제 감정 상태와 행동양식을 표집함으로써 표집의 타당도를 보장하게 된다.

경험표집법은 1970년대 후반 Csikszentmihalyi, Larson, Precott 등이 수행한 자연상태에서의 청소년들에 관한 연구(1977)에서부터 시작되었고, 이후 통신기기의 발전에 따라 1990년대에 급속한 발전을 이루게 되면서 교육학, 광고, 마케팅, 소비자학, 그리고 의학분야에 이르기까지 그 활용도가 확대되고 있다.

2) 경험표집법의 개념

경험표집법은 자연 상태에서 인간이 정상적으로 기능하는 가운데 반복적으로 검사에 응답하는 방법이다. 호출기나 휴대폰을 휴대한 참여자들이 무작위적인 시간에 호출되었을 때 그들의 행동을 미리 준비된 기록지에 생생하게 보고하는 방법이다. 경험표집법과 유사한 접근법으로는 순간표집법과 시간일지법이 있다.

순간표집법(spot sampling)은 인류학자들이 많이 사용하는 접근법으로 관찰자들이 피관찰자의 일상생활에 대해 무선적으로 특정순간을 선정해서 관찰하는 방법을 취한다. 이러한 무작위적 관찰을 수백 번 되풀이함으로써, 연구자들은 해당 문화 안에서 그들이 어떻게 시간을 보내는지 추정해 볼 수 있다. 그러나 순간표집법은 피관찰자가 집 밖에서 관찰 가능한 몇 개의 특수상황을 제외하고는 관찰자가 원하는 모든 시간에 그들이 가정 내에서 무엇을 하는지 관찰할 수 없다는 제한점을 갖는다. 따라서 자료에 편향이 생길 수 있다는 단점이 있다.

시간일지법(time diary)은 정해진 기간 동안 매 15분마다 조사대상자들이 무엇을 하는지를 기록하도록 하고 조사대상자들이 매 조사시기마다 24시간 전에 무엇을 했는지 재현하도록 한다. 이 접근법은 전적으로 회상에 의존하기 때문에 체계적인 편견이 존재할 수 있다. 또한 헛되이 보내는 시간의 경우 본인의 사적인 일은 일관적으로 적게 보고하고, 비계획적 시간에 일어나는 그 밖의 다른 짧은 활동들도 마찬가지로 적게 보고하는 문제점이 있다.

ESM은 순간표집법과 시간일지법이 가지고 있는 이러한 한계점을 극복하기 위한 접근법으로 제시되었다. 이 접근법은 참여자들이 각 시간 표본에 대해 부가적인 자료를 제공하도록 요청받을 수 있다는 것인데, 이 자료는 그들이 무엇을 생각하고 느끼는지의 정보를 포함하는 자료이며 이들은 다른 접근법을 사용해서는 얻기 어려운 것이다. 따라서 ESM은 일상생활에 관하여 양적인 자료뿐만 아니라 주관적이고 질적인 자료도 얻을 수 있는 장점을 가지게 된다.

3) 경험표집법의 유형

경험표집법은 응답하기 위한 신호를 통보하는 방식과 조사내용에 따라 두 가지로 분류된다.

먼저 신호 통보 방식에 따라서는 고정간격조사법(Interval-contingent sampling), 무작위신호조사법(Signal-contingent sampling), 사건연계조사법(Event-contingent sampling) 등의 3가지로 분류할 수 있다. 먼저 고정간격조사법은 응답자에게 응답 시점을 사전에 설명하고 이를 인지한 응답자가 사전에 본인의 일정을 조정하여 해당 응답시간에 소지하고 있던 응답지의 질문에 응답하는 조사법으로 소비자의 행동과 심리의 변화의 패턴을 시계열적으로 분석할 수 있다. 이 경우에는 응답자가 응답 시간을 사전에 인지하고 있기 때문에 응답에 대한 부담감이 낮은 반면 응답의 실제성이 떨어지는 단점이 있다. 무작위신호조사법은 시간을 정하지 않고 조사에 들어간다. 응답자는 조사자가 보내는 불특정한 시간에 신호를 받는 즉시 조사지의 질문에 응답하는 방식이다. 신호통보방법은 응답기기에 따라 다양할 수 있다. 과거에는 무선호출기(numeric paper)를 사용하였으나 최근에는 모바일 폰의 등장으로 다양한 메신저로 신호를 통보할 수 있게 되었다. 무작위신호조사법은 불특정한 시간에 무작위로 신호를 통보하기 때문에 응답자의 심리적 왜곡을 감소시킬 수는 있으나 응답자의 부담이 증가하는 문제가 있다. 사건연계조사법은 미리 정해진 사건이 발생했을 때 응답하는 방식이다. 사건연계조사법은 사건의 발생빈도가 매우 낮은 사건을 조사할 때 효과적이다. 가령 소비자들의 홈쇼핑 방청에 따른 소비자 행동과 심리를 파악하고자 할 때에는 소비자들이 홈쇼핑을 방청하는 시점에 응답을 유도하는 것이다.

조사내용에 따라서는 인식조사(thought-sampling)와 양적경험조사(descriptive-experience sampling)로 분류된다. 인식조사는 조사의 내용이 소비자의 인식에 초점을 맞추는 것으로 이때는 외적 사건은 무시하게 된다. 가령 현재의 활동에 대한 감정을 알아보기 위한 질문이 이에 해당한다고 할 수 있겠다. 반면 양적경험조사는 조사하고자 하는 바를 양적으로 측정하는 방법으로 응답 당시 소비자가 어떠한 경험을 하고 있는지를 측정하는 것이다.

다음의 ESM 기록양식에서 문항 2번의 활동에 대한 개인의 집중도와 인식, 문항 3번의 신호가 울렸을 당시의 기분, 문항 4번의 경험하고 있는 활동에 대한 개인적 평가는 인식조사에 해당한다. 반면 문항 1번의 신호가 울렸을 때 무엇을 하고 있었으며 어디에 있었는지, 문항 6번의 지금하고 싶은 일이 무엇인가에 대한 조사질문은 양적경험조사에 해당하는 조사내용이라 할 수 있다.

첫 번째 신호	오늘 날짜	월 일 요일
	신호를 받은 시간	시 분 오전/오후
	설문에 응답한 시간	시 분 오전/오후

1. 신호가 울렸을 때 여러분은 … (구체적으로 기입해 주십시오)
   1) 무엇을 하고 있었습니까?
   2) 위의 행동을 하면서, 무슨 생각을 하였습니까?
   3) 어디에 있었습니까?

2. 위에서 응답한 활동 또는 행동을 할 때 어떠했습니까?

문항	전혀 그렇지 않다.	그렇지 않다.	보통 이다.	그런 편이다.	매우 그렇다.
1. 잘 집중하고 있었다.					
2. 다른 사람들이 나를 어떻게 볼까 걱정되었다.					
3. 그 일을 하는 나 자신이 만족스러웠다.					
4. 그 일을 즐기고 있었다.					
5. 나는 그 일을 쉽게 컨트롤 할 수 있었다.					

3. 신호가 울렸을 때 여러분의 기분은 어떠했습니까? 해당되는 번호에 ○표 하십시오.

	매우 (3)	꽤 (2)	약간 (1)	중립 (0)	약간 (1)	꽤 (2)	매우 (3)	
기쁜								슬픈
활기찬								힘없는
적극적인								소극적인
잘 어울리는								외로운
당당한								부끄러운
열심히 참여하는								관심없는
신나는								따분한
명확한								모호한
느긋한								긴장된
협동적인								경쟁적인

4. 문제 1에서 답한 활동은 여러분에게 있어 어떤 일이었습니까?

문항	전혀 그렇지 않다.	그렇지 않다.	보통 이다.	그런 편이다.	매우 그렇다.
1. 어렵지만 해볼만한 가치있는 일이다.					
2. 장래 목표를 위해 필요한 일이다.					
3. 재미있는 일이다.					
4. 따분하고 지루한 일이다.					
5. 내 능력에 비해 어렵고 벅찬 일이다.					
6. 쓸데없고 불필요한 일이다.					
7. 하기 싫은 일이다.					

5. 신호가 울렸을 때 여러분이 바라는 만약의 상황에 관한 질문입니다.
   1) 신호가 울렸을 때의 상황을 바꾸고 싶습니까?
      ① 그렇다, 바꾸고 싶다 → 2)번으로 가시오.
      ② 아니다, 바꾸고 싶지 않다 → 7번으로 가시오.
   2) 만일 상황을 바꿀 수 있다면 어떻게 바꾸고 싶습니까?
      ① 같이 있던 사람을 바꿀 수 있다면 좋겠다.
      ② 다른 일을 할 수 있다면 좋겠다.

6. 여러분이 지금 하고 싶은 일은 무엇입니까? 3가지만 적어주십시오.
   ①

   ②

   ③

감사합니다. 다음 신호를 기다려 주십시오.

그림 8-1 ESM 기록 양식(예)

4) 경험표집법의 특징

경험표집법은 응답자의 일상생활에서 경험이 일어나는 당시에 바로 측정이 이루어지기 때문에 다음과 같은 장점을 갖는다. 첫째, 다른 자기보고식 조사에 비해 경험을 떠올리고 이것을 기억에서 인출하는 과정에서 발생하는 오류에서 자유롭다. 기억편파성 문제는 회상적 자기보고연구에서 오랫동안 문제가 되어 왔다. 이 문제는 의도적으로 응답자의 기억을 인출하여 재수집하기 때문에 응답자의 기억의 왜곡이 존재하기 때문이다. 경험표집법은 회상적 자기보고연구에 비해 경험이 일어나는 당시의 상황에 따른 행동과 인식을 응답하기 때문에 이러한 기억의 왜곡에 따른 오류의 문제에서 상대적으로 자유롭다. 둘째, 소비자의 행동의 상황을 고려할 수 있다. 경험표집법은 실제 생활환경을 대표하는 상태를 그대로 표집할 수 있어 사람의 행동과 상황과의 상호작용 속에서 변화하는 소비자의 행동을 포착할 수 있다. 또한 셋째, 시점 간 역동적으로 상호작용하는 변수들 간의 다양한 관계를 탐구할 수 있다는 점에서 강점이 있다. 넷째, 생태학적 타당도를 확보할 수 있다. 경험표집법은 실제 생활 속에서 조사가 진행되는 방식이므로 생태학적 타당도를 확보할 수 있으며 조사 결과의 일반화가 가능하다. 다섯째, 개인 내 변화를 연구할 수 있다. 일반적인 연구는 대규모의 조사집단을 대상으로 조사를 수행함으로써 집단의 보편적 성향을 파악하는 데 목적이 있다. 그러나 경험표집법은 인간 개개인의 활동과 인식을 집중적으로 평가하고 개인별 사례에 초점을 두기 때문에 개인 내 행동과 심리적 변화를 측정하고 연구할 수 있다.

그러나 경험표집법은 많은 응답자를 반복해서 검사함으로써 개인 간 변량과 개인 내 변량이 동시에 존재하는 자료를 동일선상에서 분석해야 하는 통계적 부담을 갖는다. 따라서 경험표집법의 검사지는 간략하고 짧아야 한다는 제한점이 있으며, 일상생활 속에서 발생하는 경험을 측정하는 것이므로 발생빈도가 낮은 사건의 조사에는 부적합하다는 문제점이 있다. 즉, 기존에 단편적이고 일회성에 그치는 조사에 비해 일정기간 동안 반복적으로 조사가 진행되기 때문에 응답자의 부담이 상대적으로 높고 참여동기가 저조하다. 또한 응답을 위한 신호를 생활 중에 받기 때문에 급한 회의가 진행중이거나, 요리를 하고 있을 때, 무거운 짐을 들고 있는 상황, 심지어 교회에서 예배를 보고 있는 순간에도 신호를 받을 수 있다. 따라서 시간과 장소를 불문하고 응답신호를 받은 응답자들은 응답에 대한 부담감때문에 조사를 중단하는 경우가 많아 이를 극복하기 위해 조사비용이 증가되는 단점이 있다.

5) 경험표집법의 수행방법

ESM 조사의 전형적인 형태는 1일에 8회씩, 1주일에 총 56회의 시그널을 특정한 방법을 이용하여 피험자에게 보내고 피험자는 시그널이 울릴 때마다 언제, 누구와, 어디서, 무엇을 하고 있었는지, 무엇을 생각하고 있는지 등 그 당시의 상황과 행복감, 즐거움, 활동 정도, 집중력과 같은 심리상태를 즉시 기록하는 것이다. 따라서 ESM을 이용하면 피험자의 행동 패턴이나 일상생활 속의 다양한 상황 하에서의 내적·외적 경험을 1주일에 걸쳐 추적해 볼 수 있다.

ESM을 실시할 때는 사전에 오리엔테이션을 실시해서 조사기간 동안 무선적으로 울리는 휴대전화의 신호에 응답하는 것이 부담되지 않는 사람을 조사대상자로 정하며, 실제 1회의 경험표집방식을 작성해 보도록 하고 경험표집양식에 수록된 질문에 대해 상세한 설명으로 경험표집양식에 대한 이해를 돕는다. 또한 1회 이상 시범 조사를 실시해 본조사가 시작되었을 때 조사대상자가 당황하지 않도록 한다.

연구에 참여할 조사대상자가 확정되면 조사기간 동안 신호발송을 위한 준비작업으로서 조사대상자에게 발송할 문자메시지를 예약하게 되고, 조사가 시작되면 조사대상자는 휴대폰과 경험표집양식을 묶은 소책자를 조사기간 동안 휴대하면서 신호가 울릴 때마다 정해진 양식인 경험표집양식에 순간적으로 응답하게 된다. 최근에는 휴대폰에서 직접 응답할 수 있도록 고안되는 경우가 많아 굳이 응답양식을 소지하지 않아도 간편하게 응답할 수 있다. 신호를 받은 지 15분 안에 경험표집양식을 작성하되 부득이한 경우 15분이 경과하면 경험표집양식을 작성하지 말고 빈 응답지로 남겨두고 다음 신호를 기다려, 그 다음 경험표집양식에 같은 요령으로 15분 이내에 응답하도록 한다.

　일주일간 경험표집이 끝나고 경험표집양식을 수합하기 위한 자리에서 조사대상자의 인적사항 및 기타 ESM의 보조자료로 사용할 수 있는 질문지들로 구성된 후속질문지를 가지고 간단한 설문조사를 실시한다.

　수집된 자료는 정해진 주제에 따라 소비자의 활동을 분류하고 해석한다.

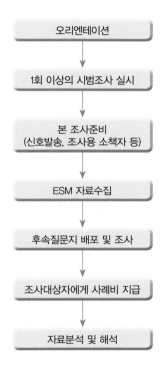

1단계 **오리엔테이션**: 조사기간 동안 무선적으로 울리는 휴대전화의 신호에 응답하는 것이 부담되지 않는 사람을 조사대상자로 정하여 조사방법을 설명한다.
2단계 **시범조사**: 실제 1회의 경험표집방식을 작성해 보도록 하고 경험표집양식에 수록된 질문에 대해 상세한 설명으로 경험표집양식에 대한 이해를 시킨다.
3단계 **본조사 준비**: 연구에 참여할 조사대상자가 확정되면 조사기간 동안 신호발송을 위한 준비작업으로써 조사대상자에게 발송할 문자메시지를 예약한다.
4단계 **ESM 자료수집(본조사)**: 조사가 시작되면 조사대상자는 휴대폰과 경험표집양식을 묶은 소책자를 조사기간 동안 휴대하면서 신호가 울릴 때마다 정해진 양식인 경험표집양식에 순간적으로 응답하게 된다.
5단계 **후속질문지 배포 및 조사**: 일주일간 경험표집이 끝나고 경험표집양식을 수합하기 위한 자리에서 조사대상자의 인적사항 및 기타 ESM의 보조자료로 사용할 수 있는 질문지들로 구성된 후속질문지를 가지고 간단한 설문조사를 실시한다.
6단계 **사례비지급**: 최종 자료의 수합이 모두 끝나면 조사에 참여한 조사대상자에게 소정의 사례비를 지불한다.
7단계 **자료분석 및 해석**: 수집된 자료를 분석하고 객관적으로 하기 위한 조치를 취한 후 해석한다.

6) 경험표집법의 적용 사례

ESM을 통해 본 취업/비취업주부의 소비생활경험 및 주관적 삶의 질에 대해 연구한 유현정(2007)은 ESM 접근법을 통하여 취업/비취업 주부의 일상생활 속의 주된 활동과 쇼핑동기, 구매를 원하면서도 구매하지 않는 이유 등을 분석하였다. 분석 결과는 다음과 같다. 분석 결과를 살펴보면 주부들의 일상생활을 엿볼 수 있다. 주부들의 일상생활의 주된 활동, 쇼핑을 하는 동기, 구매를 원하면서도 구매를 하지 않는 이유 등을 살펴보면서 주부들의 일상생활 단면을 들여다 볼 수 있는 중요한 자료가 된다. 따라서 이러한 분석 내용을 통해 주부들이 무엇을 원하고 있는지, 무엇이 그들의 쇼핑을 이끄는 요소가 되며 무엇에 흥미와 관심을 두고 있는지를 알아 볼 수 있기 때문에 소비트렌드를 알아가는 중요한 단서가 될 수 있다.

표 8-1 취업/비취업 주부의 일상생활 속의 주된 활동

구 분	전 체	취업 주부	비취업 주부	x^2
가사활동	271(20.1)	99(15.1)	172(34.8)	
자녀관련활동	128(9.5)	34(5.2)	94(13.3)	
개인활동	136(10.1)	48(7.3)	88(12.7)	
생리활동	309(22.9)	143(21.9)	166(23.9)	251.34***
쇼핑활동	107(7.9)	46(7.0)	61(8.8)	
사회활동	171(12.7)	74(11.3)	97(14.0)	
업무활동	193(14.3)	191(29.2)	2(0.3)	
기 타	33(2.4)	19(2.9)	14(2.0)	

자료: 유현정, 2007

표 8-2 취업/비취업 주부의 쇼핑동기

구 분		전 체	취업 주부	비취업 주부	x^2
일상적 (usual)	생활용품구입	63(53.8)	26(55.3)	36(52.2)	
	자녀양육 관련	14(12.0)	5(10.6)	9(13.0)	
관례적 (ritual)	선물	13(11.1)	4(8.5)	9(13.0)	
	제사준비	2(1.7)	1(2.1)	1(1.4)	5.99
개인적 (individual)	여가	5(4.3)	1(2.1)	4(5.8)	
	정보탐색	5(4.3)	2(4.3)	3(4.3)	
시장상황적 (market driven)	할인행사	4(3.4)	1(2.1)	3(4.3)	
	기 타	10(8.5)	6(12.8)	4(5.8)	

자료: 유현정, 2007

소비트렌드의 이해와 분석
CONSUMPTION TREND

표 8-3 구매를 원하면서도 구매하지 않는 이유

구 분	전 체	취업 주부	비취업 주부	x^2
가사활동때문에 쇼핑을 할 수 없어서	41(37.6)	13(33.3)	26(39.4)	
실용성이 결여되는 물건이므로	7(6.4)	3(7.1)	4(6.1)	
크게 필요하지 않는 물건이므로	28(25.7)	12(28.6)	16(24.2)	
쇼핑하기 부적절한 상황이어서	12(11.0)	4(9.5)	8(12.1)	3.95
사려는 상품이 없어서	7(6.4)	4(9.5)	3(4.5)	
심리적 불안감때문에	1(0.9)	0(0.0)	1(1.5)	
기 타	13(11.9)	5(11.9)	8(12.1)	

자료: 유현정, 2007

페르소나 분석

1) 페르소나 분석의 개념

페르소나는 가면을 의미한다. 가면은 변장을 하기 위해 쓰이는 것으로 실체를 감추거나 보호하기 위해 쓰이는 조형물을 말한다. 페르소나 분석에서 말하는 페르소나는 어떤 제품 또는 서비스를 사용할 만한 타깃 집단에서의 다양한 사용자 유형을 대표하는 가상의 인물을 말한다. 즉, 페르소나는 사용자 연구를 통해 사용자를 가상적으로 묘사하는 것으로서, 유사한 목표 및 동기를 가지고 있다. 표적 목표 계층의 일반적 특성을 조합하여 가상화하는 페르소나는 사용자들이 어떤 특정한 상황과 환경 안에서 어떻게 행동할 것인가를 예측하기 위해 실제 사용자들의 자료(특징, 목표, 니즈, 태도, 주변환경 등)를 기반으로 개인의 개성을 가상의 인물에 부여하여 만든다.

페르소나의 구성요소는 페르소나를 현실적인 인물로 표현하기 위한 요소로 이름, 인물사진, 나이, 직업, 성격이 있고, 다양한 행동 패턴을 표현하기 위한 요소로 태도, 행동, 동기, 멘탈모델, 업무의 흐름, 주변환경, 불만사항, 겪고 있는 어려움 등이 있다.

2) 페르소나 분석의 장점

페르소나는 다음과 같은 이점이 있다. 첫째, 페르소나의 목적과 과업은 디자인 설계 노력 과정에서의 기초가 된다. 둘째, 디자인 의사결정 과정에서 일반적인 언어로 사용되며, 사용자 중심 디자인을 유지하도록 한다. 셋째, 페르소나가 제공하는 이야기 구조를 통해 많은 사용자들의 미묘한 차이를 이해하기 쉽다. 넷째, 페르소나에 대한 테스트를 통해 실제 사용자들의 디자인 선택 형성과정을 보여줄 수 있다. 실제 사용자들을 완벽히 대체할 수는 없어도, 디자인적 문제해결을 돕는 강력한 도구로 사용된다. 다섯째, 페르소나를 통해 제품에 대한 흥미, 지식 등을 도출하여 제품 마케팅이나 영업 계획에도 기여할 수 있다.

3) 페르소나 분석 수행

페르소나의 설계과정은 다음과 같다.

1단계	Revisit the persona hypothesis (페르소나 가설 검토)
	데이터로부터 얻어진 패턴과 페르소나의 가설을 비교하여, 만약 불일치할 경우 예상 역할 및 행동을 추가, 제거, 수정해야 함.

▼

2단계	Map interview subjects to behavioral variables (행동적 변수에 대한 인터뷰 내용 맵핑)
	행동적 변수와 관련된 인터뷰 내용을 도식화함. 이때, 절대적 위치보다 다른 대상과의 상대적 위치가 중요하며, 축에서의 군집은 중요한 행동의 패턴을 나타냄.

(계속)

3단계	Identify significant behavior patterns (중요한 행동패턴 식별)
	중요한 행동적 패턴을 식별하는데, 6~8개의 다른 변수들이 군집된 주제는 페르소나를 형성하는 대표적인 행동패턴으로 봄. 패턴이 유효하기 위해서는 반드시 군집된 변수들 간의 연결관계가 있어야 함.

4단계	Synthesize characteristics and relevant goals (특성과 관련 목적의 합성)
	각각의 중요한 행동 패턴을 식별하기 위해서는 데이터에서의 정보(환경, 근무일, 불만사항 등)를 종합해야 하며, 이때 많이 관찰된 행동에 집중하여 중요항목을 간략히 함. 목표는 인터뷰와 행동의 관찰에서 찾아낼 수 있는 가장 중요한 세부사항이며, 각 페르소나들의 행동의 논리적 연결을 통해 그 행동으로 이어질 목표를 추론할 수 있음. * 페르소나 간의 지역과 사회 그룹이 완전히 달라 연결되지 않도록 해야 함.

5단계	Check for completeness and distinctiveness (완전성과 특수성을 확인)
	페르소나의 특징과 목표가 중요한 차이가 있을 경우 추가적인 조사 등을 통해 그 차이를 채워 완전성을 추구해야 하며, 각 페르소나는 다른 페르소나들로부터 최소한 하나의 특수성이 있어야 함.

6단계	Develop narratives (묘사의 개발)
	페르소나에 태도, 요구사항, 불만사항 등을 이야기로 구성하여 팀구성원에게 전달함. 가장 좋은 묘사는 페르소나의 직업, 라이프스타일, 일상(불만, 걱정, 흥미), 제품에 대한 직접적인 흥미 등을 표현하는 것임.

7단계	Designate persona type (페르소나 유형 정함)
	모든 디자인은 대상을 필요로 하며, 페르소나는 그 디자인의 대상이 됨. 기본적인 디자인의 대상을 결정하기 위해 페르소나들의 우선순위를 정함.

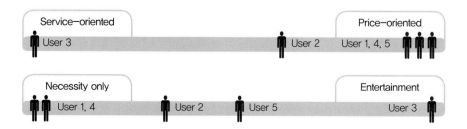

4) 페르소나 분석의 유형과 절차

페르소나에는 Primary Personas, Secondary Personas, Customer Personas, Served Personas, Negative Personas의 6가지 유형이 있다. 먼저 Primary Personas는 주요 페르소나로 인터페이스 디자인의 주요 대상이 된다. 주요 페르소나는 다른 페르소나를 대상으로 한 디자인에 만족하지 못하지만, 주요 페르소나를 대상으로 한 디자인은 모든 페르소나들이 최소한의 만족을 느낀다. 둘째, Secondary Personas는 1~2개 특정한 부가적 요구의 인터페이스에 만족하는 페르소나이며, 셋째, Supplemental Personas는 주요하지 않거나 부차적인 사용자 페르소나를 말한다. 넷째, Customer Personas는 최종사용자가 아닌 소비자들의 요구를 처리하는 페르소나이다. 다섯째, Served Personas는 제품의 전체적인 사용자는 아니지만, 서비스를 제공받는 사용자에 대한 페르소나로, 예를 들어 치료기계사용자로서 환자를 들 수 있다. Negative Personas는 제품의 사용자는 아니나, 팀에서 다른 사람들의 의사결정을 돕는 페르소나로 대표적으로 얼리어답터나 IT전문가가 이에 해당한다.

페르소나를 설계하기 위한 접근방식으로 Qualitative Personas, Qualitative Personas with Quantitative Validation, Quantitative Personas가 있다.

먼저 Qualitative Personas 형성 절차는 다음과 같다.

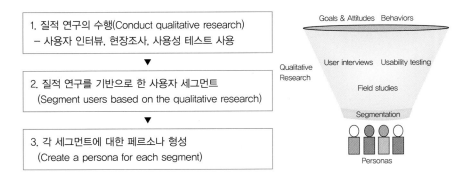

Qualitative Personas는 인터뷰를 기반으로 하여 페르소나 묘사에 대한 이해

를 높일 수 있는 장점이 있는 반면, 가정에 대해 의문을 갖는 경향이 적고, 양적 증거가 없다는 단점이 있다.

다음으로 Qualitative Personas with Quantitative Validation 형성 절차는 다음과 같다.

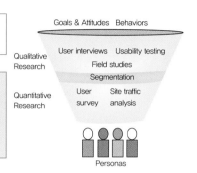

1. 질적 연구의 수행(Conduct qualitative research)

▼

2. 질적 연구를 기반으로 한 사용자 세그먼트
   (Segment users based on the qualitative research)

▼

3. 양적 연구를 통한 세그먼트 테스트
   (Test the segmentation through quantitative research)
   – 설문조사 또는 다른 양적 연구방법을 통해 정확하게 현실을 반영하고 확신할 수 있는 큰 샘플 사이즈를 이용하여 세그먼트 모델을 테스트함.

▼

4. 각 세그먼트에 대한 페르소나 형성
   (Create a persona for each segment)

Goals & Attitudes Behaviors

Qualitative Research   User interviews Usability testing
                        Field studies
                        Segmentation

Quantitative Research   User   Site traffic
                        survey   analysis

Personas

이 접근법은 양적 증거가 있고, 통계분석을 통해 조합이 많은 요인을 찾아낼 수 있어, 쉽게 페르소나를 이해할 수 있으나 시간과 비용측면에서 더 많은 노력이 필요하다.

마지막으로 Quantitative Personas 형성 절차는 다음과 같다.

1. 질적 연구의 수행(Conduct qualitative research)

▼

2. 세그먼트 모델에 대한 가설 형성
 (Form hypotheses about segmentation options)

▼

3. 양적 연구방법을 통한 세그먼트 선정에서의 데이터 수집(Gather data on segmentation options through quantitative research)
– 무언가 알아내기 위함이 아니라 다음 단계를 위해 더 많은 데이터를 모으는 것이 목적

▼

4. 통계적 군집분석을 기반으로 한 사용자 세그먼트
(Segment users based on statistical cluster analysis)

▼

5. 각 세그먼트에 대한 페르소나 형성
 (Create a persona for each segment)

Goals & Attitudes Behaviors

Qualitative Research

User interviews Usability testing
Field studies

Hypotheses

Quantitative Research

User survey Site traffic analysis

Segmentation

Personas

이 접근법은 양적 분석기술이 인간의 지능과 조합되어 페르소나를 형성한다. 사람의 눈으로는 찾기 힘든 변수들을 볼 수 있는 반면에 시간과 비용측면에서 많은 노력이 필요하며, 분석을 위한 전문적인 능력이 필요하다.

5) 페르소나 분석의 적용 사례

소비자의 모습이나 기대, 행동, 심리들이 특정한 패턴을 가지고 지속될 때 이를 트렌드라 하는데 이러한 소비자들의 행태를 분석하기 위해 사용되는 수많은 기법 중에 하나가 페르소나 분석이다. 소비자들의 이러한 패턴을 읽어낼 수 있다는 측면에서 페르소나 분석은 다양한 분야에서 활용되고 있다. 특히 페르소나는 마케팅 분야에서 많이 사용되고 있는데 이는 페르소나를 통해 상품의 이미지나 소비자의 모습을 예측하여 적절히 상품을 홍보하기 위해서이다.

페르소나의 성공적인 사례로 일본 비자카드 페르소나 캠페인을 들 수 있다. 세

계 여행 중 비자카드 하나로 어디에서나 모든 것을 편하게 사용할 수 있다는 이미지를 심어 주기 위해 '헤리슨'이라는 페르소나가 세계 이곳저곳을 여행하며 비자 페이스 북에 실시간으로 올린다. 물론 이 사진은 사람이 여행을 하며 찍은 사진들이지만 '헤리슨'이라는 페르소나에 이를 투영하여 여행을 하고 SNS에 글을 쓴 것은 '헤리슨'이 된다. '헤리슨'은 여행 시에 비자카드로 결제하면서 간편하게 해외여행을 즐기고 실시간으로 온라인 청구서를 받아 예산을 맞출 수 있다는 점을 강조한다. 국내 항공사인 tway에서도 이와 유사한 캠페인을 하고 있다. tway의 마스코트인 부토(부끄러운 토끼)가 여행을 하고 여행기를 쓴다. 이로써 소비자들은 tway 항공에 대해 보다 친근하게 느낄 수 있다.

부토의 여행일기

tway의 페르소나 캠페인 전략

사부작사부작 마카오 도보여행

끝없이 펼쳐진 투명한 바다

투명한 물빛, 아름다운 세부

그림 8-2 tway 항공의 페르소나 부토의 여행기 사진
자료: tway 항공 홈페이지

힐튼호텔은 카페395라는 새로운 뷔페를 오픈할 때 페르소나 분석을 활용하였다. 당시 호텔은 주로 공식행사를 홈페이지나 SNS에 카페395 오픈 정보를 업데이트하여 홍보해 왔다. 힐튼은 페르소나를 제작함으로써 카페395의 공사현장을 생중계하고, 오픈 카운트다운, 직원 인터뷰, 론칭파티 비하인드 신 등을 기획하는 등의 페르소나를 통해 고객에게 친근하게 다가섰다.

마케팅 분야뿐만 아니라 인사분야에서도 페르소나 분석이 활용되고 있다. 레드 브랜치 미디어(Red Branch Media)의 마케팅 헤드 마렌 호건은 페르소나 분석을 입사시스템에 적용하였다. 입사 지원자 페르소나는 특정 직책에 이상적인 구직자를 가상으로 재현하는 것이다. 이를 위해 찾고 있는 인재, 이런 인재의 특징, 일상 업무, 이들의 주요 고려 사항(직장과 직장 밖), 이들에게 중요한 취미와 활동, 밤을 새고 매진하도록 만드는 관심사 등을 고려하였다. 이를 위해 레드 브랜치 미디어는 입사 지원자 페르소나에 대한 데이터를 수집하였다. 링크드인(LinkedIn), 비핸스(Behance) 같은 커리어 관련 사이트, 소셜 미디어 사이트에서 공개된 데이터를 수집하고 찾고 있는 입사 지원자와 유사한 프로필을 확인한 후, 이런 정보를 토대로 스카우팅 및 리크루팅 전략을 수립하였다. 이후 데이터를 수집했으면 분석을 시작한다. 그리고 이상적인 입사 지원자를 움직이게 만드는 것을 파악한다. 업무 스킬, 경험, 이력과 관련된 개인적인 문제, 가정사를 파악하는 것도 포함된다. 다음 단계로 장애물을 파악하였다. 채용에 장애물이 될만한 부분으로 입사지원자의 개인적인 문제, 채용을 힘들게 하는 요소, 자녀를 둔 부모 여부, 결혼 유무, 특정지역에 거주하고자 하는 희망, 승진, 연봉 등 여러 질문들을 통해 채용 장애 사항을 파악하였다. 이러한 분석을 통해 레드 브랜치 미디어는 입사지원자에게 연락해서 설득하는 방법, 전통적인 구인, 소셜 미디어 게시물, TV 광고 등으로 메시지를 전달하는 방법 등 이상적인 입사 지원자 공략법을 파악할 수 있었다.

■ ■ ■
경험표집법 및
페르소나 실습

1) 경험표집법 실습

7인 1조로 조를 구성하고 본인이 조사대상자가 되어 경험표집법을 수행해 보자.

(1) 팀 구성 및 역할 분담하기

① 7인 1조로 팀을 구성한다.
② 팀리더이자 시그널 관리인 1인을 선발한다.
③ 팀리더를 제외한 나머지 6인은 스스로 조사대상자가 되어 본다.

(2) 경험표집양식 만들기

① 모든 팀원은 경험표집양식을 만들고 일주일 동안 작성할 수 있는 분량의 소책자를 제작한다.
② 후속질문지를 구성한다.

(3) ESM 자료 수집

① 1인의 시그널 관리자는 1일에 8회씩 1주일에 총 56회의 시그널을 특정한 방법을 이용하여 나머지 조원 6인에게 보낸다.
② 6인의 조사대상자 역할을 맡은 조원은 시그널이 오면 당시 상황을 경험표집양식에 작성한다.

(4) 후속질문지 작성

6인의 조사대상자 역할을 맡은 조원은 후속질문지를 작성한다.

(5) 자료 취합 및 분석

전체 자료를 취합하여 분석 및 해석한다.

(6) 분석 결과 발표 및 공유하기

분석 결과를 발표하고 공유한다.

첫 번째 신호	오늘 날짜	월 일 요일
	신호를 받은 시간	시 분 오전/오후
	설문에 응답한 시간	시 분 오전/오후

1. 신호가 울렸을 때 여러분은…(구체적으로 기입해 주십시오)

   1) 무엇을 하고 있었습니까?

   2) 위의 행동을 하면서, 무슨 생각을 하였습니까?

   3) 어디에 있었습니까?

2. 위에서 응답한 활동 또는 행동을 할 때 어떠했습니까?

문 항	전혀 그렇지 않다.	그렇지 않다.	보통 이다.	그런 편이다.	매우 그렇다.
① 잘 집중하고 있었다.					
② 다른 사람들이 나를 어떻게 볼까 걱정되었다.					
③ 그 일을 하는 나 자신이 만족스러웠다.					
④ 그 일을 즐기고 있었다.					
⑤ 나는 그 일을 쉽게 컨트롤 할 수 있었다.					

3. 신호가 울렸을 때 여러분의 기분은 어떠했습니까? 해당되는 번호에 ○표 하십시오.

	매우 (3)	꽤 (2)	약간 (1)	중립 (0)	약간 (1)	꽤 (2)	매우 (3)	
기쁜								슬픈
활기찬								힘없는
적극적인								소극적인
잘 어울리는								외로운
당당한								부끄러운
열심히 참여하는								관심없는

신나는							따분한
명확한							모호한
느긋한							긴장된
협동적인							경쟁적인

4. 문제 1번에서 답한 활동을 할 때 함께 있었던 사람은 누구입니까?

5. 문제 1번에서 답한 활동은 여러분에게 있어 어떤 일이었습니까?

문 항	전혀 그렇지 않다.	그렇지 않다.	보통 이다.	그런 편이다.	매우 그렇다.
① 어렵지만 해볼만한 가치있는 일이다.					
② 장래 목표를 위해 필요한 일이다.					
③ 재미있는 일이다.					
④ 따분하고 지루한 일이다.					
⑤ 내 능력에 비해 어렵고 벅찬 일이다.					
⑥ 쓸데없고 불필요한 일이다.					
⑦ 하기 싫은 일이다.					

6. 신호가 울렸을 때 여러분이 바라는 만약의 상황에 관한 질문입니다.

  1) 신호가 울렸을 때의 상황을 바꾸고 싶습니까?

    ① 그렇다, 바꾸고 싶다 → 2)번으로 가시오

    ② 아니다, 바꾸고 싶지 않다 → 7번으로 가시오.

  2) 만일 상황을 바꿀 수 있다면 어떻게 바꾸고 싶습니까?

    ① 같이 있던 사람을 바꿀 수 있다면 좋겠다.

    ② 다른 일을 할 수 있다면 좋겠다.

7. 여러분이 지금 하고 싶은 일은 무엇입니까? 3가지만 적어 주십시오.

  ①

  ②

  ③

감사합니다. 다음 신호를 기다려 주십시오.

2) 페르소나 분석 실습

5인 1조로 조를 구성하고 페르소나 분석을 수행해 보자.

(1) 팀 구성 및 주제 선정

① 5인 1조로 팀을 구성한다.
② 각 팀은 조사할 연구주제를 선정한다.
가령 TV 수신자, JTBC 채널을 방청하는 소비자, 대학가의 특정 커피숍을 방문하는 소비자, 특정 항공사를 이용하는 소비자, 친환경 소비자에 대한 페르소나 분석 등이 주제가 될 수 있다.

(2) 자료 조사하기

① 해당 주제에 관련된 자료의 조사 기준을 선정한다.
② 해당 기준에 따른 자료 조사 역할을 구분하고 조사를 실시한다.

(3) 페르소나 제작하기

수집된 자료를 바탕으로 주제에 맞는 페르소나를 몇 가지 유형으로 제작한다.

(4) 페르소나에 따른 전략 또는 지원 방안 마련하기

3단계에서 제작한 페르소나에 접근하기 위한 전략을 마련해 본다.

(5) 분석 결과 발표 및 공유하기

분석 결과를 발표하고 공유한다.

페르소나
제작 실습

※ 주제에 따라 내용은 변경하여 사용할 수 있습니다.

페르소나 유형 제작 기록지

이 름		성 별	
나 이		학 력	
직 업		결혼유무	
월수입		거주지 유형	
취 미		특 기	

행동 유형

소비 지향성

관심분야

접근 전략

국내문헌

백지희, 경험표집법을 이용한 예비유아교사 교육실습의 주된 활동 및 직무와 정서 탐색, 유아교육연구, 36(4), 201-222, 2016

신승윤, 경험표집법(experience sampling method: ESM): 이론과 실제, 한국체육측정평가학회지, 12(3), 59-76, 2010

CIO, 2017년 3월 27일자 인재 채용 팁, '지원자 페르소나 구축하기'

유현정, ESM을 통해 본 취업/비취업주부의 소비생활경험 및 주관적 삶의 질-쇼핑활동을 중심으로, 한국생활과학회지, 16(2), 349-365, 2007

정재기, 생활시간 연구를 위한 측정도구의 비교: 경험표집법과 시간일지 조사연구, 9(1), 43-68, 2008

최인수 · 김순옥 · 황선진 · 이수진, 경험표집법을 이용한 고등학생들의 생활경험에 관한 연구: 주된 활동과, 활동공간, 및 플로우를 중심으로, 대한가정학회지, 41(8), 213-227, 2003

국외문헌

Csikszentmihalyi, M. (1990). Flow: The Psychology of Optimal Experience. New York: Harper Collins

Cskiszentmihalyi, M., & Csikszentmihalyi, I. S. (1988). Optimal experience: Psychological studies of flow in consciousness. Cambridge: Cambridge University Press

Csikszentmihalyi, M., & Larson, R. (1984). Being adolescent: Conflict and growth in the teenage years. New York: Basic Books

Csikszentmihalyi, M., & Larson, R. (1987). Validity and reliability of the experience sampling method. Journal of Nervous and Mental Disease, 175, 509-513

CHAPTER 9
**신조어 및 히트상품
분석**

학습목표

신조어는 현대의 급변하는 사회와 문화의 단면을 반영하고 있으며, 다양한 소비자들에 의해 수용되고 확대·재생산된다. 따라서 신조어를 통해 현대 사회의 소비문화와 트렌드를 파악하는 것은 상당히 중요한 영역이다. 본 장에서는 신조어의 개념과 의의를 학습하고 신조어가 만들어진 원인과 배경에 대해 공부하도록 한다.

히트상품 분석도 현재의 소비문화와 트렌드를 확인할 수 있는 매우 중요한 자료이다. 시장에서 어떠한 히트상품이 있었는지 조사함으로써 트렌드의 주요 흐름과 의미에 대해서 분석해 볼 수 있다. 히트상품이 소비자들에게 인기를 끄는 요인을 분석함으로써 시장의 핵심 소비가치와 시대정신이 무엇인지 알 수 있다. 본 장에서는 신조어와 히트상품의 의미와 분석을 통한 트렌드 분석방법에 대해 구체적으로 사례와 실습을 통해 학습하도록 한다.

신조어 분석

1) 신조어의 개념 및 의의[1]

신조어 조사는 소비트렌드 분석을 위해서 꼭 필요하다. 언어는 문화를 비추는 거울로서 신조어는 동시대 소비자들의 소비가치와 소비문화를 반영한다. 무엇보다 새롭게 등장하는 소비트렌드를 분석하는 데 있어 신조어 분석이 매우 중요하다. 예를 들어, 평균수명의 증가로 인해 나타나는 고령화 관련 다양한 트렌드 키워드를 신조어 파악을 통해 이해할 수 있다. 가령, 액티브 시니어, 어반 그래니, 샹그릴라 신드롬, 다운 에이징 등의 신조어는 젊게 살고자 하는 노년층의 트렌드를 보여 주는 신조어들이다. 또한 젊게 살고자 하는 중년층의 트렌드를 보여 주는 신조어로서 꽃중년, 미중년, 팝저씨, 아재 등이 있다. 이러한 신조어들은 중년층 소비자의 소비트렌드를 잘 보여 준다.

신조어는 원래 '신어' 또는 '새말'이라고 한다. 국어교육학사전에 의하면 신조어는 "새로 생겨나서 그다지 시일이 경과하지 않은 새말"이다. 국어학사전에 의하면 "새로 만들어 졌거나 또는 새로 다른 언어로부터 차용한 모든 단어, 혹은 이미 오래전부터 있는 단어의 전혀 새로운 뜻"이라고 정의한다. 표준국어대사전에서도 신조어를 신어, 새말 등으로 표현하며 "새로 생긴 말, 또는 새로 귀화한 외래어"로 규정한다.

이러한 신조어는 조어 형태에 따라 크게 축약형, 합성어형, 순우리말형 등으로 분류된다. 먼저, 축약형은 셀카(셀프 카메라), 스펙(스페시피케이션), 얼짱(얼굴짱), 멘붕(멘탈붕괴), 운도녀(운동하는 도시의 여자), 솔까말(솔직하게 까놓고 말해서) 등 줄임말의 형태를 가지는 신조어를 가리킨다.

---

[1] 이준영·이제성, 《신조어 분석을 통한 소비트렌드의 탐색적 연구》 내용 요약·발췌, 2016

합성어형은 단어와 단어를 결합하여 만들어내는 신조어를 가리킨다.

다른 나라 특히 중국에서 많이 등장하는 신조어 형태로 칭글리시(chinglish)로 불리는데 우리 신조어 역시 소위 콩글리시로서 외래어의 합성어 형태가 많다. 예를 들어, 앱세서리(애플리케이션과 액세서리의 합성어), 프렌디(프렌드와 대디의 합성어), 브로맨스(브라더와 로맨스의 합성어), 스크린셀러(스크린과 베스트셀러의 합성어) 등이 외래어끼리 조합한 형태의 합성어형이다. 우리말을 서로 조합하여 합성하는 형태도 다양하게 존재한다. 예를 들어, 치느님(치킨과 하느님의 합성어), 출산난민(출산과 난민의 합성어), 의느님(의사와 하느님의 합성어), 기레기(기자 쓰레기) 등이 우리말만을 이용한 조합이다. 이 외에도 외래어와 우리말을 복합적으로 합성하는 형태로서, 가출팸(가출과 패밀리의 합성어), 시테크, 솔로부대, 관피아(관직과 마피아의 합성어), 악플러 등이 있다. 이 외에도 순우리말형이 있는데, 누리꾼, 참살이 등 국립국어원 등에서 의도적으로 만들어서 퍼뜨린 신조어로서 우리말로 새롭게 조어된 용어를 가리킨다.

신조어는 급변하는 사회와 문화를 반영하며 소비자들에게 지속적으로 확대·재생산된다. 예를 들어 취업 전문 포털 '알바천국'에서 2015년에 나온 신조어들에 대해 19~30세 청년 989명을 대상으로 신조어에 대한 공감 정도에 대해 설문조사를 진행하였다. 이 조사결과에 의하면 청년들이 2015년 가장 공감되는 신조어로 뽑은 것은 '금수저, 흙수저'(44%)였다. 이어 2위는 '헬조선'(29.9%), 3위는 '열정페이'(11.4%), 4위는 'N포세대'(사회적·경제적 압박으로 인해 연애, 결혼, 주택 구입 등 많은 것을 포기한 세대, 8%), 5위는 '노오력'(기성세대가 청년세대에 하는 조언이나 충고 등을 비꼬는 말, 3.1%), 6위는 '타임푸어'(일에 쫓겨 자유시간이 없는 사람 또는 그런 현상, 2.2%) 등으로 나타났다. 이러한 신조어들은 불황 속 어려운 생활여건과 취업시장, 노동환경 등 우리 사회의 현실을 반영한다.

2016년에 '잡코리아'가 2016년 12월 직장인 1,051명에게 올해 직장생활을 가장 잘 반영한 신조어를 설문조사한 결과에 의하면 '월급로그아웃'(월급이 입금되자마자 카드대금 등으로 빠져 나가는 것)이 가장 높은 응답을 보였다. 2위는 상사에게 시달리는 직장생활을 시집살이에 비유한 직장살이(22%), 3위는 조기퇴직 뒤 새 일자리를 찾아 나서는 것을 가리키는 반퇴 세대(20.8%)였다. 카카오톡 등의 사용증가로 퇴근 후나 휴일에도 업무지시가 오는 현실을 빗댄 메신저 감옥 (20.7%)이 4위였다. 2016년에는 힘든 직장생활을 빗댄 신조어에 사람들이 많은 공감을 했다. 또한 다음소프트가 2011년 1월 1일~2016년 5월 26일까지 블로그 7억 2천25만 3천521건과 트위터 92억 4천959만 7천843건의 빅데이터에 대해 신조어 분석을 하였는데, 무엇보다 '○○충'이란 신조어가 빠른 속도로 확산하는 것으로 분석됐다. '○○충'은 특정 대상에 대한 비하와 경멸의 의미로 사용된다. 신조어에도 사용자의 의식이 투영되는 만큼, 한국 사회에 타인의 혐오에 대한 현상이 두드러지는 것을 알 수 있었다. 우리 사회에 경쟁이 치열해지면서 지나친 위계서열 의식이 자리 잡으며 타인에 대한 공격성이나 비하 경향이 점점 강해지고 있는 것으로 분석되었다(한국일보, 2016.12.22. ; 연합뉴스, 2016.5.30. ; 매일신문, 2015.12.28). 이와 같이 신조어는 현대 사회와 문화의 다양한 측면들을 보여 주며, 현재의 경제 상황이나 사회적 이슈 등의 현상과 더불어 소비자들 내면의 라이프 스타일 등을 투영하고 있다.

모바일과 인터넷 매체의 발달로 인해 더욱 많은 신조어가 등장하고 있다. 신조어가 급증하는 현상은 우리나라뿐만 아니라 전 세계적인 현상이다. 옥스퍼드 사전에서도 신조어를 매년 발표하고 있다. 미국의 온라인 사전 사이트 딕셔너리 닷컴(Dictionary.com)도 매년 수백 개의 신조어를 새로 발표하고 있다. 예를 들어 2016년에 추가된 신조어들은 증강현실 모바일 게임 '포켓몬 고'에 힘입어 '포켓몬'(Pokemon), 스포츠웨어와 일상복을 아우르는 '애슬레저'(Athleisure), 엄마 스타일의 청바지 '맘 진스'(mom jeans) 등이 새로운 신조어로 등록됐다(서울신문, 2016.7.23).

소셜네트워크서비스(SNS: Social Network Service) 등의 빅데이터를 분석하는 데 있어서도 신조어 분석이 필요하다. 가령, 페이스북 등 SNS에 '꿀잼', '본방사수', 개취(개인의 취향) 등의 단어가 등장한다. 만약 이들 신조어에 대한 개념이나 정보가 없다면 SNS 등에 대한 빅데이터 분석이 불가능하다. 특히 트렌드를 선도하는 신세대를 중심으로 이러한 신조어의 사용 빈도는 매우 높기 때문에, 관련 신조어를 정확하게 이해하고 분석해야만 최신 소비트렌드에 대한 구체적이고 정확한 분석이 이루어질 수 있다.

농협경제 연구소(2013)에 따르면 향후 소비자 유형과 소비트렌드는 더 세분화될 것이고, 더욱 전문화 및 다양하게 될 것이라 예측했다. 따라서 소비자의 수요에 대한 정확한 분석을 통한 전략들이 요구되는데 현재의 시대상을 반영하고 있는 신조어 분석을 통해 이러한 전략을 수립할 수 있다. 예를 들어, 1인 가구가 증가하는 현상은 우리 사회의 대표적인 메가트렌드이다. 이러한 트렌드 현상은 1인 가구 소비자 관련 신조어를 양산하고 있다. 가령, 나홀로족, 혼밥(혼자 밥 먹는 소비자), 혼영(혼자 영화 보는 소비자), 혼행(혼자 여행하는 소비자) 등 1인 가구 관련 소비자행태와 관련한 신조어가 양산되는 모습이다. 편도족(편의점 도시락족) 등은 편의점 간편식 등의 상품 판매 급증을 반영한 신조어이다. 이렇듯 신조어들을 분석하면 현재 시장트렌드 흐름 속의 변화하는 소비자의 행태를 이해하고 관련 상품과 서비스 등을 이해하는데 큰 도움을 받을 수 있다. 기업의 측면에서는 신조어를 바탕으로 정확하고 효율적인 소비자니즈를 파악하여 트렌드 기반 신상품을 개발하는 데 활용할 수 있다.

2) 신조어 조사를 통한 소비트렌드 분석

이준영·이제성(2016)의 연구에서는 신조어 조사를 통해 트렌드를 분석하였다. 2016년도까지 언론·방송 등에 100회 이상 언급되었던 신조어 400개를 분석하여 소비트렌드의 의미를 추출한 연구이다.

조사 결과 최대 검색 건수를 기록한 신조어는 '웰빙'으로 240,000건이었다. 분석 대상 신조어들 중에서 최단 지속기간을 기록한 최근 신조어는 2014년에 나온 '관피아'로서 등장한지 1년 반 정도이다. 세월호 사건으로 인해 급작스럽게 등장하고 확대, 재생산된 신조어였다. 또한 '흙수저'나 '금수저'와 같은 '수저론', '헬조선'과 같이 현 불안한 경제상황과 힘든 상황을 표현하는 신조어들도 1년이 채 되지 않았다. 등장한지 가장 오래된 신조어는 '셀카', '스펙', '누리꾼', '먹튀', '자백', '웰빙' 등 10년에서 12년 정도 지속·인용되었다. 트렌드의 유형을 패드(fad), 트렌드(trend), 메가트렌드(mega trend) 등으로 나누는데, 패드는 1년 이내, 트렌드는 5

년 내외, 메가트렌드는 10년 정도 지속되는 개념으로 일반적으로 정의한다. 10년 정도 지속되는 '웰빙'이나 '셀카', '스펙' 등의 신조어는 메가트렌드처럼 장기간 지속되면서 신조어를 넘어 일반명사화 되어 가면서 통용되는 모습을 보이고 있었다. 실질적으로 이러한 신조어들과 연관되어 소비트렌드나 SNS트렌드, 취업트렌드 등이 큰 영향을 받았다는 것을 알 수 있다. 5년 이상 10년 미만에 있는 신조어들은 '꽃중년', '그루밍족', '초식남'과 같이 사용자들에 의해 계속해서 통용되는 트렌드의 모습을 띄고 있다. 그에 반해 1년 이내의 패드는 한때 유행하는 패션 '시밀러룩(비슷하면서도 다르게 입는 커플룩)'이나 '수트라이커'와 같이 하나의 이벤트로 이슈가 되는 사건처럼 일시적으로 사용되고 있는 것을 알 수 있다. 패드와 같은 경우 향후 일시적인 유행이 아닌 트렌드나 메가트렌드로 발전하려면 팁핑 포인트(tipping point)를 파악해야 할 것이다.

이 외에도 검색건수 상위 20위 이내의 신조어 중에서 '케미'(남녀 간의 연애감정을 일컫는 말), '공항패션'(연예인들이 공항에 입고 나오는 패션), '먹방', '멘붕' 등의 신조어는 지속년수가 2~6년에 불과함에도 불구하고 높은 검색건수를 보였다. 신조어가 특히 방송이나 연예인, 드라마·예능 프로그램을 중심으로 빠르게 확산되는 측면을 보이고 있었다. '멘붕(지속기간 2년)'이나 '돌직구(지속기간 4년)' 같은 단어는 젊은층의 활발한 사용을 중심으로 매우 빠르게 확산된 신조어였다. 신조어 확산에 있어서 수용주체와 확산매체가 매우 중요함을 알 수 있었다.

또한 신조어 조사를 통해 최초 등장 배경에 대해서도 일부 알 수 있었다. 최초 등장 배경에 대해서 모든 신조어를 분석하는 것은 물리적으로 불가능했지만, 신조어 검색 결과의 가장 최초시점을 검색하여 일부의 사례들을 분석할 수 있었다. 예를 들어, '하의실종'이라는 신조어는 2010년 시상식장에서 연예인이 입고 나온 패션을 가리키는 기사에서 시작되었다. '베이글녀'라는 신조어는 특정 연예인을 지칭하는 2010년 기사에서 시작되었다. '갑질'이라는 신조어가 최초로 시작된 지점은 2013년 남양유업 직원이 대리점주에 대한 욕설사건이 불거지며 크게 확산되었다. '불금'이라는 신조어는 2011년 다이나믹듀오의 '불타는 금요일'이라는 노래에서 시작된 신조어였다. '지름신'이나 '뽐뿌'같은 신조어는 2004년 디시인사이드 등의 커뮤니티 사이트에서 시작된 신조어였다. 신조어들이 시작된 시점에 대한 검색을 통해 사회적 파장이 되는 사건이나 방송, 연예인, 문화 콘텐츠, 온라인 커뮤니티 등의 영향력에서 시작된 것으로 나타났다.

이 연구에 의하면, 무엇보다도 불황과 취업난을 반영하는 신조어가 가장 많이 나타났다. 신조어의 9.3% 가량이 현재 사회의 경기불황과 취업의 어려움을 반영하는 신조어였다. 다음으로는 외모를 강조하는 신조어들도 9.3% 가량이 되었다. 소비자들이 외모를 중시하고 성형 등을 강조하는 사회문화적 흐름을 잘 반영하는 결과이다. 세 번째로 많은 순위를 기록한 키워드는 8.4%의 IT 하이테크 관련 신조어이다. 몇 년 사이에 급증한 온라인과 모바일 SNS의 활용이 늘어나면서 IT와 하이테크 관련 신조어도 함께 증가하였다. 이어 7.8%를 기록한 신조어는 남녀 간의 사랑이나 연애 등의 관계를 주제로 한 것이다. 주로 신조어가 신세대 청년층을 중심으로 생산되는 것에서 기인하는 것으로 보인다.

다음으로 6.2%를 차지한 신조어는 타인을 비하하고 모욕하는 형태로 '타자비하'키워드가 도출되었다. 현재의 온라인 악플 문화나 갈등을 부추기는 언어적 폭력 등이 온라인상에서 그대로 보여 주는 결과라고 하겠다. 자녀 육아와 관련하여 교육이나 육아 현실을 보여 주고 있는 신조어도 4.4%를 기록하고 있다. 또한 비윤리나 범죄 등을 지칭하는 신조어들도 매우 많이 등장하고 있다. 정보통신 기술 발달과 동시에 나타나고 있는 범죄나 사회적 강자가 약자에게 행한 비윤리적인 행태 등이 이에 속한다. 주 5일 휴가가 일반화되면서 취미와 여가 관련 신조어도 상위를 차지하고 있었다. 이어 먹방, 쿡방과 같이 방송 콘텐츠와 '스포테인먼트'나 '쇼퍼테인먼트'와 같은 다양한 엔터테인먼트 신조어도 다양하게 나타나고 있다.

계속되는 불황이 깊어지면서 재테크와 절약과 관련한 신조어들도 다수 등장하고 있었는데, 가치소비와 가성비가 강조되면서 프리미엄·명품 관련 신조어의 꾸준한 등장과 더불어 재테크나 절약 관련한 신조어도 동시에 나타나고 있음을 알 수 있다. 또한 대안적 소비문화로서 공동체의식이나 윤리의식이 꾸준히 성장하고 있는 측면을 반영하여 관련 신조어들도 크게 늘어나고 있었다. 소비문화와 트렌드 분석에 있어서 매우 중요한 것은 방송과 연예인들의 영향력인데 신조어에서도 이러한 연예인추종과 관련 패션 트렌드 신조어가 두드러지게 나타나고 있었다. 1인 가구가 급증하면서 솔로 소비자, 1인 경제를 지칭하는 소위 '에고노미'관련 신조어도 다수 등장하고 있었다.

신조어는 매우 창의적으로 조어되고 결합되고 있었는데 이는 소비문화와 마케팅의 측면에서 적극적으로 고려해야 할 요소이다. 특히 신조어를 통해서 상호 이질적이고 이종적인 대상들이 서로 결합되고 병합되면서 창의적인 새로운 개념이 등장하고 이것이 소비자와 시장 상품과 마케팅에 반영되는 것이다. 결국 서로 모순되고 역설적인 대상들이 상호 결합되면서 새로운 시장과 상품들이 등장하는데 일조하고 있다.

현대소비문화에서 보이고 있는 한 양상으로 여성을 성적 도구화하여 나타나는 신조어로 '하의실종', '꿀벅지' 등 이를 활용한 신조어들도 이러한 측면을 잘 보여주고 있다. 노년층이 늘고 있고 이들의 구매력이 늘어나고 있는 시점에서 실버소비자 관련 신조어도 하나의 중요한 키워드로 묶이고 있었다. 소위 오타쿠나 마니아 등을 반영하는 하위문화 관련 신조어도 늘고 있었다. 건강이나 웰빙 관련 신조어도 상당비율 나타나는 것으로 조사되었고, 느림이나 행복을 강조하는 신조어들도 등장하고 있다. 디지털 사회의 빠른 흐름을 강조하는 트렌드의 흐름에 반기를 드는 반트렌드(counter trend)로서 등장하는 트렌드 키워드이다. 소비자들의 충동구매 등을 강조하는 지름신이나 뿜뿌같은 신조어들도 상당부분 상위를 차

표 9-1 신조어 조사를 통한 트렌드 키워드 분석

키워드(하위범주)	빈 도	신조어 사례
불황과 취업난	42	하우스푸어, 취준생, 헬조선, 이구백, 월급고개, 칠포세대, NG족, 취뽀, 이케아세대, 문송 등
외모 중시	42	얼짱, 몸짱, 쌩얼, 쁘띠성형, 그루밍족, 말벅지, 얼꽝, 취업성형, 패완얼, 잘생쁨, 어깨강패 등
IT 하이테크	38	누리꾼, 블로거, 악플러, 롤드컵, 네티즌수사대, 만렙, 디지털키드, 테크파탈, 검지족, 짤방 등
남녀연애	35	케미, 품절남, 차도남, 완소녀, 까도남, 심쿵, 그린라이트, 소셜데이팅, 썸남, 썸녀, 포켓남 등
타자비하	28	먹튀, 악플러, 병맛, 여병추, 찌질이, 듣보잡, 김치녀, 성괴, 기레기, 갑툭튀, 종특, 극혐 등
자녀육아	20	앵그리맘, 다둥이가족, 황혼육아, 프렌디, 연어족, 육아데이, 알파맘, 할마, 스칸디맘, 스칸디대디 등
비윤리 · 범죄	18	패륜녀, 피싱, 보이스피싱, 주폭, 갑질, 라면상무, 해피아, 거마대학생, 개똥녀, 빵회장, 노소 등
취미여가	18	글램핑, 불금, 오타쿠, 키덜트, 캐포츠, 운도녀, 운도남, 스테이케이션, 코피스, 캠프닉 등
엔터테인먼트	15	먹방, 쿡방, 팩션, 글램핑, 짤방, 아나테이너 소셜테이너, 스포테인먼트, 쇼퍼테인먼트 등

(계속)

재테크 · 절약	13	공유경제, 간장녀, 앱테크, 폰테크, 프리커머스, 저렴이, 쇼루밍, 밤도깨비, 마이너스폰 등
이종결합	12	치맥, 소맥, 아점, 딘치, 스크린셀러 등
신중년 · 다운에이징	11	안티에이징, 꽃중년, 그루밍족, 줌마렐라 등
에고노미	11	모태솔로, 자빽, 싱글턴, 포미족, 초식남 등
모순역설	11	베이글녀, 팩션, 웃픈, 브로맨스, 귀족노조 등
능력주의	10	스펙, 포텐, 엄친아, 미친존재감, 넘사벽 등
패션트렌드	10	공항패션, 하객패션, 놈코어, 시밀러룩 등
능동적 소비문화	10	해외직구, 모디슈머, 크리슈머, 크라우드 소싱 등
연예인추종	9	싱크로율, 완판녀, 하객패션, 설블리, 역조공 등
정책정치	9	김치지수, 교육사다리, 영충호, 코드인사 등
남녀성역할	9	위미노믹스, 능청남, 삼식이, 테크파탈 등
갈등불안	9	멘붕, 혐한류, 관심병, 열폭, 와이파이셔틀 등
공익공동체	8	로하스, 스몰웨딩, 에코웨딩, 볼런투어 등
느림 · 행복	8	참살이, 도시농부, 킨포크, 팜파티 등
중독	8	오덕후, 십덕후, 디지털치매, 디지털단식 등
섹스어필	7	하의실종, 베이글녀, 꿀벅지, 애플힙, 말벅지 등
하위소비문화	6	키덜트, 그루밍족, B급 문화, 팝저씨 등
직설화법	6	돌직구, 디스전, 솔까말, 맞디스곡 등
건강웰빙	6	웰빙, 로하스, 새집증후군, 참살이 등
고급프리미엄	6	글램핑, 넘사벽, 매스티지, 로가닉 등
실버소비자	5	꽃할배, 액티브 시니어, 유병장수 등
마케팅상품	3	럭키백, 삼겹살데이, 게이미피케이션
가족해체	3	기러기아빠, 돌싱, 가출팸
소비자권리의무	2	호갱, 블랙컨슈머
소비충동	2	지름신, 뽐뿌
34 Nodes	450 references	

자료: 이준영 · 이제성, 신조어 분석을 통한 소비트렌드의 탐색적 연구, 2016.

지하고 있었다. 이렇듯 신조어들은 현재의 소비트렌드와 문화를 상당부분 반영하며 생성되고 있었다. 신조어의 의미를 분석한 내용을 정리한 표는 위와 같다.

■ ■
히트상품 분석

1) 히트상품 분석의 의의

한 사회의 트렌드를 파악하기 위해서는 미래를 잘 예측해야 하겠지만 (forecasting), 과거로부터 발생한 소비가치의 변화를 연속적으로 해석하는 것 (downdating)도 매우 중요하다. 한 해 동안 소비자들에게 큰 인기를 얻은 상품을 선정하는 작업은 그 시대의 소비가치가 무엇인지 분석할 수 있는 방법이다. 연도별 자료를 수집하면 소비시장이 어떠한 과정을 거쳐 변화했는지, 소비자의 욕구가 어떠한 방향성을 가지고 움직이는지를 알 수 있다. 이러한 배경에서 미국의 〈비즈니스 위크〉나 일본의 〈니케이 트렌드〉 등에서도 매년 연말 히트상품을 선정해서 발표하고 있다. 우리나라에서도 과거 삼성경제연구소가 2012년까지 '올해의 히트상품'을 매년 발표했다. 이후에는 〈트렌드 코리아〉 시리즈가 2014년부터 '10대 트렌드 상품'을 선정해서 발표하고 있다. 본 장에서는 주로 삼성경제연구소의 히트상품과 트렌드 코리아의 히트상품 분석 내용을 기반으로 살펴보도록 한다.

표 9-2 2000~2010년 히트상품 베스트 10

순 위	베스트 히트상품	시사점
1	스마트폰: 무한한 잠재력을 지닌 모바일 플랫폼	개방성, 확장성이 가능한 생태계를 구축
2	월드컵: 한국형 스포츠 관람문화 촉발	자발적 참여를 유발할 수 있는 구심점을 제공
3	싸이월드: 국내에서 탄생한 소셜네트워크서비스	또래집단 생활을 철저히 분석해 사업모델화
4	소셜 미디어: 사회적 영향력을 지닌 新소통채널	유명인, 열정적 참여자를 활용해 시장 개척
5	신용카드: 각종 혜택이 복합된 초간편 결제수단	공동마케팅을 통해 맞춤서비스를 지속 창출
6	김연아: 대한민국을 대표하는 글로벌 퀸	독보적 매력을 지속적으로 유지 관리
7	웰빙상품: 親건강·親환경 문화 아이콘	건강, 안전 등 기본적인 소비 니즈를 재조명
8	내비게이션: 모바일 소비자를 위한 최적의 정보원	킬러 서비스의 끊임없는 진화를 추구
9	교통요금 결제서비스: 편의성·경제성 동시 만족	정책·기술·소비 측면의 기회를 입체적으로 활용
10	막걸리: 웰빙식품으로 거듭난 전통주	전통상품의 현대적 재조명

자료: 삼성경제연구소, 2000~2001년 히트상품 베스트 10

2) 히트상품 리뷰

(1) 삼성경제연구소 히트상품

삼성경제연구소는 2012년까지만 히트상품을 발표했다. 이 연구소에서는 2000년부터 2010년까지 10년간 히트상품 베스트 10을 발표해서 과거 10년간의 트렌드 흐름을 분석할 수 있었다.

10년간의 히트상품을 분석한 결과 키워드는 크게 세 가지로 분류되었다. 첫째, 디지털 상품의 진화로서 휴대폰이 감성 모바일 제품으로 변모하고, 이를 통해 참여, 공유, 개방의 가치를 극대화하며, IT 기기를 통한 실용과 편익을 추구하는 흐름이 나타나게 된 것이다. 두 번째 키워드는 웰빙형 상품의 확산을 들 수 있다. 이는 맛과 건강, 멋과 여유를 추구하는 트렌드로 나타났다. 저카페인, 무카페인 음료가 꾸준히 인기를 얻었고, 이때부터 여유로움을 추구하는 라이프스타일이 부상하기 시작했다. 세 번째 키워드는 희망 제시형 상품에 환호하여 국가적 자긍심이나 성취감과 대리만족을 추구하는 경향으로 나타났다. 월드컵, 올림픽 스타들의 관심과 더불어 한류스타들에 대한 인기도 크게 올라갔다. 영화나 드라마에서는 주인공이 역경을 극복하고 성공하는 스토리를 통해 대리만족을 추구하는 심리가 두드러졌다. 현재의 SNS 커뮤니케이션 트렌드와 건강을 생각하는 소비자 심리 등과도 맞닿아 있음을 알 수 있다. 삼성경제연구소에서 히트상품 리스트를 시계열적으로 로드맵을 구성한 것을 제시하면 다음과 같다.

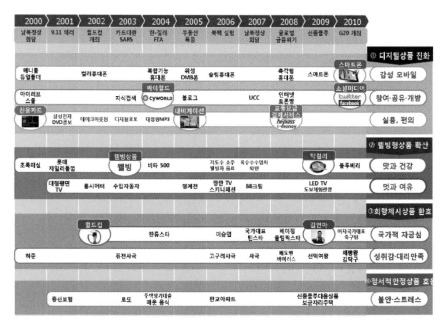

그림 9-1 2000~2010년 연도별 주요 히트상품과 트렌드
자료: 삼성경제연구소(2011), 2000~2010년 히트상품 베스트 10

이후 삼성경제연구소는 2011~2012년에도 히트상품을 제시하고 있다. 연구소에서 발표한 히트상품 리스트를 통해 분석할 수 있는 소비트렌드 키워드를 분석하면 다음과 같다.

최근 들어서 트렌드 주기가 대단히 빨라지는 현상이 관찰되고 있는데, 이러한 것은 비단 패션이나 의류 산업을 넘어서 다양한 분야로 확대되고 있다. 예를 들

표 9-3 삼성경제연구소 발표 2011~2012 히트상품

순 위	2012년	2011년
1	강남스타일(싸이)	꼬꼬면
2	애니팡	스티브 잡스
3	갤럭시 2012 시리즈	카카오톡
4	차량용 블랙박스	나는 가수다
5	런던 올림픽 스타	갤럭시 S2
6	에너지 음료	K-Pop
7	LTE 서비스	연금복권
8	고급형 인스턴트 커피	도가니
9	관객 1억 시대의 한국영화	평창 동계올림픽 유치
10	캠핑상품	통큰·반값 PB상품

어, 식품 분야에서도 트렌드 주기가 빨라지는 현상이 나타나기 시작했다. 2011년
에는 식품 분야에서 '꼬꼬면' 열풍이 불었다. 당시 꼬꼬면 매출이 급격하게 올라
가자 해당 제조업체의 공급량이 수요를 따라잡지 못하게 되었다. 이에 해당 기업
은 재빠르게 제조 공장을 대폭 증설했다. 그러나 꼬꼬면의 인기는 몇 달 가지 못
하고 폭락하게 되었다. 이를 가리켜 '증설의 저주'라는 용어가 등장하기도 했다.

2011년 히트상품 중에서 통큰 치킨, 반값 PB상품은 가성비 중심의 알뜰 소비
트렌드에 부합하면서 소비자들에게 큰 인기를 얻었다. 카카오톡이 2011년에 대표
적인 히트상품으로 선정되면서 본격적인 국민 메신저 시대를 열게 되었다. 2012
년은 런던 올림픽이 연일 화제를 몰고 왔던 해였다. 한국 영화의 인기는 지속되었
고 캠핑 열풍이 이때부터 불기 시작했다. 소진사회로 지칭되는 대한민국의 치열
한 경쟁사회 속에서 에너지 음료를 사서 마시며 피로를 잊으려는 사람들이 많아
지기 시작했다. LTE서비스가 본격화되면서 휴대폰을 통해 생활을 편리하게 만드
는 다양한 서비스가 등장하기 시작했다. 이때부터 사람들은 차량에 너도나도 블
랙박스를 달기 시작해서 이제는 누구나 자동차에 설치하는 보편화된 기기로 자
리 잡았다. 이제 소비자들은 블랙박스를 통해 자기 스스로 미연에 사고 증거를

수집하며 미래의 위험에 대비하는 모습을 보이기 시작하였다. 휴대폰이 점차 현대인들의 개인 오락 디바이스가 되어 가면서 애니팡 같은 게임도 본격적으로 인기를 끌기 시작했다.

(2) 트렌드 코리아 발표 히트상품

트렌드 코리아 시리즈에서는 2014년부터 트렌드 상품이라는 명칭으로 히트상품을 선정해오고 있다. 전문가의 추천, 유통사의 매출액 데이터, 언론사의 발표 자료 등을 참고하여 후보 제품군을 선정한 후 실제 소비자들을 대상으로 설문조사를 실시해서 그해의 히트상품 10가지를 선정하고 있다. 이러한 트렌드 상품 분석은 삼성경제연구소에서 선정해왔던 히트상품의 연속선상에서 그 해의 소비가치와 트렌드를 파악하는 데 유용한 자료로 사용될 수 있다.

각각의 트렌드 상품들에 내재된 이 시대의 소비가치와 트렌드를 분석하는 것이 히트상품 조사와 선정의 주된 목적이 될 것이다. 〈트렌드 코리아〉에서 발표한 주요한 트렌드 상품들에 내재된 의미를 전반적으로 분석해보면 다음과 같다. 예를 들어, 예능 프로그램 '꽃보다 시리즈'는 대표적인 체험 상품인 여행을 주제로 서로 다른 세대가 함께 여행에 동행함으로써 '세대 간 공감'이라는 시대적 화두에 부응하는 콘텐츠로서 인기를 끌었다. 이제 소비트렌드가 물건을 구매해서 소유하는 데 의미를 두기 보다는 여행 같은 특별한 경험이나 체험을 지향하는 소비트렌드로 변모하고 있다.

'스냅백'이나 '힙합' 열풍은 젊은 세대들의 개성표현 욕구를 충족시키는 아이템으로서 트렌드 상품에 선정될 수 있었다. '한식뷔페'는 건강을 생각하는 웰빙 트렌드가 자리 잡으면서 소비자들에게 사랑을 받게 되었다. 이는 쇠락해 가고 있는 패밀리 레스토랑 산업과 극명하게 대비되고 있다. 샤오미 같은 '저가 중국전자제품'은 불황기 가성비를 중시하는 소비트렌드의 부상과 함께 비약적인 성장을 거둔 브랜드였다. 저성장기가 고착화되면서 소비자들도 소비의 구조조정전략을 구사하는데 가성비 소비트렌드는 소비구조의 질적 변화에서 가장 중요한 지점에 있다. 1인 가구가 많아지면서 '간편식'의 열풍과 더불어 편의점 같은 유통채널의 매출이 크게 상승하기도 했다. 소비자의 건강과 생명을 걱정하는 트렌드도 중요해 지면서 '노케미족'이 히트상품으로 선정되기도 했다. 옥시 사태로 대변되는 화학 제품 관련 심각한 인명 사고가 발생하면서 소비자의 안전이 가장 중요한 화두가 되면서 노케미족이 트렌드 상품에 선정되었다. 또한 불황기 소비자들은 지친 심 신을 달래고 싶은 욕구가 있다. 사람들은 가벼운 유머나 귀여운 캐릭터, 로맨스 드라마 등을 통해 일상의 지치고 힘든 마음을 위로받고 싶어 하는 것이다. 이러 한 맥락에서 드라마 '태양의 후예'가 인기를 끌었다. 로맨스 스토리를 통해 일상 의 카타르시스를 얻으려는 사람들의 욕구가 반영되며 큰 인기를 모았다. 카카오 톡 '메신저 캐릭터'는 귀여운 아이콘 등을 메시지로 주고받으면서 심리적 위안을 얻고자 하는 사람들의 심리가 반영되면서 히트상품으로 선정되었다. '단맛' 제품 도 트렌드 상품으로 선정되었는데 불황기 사람들이 우울한 마음을 달콤한 맛을 통해 위안 받으려는 심리가 반영된 것이다. 이른바 '위로 식품(comfort food)'이라 고 하는데, 허니버터칩, '순하리'나 '자몽에 이슬' 등의 과일주 등의 인기와 더불어 달콤한 디저트 산업의 성장을 설명할 수 있다.

트렌드상품	2014년	2015년	2016년
1	꽃보다 시리즈	단맛	간편식
2	명량	마스크, 손소독제	메신저 캐릭터
3	빙수 전문점	복면가왕	부산행
4	스냅백	삼시세끼	OO페이
5	에어쿠션 화장품	셀카봉	O2O 앱
6	의리	소형 SUV	힙합
7	컬래버레이션 가요	쉐프테이너	저가 음료
8	타요버스	저가중국전자제품	태양의 후예
9	탄산수	편의점 상품	아재
10	해외직구	한식뷔페	노케미족

(3) 일본 니케이트렌드 발표 히트상품

일본의 니케이트렌드에서도 지속적으로 히트상품을 발표해오고 있다. 2015~2016년 히트상품을 리뷰하면 다음과 같다.

순 위	상품명	분 류	개 요
1	호쿠리쿠 신칸센 (北陸新幹線)	교통 인프라	• 2015년 3월 개통 이후 482만 명 탑승(전년 대비 303% 증가) • '호쿠리쿠' 지역 관광 큰 인기
2	히바나 (火花)	문화콘텐츠 (소설)	• 인기 코미디언(마타요시 씨)의 '아쿠타가와상' 수상으로 화제 • 발매 5개월여 만에 200만 부 돌파
3	외국인 인바운드 소비	트렌드	• 엔저, 면세품목 확대로 중국인 관광객 급증 • 2015년 2000만 명 입국, 소비액 3조 엔 예상
4	편의점 도넛	식품	• 편의점 커피 전쟁에 이어 도넛 경쟁이 시작 • 세븐일레븐, 연간 매출액 400억 엔 돌파 예상
5	코코넛오일	식품(오일)	• '만능오일'로 불리며 미·건강에 효과 알려지며 인기 • 남녀노소 모두에게 인기끌며 200억 엔대 시장률 형성
6	가우초 팬츠	패션	• 남미에서 시작된 느슨한 바지 패션이 크게 유행 • GU, 시마무라 합계 300만 장 이상 판매
7	쵸이노미	트렌드(소비)	• 외식업계 '가볍게 저녁에 한 잔' 하는 수요 쟁탈전 시작 • 요시노야 시작 이후 패밀리 레스토랑 등 유행 시작
8	메이지 요구르트 PA-3	식품(요거트)	• 통풍의 원인인 '푸린체'에 효과, 중년 남성에게 큰 인기 • 목표치였던 30억 엔을 2~3배 뛰어넘는 매출 기록 중
9	미나미알프스 천연수&요구리나	식품(음료)	'물처럼 투명하면서 진한 맛' SNS 통해 인기끌며 4일만에 품귀현상까지 빚어짐.
10	애플워치	웨어러블 디바이스	• 마니아층 넘어 고급 패션 아이템으로 성장 • 웨어러블 디바이스 대중화의 선봉

(계속)

11	페퍼	가정용 로봇	• 로봇과 함께 사는 미래가 현실화 • 고가(120만 엔)에도 불구, 1분만에 4300대 완판 기록
16	부러지지 않는 샤프펜슬	문구	• 100년이 넘는 역사, 계속되는 기술혁신 • 대형 메이커 3사가 속속 신제품 발표하며 화제
22	메론빵 껍질 구워 버렸습니다	식품(과자)	• 소보로빵의 달콤한 껍질 부분만을 상품화 • SNS 통해 화제를 모으며 3600만 개 판매
28	도요타 미라이	연료전지차	• 수소를 연료로 하는 궁극의 '친환경차' 상용화 • 주문쇄도로 차량인도까지 수 년 기다려야 할 정도로 인기

　니케이 트렌디 상품에서도 시장에서 최근 소비트렌드의 경향이 읽힌다. 1인 가구의 증가로 인해 편의점의 인기가 계속해서 오르면서 업체에서도 품목과 서비스를 다변화하고 있다. 선정된 히트상품으로 편의점 도넛은 가성비 좋은 제품으로 소비자들에게 인정받으면서 많은 판매를 기록했다. 코코넛오일, 메이지 요구르트 등도 건강을 생각하는 웰빙트렌드에 부합하면서 인기를 끌었다. 우리나라에서 단맛 열풍이 분 것 처럼 장기 저성장에 빠진 일본에서도 '메론빵 껍질 구워버렸습니다' 같은 제품이 인기를 끌었다. 이 제품은 빵의 껍질만을 상품화한 역발상 마케팅의 사례이다. 로봇 '페퍼'의 선정은 4차산업 혁명이 본격화되면서 관련 산업의 성장을 예견할 수 있는 사례로 들 수 있다. '부러지지 않는 샤프펜슬'은 지속적인 작은 혁신이 만들어낼 수 있는 틈새시장의 가능성을 보여 주는 히트상품이다. 연료전지자동차는 미래 친환경소비트렌드가 그 어느 것보다 주목해야 할 트렌드라는 것을 다시 한 번 시사하고 있다.

히트상품 SCAMPER
기법적용 실습

스캠퍼 기법은 신상품을 기획하는 대표적인 아이디어 도출(Ideation) 방법으로서 구체적인 상품 기획을 하는 데 적합한 방법이다. 본 장에 제시된 히트상품이나 최근에 출시된 신상품 10개 정도를 선정하여 히트상품 리스트를 가지고 SCAMPER 방법의 목록 중에서 구체적으로 어떠한 범주에 속하는지 히트상품을 배치해보는 연습을 하도록 한다. 이 외에도 스캠퍼 기법을 적용하여 새로운 히트상품 아이디어를 도출하는 팀별 활동을 하고 서로 발표하는 시간을 가질 수 있다.

Substitute: 형태, 용도, 방법, 성분 등을 다른 것으로 대체할 수 있나

Combine: 기존 사물, 기능 등을 서로 결합해 보면 어떨까

Adapt: 기존의 원리, 방법, 형태를 변형시켜 여기에 적용시키면 어떨까

Modify, Magnify, Minify: 기존의 크기, 무게, 색, 모양, 기능 수정은 어떨까

Put to other use: 지금과는 다른 용도로 사용하거나 재활용할 수 없을까

Elimination: 물건의 특정 부분, 성분, 기능 등을 없애면 어떨까

Rearrange: 일, 물건의 형식, 순서를 재조정하거나 거꾸로 하면 어떨까

참고문헌

국내문헌

김난도 외, 트렌드 코리아 2015, 미래의창, 2014
삼성경제연구소, 2000~2010년 히트상품 베스트 10, 2011
이준영·이제성, 신조어 분석을 통한 소비트렌드의 탐색적 연구, 소비자정책교육연구 제12권 4호,
　　2016

CHAPTER 10
**소비트렌드 자료
분석 기법**

CHAPTER 10
소비트렌드 자료
분석 기법

학습목표

방대한 양의 자료와 데이터를 분석하기 위해서는 그룹화, 패턴화하여 그 속에서 트렌드 키워드와 주제를 추출하는 것이 무엇보다 필요하다. 다양한 형태의 자료를 분류하고 해석하는 방법이 트렌드 분석을 위해 요구된다. 포스트잇 등의 간단한 재료를 가지고 기존에 가지고 있는 자료들을 축약하고 요약해서 중요한 인사이트를 추출하는 방법으로서 친화도 기법 등이 있다. 트렌드 카테고리 기법은 조사 자료를 분석하여 귀납적으로 래더링업(laddering up)하여 마이크로 트렌드(micro trend) → 매크로 트렌드(macro trend) → 테마(Theme) 순서로 나무 구조(Tree Structure)를 구성하는 것이다. 온라인 데이터 분석 기법은 웹상에 방대한 양의 데이터를 분석하는 기법으로서 빅데이터를 이용하여 유용한 트렌드 정보를 추출해 내는 방식이다. 추출되고 요약된 정보는 데이터 시각화 기법을 통해 보다 효과적으로 리포팅될 수 있다.

친화도법

1) 친화도법 정의

친화도법(Affinity Diagram)은 자료 조사 결과를 간편하게 구조화하는 방법이다. 분산된 리서치 결과물 속에 숨겨진 인사이트를 효과적으로 찾아낼 수 있다. 조사 결과를 친화도 카드를 통해 기록하고 브레인스토밍을 통해 토론할 수 있다. 친화도법은 개별 조사 데이터를 대상으로 '의미의 연관성', '상호 연결성', '인과관계' 등에 따라 데이터를 귀납적인 방법으로 상위단계로 점진적으로 유목화(Categorization)하는 과정을 밟는다. 각각의 데이터들은 상호 연관성을 고려해 그룹화하고 여기에 제목(title)을 붙인다. 첫 번째 타이틀 이후 2차적인 주제를 도출해 내면 최종적으로 데이터 간의 인과관계, 상호 연결성, 의미의 연관성 등이 드러나면서 새로운 의미가 드러나게 된다. 친화도법을 이용하면 주제에 대해 구조화하는 작업을 통해 전체적인 시각을 형성할 수 있다.

친화도법은 자료에 대한 구조화된 정리뿐만 아니라 개별적인 소비자들 각자의 의견들을 통합하여 의미 있는 패턴과 인사이트를 추출할 수 있다. 소비자 인터뷰 정리 및 구조화를 위한 친화도법의 과정은 다음의 순서와 같다. 첫째, 인터뷰 대상인 소비자를 연구 장소에 모이게 한다. 둘째, 친화도 작업을 위해 이들에게 포스트잇 등을 나누어 주고 카드 한 장에 진술 하나씩 적도록 한다. 이때 진술문은 연구 테마에 맞게 기술하도록 한다. 셋째, 진술문을 적은 카드는 벽 등의 넓은 공간에 붙이도록 한다. 넷째, 벽에 모두 붙이고 나서 진술이 적힌 카드들을 같이 묶고 그룹화하는 작업을 한다. 다섯째, 각각의 그룹이 만들어지면 명칭을 부여하여 적도록 한다.

2) 친화도법 절차

(1) 카드 작성

주제에 대한 각자의 의견이나 브레인스토밍을 통해 도출된 각각의 아이디어를 포스트잇 등의 카드에 한 장 한 장 적어서 모든 참여자들이 함께 볼 수 있도록 넓은 공간에 무작위로 펼쳐 놓는다.

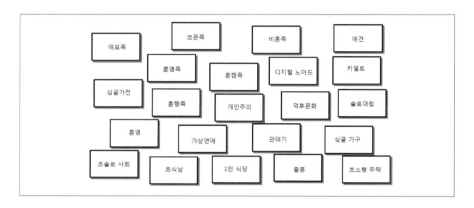

(2) 그룹 만들기

서로 관련이 있는 카드끼리 작은 그룹들을 계속해서 만들어 나간다. 모든 카드가 각각의 그룹으로 묶여질 때까지 이 작업을 계속해서 반복한다. 어떠한 그룹에도 속하지 않은 카드들이 남아 있어도 무방하다.

(3) 그룹명 정하기

소그룹으로 묶어 놓은 카드들의 내용을 잘 살펴보고 이것들이 무엇을 의미하는지 생각하여 각 그룹을 대표하는 주제명을 사용해서 이름표를 만들어 붙인다.

(4) 상위 그룹 정하기

1차적으로 소그룹 편성이 끝나면 분류 작업을 계속해서 2단계, 3단계 작업을 반복적으로 수행하여 중그룹을 만들고 대그룹을 정한다.

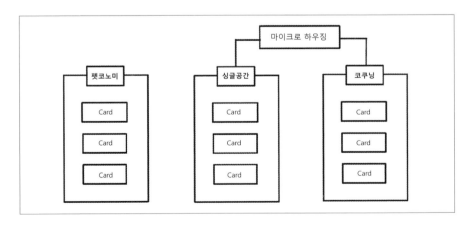

(5) 그룹 간의 관계 조정

각 그룹 간의 관계의 정도를 고려하여 관계성이 높은 것들은 더 가까이 두고 관계성이 약한 것들은 더 멀리 위치시킨다. 이 과정을 통해서 각 그룹 간의 관계성의 정도, 즉 친화성의 정도를 파악할 수 있다.

6) 구조도 작성

그룹화 되고 연결지어진 카드들을 붙여 구조화시킨다. 최소 단위로 묶여진 그룹들을 중심으로 각각의 그룹들을 연결시킨다. 이때 그룹들 간의 연결성은 간단한 화살표 정도로 표시할 수 있다.

3) 친화도법의 유용성

친화도법은 특정 주제에 대한 다양한 자료나 아이디어를 종합하여 유사성이나 연관성의 기준에 의거하여 분류하고, 그룹화하여 특정 주제에 대한 결론이나 해결안을 도출하는 방법이다. 또한 브레인스토밍을 통해 도출된 다양한 생각이나 아이디어들이 정리·정돈되지 않아 전체적인 파악이 어려울 때 이 방법을 사용하면 다양한 아이디어나 정보들을 몇 개의 연관성 높은 그룹으로 분류하고 파악할 수 있다.[1] 친화도법을 그림으로 제시하면 〈그림 10-1〉과 같다.

친화도법은 다양한 트렌드 관련 정보를 정리하고 이를 통해 창조적 문제해결 방안을 찾는 것이다. 창조적 문제해결 프로세스로는 양방향적 사고 유형의 접근 방법을 필요로 한다. 먼저 해결안의 종합단계에서는 창의적인 아이디어를 가능한 많이 도출해 내는 발산적 사고방법이 필요하다. 이후 최종적인 해결안의 도출을 위해서는 1차적으로 도출된 다양한 아이디어들을 유목화하고 그룹화하여 구조

---

[1] IT용어사전, 한국정보통신기술협회

화시키는 수렴적 사고방법이 필요하게 된다. 결국 이러한 발산적 사고와 함께 수렴적 사고를 종합한 방법론이 친화도법이다.

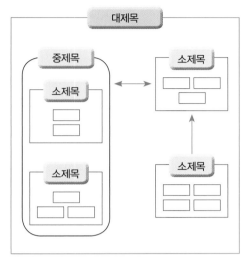

그림 10-1 **친화도법의 도해**

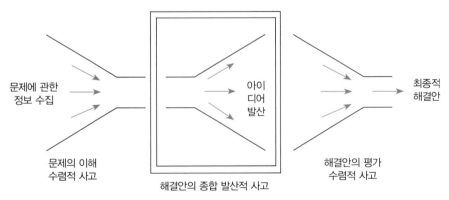

그림 10-2 **친화도법의 창의적 문제해결 프로세스**

4) 트렌드 카테고리 트리 분석

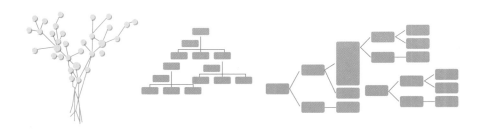

친화도법과 동일한 맥락으로 트렌드 키워드를 도출하는 방법으로서 트렌드 카테고리 분석법이 있다. 트렌드 카테고리 트리 분석은 조사 자료를 분석하여 귀납적으로 래더링업(laddering up)하여 마이크로 트렌드(micro trend) → 매크로 트렌드(macro trend) → 테마(Theme) 순서로 나무 구조(Tree Structure)를 구성하는 것이다. 구성된 트리 구조를 연역적으로 재검증하고 교차 검증하여 트렌드 예측의 기본 자료로 사용하는 방법이며 기본적으로 트렌드 자료를 축약하여 단순화시켜 분석해나가는 기법이다. 트렌드 카테고리 분석기법의 친화도법과 명칭은 다르지만 실질적으로는 친화도법과 분석 과정이 매우 유사하다.

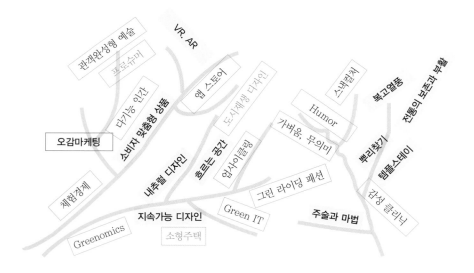

온라인 데이터
분석 기법

1) 개 념

웹상의 검색어 분석을 통해 트렌드를 파악할 수 있다. 이제 빅데이터를 통한 소비 트렌드 분석 및 예측이 가능해지고 있다. 빅데이터를 활용한 트렌드 분석은 이제 다양한 방식으로 접근할 수 있다. 다음소프트의 '소셜메트릭스'나 네이버의 '데이터랩' 등 다양한 검색엔진을 통해서 자료 분석이 가능하다. 다음은 데이터랩 검색 화면이다. 다양한 방식으로 활용할 수 있는데 아래 그림은 분야별로 인기 검색어

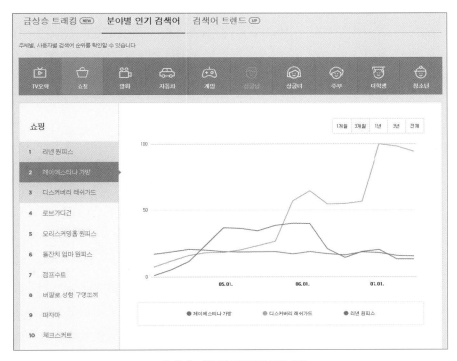

그림 10-3 네이버 데이터랩 검색 화면

순위 등이 표시된다. 다음 그림에서 쇼핑 분야의 검색어 순위는 리넨 원피스, 제이에스티나 가방, 디스커버리 래쉬가드 등이 가장 높은 순위를 기록하고 있다.

이 외에도 다양한 분야에서 데이터 분석이 수행되고 있는데, 다음 〈그림 10-4〉는 오바마 선거 캠프에서 검색어 데이터를 이용한 분석 사례이다.

오바마 캠프는 미국 대통령으로는 처음으로 선거 전략 수립을 위해 빅데이터를 통합하여 분석했다. 예를 들어, 오바마 캠프는 후원금 모금에 참여한 사람들의 과거 데이터와 기부 패턴을 분석하여 향후 후원금의 예상 액수도 도출했다. 이 외에도 SNS, 인터넷, 상품 판매 기록 등의 빅데이터를 분석해서 여론을 파악하고 선거전략을 수립하는 데 적극적으로 반영했다. 구체적으로는 유권자의 성향을 파악하여 각각의 선거인단의 성향에 부합하는 맞춤형 선거전략을 수립하여 대선 승리의 기초로 삼았다. 결국 공공정책 수립의 근거가 되는 국민 여론이 담겨 있는 빅데이터를 적극적으로 선거와 정책에 반영했다.

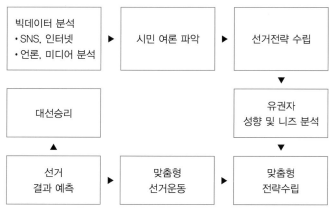

그림 10-4 검색어 빅데이터 분석 활용 사례(case)

2) 분석 사례

다음은 빅데이터 분석을 통해 독감 유행 수준을 예측한 사례이다. 사람들이 검색한 독감 관련 단어 등을 검색한 기록을 분석하여 패턴 분석과 알고리즘 적용을 통하여 향후 독감 유행을 예측하고 개선하는 시스템을 구축한 케이스이다. 데이터 마이닝을 통해 지역, 시간, 검색어 간에 연관성을 분석하여 월별로 독감 유행이 시작할 시점을 예측하고 지역별 독감 위험도를 분석하고, 국가별·지역별 독감 위험도를 분석하며, 주요 도시별 독감 위험 수준을 분석했다.

Google : 독감 유행수준 예측시스템 (Flu Trends)
독감 관련 특정 검색어 등 소셜데이터 분석을 통해 국가·지역·계절별 독감 유행수준 예측 및 정보 제공

데이터	• 독감, 인플루엔자 등 독감 관련 주제 검색 • 검색어별 빈도
▼	
패턴 도출	독감, 인플루엔자 등 독감 관련 주제를 검색하는 사람의 수와 독감 증상이 있는 사람 통계치 간의 연관성 도출
▼	
알고리즘 적용	• 독감 검색과 독감과의 연관성 패턴을 기반으로 독감 지역, 시기 예측을 위한 알고리즘 적용 • 독감 관련 검색어 쿼리 빈도 조사 등 웹 데이터 마이닝 및 소셜 미디어의 분석을 통해 예측 모델 개발
▼	
예측 및 개선	• 독감 환자 발병 모니터링을 통한 국가·지역·계절별 독감 발병 예측 및 조기 경보 • 미국 질병 통계센터 데이터와 비교했을 때, 데이터 분석을 통한 예상 수치와 매우 유사

자료: 한국정보화진흥원(2013), IT & Future Strategy 데이터 시대: 데이터 분석의 중요성 제9호(2013.11.11).

이 외에도 빅데이터 분석을 통한 범죄예측 및 개선도 가능하다. 범죄와 연관된 SNS, CCTV 데이터를 수집하여 범죄발생 패턴을 예측하는 것이다. 여기에는 SNS 연관 데이터와의 범죄발생 연관성과 함께 GIS 정보와의 연계를 통한 범죄 지도를 개발하기도 한다. 패턴분석과 알고리즘 도출을 통해 범죄발생 예측 시간대를 파악하여 해당 지역에 경찰 배치를 증강시키는 방법을 적용할 수 있다. 범죄예측 프로세스는 다음 〈표 10-1〉과 같다. 실제로 2017년에 SBS 데이터저널리즘팀 〈마부작침〉은 범죄의 지역별 특성을 알아보고 해법을 모색하기 위해 전국 범죄 지도를 만들었다. 2014~2016년 3년간 전국 252개 경찰서별 5대 강력범죄 발생 현황,

경찰력 현황, 출동시간 등을 분석해서 '범죄여지도'를 만들었다. 서울시 범죄지도 현황을 예시로 들면 다음 〈그림 10-5〉와 같다.

그림 10-5　서울시 구별 5대 강력범죄 건수

표 10-1　데이터 활용 및 분석

프로세스	주요 내용	적용 예시(범죄 분야)
▼		
데이터	문제 및 이슈와 관련된 데이터	• 범죄 관련 데이터 • 범죄와 연관 가능성 높은 데이터 　(SNS, CCTV 등)
▼		
패턴도출	통계, 빅데이터 처리, 시각화 기술 통한 패턴 및 이슈 발굴	• 데이터 분석 통해 기간, 장소 등 패턴 범죄 발생 패턴 도출 • SNS 등 연관데이터와 범죄발생과의 연관성 분석 • GIS 정보와의 연계 통한 범죄지도 개발 시각화
▼		
알고리즘 적용	이상징후, 문제점 해결, 예측을 위한 알고리즘 개발 및 적용	• 패턴 분석 기반: 범죄 예방 위한 알고리즘 개발 　(지진예측 알고리즘 변형을 통해 범죄 예측 적용)
▼		
예측 및 개선	알고리즘 적용을 통한 컴퓨터를 통해 자동화된 문재해결 및 예측 정보 제공	• 알고리즘 적용 및 검증을 통해 범죄 발생 예측 시간대, 지역에 경찰 배치 증대

자료: 한국정보화진흥원(2013), IT & Future Strategy 데이터 시대: 데이터 분석의 중요성 제9호(2013.11.11).

다음 소셜메트릭스는 SNS 등의 단어 언급 등의 횟수를 기반으로 키워드를 검색하고 분석하여 소셜메트릭스를 구성하는 방법이다. 과거의 전통적인 설문조사 샘플링 분석에서 찾아보기 어려운 사람들이 가지고 있는 생각을 복합적으로 보여 주는 것이 가능해진 방법이다. 더 나아가 사람들에게 잠재되어 있는 사회혁신의 단초와 소망을 읽어낼 수 있는 기회를 제공해주고 있다. 예를 들어 '혼밥'이라는 키워드로 SNS상의 트렌드를 도출하면 혼밥과의 연관어나 관련 여론 등을 볼 수 있다.

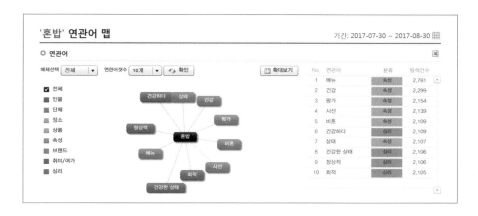

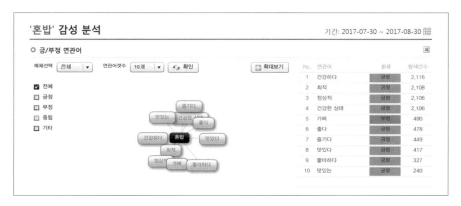

대선 여론조사 결과를 공개할 수 없는 '여론조사 공표 금지'로 접어들면서 키워드별 포털 검색 수치를 나타내는 빅데이터 분석이 주목받고 있다. 물론 정치권 안팎에선 '검색량=지지율'이라고 보기 어렵다는 지적이 있다. 그러나 지난해 11월 치러진 미국 대선에서 공화당 후보였던 도널드 트럼프가 대통령에 당선되는 것을 맞춰 재평가 받는다.

국내의 경우 지난해 4·13 총선에서 여론조사 전문기관들은 새누리당 157~175석, 더불어민주당 83~100석, 국민의당 25~32석, 정의당 3~8석 등으로 여권의 낙승을 전망했다. 하지만 뚜껑을 열어보니 새누리당은 122석(지역구 105석, 비례 17석)에 그쳤고, 심지어 123석(지역구 110석, 비례 13석)을 차지한 더불어민주당에 밀렸다.

더구나 기존 여론조사 방식은 사회적 분위기가 한 쪽으로 쏠릴 경우 침묵하는 소수를 제대로 잡아내지 못하는 이른바 '침묵의 나선이론'의 한계도 있다. 이에 〈더팩트〉는 선거를 이틀 앞둔 7일 구글 트렌드를 토대로 한 '대세 대선후보'를 알아봤다. 물론 한국은 미국처럼 구글에 대한 포털의존도가 높지 않다는 점도 고려해야 한다.

관심도 변화

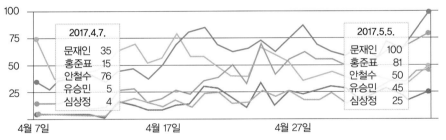

7일 구글 트렌드에 따르면 지난달 7일에서 이달 5일까지 문재인 더불어민주당 대선후보는 35에서 100으로 상승. 검색량 1위를 기록했다. /구글 트렌드 갈무리

7일 구글 트렌드에 따르면 지난달 7일에서 이달 5일까지 한 달간 구글 트렌드 변화에 따르면 문재인 더불어민주당 대선후보의 관심도는 '31'에서 '100'으로 상승했다. 같은 기간 홍준표 자유한국당 대선후보는 12→84, 유승민 바른정당 대선후보는 5→51, 심상정 정의당 대선후보는 4→30으로 각각 올랐다. 반면, 안철수 국민의당 대선후보만 77→47로 하락했다.

구글 트렌드는 구글에서 특정 키워드나 이슈를 검색한 빈도의 추이를 보여 주는 도구로, 일정 조사 기간 동안 특정 키워드를 비교하면 상대적으로 검색 빈도가 높은 키워드가 더욱 관심을 끈다고 볼 수 있다. 조사 기간 중 검색량이 가장 많은 시기를 100으로 정하고, 나머지 기간은 상대적 수치로 환산해 보여 주는 방식이다.

자료: [TF초점] '대선 D-1' 트럼프 당선 맞춘 '구글 트렌드' 분석 결과는?, 더팩트, 2017.5.7

데이터 시각화(info-graphics) 분석

1) 개념 및 사례

데이터 시각화(data visualization)는 데이터 분석 결과를 그림이나 도표와 같은 시각적 수단을 통해 효과적으로 정보를 전달하는 것을 말한다. 대표적으로 방대한 데이터를 한 장의 그림으로 요약하여 표현한 인포그래픽스(info-graphics)와 문서에 사용된 단어의 빈도와 중요도를 시각적으로 표현한 단어 구름(Word Cloud)이 있다. 이러한 방법을 활용하면 방대한 데이터 속에 숨어 있는 상호관계를 직관적으로 이해할 수 있다. 그래픽을 통해 정보를 효과적으로 시각화한 사례로서 한스 로슬링(Hans Rosling) 교수의 그래픽 애니메이션이 있다. 의사였던 로슬링은 통계를 이용하여 200년간 시간의 흐름에 따라 움직이는 국가별 기대수명과 GDP 도표를 통해 국가별 위치 변화를 효과적으로 표현한다. 웹사이트(www.gapminder.org/world)의 프로그램을 통해 대한민국의 GDP와 기대수명의 변화 추이(1945~2015년)를 분석하면 다음과 같다.

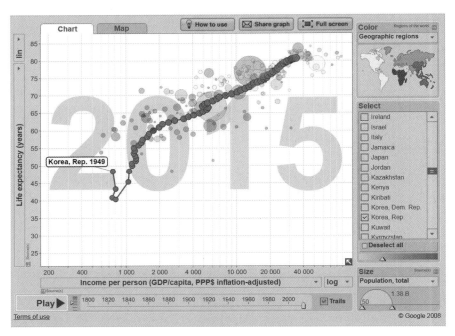

그림 10–6 **국가별 기대수명과 GDP 인포그래픽스**
자료: http://www.gapminder.org/world

2) 단어구름 분석 기법

데이터 시각화 방법으로 워드 클라우드(word cloud)가 있다. 단어 구름은 문서
나 웹사이트에 사용된 단어의 빈도를 계산해서 시각적으로 표현하는 것이다. 많
이 등장하는 단어는 크게 표시되기 때문에 문서나 웹사이트의 핵심적인 내용이
무엇인지 알 수 있다.

단어구름은 태그 클라우드(tagcloud)라고도 불린다. 블로그나 SNS에서 내용을
요약적으로 설명하기 위해 태그를 붙인 것에서 유래한다. 태그 구름도 웹사이트
등에서 태그의 중요성을 글자 크기와 색상으로 구별하여 표시한다.

표시하려는 특성에 따라 문서 구름(text cloud)과 데이터 구름(data cloud)으
로 구분하기도 한다. 문서 구름은 문서의 단어들을 시각적으로 표시한 것이라면
데이터 구름은 단어 대신에 숫자 정보를 크기와 색상을 구별하여 표시한 것이다.

예를 들어, 인구 규모에 따라 국가명의 색상이나 크기를 달리하거나 주식의 가치와 등락을 고려하여 회사명의 크기와 색상을 구분하는 식이다.

 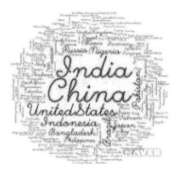

그림 10-7   태그 구름(web 2.0)과 데이터 구름(국가별 인구 규모)
자료: Wikipidia(tagcloud)

하나의 그림에 수많은 데이터를 요약해서 표현하는 인포그래픽은 신문이나 방송 등의 미디어에서 많이 활용된다. 지역별 날씨를 지도에 표시한 일기예보 기상도나 통계 수치 등을 방송 뉴스 등에 그래프로 보여 주는 것은 과거부터 많이 사용되던 방식이다. 최근에는 방대한 데이터에서 핵심적인 정보를 추출해 시각적·효과적으로 보여 주는 작업을 가리켜 데이터 저널리즘(Data Journalism)이라고 부른다. 영국의 〈가디언(Guardian)〉이 시청자 참여를 통한 데이터 저널리즘을 선도하고 있다. 아래는 연합뉴스의 인포그래픽스 사례이다.

워드 클라우드 분석을 위한 프로그램들 중에서 'Tagxedo'프로그램(http://www.tagxedo.com/app.html)이 있다. 이 프로그램을 통해 강수정·이준영(2016)은 1372 소비자상담센터 게시판에 소비자 공적 불평행동에 나타난 감정 형용사들을 분석했다. 워드 클라우드 프로그램을 통해 텍스트를 분석한 결과를 표시하면 다음과 같다. 분석 결과, 공적 불평행동 시 소비자는 "어이가 없다", "이해가 안 된다", "말이 안 된다", "황당하다", "억울하다", "스트레스다", "화난다" 등의 표현을 자주 사용하고 있었다. 소비자가 처음 피해를 당했을 때 어디에 하소연해야 할지 모르고 어떻게 처리해야 할지 몰라 "답답함"을 느끼고 있었다. 업체의 태도가 안하무인일 때도 답답해했다. 특히, 배송이 지연되거나 연락이 안될 때 "답

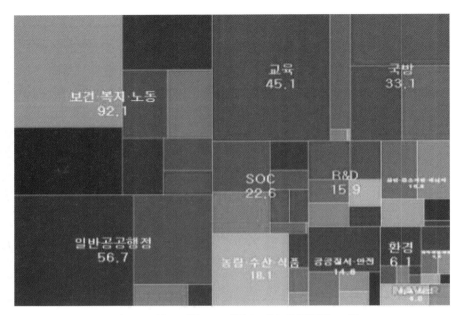

그림 10-8 인포그래픽으로 표현한 2012년 예산안(단위: 조 원)

자료: 연합뉴스 데이터(data.yonhapnews.co.kr)

답하다"라고 표현하였다.

그림 10-9 소비자 불평행동 감정 단어 구름

■■■■■
트렌드
분석 실습

1) 친화도법 실습

특정 트렌드 키워드 주제에 대해 친화도법을 통해 분석 실습을 해보도록 한다. 예를 들어, '나홀로족' 트렌드에 대해 친화도법을 통해 분석을 한다면 다음의 실습 절차를 통해 해당 트렌드를 구체적으로 분석할 수 있을 것이다.

(1) 실습절차

Step 1 조별 7~8명으로 짜고 리더 1명과 서기 1명을 지정한다.

Step 2 충분한 시간을 가지고 팀원들이 주제에 대해 브레인스토밍을 한다.

Step 3 팀원의 발언을 기록자는 포스트잇 등의 카드에 내용을 축약하여 단어, 문구 등으로 제목을 만들어 기록한다(50매 작성 기준).

Step 4 브레인스토밍이 끝나면 카드를 넓은 책상 위에 펼쳐 놓는다.

Step 5 카드의 제목(title)을 차분하게 읽으면서 서로 의미가 유사한 것끼리 소그룹으로 묶어서 정리해 나간다. 이러한 과정을 통해서 50장의 카드는 4매, 5매, 7매 정도의 각각의 소그룹으로 분류된다.

예를 들면, 50장의 카드 중에서 ⑩ 나홀로족 주택, ⑱ 나홀로족을 위한 가구, ⑨ 나홀로족을 위한 셀프 인테리어, ⑬ 나홀로족 가전 등의 5개의 카드는 서로 상당히 유사한 것으로 분류할 수 있기 때문에 이것을 하나의 소그룹으로 묶을 수 있다.

Step 6 그룹 분류가 끝나면 잘못 묶어진 것이 없는지 다시 한 번 체크한다.

Step 7 소그룹에 포함된 각각의 카드를 잘 읽으면서 적절한 제목을 붙인다.

Step 8 소그룹을 중그룹으로 다시 묶어서 중그룹의 제목을 붙인다. 중그룹은 다시 묶어서 대그룹의 명칭을 붙이는 식으로 전과 같이 진행한다.

2) 빅데이터 검색엔진 분석 실습

본 장에서 소개된 빅데이터 검색엔진을 통해 실제로 트렌드 분석 실습을 진행해보도록 한다.

(1) 네이버 데이터랩(http://datalab.naver.com/)

① 분야별(TV오락, 쇼핑, 영화, 자동차, 게임, 싱글녀, 싱글남, 주부, 대학생, 청소년 등) 인기 검색어를 분석하여 분야별 트렌드를 분석하여 발표하기
② 검색어 트렌드 메뉴를 통해 특정 주제어를 입력하여 1년의 기간 동안 성별과 연령을 특정하여 검색어 트렌드를 분석해보기. 예를 들어 여성을 위한 쇼핑몰 창업자라는 가정하에 여성 의류 제품 유형(린넨)을 입력하여 30대 여성들의 검색 추이를 분석할 수 있음. 아래는 검색 사례임.

그림 10-10 검색조건 입력화면

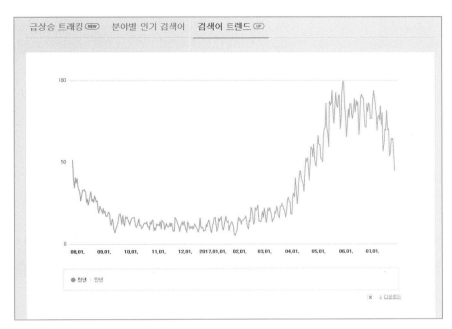

그림 10-11 검색어 트렌드 분석 결과

(2) 다음 소셜메트릭스(http://www.some.co.kr/socialSearch.html)

① 특정 주제 예를 들어, '힐링'이라는 키워드를 검색했을 때 소셜 검색(연관 키워드, 감성 키워드, 주간 급증 키워드) 등을 분석하여 최근 힐링 트렌드의 경향을 파악하여 발표하기

② 예를 들어, '힐링'이라는 키워드를 검색했을 때 소셜인사이트(연관어맵, 연관어 추이, 감성 분석) 등의 내용을 통해 최근 힐링 트렌드의 경향을 분석하여 발표하기

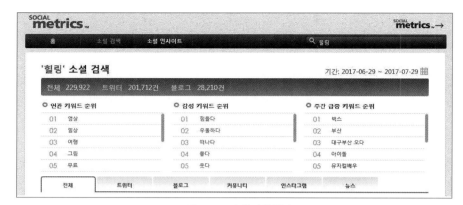

그림 10-12　소셜 검색 화면

그림 10-13　소셜 인사이트 검색 화면

국내문헌

강수정·이준영, 무엇이 소비자를 분노케하는가?, 소비자정책교육연구 제12권 3호, 2016

동아비즈니스 리뷰, 트렌드 교차로에서의 사업 기회 생성, 2009.8

SBS 마부작침 http://mabu.newscloud.sbs.co.kr/20170308crimemap/web/index.html

정용찬, 빅데이터, 커뮤니케이션북스, 2013.2.25

한국정보화진흥원(2013), IT & Future Strategy 데이터 시대: 데이터 분석의 중요성 제9호(2013.11.11)

CHAPTER 11
**미래 트렌드
예측 기법**

미래 트렌드
예측 기법

학습목표

미래 트렌드를 예측하기 위해서는 다양한 아이디어의 창발이 무엇보다 중요하다. 이를 위해 브레인스토밍 시각화 기법은 특정 주제에 관한 아이디어의 창출을 위한 효과적인 수단이 된다. 트렌드를 예측, 분석하기 위한 기법에는 미래수레바퀴, 추세외삽법, 로드맵 분석, 시나리오 기법 등이 있다. 미래수레바퀴 기법은 체계화된 브레인스토밍 방법으로서 특정 주제를 중심으로 1차적, 2차적 영향력 등을 연결해 나가는 방식으로서 트렌드가 향후 미칠 파급력과 영향 관계를 분석하는 기법이다. 추세외삽법은 기존의 추세선에 비추어 미래의 상황을 예측하는 방법이고, 로드맵 분석은 특정 트렌드 키워드 등을 과거, 현재, 미래 순으로 일목요연하게 정리하는 방식이다. 시나리오 기법은 미래에 가능한 상황들을 변수별로 정리하여 미래 스토리를 구성하는 방식이다. 트렌드 교차로 분석기법은 트렌드 키워드와 환경 변수가 교차로에서 만나게 되었을 때 향후 만들어질 변화상이나 결과를 예측하는 방법이다.

■

브레인스토밍
시각화 기법

1) 개 념

브레인스토밍 시각화는 특정 주제에 대한 콘셉트와 아이디어를 창발해내기 위한 수단으로서 집단의 지성을 종합하고자 사용하는 방식이다. 기본적인 브레인스토밍의 원칙을 지키며 작업을 수행한다. 브레인스토밍 시각화 방식은 브레인스토밍웹, 트리다이어그램, 플로다이어그램 등의 세 가지로 나눌 수 있다. 먼저 브레인스토밍웹은 중심 주제나 질문 등을 발전시키는 경우나 부가적인 사실, 관련된 아이디어를 연결해서 생각해낼 때 유용한 방식이다. 트리다이어그램은 나무구조로 만들어 개념 간의 상하관계, 분류구조, 주된 아이디어와 보조 아이디어 등의 관계를 상호적으로 연계

그림 11-1 브레인스토밍웹 예시

할 수 있는 방법이다. 플로다이어그램은 하나의 중심 주제나 체계 안에서 소비자들의 생각이나 행동의 과정, 흐름 등을 순차적인 프로세스에 의거해서 체크해볼 수 있는 방식이다.

2) 사례 – IDEO의 브레인스토밍 7가지 법칙

디자인 컨설팅 회사 〈IDEO〉는 브레인스토밍을 위한 7가지 법칙을 다음과 같이 제시한다.

---

① Defer judgment (판단하는 것을 늦춰라)
얼마나 말이 안 되는지는 중요하지 않다.
어떤 아이디어든지 좋은 아이디어다.
어떤 아이디어든지 절대 속단해서는 안 된다.

② Encourage wild ideas (거친 아이디어를 격려하라)
모든 박스 밖의 아이디어를 포용하고 격려하라.
사고방식이 가둬져서는 안 된다.
왜냐하면 그것들이 해결의 열쇠가 될 수 있기 때문이다.

③ Build on the ideas of others (남의 아이디어를 발전시켜라)
가끔 사람들은 말이 안 되거나 기괴한 것들을 말한다.
그것을 확장하고 현실로 만드는 방향을 고민하라.
그 말도 안 되는 것들을 현실화하는 것, 그것이 바로 혁신이다.

④ Stay focused on the topic (주제에 집중하라)
늘 목표에 대해 토론하라.
조금이라도 한눈 팔아서는 안 된다.
그렇지 않으면 주제 영역 밖으로 빗나가게 된다.

⑤ One conversation at a time (한번에 한 사람만 대화를 하라)
타인이 말할 때는 존중하고 들어줘야 하며 끼어들어선 안 된다.
두 사람이 동시에 이야기하는 것은

한 사람이 이야기하는 것만도 못한다.

⑥ Be visual (시각적으로 하라)
아이디어를 눈으로 볼 수 있게 만들어라.
그림이든 포스트잇이든 적극적으로 사용하라.
시각화보다 아이디어를 가로질러 얻는 방법은 없다.

⑦ Go for quantity (아이디어의 양을 많이 하라)
가능한 많은 아이디어를 목표로 하라.
좋은 세션에서는 100개 이상의 아이디어가 60분 내에 만들어진다.

자료: www. creativekorea.or.kr

브레인스토밍 시각화 기법을 발전시킨 마인드 맵핑(mind mapping)도 많이 활용되고 있다. 마인드 맵핑은 브레인 스토밍의 구조화에 그림과 이미지를 통해 아이디어 발전을 촉진시킨다. 이것은 사람들이 단순히 문자만 이용하는 것보다 그림이나 상징 등을 통해 아이디어를 도출하는 것이 훨씬 창의적이고 효과적이라는

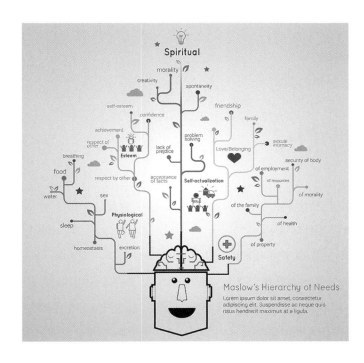

생각에서 출발했다. 글과 그림을 함께 활용함으로써 우뇌와 좌뇌를 함께 이용하여 아이디어와 생각을 연결하고 확장할 수 있는 것이다. 실제로 많은 글로벌 기업들이 마인드맵의 이론과 실제를 회의나 교육에 적극 활용하고 있다.

마인드맵은 중심 개념을 중앙에 두고 가지를 뻗어 나가는 형식으로 작성한다. 중심 주제에서 주가지, 하위 키워드, 관련 이미지 등으로 구성된다. 기본적으로 중앙에서 뻗어나가는 방사형 형태를 띠고 있다. 주가지에서 부가 가지로 뻗어 나갈수록 굵기가 얇아진다. 이러한 방식을 통해 다양한 생각과 아이디어가 뻗어 나가게 된다.

먼저 중앙에는 제목, 주제, 생각 등을 위치시키고 크고 눈에 띄게 표현한다. 범주별로 색상을 달리하고 동일 범주는 색깔도 동일하게 표현하면 생각을 정리하기에 훨씬 편리하다. 가지 옆으로는 제목이나 개념을 적고 이미지 등과 함께 표현하면 더욱 풍부하고 효율적인 마인드맵을 작성할 수 있다.

■ ■
■

미래수레바퀴
(Future's Wheel)

1) 개 념

브레인스토밍 기법에서 더욱 체계화된 방법론이 미래수레바퀴 방법론(Future's Wheel)이다. 퓨처스 휠은 특정 트렌드 키워드로부터 1차, 2차, 3차 영향에 따른 결과를 밝히도록 해주는 방법론으로 1971년 제롬 글렌이 개발한 미래 예측 기법이다. 이 기법은 미래학자, 컨설턴트들에 의해 정책분석과 미래예측을 위한 방법론으로 사용되기 시작했다. 퓨처스 휠은 임팩트 휠, 마인드 맵핑, 웨빙 등의 다양한 이름으로 불리기도 한다. 이 방법의 장점은 종이와 연필만 있으면 미래의 그림을 그릴 수 있는 기법이고 아이디어가 풍부한 몇 명만 있으면 미래를 예측할 수 있는 강력한 힘을 가진 도구이다. 퓨처스 휠은 미래의 잠재적인 문제들을 예측하고 새로운 시장에서의 가능성을 모색하는 효과적인 방법론이다. 기업에서는 상품 기획, 서비스 전략, 마케팅 플랜을 만들기 위해 실행해 볼 수 있는 방법론이다.

2) 분석 사례

연구자는 미래수레바퀴 분석을 통해 특정 이슈가 어떻게 발전해 나가며, 현상들이 어떻게 연속해서 일어날 것인지를 예측할 수 있다. 예를 들어, 가족 구조라는 이슈가 정해지면 가족구조를 1인 가구, 2인 가구, 4인 가구, 다문화 가정, 무자녀 가정 등 다양한 가정의 유형을 다양하게 예측한다. 이후 2차 영향으로 1인 가구가 늘어나면 어떠한 사회 현상이 일어날 수 있을지 예측한다. 1인 가구가 늘어나

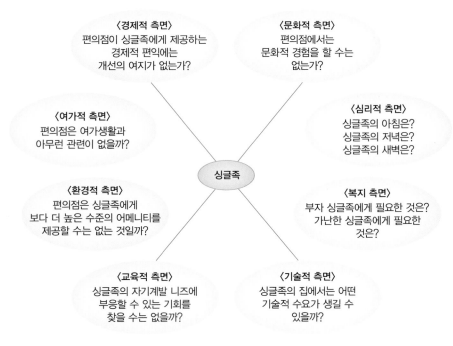

그림 11-2 **1인 가구 주제 퓨처스 휠**

면 소형 아파트가 늘어나고 혼자 여행하는 사람들이 많아질 것이다. 3차 영향에서는 1인용 가구, 1인용 소형 포장 제품 증가, 1인용 자동차, 1인을 위한 여행상품 등이 늘어나게 될 것이다. 이러한 배경에서 가구업체에서는 1인을 위한 소형 테이블이나 식탁을 더 많이 생산해야 할 것이다.

퓨처스 휠은 미래에 관한 생각들을 정리해 나가는 방법이다. 아이디어를 체계화시키는 토론화 과정을 구조화한 것이다. 중앙의 주제로부터 1차적 영향의 결과물들로 첫 번째 고리를 만들고, 2차적 영향의 결과물들로 두 번째 고리를 형성해서 점진적으로 아이디어를 확장시키는 방법이다. 미래 트렌드의 결과를 예측할 수 있는 효과적인 방법론이다.

퓨처스 휠은 다음과 같은 상황에서 효과적으로 이용할 수 있다.

● 현재의 트렌드가 향후 만들어 낼 결과들을 예측하고자 할 때
● 미래 사회 시나리오를 작성해야 할 때
● 미래 트렌드나 사회상에 대한 생각을 정리해야 할 때
● 해당 주제와의 복잡한 상관관계나 영향력을 분석할 때
● 트렌드에 부합하는 상품 콘셉트나 서비스 기획을 할 때
● 미래변화에 중점을 둔 정책수립을 할 때
● 기업 등의 아이디어 워크숍의 보조 도구로 사용할 때

3) 퓨처스 휠의 유형

퓨처스 휠은 크게 3가지 유형이 있다. 첫 번째 버전은 중심 키워드에서 1차적, 2차적, 3차적 영향관계를 확장시키는 방법이다. 중심 주제의 파급효과를 예상하여 새로운 트렌드나 니즈를 발견하는 데 목적이 있다. 주제의 다양한 파급효과를 분석할 수 있다. 두 번째 방식은 영역별로 분류해서 주제의 파급효과를 브레인스토밍하는 방식이다. 가령 싱글족이 늘어남에 따라 경제적·문화적·심리적·기술적·교육적·환경적 측면 등에 대해 1차, 2차, 3차 영향관계를 연결해서 미래를

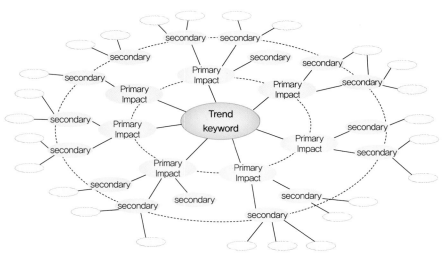

그림 11-3 퓨처스 휠 버전 1

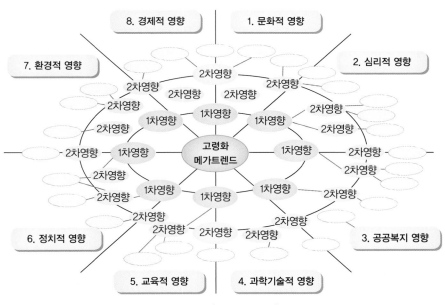

그림 11-4 미래수레바퀴(Futures Wheel) 기술-버전 2

예측하게 된다. 버전 3은 역사적 요인(영향력), 현재 상관관계(최근의 영향들), 그리고 미래의 영향(결과)을 입체화하여 분석하는 기법이다. 과거–현재–미래의 연

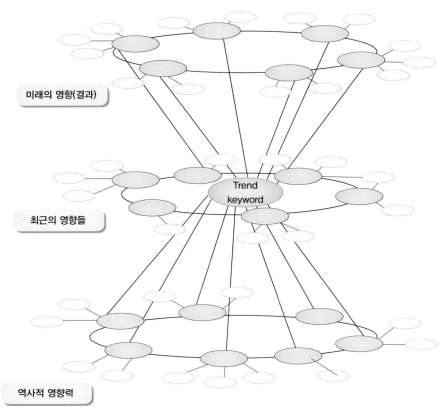

미래의 영향(결과)

최근의 영향들

역사적 영향력

Trend
keyword

그림 11-5   미래수레바퀴(Futures Wheel) 기술-버전 3
자료: 아시아 미래인재연구소, 퓨처스 휠의 3가지 버전들

속선상에서 분석하기 때문에 역사적 배경까지 고려할 수 있는 입체적인 방식이다.

버전 3에서는 트렌드가 과거로부터 어떻게 진화해 왔는지, 그것이 현재에 어떠한 영향을 미치는지, 미래에는 어떠한 결과로 나타나게 될지를 분석할 수 있다. 세 번째 유형은 3개의 팀이 공동으로 작업을 할 수 있다. 한 팀은 과거의 트렌드를 분석하고 두 번째 팀은 이것들이 현재에 미치는 영향관계를 파악하며 세 번째 팀은 미래로 이어지는 영향관계와 결과를 분석하는 데 집중할 수 있다.

추세외삽법
(Trend Extrapolation)

1) 개 념

추세외삽법은 과거로부터 누적된 데이터를 기반으로 추세선을 도출해서 미래의 상황에 연장해서 그리는 것이다. 데이터의 연장성을 그어서 특정 주제의 미래 방향성을 예측하는 귀납적 미래 예측 기법이다. 추세외삽법은 신뢰성 있는 누적된 통계자료를 확보할 수 있을 경우에만 시도할 수 있다. 추세외삽법은 과거 통계수치의 일반적인 변화양상에 근거해서 향후의 변화 추세를 예측한다. 예를 들어, 다음과 같이 기존의 자료를 가지고 향후 인구 추이를 예측하는 것은 기본적으로 추세외삽법의 방법론이다.

정보의 규합
• 주제에 관한 누적적 통계자료 수집   • 주제와 관련된 종단 연구 자료 등 이론적 자료 수집

◆ 주제와 관련된 시계열 통계자료와 신문, 잡지, TV, 보고서, 연구논문 등에서 나오는 각종 통계자료도 추세선을 그리는데 보조적인 도움을 줄 수 있다.

과거 추세 발견
통계자료에 시계열상의 일정한 추세가 존재하는지 확인

◆ 과거의 통계 데이터에서 변동유형이나 추세를 발견한다. 추세는 자료에 내재된 시간적 연속성이나 선형성, 방향성을 의미한다.

미래 추세 예측
• 추세선 연장을 통해 미래 예측   • 추세를 결정하는 요인들의 영향력 찾아내기

◆ 추세를 결정하는 요소들을 찾아내고 여기에 추세 요인의 지속성, 변화상, 예외적 사항 등을 분석하여 추세를 만들어내는 원리와 법칙이 무엇인지 생각해본다.
◆ 특히 추세선에서 예외적인 현상을 발견하여 단순히 추세를 연장하는데서 끝나지 말고 예기치 못한 예외 변수를 항상 고려해야 한다.

2) 분석방법 및 사례

(단위: 백만 명, %)

순 위	1950년			2009년			2050년		
	국가명	인 구	누적비	국가명	인 구	누적비	국가명	인 구	누적비
	세계	2,529		세계	6,829		세계	9,150	
1	중국	545	21.5	중국	1,346	19.7	인도	1,614	17.6
2	인도	372	36.2	인도	1,198	37.2	중국	1,417	33.1
3	미국	158	42.5	미국	315	41.9	미국	404	37.4
4	러시아	103	46.5	인도네시아	230	45.2	파키스탄	335	41.2
5	일본	83	49.8	브라질	194	48.1	나이지리아	289	44.4
	한국(24)	19		한국(26)	49		한국(46)	42	

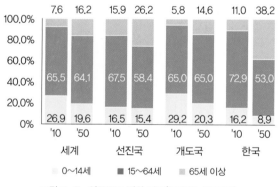

그림 11-6 **인구구조 변화 비교(2010년, 2050년)**

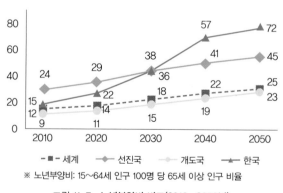

※ 노년부양비: 15~64세 인구 100명 당 65세 이상 인구 비율

그림 11-7 **노년부양비 비교(2010~2050년)**

■ ■ ■ ■ ■
로드맵(Road Mapping) 분석

1) 개념 및 사례

로드맵(Road Mapping)은 특성 대상이 과거에서 현재까지 어떻게 변화해왔는지를 다양한 그래프를 통해 시각화하고 진화과정에서의 혁신적인 분기점의 특성이 무엇인지 규명해서 향후 발전가능성을 예측하는 시각화 연구기법이다.

로드맵 작성 기획
•조사영역과 범위 결정 •조사영역별 연구팀 구성

◆ 연구 목적과 주요 미래 의사결정 사항을 명확히 정의함으로써 조사 범위를 효과적으로 한정

로드맵 작성을 위한 자료 수집
•연구대상의 시기별 특성, 상황에 대한 자료를 다양하게 수집 •자료의 시각화를 위해 텍스트 자료는 최대한 간결하게 요약

◆ (예) 미래형 제품개발을 위한 로드맵 작성 시 필요한 자료
  (1) 기존 제품의 변화과정관련 자료: 기존 제품의 사진, 통계, 기술, 디자인 등의 자료 수집
  (2) 기존 제품의 시장 관련 자료: 마케팅 활동, 매출액, 보급률 등의 통계 및 보도 자료 수집
  (3) 1과 2에 영향을 미친 자료: 사회, 경제, 기술, 정책, 환경 등의 조건
◆ 자료의 신뢰성과 유용성을 유지하려면 로드맵 구성을 위한 자료를 지속적으로 축적하는 것이 중요함.

로드맵 구성
수집된 자료를 대상의 변화상에 따라 연대기 형태로 시각화함.

◆ 일반적으로 로드맵의 가로축은 시간, 세로축은 대상과 관련된 다양한 특성을 나열함.

혁신 분기점 도출 및 발달단계 규명
시각화된 자료를 전체적인 관점에서 발전의 분기점이나 단계(stage)에 따라 규명

◆ 대상의 라이프사이클 및 발달과정상에서 혁신적 분기점(turning point)을 표시하여 발전단계(Stage) 규명
◆ 발전 단계의 명명(naming)
◆ 발전과정에 나타난 요소들 간의 상호 영향력(impact)도 규명

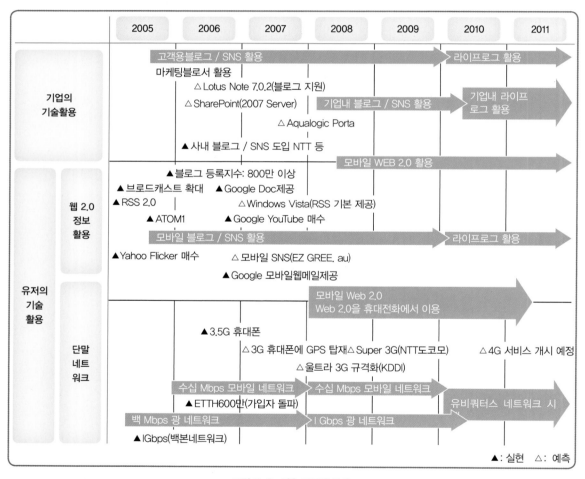

	미래 외삽	◆ 대상의 변화단계에 대한 연구자의 시각에 따라 다양한 미래 발전 가능성 제안 가능
	향후 발전가능성을 예측하여 다 이어그램 확장	◆ 다수의 대안을 성공가능성, 비용 대비 효과 등의 다양한 요소를 고려하여 평가하고 최적 대안 선택

로드맵 분석기법에서는 가장 많이 사용하는 것이 기술 로드맵이다. 아래와 같이 시간이 연계성과 지속성을 가지고 발전하는 로드맵 형식이 기술 로드맵이다.

그림 11-8 **기술 로드맵 분석**

| 소비트렌드의 이해와 분석
CONSUMPTION TREND

시나리오(Scenario) 기법

1) 개 념

시나리오 기법은 미래사건의 전개 과정을 인과적인 관점에서 기술해서 중요 변수 간의 상관관계, 발생순서, 의사결정 과정 등을 총체적으로 묘사하는 '미리 쓰는 미래역사'이다. 시나리오 기법은 미래의 다양한 변수들을 상정하고 이것들이 향후 어떠한 방향성을 가지고 형성될지를 예측하는 미래예측방법론이다. 시나리오 기법은 글로벌 기업들이 미래 소비자의 생활상 속에서 자사의 기술이나 제품이 어떠한 역할을 하게 될지를 그려보게 된다.

2) 절 차

1단계: 주제 결정
중심 주제 및 대상 결정

◆ 대상과 주제를 명확히 하고 관련 변수들을 단순화하여 상황의 주요한 영향력을 분석하도록 한다.

▼

2단계: 동인과 핵심환경요인 도출
미래 환경 변화의 핵심 동력이 무엇인지 파악하고 요소들 간의 상관관계를 분석함.

◆ 한 사람의 전문가가 몇 개의 시나리오를 작성할 수도 있지만 몇 명이 한 팀을 구성하여 하나의 시나리오를 작성할 수 있다.

▼

3단계: 동인들 간의 순위 결정
불확실성과 영향력에 기반하여 동인들 간의 순위 결정

◆ 시나리오를 작성할 때는 다양한 상황을 비교·대조할 수 있도록 몇 가지 대안적 시나리오를 함께 작성하는 것이 중요하다.

▼

4단계: 시나리오 요인 조합
핵심 환경요인들을 조합하여 시나리오 후보안을 선정함.

◆ 중심 주제에 대한 충분한 숙지를 하고 풍부한 상상력을 발휘하여 시나리오를 개발하도록 한다.

5단계: 최종시나리오 작성
• 시나리오 대안들 중에서 가장 유력한 최종 시나리오를 선정 • 시나리오의 스토리를 작성하여 설명 및 묘사를 함.

◆ 시나리오의 종류
 – 추세 기반 시나리오: 현재 추세의 연장선상의 미래상을 묘사함.
 – 대조적 시나리오: 상반되는 둘 이상의 시나리오를 작성함.
◆ 좋은 시나리오 작성을 위해서는 과거의 사례나 추세에 얽매이지 않고 다양한 가능성을 열어 놓고 미래상을 자유롭게 그려볼 수 있어야 하며 작은 실마리도 놓치지 않는 세심함이 필요함.

그림 11-9　미래 생활 시나리오
자료: Siemens 홈페이지, The picture of the future 리포트

　독일의 지멘스(Siemems)는 자사 홈페이지를 통해 'The picture of the future'라는 프로젝트명으로 미래상에 관한 시나리오 리포트를 매년 발표하고 있다. 미래 시나리오에 관한 다양한 리포트 중에서 몇 가지만 소개하면 다음과 같다.

● 시나리오 1: 에너지 고효율을 위한 에너지 탐정 포이렛은 그의 특별한 연구실에서 새로 개발한 환경밸런스 판을 조정하고 있다. 그는 철도회사의 의뢰로 열차가 제동하면 바로 전력이 생산되는 구동장치를 마련하고 있다. 그가 체크하는 열차들의 전체 생산라인은 홀로그램으로 보여진다. 포이렛의 작업은 그의 아바타인 가상 왓슨이 도와준다.

● 시나리오 2: 2040년 미래의 도시의 모습이다. 메가시티가 고도로 발전해 있지만, 여전히 도심의 오아시스는 존재한다. 회사원 페이의 조부는 이 도심의 오

아시스에 살아가고 있다. 이곳은 아날로그의 숨결이 그대로 존재하는 곳. 그곳에서 페이는 조부와 만나고 있다. 타고 온 자동차는 무인조정 장치가 탑재되어 있어서 만남 후 출장갈 공항으로 설정되어 있다.

■ ■ ■ ■ ■ ■ ■

미래수레바퀴
분석 실습

● 일차적 효과의 파급효과를 자유 연상하여 적도록 한다. 일차적 효과의 결과 편의점에서 벌어질 수 있는 다양한 상황을 상상하도록 한다.
● 마지막 단계에서 주제의 연쇄적인 파급효과 중 특히 주목할 만한 흐름을 선택하고 여기에서 새로운 니즈를 설명할 수 있는 스토리를 찾도록 유도한다. 그것이 바로 미래 고객 니즈에 대한 시나리오이다.

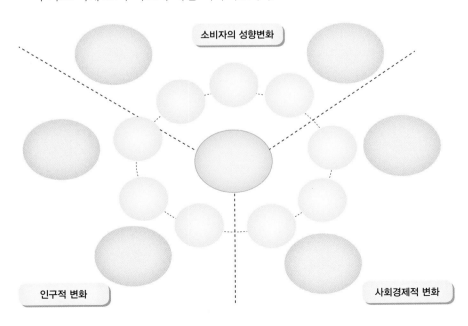

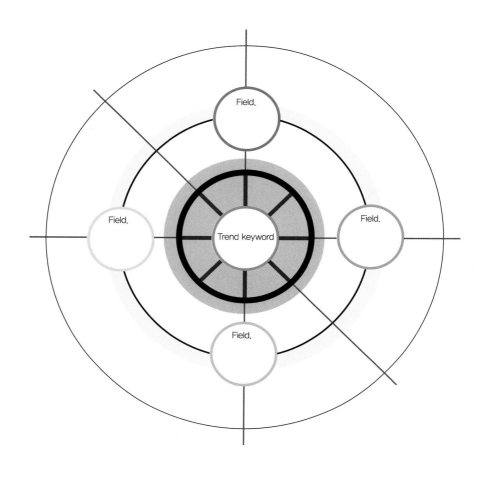

소비트렌드의 이해와 분석
CONSUMPTION TREND

트렌드 교차로
분석 실습

트렌드교차로 분석은 트렌드의 변화가 미래에 가져오게 될 영향력을 유추하는 미래 예측 기법이다. 트렌드 키워드와 환경 변수가 교차로에서 만나게 되었을 때 만들어질 변화상이나 결과를 예측하는 방법이다. 다음과 같은 실습을 팀별로 해 볼 수 있다.

● 트렌드의 변화가 각각의 산업영역 등과 교차되었을 때 나타나는 상품과 서비스를 도출하도록 한다.
● 세로축은 트렌드 키워드, 가로축은 산업영역, 상품군, 산업환경변화 등 다양하게 설명할 수 있다.

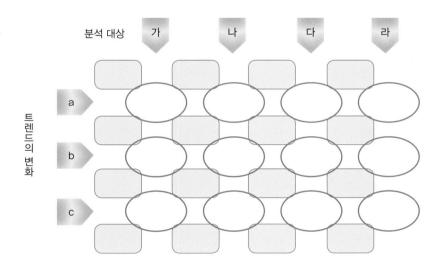

● 예 시

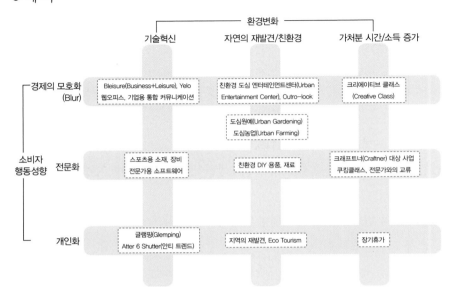

그림 11-10 **트렌드 교차로에서의 사업 기회 생성**
자료: 동아비즈니스 리뷰, 트렌드 교차로에서의 사업 기회 생성, 2009.8

소비트렌드의 이해와 분석
CONSUMPTION TREND

국내문헌

미래예측방법 중 퓨처스 휠, 미래바퀴 기법은 제롬 글렌이 1971년 개발, 인데일리
아시아 미래인재연구소, 퓨처스 휠의 3가지 버전들 http://cafe.naver.com/kkoomforum/1060
이순종 · 김난도 외, 디자인의 시대 트렌드의 시대, 미래의창, 2010
크리에이티브 아이데이션 IDEO의 7가지 브레인스토밍 규칙, 창조경제타운

CHAPTER 12
메가트렌드
분석

CHAPTER 12
메가트렌드
분석

학습목표

세상에 엄청난 변화의 물결을 초래한 것들로는 ① 산업혁명 ② 철도 ③ 전기와 화학 ④ 석유화학과 자동차 ⑤ 컴퓨터와 정보 등을 들 수 있다. 그러면 여섯 번째 물결은 무엇으로 가능할 것인가? 이에 대한 답을 찾기 위해, 우리는 미래를 향해 좀 더 현명한 질문을 던질 수 있다.

● 앞으로 어떤 종류의 결핍 현상이 나타나게 될까?

● 모든 경제 붐이 새로운 결핍 현상을 불러온다고 한다면, 컴퓨터혁명이 몰고 올 결핍 현상은 과연 무엇일까?

● 인터넷은 정보 및 자극의 홍수를 유발함과 동시에 방향 설정과 분류, 통찰이라는 측면에서 결핍을 낳았다. 이런 결핍 현상을 해결할 수 있는 것은 무엇일까?

● 경제 호황기는 언제나 새롭고 값비싼 기반시설에 대한 대규모 투자를 통해서 촉진된다. 미래에 대규모 투자는 어느 곳에 이루어질까? 미래의 운하·철도·전기·도로 시스템은 어떤 모습을 갖추게 될까?

● 어떤 종류의 핵심 기술들이 등장할까? 증기력이나 반도체소자의 발명과 같이 광범위한 영향력을 행사할 발명품이나 발견으로는 어떤 것이 있을까?

● 발명 및 발견 과정 자체는 또 어떻게 변할까? 미래에도 100년 전이나 200년 전처럼 획기적인 기술이 출현할 수 있을까?

우리는 미래의 메가트렌드 예측을 통해 세상에 엄청난 변화를 초래할 여섯 번째 물결을 찾아낼 수도 있지만, 우리의 생활에 변화를 초래할 다양한 분야의 큰 흐름을 파악함으로써 이에 대비할 수 있도록 한다. 변화는 항상 현재의 결핍현상 즉, 사람들이 필요로 하는 것 또는 문제가 되는 것을 파악하고 해결하는 방식으로 이루어져 왔다. 이에 본 장에서는 메가트렌드 예측의 의의를 살펴보고 다양한 예측 기법들에 대해 공부해보기로 한다.

메가트렌드 예측의
의의

일반적으로 사람들은 세계적 차원에서 무슨 일이 벌어지고 있는지를 생각할 여유가 없다. 일상생활에 쫓기다 보면 눈앞의 과제를 해결하는 것도 벅차기 때문이다. 사람들은 끊임없이 현재의 문제를 걱정한다. 조직이 어디로 향하고 있는지, 세상이 어떻게 변하고 있는지 등에 대해 넓은 시각으로 고찰하는 일은 잊고 살 때가 많다. 앞으로 2년 후라는 시간은 너무 먼 미래 같기만 하다. 그러나 다음 분기만 해도 세상은 완전히 변해 있을 수 있다. 문제는 우리가 갇혀 있는 작은 세계에 너무 몰두한 나머지 큰 그림을 놓친다는 것이다.

우리의 미래가 어떻게 펼쳐질지 안다는 사람도 있을 것이다. 일반적으로 사람에게는 어떤 것이 변하고 어떤 것이 변하지 않을지를 아는 직감이라는 것이 있다. 그러나 미래 트렌드 연구에서 나온 객관적 자료와 비교할 때 직감에 근거를 둔 판단은 위험하다. 미래가 빠르게 변화할수록 직감과 같은 검증되지 않은 가설은 장애물이 될 수도 있고, 전략적 우를 범하게 하기도 한다.

미래를 주시하는 주된 이유는 바로 위협 때문이다. 미래가 항상 장밋빛일 수는 없다. 탄탄하고 성공적인 기업의 직원들은 기업에 나쁜 일이 일어날 수 있다는 사실을 종종 잊는다. 그러나 기업은 때로 파산하기도 하고, 해외 강국의 예기치 못한 행동으로 치명적 영향을 받기도 한다. 미래 연구의 가치는 잠재적 위협이 모습을 드러냈을 때, 이를 주시하고 있다가 적절하게 대응할 수 있는 것이다. 대부분의 기업들이 위협적 트렌드 하나쯤은 잘 대응할 수 있겠지만 여러 위협적 요소가 동시에 강타할 경우에는, 과거 음반사들이 여러 신기술에 동시에 맞서야 했던 것처럼 참담한 결과를 빚을 수 있다. 이 같은 참상으로부터 기업을 보호하기 위해서는 미래 예측으로 잠재적 위험요소를 미리 파악하는 것이 매우 중요하다.

미래 연구를 적극 활용하는 사람들의 공통점은 이들이 대략 15~20년 정도 된 큰 조직을 이끌고 있다는 사실이다. 예를 들면 코카콜라, 미국 국방부, 핀란드 등의 조직들은 그들의 운명을 개선하고 가능한 범위 내에서 최선의 결과를 얻기 위하여 미래를 연구한다. 이 조직들의 또 하나의 공통점은, 규모가 크고 강하며 사람들의 삶을 어떤 식으로든 책임지고 있다는 것이다. 즉, 사람들의 식단, 의료보건, 전쟁, 상업, 통신, 때로는 생활 전체를 좌우한다. 이 조직들의 리더들은 미래 연구를 통해 앞을 내다보며 후손에게 물려줄 세상을 고민한다. 예를 들어 지속 가능성에 대해 살펴보면, 기업과 정부는 후손들의 필요를 충족시킬 능력을 희생시키지 않는 방향으로 사회를 운영해가도록 통찰력을 가지고 협력한다. 즉, 미래 연구를 통해 우리는 개별적 결정을 내릴 뿐만 아니라, 우리의 미래를 형성할 긍정적이고 적극적인 판단도 내릴 수 있는 것이다. 미래가 우리에게 다가오기만 기다리는 것이 아니라, 스스로 우리의 미래를 선택하고 만들어 가는 방법을 터득함으로써 헤아릴 수 없이 많은 것을 얻을 수 있는 것이다(에릭 갈랜드, 2008).

미래 예측은 장기적 정책과 전략, 계획들을 세우는 데 유용한데, 이는 곧 사람들의 희망과 미래 환경이 서로 근접하도록 도와주는 것이다. 미래 예측 방법론은 조직 또는 개인들이 변화에 대해 사전에 더 효과적으로, 더 빠르게 대처할 수 있도록 예상 결과들을 확실하게 파악하는 것이다. 미래 예측 능력은 위험과 기회를 더 잘 이해하고, 좀 더 창의적인 전략을 발전시킬 수 있게 한다. 또한 조직의 변화를 위한 비전을 창조하고 공유할 수 있는 기회를 제공한다.

사람들 간에 미래 비전을 공유하지 못한 채, 더 나은 미래를 설계하는 데 협조를 구하는 것은 불가능하다. 예를 들면, 스위스의 선조들은 다양한 문화와 언어를 가진 여러 민족 국가들을 통합하기 위해 이들과 회담을 가졌다. 스위스는 이들 국가들의 협조로 평화롭게 다양한 문화를 보유하게 되었다. 이는 다양한 범주의 사람들이 미래 비전을 세우는 일에 함께 하고, 교차점에 있는 공동 관심사들이 표출되어 비현실적 관점이나 갈등 등이 수정되었기 때문이다. 또한 미래설계 과정에 포함되지 않는 사람들은, 관점 공유의 부재 때문에 미래에 어려움을 가지게 된다. 예를 들어 미국 건국 초기에 국부 창출을 위해 영토확장을 미래 비전

삼아 정책을 실행할 때, 토착 아메리칸(인디언)과 아프리카 노예들은 제외되었다. 이로 인해 이 두 그룹은 오늘날까지도 미국 사회에서 융화되지 못하고 있다.

미래 연구의 가치는 정확히 미래를 예측할 뿐만 아니라, 새로운 가능성을 고려하여 정책 의제를 변화시키고 계획을 수립하는 데 더 유용하다. 미래연구의 목적은 단순히 미래를 알기 위한 것이 아니라 새로운 기회와 위협의 요소들을 예측하고, 더 나은 결정을 하는 데 도움을 주기 위한 것이다. 또한 미래를 예측하는 것은 변화에 그때그때 대응하는 것보다 전략적으로 더 월등하다. 미래 예측은 미래의 잠재적 사건들과 계획수립 사이의 여유기간을 증가시켜 준다. 즉, 미래 예측이 없을 경우에는 사건에 닥쳐서 계획을 수립하게 된다. 특히 오늘날 변화의 복잡성과 급격한 속도는 미래 예측의 가치를 증가시키는데, 미래 예측은 현명한 결정을 위한 분석에 필요한 시공간적 여유를 증대시킨다.

대부분의 미래학자들이 주장하는 미래 연구의 기본적 전제들은 다음과 같다 (박영숙 등, 2007).

● 당신은 특정한 미래를 알 수 없다. 그러나 미래의 가능한 범주는 알 수 있다.
● 미래에 예상되는 일련의 일들과 가능성에 대한 흐름의 변화를 예측할 수 있다.
● 한 가지 방법만으로는 신뢰할 수 없다. 다양한 예측방법론들의 혼용을 통해 미래 예측의 성과를 향상시켜야 한다.
● 미래 현상이나 상황은 정책에 의해 변화될 수 있으며, 정책의 결과도 예측할 수 있다.
● 인간은 과거보다 더 많이 미래에 영향을 미치게 될 것이다.

트렌드는 흐름이다. 트렌드는 멈추어 있지 않고 끊임없이 살아 움직인다. 따라서 끈기를 갖고 지속적으로 관찰해야 트렌드의 '미래 징후'를 포착할 수 있다. 존 나이스비트(John Naisbitt)는 각종 신문을 스크랩하는 일을 하다가 1982년 정보화, 글로벌 경제, 분권화, 네트워크 조직 등을 예견한 《메가트렌드》[1]라는 책을 발

---

1 메가트렌드(Megatrends: The New Directions Transforming our Lives)

표했다. '메가트렌드'는 존 나이스비트가 저서에서 처음 사용한 후 일반적인 용어가 됐다.

그가 말한 메가트렌드는 단기간이 아닌 장기간에 걸쳐서, 어느 한 지역에서가 아니라 전 세계적으로 일어나는 광범위한 변화의 흐름을 말한다. 메가트렌드는 해당 지역이나 국가에 정치, 경제, 사회, 기술 수준에 따라서 순차적으로 시간차를 두고 영향을 미친다. 따라서 유행처럼 금방 나타났다 금방 사라지는 경우는 드물다. 과거에 일반 대중들이 크게 느끼지 못하던 메가트렌드도 시간의 흐름에 따라 영향력이 강화돼 사회 전반에 미치는 강도가 커지면서 점점 현실화되어 가는 것을 느낄 수 있다.

미래 징후들은 세계화, 고령화, 개인화, 여성화, 지구온난화, 도시화와 같은 메가트렌드가 어떻게 우리의 현실에서 트렌드로 나타나는가를 보여 주는 단초가 되기도 한다. 1년 앞, 3년 앞, 5년 앞, 10년 앞을 보여 주는 미래 징후들을 관찰하는 일을 게을리해서는 안 될 것이다(최윤식 등, 2012).

■ ■

메가트렌드 예측 기법

1) STEEPS 기법

우리는 종종 넘쳐나는 정보를 어떻게 정리할 것인가 혼란을 느낀다. 특히 외부환경을 스캐닝해서 정보들을 수집하고 정리할 때는, 적합한 카테고리로 분류해 축적하는 것이 중요하다. STEEPS기법은 Society(사회), Technology(기술), Economy(경제), Ecology(환경), Politics(정치, 법, 규제), Spirituality(영성, 심리)의 앞 글자를 따서 만들어졌다. 외부 환경 유형을 5~6가지로 분류해 정보가 각 영역별로 균등하게 수집되도록 하는 것이다. STEEPS 기법을 통한 정보의 분류 및 체계화는 미래 변화에 영향을 미칠 수 있는 거시적 환경요인이 무엇인가를 유기적으로 파악할 수 있게 해준다. STEEPS 방식으로 어떻게 정보를 분류하고 세상을 파악할 수 있는지 구체적으로 알아보기로 한다.

(1) 사회/문화(Society)

세부적인 요소로는 인구통계, 문화적 특성, 소비패턴, 가족생활, 공중보건, 종교로 나누어 볼 수 있다. 인구통계는 인구, 성비, 연령구조, 소득구조, 지역 분포, 교육수준 등의 요소로 분류한다. 문화적 특성은 행동 양식 및 규범, 사회 전반적 가치, 라이프스타일, 주거형태, 종교 등의 요소로 분류한다. 소비패턴은 소비자의 기호, 취향, 유행 및 가격 민감도 등의 요소로 분류하며 여기서는 식품, 의류 등 일반 소비재가 중시된다.

(2) 과학/기술(Technology)

해당 산업에 관한 정부·학계·기업의 R&D 수준 및 관련 특허 보유 정도와 대체재 및 보완재의 기술 보급 수준 그리고 IT 정보통신 기술, 생명공학 기술, 화학·소재과학, 바이오, 나노기술, 로봇기술 등 각 기술 분야의 기술발달 동향의 요소들로 분류한다. 이 유형에서는 IT·BT·NT·RT, 그린산업, 도입기 산업이 중시된다.

(3) 환경(Ecology)

세부적인 요소는 기후, 날씨이며 지구온난화, 식수난, 천연자원, 생태조건(소음·먼지·공해 등) 등으로 분류한다. 이 유형에서는 농수산업, 관광, 보험업, 그린산업이 중시된다.

(4) 경제(Economy)

세부적인 요소는 환율, 금리, 무역수지, 정부예산 운용 등이며 성장률, 실업률, 인플레이션율, 신용경색, 노동의 질 및 임금수준, 빈곤과 빈부격차 등이다. 이 유형에서는 GDP 대비 가계부채, 가처분 소득, 비즈니스 사이클 등의 요소를 분류한다. 금융, 성숙기 산업, B2B 산업 등이 중시된다.

(5) 정치(Politics)

세부적인 요소는 경제·시장·조세·노동·환경·무역 등의 다양한 정부정책 기조, 정치 안정성, 좌/우파 정책 성향, 여론 특성, NGO 활동, 소송과 논쟁, 전쟁과 역내 분쟁, 입법동향과 새 법안 등이다. 또한 특정 산업의 정부 정책(보조금 규제, 공공재화 여부 등)의 요소를 분류한다. 이 유형에서는 통신, 에너지, 수도 등 인프라 산업, 담배, 제약, 부동산 등 기본 의식주 관련 산업이 중시된다.

(6) 심리/영성(Spirituality)

세부적인 요소는 인간의 마음으로 표현되는 감정, 인식과 행동, 정서, 산업심리, 영성 등이다. 영성은 한 사람의 행동이 유래된 태도나 정신의 바탕이 되는 종교적 또는 윤리적 가치다. 이 유형에서는 심리상담, 감성적 행동 등이 중시된다(최윤식 등, 2012).

2) 사회구조분석 기법

쌓여만 가는 정보의 무더기 속에서 숨겨진 옥석을 가려 트렌드를 알기 위해서는 '보이지 않는 사실을 관찰하는 방법'을 알아야 한다. 중요한 것은 잘 보이지 않으며, 정보 역시 우리가 흔히 접하는 정보 자체보다는 정보의 이면 속에 숨어 있는

표 12-1 STEEPS 기법의 각 유형별 메가트렌드 사례와 내용

유 형	메가트렌드	내 용
S(사회)	인구구조의 변화	세계 인구 증가, 국가별·지역별 인구증가/정체/감소가 각각 진행, 저출산·고령화 문제 등
	양극화	국가 간/기업 간 고용구조 양극화, 경제적 양극화에 따른 교육 기회의 차별화, 취약계층에 대한 사회적 책임 문제 등
	네트워크 사회	사이버 공동체 활성화, 영토 국가에서 네트워크 국가로 전환, 정보 독점 및 정보의 평준화 등
T(기술)	가상지능 공간	사이버 공간과 물리적 공간 간 상호작용 증대, 증강현실, 실감형 콘텐츠 등
	기술의 융복합화	기술-산업 간 융복합화, 전통산업과 신기술의 융합 등
	로봇	휴머노이드 로봇, 군사용 로봇, 나노 로봇, 정서 로봇 등
E(경제)	웰빙/감성/복지	고령화·글로벌화에 따른 삶의 질 중시, 신종 질병 및 전염병 증가에 따른 건강문제 대두 등
	지식기반 경제	경제의 소프트화 현상 심화, 정보·서비스·콘텐츠 등 무형자산 시대 도래, 지식경영 확산, 디지털 중심의 산업 재편 등
	글로벌 인재의 부상	글로벌화에 따른 멀티플레이형 인재, 지식경쟁력과 부상, 창의력과 감성의 부각 등
E(환경)	기후변화 및 환경오염	환경오염과 기상이변에 따른 환경안보 부각, 국제 탄소거래제도, 물 부족 문제 등
	에너지 위기	화석에너지 및 자원고갈 심화, 지속가능한 에너지 체제로의 전환, 대체 에너지 개발 등
	기술발전에 따른 부작용	인간·윤리 문제와 기술의 충돌, 기술 패권주의, 개인정보 보호 및 불건전 정보의 부작용 문제 등
P(정치)	글로벌화	이동성 증가, 인력 및 자본 이동, 국제공조 확산, 다문화 및 이종 문화 등
	안전 위험성 증대	신종 질병 및 전염병 확산, 핵 확산, 대량 살상무기 확산, 경비 산업 등
	남북통합	남북한 경제협력, 북한문제의 국내화 및 급변화, 북한의 불확실성 등

자료: 최윤식·양성식·박복원, 앨빈토플러처럼 생각하는 법, 라이온북스, 2012.

내용이 더 중요한 경우가 많다. 그렇다면 보이지 않는 것을 어떻게 볼 수 있을까? 따라서 보이는 정보 안에서 보이지 않는 정보를 찾아낼 수 있는 기술이 필요하다.

우리가 살고 있는 사회는 여러 현상들의 집합이 아니라, 생태학적으로 상호의 존적인 연결망으로 짜여 있다. 그리고 정보는 지속되는 기간에 따라 1등급, 2등급 처럼 수준을 구분해 볼 수 있다. 생태학적 사회구조분석 기법은 사회 현상들의 실체와 외적 형상을 구별해 근원적 변화의 흐름과 원리를 추적하는 개념을 결합 해 완성되었다. 구체적으로 이 분석기법은 세상을 세로축으로는 현상층, 유행층,

트렌드층, 심층 원동력층, 심층 기반층으로 나누고 가로축은 STEEPS[사회(Society), 기술(Technology), 경제(Economy), 환경(Ecology), 정치(Politics), 영성(Spirituality)]의 영역들로 구분해 변화를 읽어내는 분석 기법이다. STEEPS 영역에 대해서는 앞에서 다루었으므로, 세로축을 형성하는 요인들에 대해 알아보기로 한다.

(1) 현상층

신문지상에 나타나는 사회의 갖가지 현상적 사건들이 잡다하게 나열돼 있는 상태의 세상이다. 다시 말해 정보 필터링를 거치지 않는 상태의 정보들이다.

(2) 유행층

디자인, 패션, 음악, 춤, 생각, 언어, 게임, 상품, 먹을거리 등의 유행들로 재정리된 세상이다. 시간적으로는 대략 1년 미만의 생존 기간을 가지며, STEEPS 영역들 중에서 1개의 유형 내에서 힘을 발휘하는 정보들이다.

(3) 트렌드층

세계화, 개인화, 감각화, 코쿠닝[2], 웰빙, 평생 교육, 고령화, 하이테크, 하이터치, 작은 사치, 융합 등의 트렌드로 재정리된 세상이다. 시간적으로는 대략 1년부터 10년 미만의 생존 기간을 가지며, STEEPS 영역들 중에서 1개 이상의 유형 내에서 힘을 발휘하는 정보들이다.

---

2 현대인들이 위험한 외부 세상을 피해 집이나 교회 등 안전한 장소로 몸을 피하는 사회 현상을 말한다. 이 용어를 처음 사용한 페이스 팝콘은 '사람들이 마치 누에고치(cocoon)처럼 자신을 보호하기 위해 외출을 삼가고 보호장비 구입에 열을 올리고 있다'라고 지적했다(매경닷컴).

(4) 심층 원동력층

속도, 네트워크(조립 & 압축), 인구, 기술, 감성, 정치, 환경 등 사회 변화를 밀고 가는 실제적인 힘인 심층 원동력으로 재정리된 세상이다. 심층 원동력은 본래부터 존재하는 힘, 혹은 존재하는 것과 비슷한 힘들이다.

(5) 심층 기반층

시간, 공간, 지식, 영성 등 세상을 떠받치고 있는 가장 심층적인 기반 층으로 변화가 일어나는 기반이다.

생태학적 사회구조분석 기법은 세로축의 5가지 층들과 가로축의 STEEPS 영역들이 서로 상호의존적인 관계로 돼 있다는 것을 전제로 한다. 5가지 층들 중, 세상을 움직이는 심층 원동력들은 '카오스적 진자 운동'을 통해 다양한 트렌드, 유행, 현상들을 만들어내고 역사를 거치며 진화를 반복한다. 카오스적 진자 운동이란 마치 진자의 추와 같은 움직임을 말한다. 거의 똑같은 모습으로 반복되지만 완전히 동일하지는 않으며, 얼핏 보기에는 무질서하게 움직이는 것 같지만 실제로는 아주 복잡하고 고도로 조직된 패턴으로 움직인다. 사회에는 호경기와 불경기가 반복되지만 늘 동일하지 않다. 인간의 욕구는 늘 새로운 것을 원하는 것 같지만 어느 시점이 되면 과거로 회귀하고자 하는 복고바람이 불기도 한다. 그러나 복고바람 역시 완전히 전통적인 과거로 돌아가는 것은 아니다. 세상은 이처럼 심층 원동력들의 카오스적 진자 운동을 통해 피드백과 자동조절을 거치며 새로운 트렌드, 유행, 현상들을 자기조직화해 나간다.

5가지 층들 중, 심층기반과 관련한 변화들은 서로 영향을 미치는데 에너지, 환경, 가족구조를 비롯한 변화는 눈에 보이지 않는 층에서 나타나 우리 삶을 송두리째 뒤흔들고 또 빠르게 변화시킨다. 심층기반을 이루는 많은 부분들이 미래학의 관심사이자 기획자들이 봐야 할 변화의 핵이라고 할 수 있다(최윤식 등, 2012).

3) 시스템 사고 기법

(1) 시스템 사고 기법의 의의

세상은 복잡해 보이지만 상호 연결되어 있다. 복잡한 요인 간의 상호작용이 점차 강화되면 어느 지점에 이르러 폭발하듯 새로운 현상이 나타난다. 세상은 다양한 요인 간의 인과적 관계로 얽혀 있으며 상호 피드백을 주고 받는다. 이러한 관점으로 정보의 구조를 파악하고 그로 인한 결과를 통합적으로 이해하려는 것이 바로 '시스템 사고'다. 시스템 사고란 개별로 보면 무관해 보이는 객체들도 자세히 살펴보면 서로 연관돼 순환하며 서로 영향을 주면서 한 몸처럼 작용한다는 것을 사고의 기본으로 한다. 이 과정에서 새로운 패턴이 나와 새로운 행동양식을 만들어낸다는 것이다.

시스템 사고의 패턴은 크게 두 가지로 분리해 볼 수 있다. 첫째는 직선적 사고로 원인에서 결과로 가는 방식이다. 원인이 있으면 결과가 있다는 것은 직선적 사고, 인과적 사고를 말한다. 둘째는 결과에서 다시금 원인으로 돌아오는 순환적 사고다. 시스템 사고에서는 원인에서 결과로 다시 그 원인으로 가는 순환적 사고를 한다. 중요한 것은 직선적 사고에는 피드백이 없지만 순환적 사고에는 피드백이 있다는 점이다.

요컨대 직선적 사고가 직선적으로 인과결과를 추적해가는 사고라면, 시스템 사고는 구성요소 간의 상호작용을 통해서 영향을 주고받는 순환적 사고라고 할 수 있다. 예를 들면 자동차는 약 2만여 개의 부품으로 이루어졌다고 한다. 만약에 부품 2만여 개를 모두 한 자리에 모아놓기만 한다면 우리는 그것을 무더기라고 하지 자동차라고는 하지 않을 것이다. 그것을 조립해서 시동을 켜고 2만여 개의 부품들이 서로 상호작용을 하며 굴러가는 것을 우리는 자동차라고 한다. 각각을 다 합쳐서 더 큰 퍼포먼스가 나오게 하는 것이 시스템이다. 우리가 말하는 상생 또한 시스템이라 할 수 있다.

그러면 시스템 사고를 하려면 어떻게 해야 할까? 우선은 인과적 관계를 잘 파악해야 한다. 그러나 여기서 그쳐서는 안 된다. 인과관계에 집착하는 직선적 사고에 머물러서는 시스템 사고에 접근할 수 없다. 즉, 직선적으로도 순환적으로도 볼 수 있어야 한다는 것이다. 두 개를 다 보는 사람은 하나만 보는 사람보다 방향, 속도, 타이밍에서 좀 더 나은 통찰력을 발휘할 수 있다.

시스템 사고는 다음과 같은 4가지 장점이 있다.

첫째, 문제의 핵심을 파악하도록 도와준다. 시스템 사고는 인과과정과 피드백을 파악하는 것을 돕는데 이런 구조를 파악하면 문제를 보다 쉽게 찾아내 해결할 수 있다.

둘째, 시스템 사고는 하나의 표현방식으로 기능할 수 있다. 모든 구성원들이 귀납법적으로 생각한다면 의사결정에 충돌이 없다. 동일한 사고 기법을 장착하고 이야기하기 때문에 커뮤니케이션이 쉬워진다. 반대로 각각 연역법, 귀납법, 유추법, 상상, 은유법으로 방법을 달리하면 회의는 금방 아수라장이 된다. 따라서 하나의 사고로 통일시키는 것은 의사소통을 도와준다.

셋째, 가장 효과적인 해답을 제시해준다. 시스템 사고는 시스템 자체에서 문제를 발견하고자 하기 때문에 정확한 핵심에 도달하는 방향을 찾을 수 있다.

넷째, 비난과 자책에서 벗어날 수 있다. 시스템 사고를 채택하면 불필요한 소모적 논쟁을 하는 데 시간을 낭비하지 않아도 된다. 시스템 사고에서는 문제가 발생하면 원인이 사람에게 있다고 여기지 않는다. 시스템 상의 문제라고 여기고 이를 해결하기 위해 노력한다. 따라서 누구 탓을 하며 비난하거나 자책할 필요가 없다. 시스템의 문제 해결을 위해 구성원과 자원을 가장 효율적인 방법으로 배치하고 관리하게 된다. 어떻게 구조를 바꾸면 더 나은 성과를 만들까를 고민하며 통찰을 통해 답을 얻어 낸다. 이러한 재배치로 자원을 가장 탁월하게 사용할 수 있다(최윤식 등, 2012).

(2) 시스템 사고 기법의 촉진요소

시스템 사고를 잘 하기 위해 알아야 할 사항들을 제시하면 아래와 같다.

① 피드백 고리(강화 피드백과 균형 피드백)

자연생태계를 시스템이라고 한다. 먹이사슬도 순환이기 때문에 시스템이다. 세상의 모든 것이 시스템이다. 그런데 시스템을 운행하는 데는 아래 3가지의 방향성이 있다.

ⓐ 증가하는 방향으로 강화

ⓑ 감소하는 방향으로 강화

ⓒ 수렴해서 균형을 이룸.

사람을 예로 들어 보자. 사람은 태어나서 성장하는데 청소년기에 폭풍처럼 성장하고, 그 후 성장이 멈추고, 어느 정도 시간이 지나면 노인이 돼서 죽는다. 태어나서 성장할 때까지는 증가형 강화 피드백이 작용하고, 어느 정도 시간이 지나면 성장의 한계에 도달해서 균형 피드백으로 유지되고, 점차 나이가 들면 감소형 강화 피드백의 영향을 받는다. 이렇게 인생이 마감된다. 우주 만물이 모두 이런 법칙을 적용받는다. 기업도 마찬가지다. 그러나 기업이나 국가는 생존 기간을 사람보다 길게 가져갈 수 있다. 그렇다면 금세 망하는 기업과 몇 백 년을 가는 기업의 차이는 무엇일까? 핵심은 시스템의 한계를 극복하느냐 못 하느냐의 차이이다.

앞서 말한 대로 강화 피드백은 증가, 감소가 있다. 그런데 만일 세상에 증가형 피드백과 감소형 피드백 두 가지만 있다면 세상은 무척 혼란스럽게 돌아갈 것이다. 그래서 하나가 더 있는 것이 균형 피드백이다. 균형 피드백은 정해진 목표에 수렴하는 형태다. 세상 만물을 안정적으로 유지시킬 수 있는 피드백이다. 균형 피드백의 대표적인 예를 들어보자. 인간은 굉장히 지혜로운 생명체이다. 우리 몸은 균형 피드백을 통해 36.5℃의 체온을 유지한다. 체내 온도가 올라가면 땀을 배출하고 체내 온도가 떨어지면 몸을 떨어서 정상체온인 36.5℃를 유지한다. 36.5℃는 인간의 몸에서 균형 피드백으로 작용하는 수렴 값인 것이다. 인간이 개입하지 않는 한 자연생태계도 먹이사슬 상에서 균형 피드백을 유지한다. 개체 수가 균형을 이루면서 자연 그 자체라는 최고의 상태를 유지한다. 그런데 인간이 개입하면 환경이 오염되고 균형이 깨지는 문제가 발생한다.

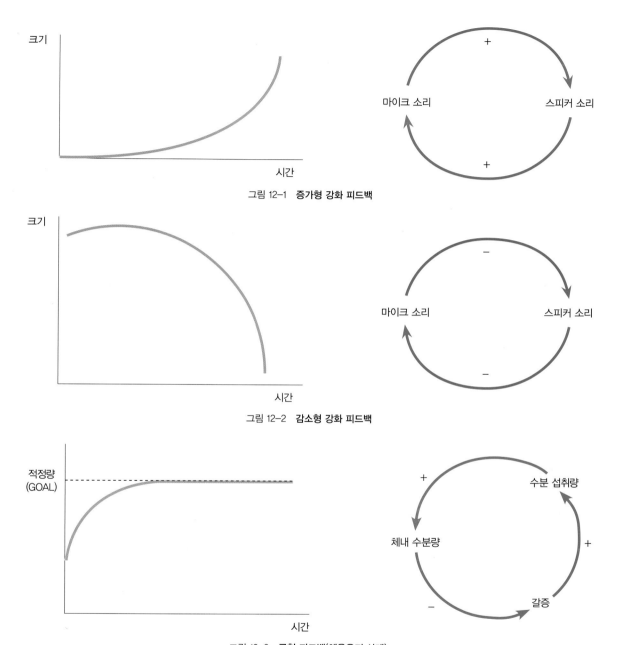

그림 12-1 **증가형 강화 피드백**

그림 12-2 **감소형 강화 피드백**

그림 12-3 **균형 피드백(체온유지 사례)**

자료: 최윤식·양성식·박복원, 앨빈토플러처럼 생각하는 법, 라이온북스, 2012.

② 개입으로 인한 해결 지연(Delay)

〈그림 12-1〉과 〈그림 12-2〉에서 보았듯이 강화 피드백은 매끈한 곡선으로 되어 있다. 그러나 균형 피드백은 시간의 변화에 따라 매끈한 곡선이 아닌 물결곡선으로 되어 있다. 이것은 개입으로 인한 지연 때문이다. 대표적인 사례가 온수가 나오는 샤워기다. 샤워기는 온수를 틀더라도 처음에는 찬물이 나온다. 따뜻한 물이 나오기까지 시간이 걸린다. 이때 가장 지혜로운 것은 그냥 물이 흐르도록 두는 것이다. 온수가 나올 때까지 기다리면 된다. 그런데 성질 급한 사람은 샤워기 손잡이의 온도를 더 높은 쪽으로 돌린다. 그러면 갑자기 뜨거운 물이 나온다. 어쩔 수 없이 다시 차가운 쪽으로 돌린다. 이렇게 손잡이를 몇 번 돌리고 나서야 적정온도를 맞춘다. 이와 같이 사람의 개입은 많은 문제를 야기한다.

다른 사례로 농축산물 파동을 들어보자. 농축산물은 작은 개입에도 가격의 급등과 급락을 반복한다. 지난해에는 배추 값이 비싸 금추였다고 하자. 그럼 올해에는 여지없이 배추 값 폭락이 나타난다. 작년의 배추 값을 기대한 농가에서 배추를 10~20%정도만 더 심어도 올해의 배추 값은 반 토막이 난다. 생산된 물량이 적정치를 조금만 넘겨도 가격은 곤두박질친다. 농가의 작은 개입이 시장에서의 가격폭락을 초래하는 것이다.

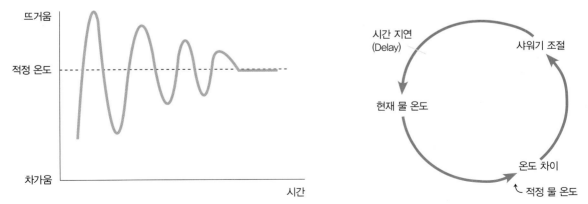

그림 12-4 **해결 지연 효과(샤워실에서의 개입으로 인한 사례)**
자료: 최윤식·양성식·박복원, 앨빈토플러처럼 생각하는 법, 라이온북스, 2012.

③ 지렛대 원리

아르키메데스(Archimedes)는 지구를 들 수 있다고 했다. 그는 지구를 들 수 있을 만큼의 긴 장대를 주고, 그것을 들 수 있는 포인트를 잡아주면 지구도 들어 올릴 수 있다고 했다. 미약한 인간이 지구를 들 수 있게 하는 힘이 바로 지렛대 원리이다. 일반적으로 지렛대를 나타내는 '레버리지(leverage)'는 지렛대 효과를 뜻한다. 적은 힘을 들어서, 핵심을 찔러, 시스템을 적용해서 문제가 해결되는 포인트를 말한다.

그러나 모든 일에 레버리지를 찾고 개입 시점을 찾아 시스템적으로 대응할 필요는 없다. 어떠한 상황에 시스템 사고를 적용해야 하는지 제시해보면, 먼저 한 번 일어난 사건은 단순한 사건 즉, 이벤트일 뿐이다. 시스템 사고를 대입하지 않아도 된다. 두 번 반복해서 일어났다면 주목을 해야 한다. 그러나 아직은 시스템 사고를 적용하지 않아도 된다. 하지만 같은 일이 세 번째 일어났다면 여기에는 패턴이 있다고 생각해야 한다. 이 패턴을 분석해서 문제를 일으키는 시스템 구조를 파악해야 한다. 이러한 문제는 사람을 바꿔서 해결될 성질의 문제가 아닐 가능성이 높다. 근본적인 시스템에서 발생하는 문제일 것이다. 레버리지를 찾아 시스템 사고로 해결하는 방법을 채택해야 한다(최윤식 등, 2012).

(3) 시스템 사고 기법의 방법

〈그림 12-5〉를 보면, 미래에 대비하여 하나의 전략적 결정을 내리기 위해 고려되는 다양한 요소들은 상호 연관되어 있음을 볼 수 있다. 그림을 보면 의사결정자가 속한 세계는 자신이 일하는 업계만 포함된 것이 아니라 그 이상으로 훨씬 더 복잡하다. 예를 들어 기업에 속한 의사결정자는 자사 제품의 품질이나 고객 수 말고도 훨씬 더 많은 것을 생각해야 한다. 즉, 경쟁업체가 신기술 개발로 더 낮은 원가에 제품을 제조할 수도 있으며, 새로운 규제 때문에 경영방식이 바뀔 수도 있다. 또 경제흐름에 따라 고객층이 바뀔 수도 있고, 환경문제가 심각하여 원자재 공급이나 지구온난화의 영향에 대해 고민할 수도 있다. 이런 모든 변화들과 사건들은 서로 연관되어 상호작용을 한다.

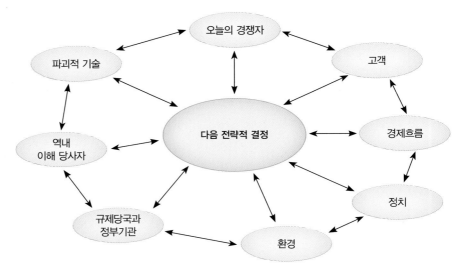

그림 12-5 미래 대비를 위한 전략적 결정을 둘러싼 생태계
자료: 에릭 갤랜드, 손민중 역, 미래를 읽는 기술, 한국경제신문사, 2008, p.39.

이와 같은 전략적 결정을 위한 다양한 요소들을 시스템적으로 파악하기 위한 방법 중 하나로, 먼저 앞서 제시한 STEEP 기법을 통해 생태계를 분류한 후 각 영역에서의 변화를 예측하고 이를 통해 특정 사항의 미래를 예측할 수 있다. 여기서 STEEP은 사회(Society), 기술(Technology), 경제(Economics), 환경(Ecology), 정치(Politics)를 나타낸다. 〈그림 12-6〉은 초콜릿이라는 단순한 주제를 선택하여 이와 관련된 생태계를 STEEP으로 분류하여 예측해보고, 이를 토대로 초콜릿 산업의 미래를 예측하는 것을 보여 준다. 이와 같이 모든 행동을 하나의 큰 시스템의 일부로 간주하게 되면 초콜릿처럼 단순한 주제를 다룬다고 할지라도 계속 변화하는 세계로 발을 들여놓을 수 있다. 초콜릿 산업의 미래를 잠깐 들여다봄으로써 열대우림에서 공중보건에 이르는 초콜릿 시스템의 모든 측면이 끊임없이 변화한다는 사실을 알 수 있다.

이처럼 미래 연구를 생태계와 비교하는 것은 효과적이다. 유기체들이 상호작용하듯 트렌드도 상호작용하기 때문이다. 이 세상에는 어떤 것도 홀로 존재할 수 없으며 수많은 관계들로 얽힌 망 내에서 존재한다. 망의 성격이 변화하면서 각 부분의 성격도 변화한다. 따라서 어떤 것의 미래를 이해하고 싶다면 먼저 그것을

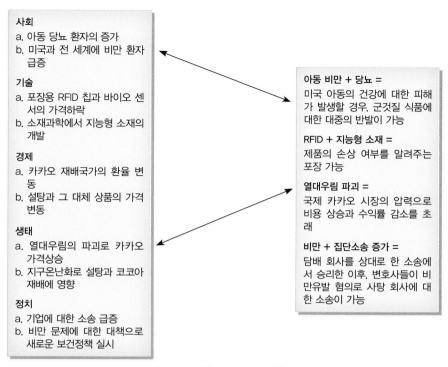

사회
a. 아동 당뇨 환자의 증가
b. 미국과 전 세계에 비만 환자 급증

기술
a. 포장용 RFID 칩과 바이오 센서의 가격하락
b. 소재과학에서 지능형 소재의 개발

경제
a. 카카오 재배국가의 환율 변동
b. 설탕과 그 대체 상품의 가격 변동

생태
a. 열대우림의 파괴로 카카오 가격상승
b. 지구온난화로 설탕과 코코아 재배에 영향

정치
a. 기업에 대한 소송 급증
b. 비만 문제에 대한 대책으로 새로운 보건정책 실시

아동 비만 + 당뇨 =
미국 아동의 건강에 대한 피해가 발생할 경우, 군것질 식품에 대한 대중의 반발이 가능

RFID + 지능형 소재 =
제품의 손상 여부를 알려주는 포장 가능

열대우림 파괴 =
국제 카카오 시장의 압력으로 비용 상승과 수익률 감소를 초래

비만 + 집단소송 증가 =
담배 회사를 상대로 한 소송에서 승리한 이후, 변호사들이 비만유발 혐의로 사탕 회사에 대한 소송이 가능

그림 12-6 **트렌드 연구: 사탕 산업 사례**
자료: 에릭 갈랜드, 손민중 역, 미래를 읽는 기술, 한국경제신문사, 2008, p.48.

둘러싼 자연적·기술적·사회적 환경을 고려해야 한다. 넓게 생각하는 것은 중요한 요소를 간과함으로써 실패로 이어지는 일을 방지하기 위해서도 필수적이다.

다음 시스템적 분석의 두 번째 방법으로 시스템 도표 작성을 들 수 있다. 시스템적 사고의 핵심은 미래를 발견하는 것이 아니라, 이를 위한 미래 연구의 출발점을 만드는 것이다. 따라서 본격적인 미래 연구는 먼저 우리가 실제 연구해야 할 트렌드를 나타내는 시스템 도표를 만드는 데서 시작된다. 이는 시스템의 모든 구성요소들을 한눈에 볼 수 있게 그려놓고 분석을 시작하는 것이다. 이를 단계별로 알아보기로 한다.

1단계 – 시스템 도표를 그려라

모든 미래는 생태계와 같다. 미래는 다양한 시스템과 활동들로 구성되어 있다.

따라서 특정 업체나 산업의 미래를 분석하고자 한다면 미래를 시스템별·활동별로 구분한 후, 해당 업체에 궁극적으로 영향을 미치게 될 변화의 원동력을 파악해야 한다. 예를 들어 물 관련 산업의 미래를 파악하고자 할 경우, 연구에 착수하기 전에 한 가지 기본적인 질문을 던져 보라. 이 경우는 '물이 어디서부터 오는가?'이다. 이를 파악하기 위해 먼저 〈그림 12-7〉과 같이 시스템의 각 부분을 그린다. 먼저 물이 오는 출처를 그리고 이것이 가정, 수도꼭지, 배수시설 등으로 운반되는 운송시스템을 그릴 수 있다. 그리고 관련 요소들을 도표 안에 제시해보는데 사람들에게 물이 필요한 이유, 물 이용자와 이용 현장 및 관련 산업, 경쟁음료, 트렌드 등이 그것이다. 이와 같이 전체 도표를 작성하게 되면, 미래 분석을 위해 내가 알고 있는 모든 것을 연결시킬 수 있는 틀을 만들 수 있다. 하다보면 보통 처음에 생각했던 것보다 미래에 대해 훨씬 많은 것을 알고 있음을 깨닫게 된다.

2단계 – 시스템의 주체들을 파악하고 이들의 활동을 분석하라

시스템에 관여된 사람 또는 조직들을 모두 생각해보자. 즉, 현재 업계나 활동에 영향을 주는 사람은 누구인가? 임직원, 소비자, 경쟁업체, 협력업체, 비판세력 외에도 다양하게 들 수 있다. 다음으로는 이 주체들의 활동의 변화를 파악하기 위해, 호기심을 가지고 다음과 같은 다양한 질문을 던져 보아야 한다.

● 시스템 주체들의 목적은 무엇인가?
● 그들은 어떻게 변하고 있나?
● 그들에게는 어떤 문제가 있는가?
● 미래에 무엇이 그들을 변하게 하는가?
● 변하지 않은 것은 무엇인가? 그리고 크게 변할 수 있는 것은 무엇인가?

구체적으로 맥주산업을 주제로 한다면 시스템 주체와 관련하여 다음과 같은 질문들을 던져볼 수 있다.
● 요즘 누가 맥주를 주로 마시는가? 소비층에 변화가 있는가?
● 알코올 중독은 심각한 건강문제인데, 양상이 어떻게 변화하고 있는가? 사람들은 맥주 회사가 더 많은 책임을 져야 한다고 생각하지 않는가?

● 중국과 인도는 미래 문제에 관한 한 요즘 매일같이 화두가 되고 있는데, 이 두 나라의 20억 인구가 맥주 산업을 어떻게 변화시킬 것인가?

이와 같이 질문을 결정했다면 최선의 정보출처를 조사하여 해답을 찾아야 한다.

3단계 – 시스템에 영향을 주는 트렌드와 힘을 찾아라

시스템에 영향을 주는 트렌드와 힘들을 제시해보고 어떠한 트렌드를 탐구할지 결정하려면, 물산업 또는 맥주산업을 대상으로 할 때 다음과 같은 질문에 대답해야 한다(에릭 갈랜드, 2008).

● 물 사업에 사용되는 주요 기술들은 무엇일까?

● 기술들은 개선되고 있는가?

● 지금과 전혀 다른 새로운 것이 조만간 등장할 것인가?

● 신기술을 적용하여 활동을 수행하려면 지금과 다른 능력을 보유한 다른 사람들이 필요할까?

● 물 소비자는 바뀔 것인가? 이들의 기대치도 바뀔까?

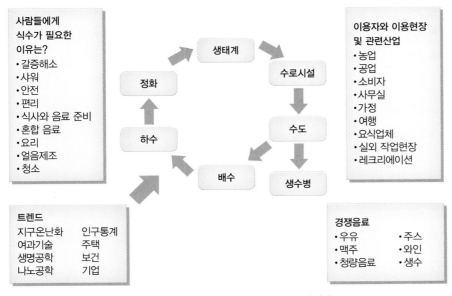

그림 12–7 **트렌드와 힘의 파악: 수자원 시스템 사례**
자료: 에릭 갈랜드, 손민중 역, 미래를 읽는 기술, 한국경제신문사, 2008, p.56.

- 예기치 못한 어떤 사건이 이 시스템에 영향을 줄 수 있는가? 테러리즘은 고려되어야 할 요소인가?
- 양조업계에서 맥주를 기존과 다른 방식으로 제조하는가?
- 알루미늄 캔과 유리병의 재활용이 몇 년 전에는 중요한 문제였는데, 여기에는 변화가 없는가?
- 생명공학 기술이나 나노 기술과 같은 신기술로 맥주가 변화하지는 않을까?

4) IMPOS 기법

앨빈 토플러는 다음 5가지 구성요소(IMPOS)들의 지속기간이 점점 짧아지면서 인간에게 심각한 심리적 충격을 주는 미래 쇼크를 일으킨다고 주장했다.

- 이념이나 지식을 만들어 내는 정보 – Information
- 상황의 배역에 해당하는 사람 – Man
- 행동이 발생하는 장소 – Place
- 한 사람의 조직상 위치를 나타내는 사회적 조직 – Organization
- 자연적·인공적인 사물 – Substance

　IMPOS 기법은 앨빈 토플러가 〈미래 쇼크〉에서 제시한 '상황의 5가지 구성요소 개념'과 '인지 과학적 접근법'을 결합시킨 것이다. 이 중 '상황의 5가지 구성요소 개념'은 변화의 가속화로 영속성이 무너지고 일시성(transience)으로 전환하는 시대적 특징을 설명하면서 제시된 개념이다. 그리고 '인지 과학적 접근법'은 인간이 의사결정을 하고 행동하는 데는 대뇌 변연계[3]의 편도체에서 생성하는 감정이 중요한 역할을 하며, 이 감정은 전전두 피질[4]에서 새로운 인식을 생성해 행동에 영향

---

[3] 변연계(limbic system)란 동기와 정서를 담당한다고 여겨지는 여러 구조물들을 가리키는 용어로, 학자에 따라 조금씩 다르지만 대개 변연피질과 해마, 편도체, 중격 등이 포함된다(실험심리학 용어사전).

[4] 전전두 피질은 이른바 뇌의 실행기능을 담당한다. 규칙 습득과 계획, 단기기억을 가능하게 해준다. 전전두

을 미친다는 내용이다.

IMPOS 기법은 특정 변화가 정보(I), 사람(M), 장소(P), 조직(O), 사물(S) 등 다섯 가지 영역에 어떠한 영향을 미치게 될지 예측해 보는 기법이다. 특히 미래의 특정 기술이나 트렌드 하에서 개인이 어떤 행동을 취하게 될 것인지 예측하는데 유용하다. 여기서 개인은 새로운 상황과 끊임없이 상호작용을 하면서 자신의 의사를 결정하게 된다. 이와 같이 IMPOS 기법을 통해, 미래의 특정 기술이나 흐름에 따라 특정 집단에서 나타날 새로운 행동 패턴과 시장 상황을 그려볼 수 있다. 또한 미래 고객의 숨겨진 욕구를 파악해 이를 충족시키는 새로운 제품이나 서비스를 만드는 실마리를 찾아낼 수 있다. 즉, 미래 소비자가 원하는 것을 보여 주는 것이다.

이 기법에서는 5가지 구성요소(IMPOS)들의 지속기간이 점점 짧아지면서 인간에게 심각한 심리적 충격을 주는 미래 쇼크를 일으킨다고 주장하는데, 먼저 정보(I)는 생성 및 확산 속도가 너무나 빨라 2~3년만 지나면 유용지식이 무용지식으로 바뀐다. 또한 우리가 만나는 사람(M)들과의 관계도 갈수록 피상적이고 일시적이며 부분적으로 변해가고 있다. 장소(P)의 개념도 이동성 등으로 다양하게 변해가고 있으며, 사물(S)도 장기간 소유하는 개념에서 일회용, 조립형, 모듈화 등 접속 및 사용의 개념으로 급속히 전환되고 있다. 사회적 조직(O)에서 개인의 위치도 급변하고 있다. 과거 위계질서를 바탕으로 한 공동작업과 지속적인 일자리 보장에 익숙했던 조직 체계는 수평적 조직, 아웃소싱, 탄력고용제, TF팀 활성화 등으로 빠르게 변해가고 있다.

이러한 상황의 급속한 변화는 우리들의 감정과 인식을 뒤흔들 만큼 충분히 강력하며, 이는 결국 행동에 영향을 줄 수밖에 없다. 이러한 상황을 가정한 상태에서 특정 기술이나 트렌드가 개인에게 미치는 영향을 5가지 요소로 나누어, 미래 개인들의 행동을 추정해 볼 수 있는 것이다.

〈표 12-2〉는 '초고령화 사회'라는 트렌드를 주제로 IMPOS 기법을 활용한 예이다. 인구 중 65세 이상 고령인구 비율이 20% 이상인 초고령화 사회로 진입하게 됐을 때 발생할 '노인들을 중심으로 하는 상황의 변화'를 간단히 예측해 본 것이

피질은 성격과 인격에 큰 영향을 미치고 충동, 강박관념, 반사회적 행동을 통제하는데 가장 중요한 부위이다 (실험심리학 용어사전).

표 12-2 IMPOS 기법을 활용한 사례(초고령화 사회라는 트렌드를 주제로)

구 분	I (빠른 정보)	M (피상적 사람)	P (일시적 장소)	O (수평적 조직)	S (일회성 사물)
감정 경험	정보 습득에 대한 복잡함, 불안함, 두려운 감정이 계속 증가	고독하고 외로움을 경험한 주변 친구들의 가족 간 소외감에 공감	수시로 바뀌는 낯선 장소에 대한 거부 감정 증가	낮아지기만 하는 경로 우대 사상에 대한 불만, 분노 또는 포기 감정	아깝다는 느낌, 아껴 쓰고자 하는 욕망
인식 해석의 변화	세상의 변화를 따라가기에는 자신이 너무 무기력하다는 인식	자식들에게 짐이 되지 말고 의존하지 말아야겠다는 인식의 확산	친숙하고 안전한 느낌을 갖는 장소로 옮겨가야겠다는 생각	같은 연배끼리의 협동 및 협조 필요성 인식	하나를 사더라도 유행을 타지 않고 오래가는 상품을 사야겠다는 인식
행동의 변화	정보에 대한 회피, 거부, 무관심 또는 감각적 정보에 따라 즉각적 행동, 사기당하기가 더욱 쉬워짐.	자식과 같이 사는 것을 거부하고 가족보다는 같은 모임의 지인들과 상호 의존도가 증가	같은 처지의 사람들과 안전한 공동체 생활을 할 수 있는 곳으로 이사	또 다른 사회적·정치적 압력 단체 설립 및 활동	내구성, 기능성, 심미적 만족감을 주는 제품 구매 증가

자료: 최윤식·양성식·박복원, 앨빈토플러처럼 생각하는 법, 라이온북스, 2012.

다. 급격히 변하고 있는 상황요소에 대해 노인들이 느끼는 감정과 인식의 변화 그리고 이로 인한 행동의 변화를 추정하고, 이로써 초고령화 사회가 도래할 때 발생 가능한 미래의 상황을 예측해본 것이다.

요컨대 IMPOS 기법의 핵심 개념은 "환경을 구성하는 5가지 요소(정보, 사람, 장소, 조직, 사물)의 지속 기간이 점점 짧아지면서 변화가 가속화될 경우, 각각의 요소에 대해 느끼는 우리의 감정은 더욱 자극을 받게 되고, 이는 상황에 대한 인식을 바꾸며 이것이 행동의 변화를 일으키고 다시 새로운 상황을 만들어 낸다."는 것이다.

IMPOS 기법을 잘 활용하기 위해서는 먼저 수집된 정보를 STEEPS 기법을 통해 체계적으로 정리해야 한다. STEEPS로 분류된 정보를 IMPOS 영역에 맞춰 정리해보고, 이를 다시 개별 상황과 관련지어 생각하다 보면 발생 가능한 위기와 기회를 찾아낼 수 있다. IMPOS 기법을 통해 미래상황의 패턴이 도출되면 이를 다시 STEEPS로 나누어 각 영역별로 어떤 미래 시나리오가 가능한지도 도출해 볼 수 있다.

미래학자들은 흔히 "미래학이란 맥락을 연구하는 학문"이라고 한다. 맥락이란 어떤 사건, 현상을 둘러싼 상황들의 전후관계라고 할 수 있다. 우리가 실제로 실생활에서 느끼고 체감하는 변화를 보면서 이러한 변화의 뿌리에 무엇이 있는지 알아보고, 지금 일어나고 있는 변화 외에 어떤 변화들이 일어날 수 있을지를 생각해 보는 것이다. STEEPS 기법과 IMPOS 기법으로 변화의 전후관계를 밝혀내려는 노력을 하다 보면 예측적 기획도 가능해진다(최윤식 등, 2012).

5) 주기적 사회변동 분석기법

사회변동 이론은 새로운 기술 발달이 이전의 기술에 기초한 인간의 행위, 가치, 삶의 방식 등을 더 이상 필요치 않거나 바람직하지 않게 만드는 동시에, 인간들로 하여금 새로운 행위, 가치, 삶의 방식들을 창조하게 한다는 것을 설명하려는 시도들이다. 이 이론은 넓게는 유목 위주의 수렵·채집 사회로부터 정착적인 농경사회, 그리고 보다 크고 다이내믹한 산업화 사회, 그리고 최근의 초(超)유동적인 정보화 사회로의 변동을 묘사, 설명해 왔다.

각 사회는 그 시대의 지배적 경제 시스템[5]들에 의해 명명된다. 변동의 시기에 이전의 지배적 산업·경제 분야들은 새로운 산업·경제의 중심에서 소외되지만, 완전히 소멸되지는 않는다. 따라서 수렵과 채집은 아직도 농경 중심인 사회에서 찾아볼 수 있으며, 산업화와 정보화가 상당히 진행된 사회에서도 농경은 적은 부분이지만 아직도 존재하고 있다. 그러나 오늘날의 주류가 정보화 사회임을 부정할 사람은 거의 없다. 그런데 지금 정보화 사회의 태양이 지는 사회변동이 일어나고 있다고 주장하는 학자들이 많아지고 있다. 이들이 주장하는 정보화 사회 이후의 사회변동은 이미지의 시대, 의미의 시대, 콘텐츠의 시대, 체험의 시대, 스타일의 시대, 미적가치의 시대 등으로의 변동이다. 이에 대해 살펴보면 다음과 같다.

경제학자 어니스트 스텐버그는 "21세기가 시작되면서 '정보경제(information

---

[5] 부와 힘을 창출할 수 있는 중추적 경제·산업 영역 그리고 주요 산업분야에 종사하고 있는 인구비례

economy)'란 개념이 일반화되었는데, 현재 또 다른 경제적 변화가 우리를 압도하고 있다. 새로운 경제 원동력은 정보가 아니라 '이미지(images)'다. 이제 중요한 생산자원은 '의미(meanings)'이며, 생산은 상품에 이야기와 이벤트가 첨가될 때 가치를 지닐 수 있고, 경제적 영향력은 콘텐츠를 지배하는 자들에 의해 좌우된다."라고 주장하고 있다.

덴마크의 미래학자 롤프 옌센은 《드림 소사이어티》란 저서에서 다음과 같이 예측하고 있다. "우리가 개인 또는 기업의 입장에서 미처 적응하기도 전에 정보화 사회의 태양이 지고 있다. 우리는 지금 제5형태의 사회를 맞이하고 있는데 이것이 바로 '드림 소사이어티'이다. 정보화 사회는 스스로가 자동화에 의해 폐기처분될 것이며, 스스로가 복제해 낸 똑같은 종류의 직업들을 소멸의 길로 몰아넣을 것이다. 기계가 인간의 일을 대체한다는 정보화 사회의 고유한 논리에는 변함이 없으며, 이 사실은 전자산업의 세 번의 물결에 잘 반영되어 있다. 제1의 물결이 하드웨어, 제2의 물결이 소프트웨어(지금 우리가 살고 있는 시대)였다면, 제3의 물결은 콘텐츠가 될 것이다." 중요한 것은 롤프 옌센이 인류가 문자 의존의 시대에서 시청각 이미지가 지배하는 시대로 이동하고 있다는 것을 주장하고 있는 것이다. 그는 "오늘날 지식은 문자에 의해서 보전되고, 우리는 그 문자를 통해서 배우고 있으며 문자는 정보화 사회의 주요한 전달 매체이다. 그러나 드림 소사이어티의 주된 매체는 그림이 될 것이다."라고 주장한다. 그는 "산업화 시대의 아이콘이 헨리 포드라면, 정보화 시대의 아이콘은 빌 게이츠다. 반면 드림 소사이어티의 아이콘은 할리우드 영화감독 스티븐 스필버그가 아닐까 한다."라고 주장하고 있다.

비슷한 맥락에서 조셉 파인과 제임스 길모어는 다음과 같이 설명하고 있다. "체험(experiences)이 새로운 경제 산출 방식의 한 장르로 나타날 것이다. 서비스를 하나의 개별화된 산업으로 여기는 인식이 쇠퇴에 직면한 공업 기반 경제에 새로운 활력을 불어넣었듯이, '체험'은 엄청난 경제적 팽창의 가능성을 열어주고 있다." 이들은 정보는 더 이상 새로운 경제의 근간이 될 수 없으며, '체험'이 부와 일자리를 창출할 수 있는 새로운 미래 경제의 기반이 될 것이라 내다보고 있다. 따라서 이들은 '체험'을 하나의 차별화되고 개별적인 매매 대상으로 보는 인식이 미래의 경제성장에 중요한 열쇠가 될 것이라고 확신하고 있다.

가장 최근의 논의로 버지니아 포스텔은 "우리는 지금 시대의 전환점에 서 있다. 100년 이상 동안 조금씩 만들어진 작은 경제적 발전들은 충분한 한계에 도달했다. 동시에 최근의 문화, 경제, 기술적 변화는 개인적 표현의 가치와 미적 가치관의 중요성을 증대시켰고, 제품의 선택 기준을 '기능(function)'에서 '외양(look)'과 '느낌(Feel)'으로 이동시켰다."라고 평하고 있다. 더 나아가 포스텔은 이제는 디자인이란 개념을 넘어 감각과 정서적 매력이 접목된 '스타일'이 생산과 소비를 좌우하는 시대가 도래했음을 강조하고 있다. 즉, 미래사회는 기능의 시대에서 디자인의 시대를 넘어 스타일의 시대로 진화하고 있다는 것이다.

마지막으로 미국 중요 저널의 하나인 《하버드 비즈니스 리뷰(Harvard Business Review)》에서조차 미래 경제에서는 상품의 질보다 미적 가치와 창조가 중요함을 강조하는 다음과 같은 기사를 게재하였다. 즉, "아트 관련 대학 졸업장은 비즈니스 세계에서 가장 훌륭한 취업 보증서가 될 것이다. 기업의 채용담당관들은 인재를 찾기 위해 명문 아트스쿨을 방문하기 시작했다." 또한 새로운 시장 트렌드에 관해서 다음과 같이 제안하고 있다. "기업들은 재고가 넘쳐나고 물질적으로 풍족한 오늘날의 시장에서, 상품과 서비스를 차별화시키기 위한 유일한 방법이 외양적인 아름다움과 탁월한 감성적 매력을 지닌 상품을 만드는 길밖에 없음을 자각하고 있다. 자동차 업계의 전설적 인물 로버트 루츠(Rovert Lutz)는 북미 GM(제너럴 모터스) 회장이 되었을 때 자신의 접근방법이 전임자와 어떻게 다른지를 다음과 같이 설명했다. "나는 자동차 산업 자체를 아트 비즈니스로 본다. 아트, 엔터테인먼트, 자동차 조형예술 등 이 모두가 동시에 교통수단으로 제공되게 되었다."라고 말했다(박영숙 등, 2007).

6) 이머징 이슈 분석(emerging issue analysis)

(1) 이머징 이슈 분석의 의의

'이머징 이슈 분석법'은 1977년 그레이엄 몰리터(Graham Moliter)에 의해 처음으로 소개되었다. 이 방법론은 현재 존재하고 있는 여러 문제와 기회들이 과거에는 존재하지 않았다는 가정에서 출발하고 있다. 예를 들면, 정보화 시대의 도래와 이로 인한 여러 기회와 제반 문제들은 50여 년 전에는 거의 존재하지 않았거나 감지되지 않았다. 그러나 어느 순간 이머징 이슈로 나타나기 시작하여 21세기에 들어선 오늘, 정보화 시대의 도래를 부정하는 사람은 거의 없을 것이다.

'이머징 이슈 분석'의 핵심은 어느 한 이슈(예를 들면 정보사회의 도래)에 대한 문제와 기회가 'S'자 형태의 일정한 순환주기를 가지고 있다는 데서 출발한다. 이슈의 감지가 어려운 초기 발생단계를 거쳐 미미한 정도로 이슈를 인지할 수 있는 완만한 성장단계, 이슈가 자주 감지되는 빠른 성장단계, 마지막으로 그 이슈가 사회를 관통하는 강력한 트렌드가 되는 성숙단계로 구분된다. 때로는 초기 발생단계, 트렌드 단계, 성숙 단계 등 세 단계로 나누기도 하는데, 초기 발생단계의 이머징 이슈에서 강력한 트렌드로 발전하는 모든 과정에는 패턴이 있고 이러한 패턴들의 모양은 긴 투영들(자취)과 행위의 결집에 의해서 진행되기 때문에 'S' 커브 형태를 띤다고 하였다.

이머징 이슈 분석의 가장 큰 장점은 어느 한 이슈가 강력하게 형성되기 전의 초기 발생단계에서 찾아내고 분석하는 것이다. 즉, 어떤 이슈에 대한 문제와 기회들이 성숙기에 이르러 강력한 트렌드로 성장하기를 기다리기보다는, 이슈의 초기 생성단계(싹이 움트는 시점)를 연구하는 것이다. 이슈의 초기 발생단계에서는 그 이슈에 관한 계량적 데이터가 거의 존재하지 않거나 아주 미약한 모습으로 출현한다. 그러나 이슈가 트렌드 단계에 접어들면서 이슈에 관한 어느 정도의 데이터가 축적되고 종종 그 이슈에 관한 반론 등이 제기된다. 트렌드 단계에서는 이슈가 완전한 문제가 되기 위한 중간 정도의 가능성을 갖게 된다. 마지막으로 그 이슈는 성숙단계에 들어서면서 하나의 큰 흐름으로 형성됨과 동시에 분명한 연구 주제가 된다. 즉, 성숙단계에서는 그 이슈가 사회적·경제적·정치적 문제로 부각되어 관심을 끌면서, 상당한 양의 데이터 축적을 기반으로 활발한 연구가 진행된다. 이러한 경향은 그 이슈에 대한 문제와 기회들이 다른 새로운 이머징 이슈의 등장과 트렌드로 대체되기 전까지 지속된다.

따라서 이머징 이슈 분석은 실현 가능한 '미래'에 대한 정보를 제공해 줄 수 있다는 예측의 활용과 동시에, '현재' 진행되는 사건에 대한 이해를 돕고 '과거'에 세웠던 여러 가정들을 검토해 볼 수 있는 성찰적 해석의 틀을 제공해 준다는 측면을 가지고 있다. 그러나 많은 미래학자들의 주된 연구는 '이머징 이슈 분석'이 아닌 '트렌드 분석'이 대부분이다.

(2) '이머징 이슈 분석'과 '트렌드 분석'의 차이

'이머징 이슈 분석'과 '트렌드 분석'은 현격한 차이가 있다. 트렌드란 사회를 관통하는 하나의 흐름으로 자리 잡았음을 의미한다. 따라서 트렌드 분석을 미래학의 방법론으로 보기에는 다소 무리가 따른다. 그러나 미래를 말하는 많은 사람들은 이러한 트렌드가 곧 커다란 기회 또는 심각한 문제로 발전할 가능성을 지적하면서, 이것들이 현실의 정책이나 사회적 담론에 아직 적절히 반영되지 않음을 강조한다. 그리고 정책결정자들이나 대중들에게 이러한 트렌드에 관심을 갖도록 유도하고 있다. 따라서 많은 미래학자들의 미래연구 방법론들이 이러한 트렌드 분석에 머무르고 있는 것이 사실이다.

물론 현실의 트렌드를 파악하고 확인하는 작업도 중요하다. 하지만 어떤 이슈가 강력한 트렌드로 발전하기 전의 초기 발생 단계와 그 과정을 인지하는 작업은 더욱 중요하다. 어떠한 트렌드를 수동적으로 따라가느냐 아니면 그러한 트렌드를 초기 단계에서 만들고 능동적으로 리드하느냐의 차이라고 할 수 있다. 어떠한 이슈가 이미 강력한 트렌드로 자리 잡았을 때 그 트렌드에 편승하거나 정책을 수립할 수도 있겠지만, 그때는 이미 뒷북을 치는 상태가 될 수도 있다. 따라서 이머징 이슈의 적절한 활용 여부에 따라 개인의 인생은 물론 그가 속한 조직과 국가의 성패까지도 바꾸어 놓을 수 있는 것이다.

사실 트렌드를 정확히 읽어내는 것도 결코 쉬운 일이 아니다. 트렌드를 읽어내기 위해서는 많은 정보와 지식이 축적되어야 하기 때문이다. 트렌드 분석은 미래 예측을 시도하려는 사람들에게 가장 일반적인 방식으로, 기법은 개념상 간단하다. 현재의 중요한 사안을 포착하고, 그 문제의 역사적 발전과정을 추적하여 그 문제의 전개를 통해 미래상황을 예측하고, 그 사안의 의미를 파악하는 것이다.

그러나 트렌드는 자주 중단되기 때문에, 트렌드 분석을 아주 정확한 '예측'이라고 볼 수는 없다. 즉, 어떤 상황들이 발생하여 트렌드를 중단시키는 경우가 보통이다. 중단시키는 요인은 주기적이거나 시대 집단적이기도 하며, 혹 이머징 이슈에 의해 중단되기도 한다.

일반적으로 트렌드 분석은 이미 부상해 진행되고 있는 무언가에 초점을 맞춘다. 최초로 나타난 지는 오래되었지만, 그것이 보편화되거나 누구나 다 인정하는 이슈가 되기 전에 이를 잡아내는 것을 트렌드 분석이라 한다. 트렌드 분석은 이미 추적되어 예측 가능한 역사나 발전과정을 가진 것에 초점을 맞춘다. 반면 이머징 이슈 분석은 막 발생하기 시작하는 이슈에 초점을 맞춘다. 처음 알아차렸을 때, 그것이 '트렌드'로 자리 잡거나 이슈가 정리되어 보편의 '문제'가 되기 전에 포착해야 한다.

트렌드 분석은 분석할 사항이 정리되어 있고 문서화, 기록화되어 있기 때문에 사실과 도표를 이용한다. 반면 이머징 이슈 분석은 그러한 명확한 사실과 도표가 없는 대신, 제대로 가시화되지 않은 것들을 분석한다. 이머징 이슈의 변화 조짐은 열정 마니아, 주변의 보통사람들, 영향력 없는 출판사들, 어떤 과학자나 기술자의 쉬고 있는 머릿속에서 나온다. 또는 화가나 시인의 근심걱정 혹은 책을 출간한 적 없는 소설가의 머릿속에서 나오기도 한다.

이머징 이슈 분석은 부상하는 기회들과 부상하는 문제점들을 동시에 갖고 있다. 종종 이머징 이슈나 경향을 조사하는 과정을 '환경조사'라고 한다. 이때 환경이란 단순히 생태적이거나 자연적인 대상을 가리키지 않는다. 여기서 '환경조사'는 우리 주변 즉 회사, 제도권, 사회에서 부상하는 사실들을 둘러보고 새로운 이슈의 등장을 살피는 행위를 말한다. 이머징 이슈는 트렌드로 자란다. 트렌드로 자란 이슈는 이미 누군가가 연구를 시작했고 임자가 있으며, 그것이 첨단기술이면 특허가 되었거나 로열티를 지불해야 한다. 반면 이머징 이슈는 임자가 없고 특허를 내거나 내 것으로 차지할 수가 있다. 그래서 첨단기술일 때 이머징 이슈가 중요한 것이다.

(3) 이머징 이슈 분석의 구체적 방법들

초기 발생단계에서 이머징 이슈를 찾아내는 특별한 방법들에는 어떠한 것들이 있으며 현실의 정책결정자들이 그것을 어떻게 유용하게 활용할 수 있는지에 대해서 간단히 알아보기로 한다.

① **스캐닝 기법** 스캐닝은 특정 텍스트에 초점을 맞추기보다는 비디오, 음악, 스토리텔링 등 여러 형태의 표현방식에 대한 유사성과 차이점 등에 주목한다. 스캐닝의 열쇠는 무엇이 이례적이고 독특한가, 무엇이 기존의 패턴과 다른가를 인식하는 데서부터 출발한다. 따라서 연구자들은 기존의 패러다임 내에서 여러 변칙들과 위기들을 눈여겨볼 필요가 있다. 스캐닝 기법에 숙련되기 위해서는 여러 해의 노력이 필요하다. 숙련된 스캐너는 여러 영역(사회, 경제, 문화, 예술, 과학, 기술 등)에서의 동시다발적 독해능력을 갖추어야 한다.

② **추론기법** 추론기법은 현시대가 가지고 있는 모순과 불합리의 정도를 추론하는 기법이다. 예를 들면 '현재의 사회적 시스템 안에서는 1,000년 후에도 여성들은 남성들과 동등한 지위를 가질 수 없다'라는 추론이다.

③ **변증법적 방법** 이 방법론은 한 시스템 내에 내재된 문화적 · 기술적 · 경제적 · 정치적 모순들과 그에 대한 반대, 저항 등에 주목한다. 이러한 반대와 저항은 때때로 새로운 이머징 이슈들로 발전한다.

④ **거대담론 분석법** 이 기법은 역사적으로 위대한 사상가들이나 이론가들이 추구하고 발전시킨 세계사적 거대담론들을 중심으로 미래를 예측하는 방식이다(예를 들면, 칼 마르크스, 막스 베버, 마셜 맥루안, 새뮤얼 헌팅턴, 폴 케네디 등). 거대담론 기법은 세계사적 흐름을 읽고, 문명사적 변곡점을 찾아내기 위해 거시적 역사 패턴 변화에 주목한다. 예를 들면 자본주의 붕괴와 사회주의 등장, 관료제 사회로의 이행, 미디어와 지구촌시대 등이 그것이다. 이 방법론은 새로운 사회

문명의 패러다임 등장을 인지하는데 유용하며 다가올 변화의 어느 곳을 어떻게 보아야 할지를 말해 준다.

⑤ **대안적 미래** 이 방법론에서는 미래에 일어날 수 있는 전반적 변화 가능성에 대한 예측을 한다. 대안적 미래는 미래가 단선적이고 필연적인 하나의 미래가 아닌 수없이 많은 복수의 미래로 구성되어 있다는 가정을 기반으로 한다. 이러한 수많은 미래들을 지속, 붕괴, 통제, 변화라는 네 가지 단계로 구분해 미래를 예측하는 것이며 특히 변화의 경우는 어떤 전환점을 계기로 변화가 이루어질 것인가 예측하는 것이다(박영숙 등, 2007).

7) 연령세대 분석기법(age-cohort analysis)

이 분석기법은 우리가 살고 있는 세계를 분석하는 데 공통적 사고와 신념체계를 공유하는, 동일한 시대와 공간에서 태어나 성장한 사람들에 대한 분석을 기반으로 한다. 이 기법에 따르면 어떤 특정한 세계관을 구성하고 있는 한 세대가 정치적·경제적으로 쇠퇴하고, 이런 기존 세대와는 전혀 다른 신념과 행동양식을 가진 새로운 세대가 나타날 때, 즉 새로운 세계관을 갖고 등장하는 새로운 세대 출현으로 인한 사회 변화, 세계 변화를 포착하는 기법이다.

일반적으로 아동의 특징은 이들이 경험하는 많은 요소들에 의해 결정된다. 그래서 동시대 동일지역에서 태어난 아이들은 일정한 공통성을 지니게 된다. 이처럼 출산 이전부터 유아기, 성장기 등과 같은 어린 시절의 경험이, 그 세대의 사고와 행동에 얼마나 영향을 주는가를 분석하는 기법을 '연령세대 분석기법'이라고 부른다.

현재 연령-세대 수준은 윌리엄 스트라우스(William Strauss)와 네일 하워(Nail Hower)[6]의 작업을 기반으로 만들어져 사용되고 있다. 스트라우스와 하워는 식

---

6 윌리엄 스트라우스(William Strauss)와 네일 하워(Nail Hower)는 미국의 세대 전문가이다. 1991년에 펴낸 책 《세대들, 미국 미래의 역사(Generations: The History of America's Future)》에서 밀레니얼 세대를 처음 언급했다.

민시대부터 현재에 이르기까지 미국 역사의 사이클을 세대를 기반으로 분석한 결과, 4개의 세대가 반복하면서 사회 변화를 주도했다는 것을 밝혔으며 이를 통해 미래를 예측하였다. 4세대는 이상주의자, 반응자, 시민, 수용자 등이다.

먼저 이상주의자는 이상을 좇고 수많은 새로운 아이디어를 양산하는 세대다. 다음으로 이상주의자인 부모세대가 거칠기 때문에 이에 회의하고, 반응하는 세대가 나타난다. 그리고 변한 사회에 적응하면서 열심히 일하는 시민 세대가 나타난다. 이 세대는 시민운동과 격변기를 겪으며 다양한 새로운 제도를 만드는 부지런한 세대다. 다음은 수용자 세대로 회의하고 부정하고 수용하는 세대가 나타난다. 이 사이클은 한 바퀴 돈 이후에, 또 다시 새로운 이상주의자, 새로운 반응자가 나타나면서 계속적으로 작동한다.

- 이름이 암시하는 것처럼, 이상주의자들은 미래에 새로운 비전을 갖고 있다. 이들은 자신들의 비전을 명확화하기 위해 노력하지만 그 결실을 생애 내에 성취하지 못한다.
- 그 다음 세대인 반응자는 이상주의자들의 꿈을 거부하고, 미래에 대한 자신들의 비전에 따라 이상주의자들의 비전 중 일부만을 귀담아듣는다.
- 시민은 이상주의자의 비전을 주어진 그대로 수용하고, 이를 현실화하기 위해서 최선을 다한다. 그들은 이상적 렌즈를 통해서 세계를 보고 이를 실현한다. 그러나 시간이 지남에 따라 비전은 약해지고, 이들이 눈에 띄는 대안으로 나타나기 전에 또 다음 세대가 등장한다.
- 수용자는 지난 세대의 이상 성취를 위해 노력하지만 이를 무작정 따르는 것이 아니라, 미래를 위한 새롭고 더 나은 무언가에 대해 매우 객관적 태도를 취한다. 미국 역사에 있어서, 새로운 이상을 가진 이상주의자로서의 신세대가 나타나기 전까지 이상의 현실화는 지속될 것이라고 스트라우스와 하워는 말한다.

이와 같은 4세대 개념을 제2차 세계대전부터 최근까지의 미국의 역사에 적용해보면 다음과 같으며 이를 통해 미래 예측 또한 가능하다.

- **GI(용병)세대 강한 시민** 제2차 세계대전 후 승전과 산업시대를 상징하는 세대다. 열심히 일하고 성공한 활동적 세대다.
- **조용한 수용자** 앞 세대가 주인공이고 영웅인데 비해 이들 자녀들은 조용히 그들의 성공을 수용한다.
- **이상주의적 베이비붐 세대** 이상주의자들이 히피, 평등주의, 여권신장, 인권운동 등을 벌였다.
- **반응주의자로서 X세대** 강력한 부모 세대와 달리 반응하며 또 다른 것에 심취하는 정의하기 힘든 세대다.
- **밀레니엄 시민** 밀레니엄이 다가오면서 새로운 첨단기술에 익숙해지고 밀레니엄 준비로 열심히 일하는 시민들이다.
- **사이버 수용자** 첨단기술은 사이버상으로 옮겨 가고 많은 아이들은 현 세상이 아닌 사이버상에 거주하는 새로운 반응자·수용자인 사이버 세대로 출현한다.

스트라우스와 하워는 최근 자신들의 웹사이트를 통해서 이러한 일반적 세대구분이 전 세계적으로도 작동하며, 미국의 세대 변화 사이클과 동시에 진행되고 있는 것 같다고 밝혔다. 즉, 이는 단지 미국에 국한된 현상이 아닌 문화와 국가의 차이를 넘어서는 지구촌 현상이라는 것이다. 사회학적 이론에 따르면, 이는 결집적 행동과 신념을 묘사한다. 물론 각 세대 안에는 서로 구별되는 다양한 개개인이 있을 것이다. 따라서 이 이론은 세대 사이클의 시작과 끝이라는 양 극단이 아닌 각 세대의 중간지점을 잘 설명해 주고 있다고 볼 수 있다(박영숙 등, 2007).

8) 미래 지도

미래 지도는 지속적인 창조와 혁신을 통해 더 나은 미래를 만들기 위해서 필요한 것이다. '과거에 내가 어디서 왔고, 지금 내가 어디에 있으며, 미래의 방향을 어디로 잡을 것인가?'를 좀 더 자세하게 기록하거나 그려 넣은 것을 말한다. 예를 들어 비즈니스 미래 지도란 비즈니스와 관련된 영역의 미래 변화를 예측해서 보여

표 12-3 **영역별 미래 지도**

영 역	분 야	연 도	내 용
사회 (Society)		2013	정부, 디지털 교과서 전국 초등학교 보급
		2013	중국 온라인 게임 인구 1억 명
기술 (Technology)	ST (Smart T)	2013	스마트 센서*에 의한 암 치료 시작
		2013	정밀농업* 상용화
		2014	개인 게놈 분석비용 100달러 시대
		2014	DNA 컴퓨터와 함께 인간의 두뇌만큼 빠른 슈퍼컴퓨터의 등장
	NT (Nano T)	2013	거미폭탄* 실전배치
		2014	Flexible display* 상용화
	IT (Information T)	2013	인텔, 1나노 CPU 개발
		2013	한국 유비쿼터스 인프라 완성 계획
		2013	무선인터넷 이용자 1800만 명
		2014	무선전기 충전 대중화
	ET (Energy T)	2013	연료전지 자동차 상용화
		2014	미래기술 예측 전문가 마빈 시트론(Marvin Cetron)이 대체 에너지 등장 예견
		2014	대부분의 자연재해를 효율적으로 사전 예측
경제 (Economy)	국내	2012	공간정보 산업 11조 원 규모로 확대
		2013	정보보호 시장 규모 3조 1천억 원대
		2013	유전자 분석 시장 규모 1조 8,934억 원
	세계	2013	세계 융합시장 20조 달러
		2013	유비쿼터스 통신시장 50조 7천억 원 규모
		2014	스마트그리드* 전 세계시장 1,714억 달러
		2014	증강현실 기술 시장 3억 5천만 달러
		2014	클라우드 컴퓨터 시장 규모 555억 달러
환경 (Ecology)	환경변화	2012	미국 세계 4번째 석유생산국으로 등장
	에너지규모	2013	한국 온실가스 감축 대상국에 포함
	대체에너지	2013	태양전지* 모듈시장 연평균 14% 성장
법, 정치, 제도 (Politics)	국내	2012	정부 1인 창조기업 1만 개 육성
		2014	전자 주민등록증 발급
영성 (Spirituality)		2012	교회의 외형 성장에 따른 부작용 증가

	국내인구수	세계인구수	대한민국 고령화
인구 변화	2010년 4887만 명 2015년 4928만 명 2020년 4933만 명 2030년 4863만 명 2040년 4634만 명 2050년 4234만 명	2009년 68억 명 2025년 80억 명 2050년 91억 명	2018년 14% (고령사회) 2026년 20% (초고령 사회) 2030년 24.3% (초고령 사회) 2050년 46% (초고령 사회) (%는 노인 인구 비율)

* 스마트센서: 인간의 능력과 가까운 판단력을 가진 센서
* 정밀농업: 농수산물 생산에 영향을 미치는 변이 정보를 탐색하여, 수확량 대비 농자재 투입을 줄인 친환경적 농업
* 거미폭탄: 신소재 공학을 이용해 작은 거미형태 폭탄을 원격조종해 폭파시키는 신형폭탄
* Flexible display: 종이처럼 휘거나 구부릴 수 있는 디스플레이
* 스마트그리드: 전력망에 IT를 접목하여, 공급·수요자 간 실시간으로 소통해 에너지 효율을 최적화하는 지능형 전력망
* 태양전지: 빛 에너지를 전기 에너지로 바꾸는 장치
자료: 최윤식·양성식·박복원, 앨빈토플러처럼 생각하는 법, 라이온북스, 2012.

주는 미래 시나리오를 일컫는다. 〈표 12-3〉은 아시아 미래인재연구소에서 작성한 영역별 미래 지도다.

이제 균형 잡힌 미래 지도를 만들기 위해 포함되어야 할 내용과 구체적인 제작 과정을 살펴보기로 한다(최윤식 등, 2012).

(1) 미래 지도에 포함되어야 하는 내용

① 미래에 직면할 상황들이 표현되어야 한다.
② 미래에 필요한 것들이 예상되어 기록되어야 한다.
③ 작성자의 현재 위치가 표시되어야 한다.
④ 변화를 계속 반영해야 한다.

(2) 미래 지도 제작 과정

① **개연성이 높은 미래 상황을 만든다.** 미래 상황이란 논리적으로 타당하고 이치에 맞아 수긍할 만한 것이어야 한다. 트렌드 및 회사, 정부, 가족 등의 변화에 따른 거시적 계획, 심층 원동력의 흐름, 사람들이 가지고 있는 미래에 대한 이미

지들을 조합하면 기본 미래를 유추할 수 있다. 주의할 점은 단발적 사건들도 장기적인 관점을 포괄해야 한다는 점이다. 또한 혁신적 비전의 범위에 드는 미래 상황을 만드는 것도 유용하다. 비전은 현재의 한계를 극복하는 새로운 혁신과 창조의 기반이 된다. 현 상황을 긍정적으로 발전시켜서 미래의 위기와 위협에 대비하며, 가장 가치 있는 방향으로 진보를 이루는 것이 비전이 실현되는 미래다.

② '미래에 필요하다고 예상되는 것'들을 적어 놓는다. '이러이러한 미래가 현실화된다면 상식적으로 무엇이 새롭게 필요할까?'를 생각해 보라. 발은 땅에 머리는 구름 위에 두어야 '가능성'의 미래를 볼 수 있다.

③ 작성자의 현재 위치에서 정보를 수집해 넣는다. 보잘 것 없는 정보라고 생각돼도 꼼꼼하게 적어 놓는다. 이러한 정보가 바로 미래를 보여 주는 미래 징후일 수도 있다. 미래를 예측할 때는 모호한 정보, 믿을 만하지 않다고 생각되는 정보들도 유용하게 사용될 수 있다고 생각해야 한다. 미래에 관한 완벽한 정보를 찾으려고만 하면 미래의 기회를 놓치기 일쑤다. 미래는 갑작스럽게 오지 않고 반드시 '미래 징후'라는 것을 미리 던지면서 온다는 것을 명심하자. 따라서 그 징후를 정기적으로 모아 놓는 것이 중요하다.

④ 뜻밖의 미래 상황을 만들어 넣는다. 미래 지도에는 예상치 못한 것에 대한 정보, 즉 '남들이 관심을 갖고 있지 않은 측면의 미래 변화'에 대한 기록이 담겨 있어야 한다. 뜻밖의 미래 즉 와일드카드나 이머징 이슈로 인해 촉발될 수 있는 미래 상황을 고려해보자. 비약적 진보나 붕괴 후 나타날 새로운 미래도 여기에 해당한다. 일례로 한반도의 통일이나 북한의 붕괴를 들 수 있다.

참고문헌

국내문헌

박영숙·제롬 글렌·테드 고든, 전략적 사고를 위한 미래예측, 교보문고, 2007
에릭 갈랜드, 손민중 역, 미래를 읽는 기술, 한국경제신문사, 2008
최윤식·양성식·박복원, 앨빈토플러처럼 생각하는 법, 라이온북스, 2012

저자 소개

이은희
서울대학교 소비자학과 박사
인하대학교 소비자학과 교수

유현정
성균관대학교 소비자학과 박사
충북대학교 소비자학과 교수

이준영
서울대학교 소비자학과 박사
상명대학교 소비자주거학과 교수

소비트렌드의
이해와 분석

2017년 8월 30일 초판 인쇄 | 2017년 9월 6일 초판 발행

지은이 이은희·유현정·이준영 | **펴낸이** 류제동 | **펴낸곳 교문사**

편집부장 모은영 | **책임진행** 이유나 | **디자인** 신나리 | **본문편집** 벽호미디어
제작 김선형 | **영업** 이진석·정용섭·진경민 | **출력·인쇄** 영프린팅 | **제본** 한진제본

주소 (10881) 경기도 파주시 문발로 116 | **전화** 031-955-6111 | **팩스** 031-955-0955
홈페이지 www.gyomoon.com | **E-mail** genie@gyomoon.com
등록 1960. 10. 28. 제406-2006-000035호
ISBN 978-89-363-1688-4(93330) | 값 22,500원